Edward Shorter
Der weibliche Körper als Schicksal

SERIE PIPER
Band 719

Zu diesem Buch

Die Unberechenbarkeit, Anfälligkeit und Schwäche ihres Körpers haben die Frauen bis in die jüngste Zeit als Fluch Gottes und als Teil der natürlichen Ordnung hinnehmen müssen. Erst die bahnbrechenden Fortschritte der Medizin um 1900 erlösten die Frau aus ihrer traditionellen biologischen und damit sozialen Minderwertigkeit: Weiblichkeit wurde erstmals in der Geschichte als positive, lebensspendende Kraft erlebt und damit die natürliche Basis für den Anspruch auf Gleichheit geschaffen.

Diese Sozialgeschichte des weiblichen Körpers, die vor allem die Lage der Mehrheit der Frauen in der traditionalen Gesellschaft – Bäuerinnen und arme Städterinnen – dokumentiert, fußt auf umfangreichem Quellenmaterial aus England, Frankreich, Deutschland und den USA. Sie belegt eindrucksvoll, daß es eine »gute alte Zeit« zumindest für die Frauen nie gegeben hat.

Edward Shorter, geboren 1941, Professor für Geschichte an den Universitäten Toronto und Montreal.

Veröffentlichungen: »The Making of the Modern Family«, 1975 (deutsch: Die Geburt der modernen Familie, 1977) u. a.

Edward Shorter

Der weibliche Körper als Schicksal

Zur Sozialgeschichte der Frau

Aus dem Amerikanischen
von Hainer Kober

Piper
München Zürich

Die Originalausgabe erschien 1982 unter dem Titel
»A History of Women's Bodies«
bei Basic Books, New York.
Im Einvernehmen mit dem Autor wurde der Text
für die deutsche Ausgabe leicht gekürzt.

ISBN 3-492-10719-2
Neuausgabe 1987
2. Auflage, 6.–12. Tausend August 1987
(1. Auflage, 1.–7. Tausend dieser Ausgabe)

Umschlag: Federico Luci,
unter Verwendung des Gemäldes »Selbstbildnis«
von Paula Modersohn-Becker
Satz: H. Mühlberger, Augsburg
Druck und Bindung: Clausen & Bosse, Leck
Printed in Germany

Für Anne Marie

Inhaltsverzeichnis

Einleitung

Ich habe für dieses Buch den etwas gespenstischen Titel (der Originaltitel lautet »A History of Women's Bodies«, Anm. d. Übers.) gewählt, um deutlich zu machen, daß der weibliche Körper eine eigene Geschichte hat, die sich von der Geschichte des männlichen Körpers unterscheidet. Vielleicht hat sich der weibliche Körper selbst im Laufe der Jahre und Jahrhunderte im Grunde genommen gar nicht so sehr verändert. Die Dinge aber, die ihm zustoßen können und zugestoßen sind – in Form von Geburtskomplikationen, Fehlgeburten und verschiedenen Krankheiten –, haben sich drastisch verändert. Und obwohl auch die physischen Gegebenheiten, auf die der Mann trifft, dem Wandel unterworfen sind, so haben sie sich doch nicht in vergleichbarer Weise verändert.

Der »weibliche Körper« hat seine eigene Geschichte – eine Geschichte, die zu erzählen sich lohnt, da es, wie ich glaube, von entscheidender Bedeutung ist, wie Frauen ihre Weiblichkeit verstehen. Die These dieses Buches lautet, daß Weiblichkeit vor 1900 ein vorwiegend negativer Begriff war, eine Bürde, die Gott der Frau auferlegt hatte, seit Eva aus dem Garten Eden vertrieben worden war, und die sie mit stummer Ergebenheit auf sich nahm. Dann jedoch kam es zu all den Veränderungen, von denen hier die Rede sein wird, und seit etwa 1930 wurden die Frauen von der schrecklichen historischen Last befreit, die ihre physische Anfälligkeit für sie bedeutet hatte. Damit eröffnete sich ihnen die Möglichkeit, ihre Weiblichkeit als eine grundsätzlich positive, lebenspendende Kraft zu begreifen.

Ich gehe sogar noch weiter: Eine der möglichen Antworten auf die Frage, warum die Frauen nicht schon im 17. Jahrhundert das Wahlrecht verlangt haben, lautet: weil sie ihren minderwertigen Status akzeptiert haben. Da sie anfälliger waren, eher starben und durch Leiden wie Blutarmut empfindlicher geschwächt waren als Männer, nahmen sie ihre Zweitklassigkeit als Teil der natürlichen Ordnung hin.

Sobald diese Benachteiligungen fortfielen, besaß der Feminismus eine »physische Basis«, von der aus er überhaupt erst möglich wurde. Historisch bedeutete Feminismus, daß Frauen das gleiche Gefühl persönlicher Selbstbestimmung, eigenen Selbstwerts besaßen wie Männer. Aber solange Frauen viel entkräftenderen Lebensbedingungen unterworfen waren als Männer, mußte der Begriff der »persönlichen Selbstbestimmung« bedeutungsleer bleiben. Das Leben erlegte ihnen zu viele Einschränkungen auf, als daß sie sich irgendeine Art von Selbstbestimmung hätten vorstellen können.

Wir können uns – dies der Kern meiner These – die Zweitklassigkeit der Frau damit erklären, daß sie auf dreierlei verschiedene Weisen in die Rolle des Opfers gedrängt wurde:

1. Frauen waren ein Opfer der Männer, da sie zu schrankenloser sexueller Verfügbarkeit verurteilt waren. Die »ehelichen Rechte« der Männer lieferten die Frauen einer endlosen Folge unerwünschter und ungeplanter Schwangerschaften aus. Mehrere Kapitel widme ich den Bedingungen und Risiken, mit denen es die Durchschnittsfrau bei der Geburt ihrer Kinder zu tun bekam.

2. Frauen waren ein Opfer ihrer Kinder und ihres Haushalts, über dessen Größe und Zusammensetzung sie nicht bestimmen konnten. Das hatte zur Folge, daß die meisten Frauen einfacher Herkunft vor der Jahrhundertwende vom bloßen Existenzkampf aufgerieben wurden, von der Notwendigkeit, sich um die eigenen sechs Kinder zu kümmern (denn das war, historisch gesehen, der Durchschnitt), um das Gesinde, um den auf dem Altenteil lebenden Vater des Ehemanns und um seinen unverheirateten Bruder. Die Beanspruchung der Frauen durch das Familienleben wird sich in ihrer geringeren Lebenserwartung ausdrücken.

3. Frauen waren ein Opfer der Natur, denn sie litten unter Krankheiten, denen Männer nicht ausgesetzt waren und für die es kein männliches Gegenstück gibt. Es gibt, wie wir sehen werden, weit weniger ausgesprochene »Männerkrankheiten«, und sie treten erst in späteren Lebensabschnitten auf. Sollte es angeborene, inhärente Unterschiede zwischen Männern und Frauen geben, so sind sie mir unbekannt (zumindest solche, die bei Erwachsenen eine Rolle spielen). Aber da Heilkunde und Chirurgie so unendlich unwissend waren, konnten die verschiedenen Krankheiten, von denen die weiblichen Beckenorgane und die Brust befallen werden, ungehemmt wüten. Dies war die »natürliche« Heimsuchung, deren Opfer Frauen waren.

Zwischen 1900 und 1930 verschwanden dann nach und nach die verschiedenen Ursachen dieser Heimsuchungen. Den Frauen wurden relativ sichere Schwangerschaftsunterbrechungen möglich, so daß sie ihre Kinderzahl selbst bestimmen konnten. Fortschritte in Medizin und Chirurgie beseitigten die meisten der einstigen Frauenkrankheiten. Auch wurde die Geburt weitgehend risikofrei. Die Männer zeigten mehr Verständnis für die Bedürfnisse der Frauen. Kurz, es entwickelte sich eine physische Basis für die Gleichheit der Geschlechter.

Nun vertrete ich nicht die Auffassung, daß verbesserte Techniken des Kaiserschnitts oder der Schwangerschaftsunterbrechung den Feminismus in irgendeiner Weise »verursacht« hätten. Die historischen Kräfte, die zu dieser Bewegung führten, sind sehr komplex und hängen mit dem neuentstehenden Bedarf an weiblichen Arbeitskräften, mit einem neuen Verständnis der Rechte des einzelnen und vielem anderen mehr zusammen. Ich bin allerdings der Auffassung, daß den Frauen, als sie die Rolle der physisch Benachteiligten ablegten, eine wichtige *Voraussetzung* für die feministische Bewegung entstand. Ungeachtet all der anderen Veränderungen wäre es wahrscheinlich nicht zum Feminismus gekommen, wenn Frauen sich noch immer so lange mit Leiden wie etwa dem »Gebärmuttervorfall«, der heutzutage operativ behoben werden kann, herumzuplagen hätten.

Ob es nun dazu gekommen wäre oder nicht, bleibt eine spekulative Frage. In diesem Buch geht es nicht eigentlich um die Frauenbewegung, sondern um die Erfahrungen der Frauen selbst, die sie mit ihrem Körper gemacht haben. Es geht nicht darum, wie der Körper der Frauen von anderen »gesehen« wurde, nicht darum, was Ärzte über Frauen gedacht haben, oder um die Geschlechtsrolle der Frau, sondern es geht um die Körperwirklichkeit, mit der sich eine normale Frau in früheren Zeiten auseinanderzusetzen hatte.

Da Äußerungen von Frauen aus dem Volk kaum aufgezeichnet wurden, besitzen wir nur lückenhafte Anhaltspunkte für das, was sie über Sexualität, über ihre Männer, über ihre »Weiblichkeit« oder über andere Dinge gedacht haben. Doch es gibt Quellen, mit deren Hilfe wir rekonstruieren können, womit sich die durchschnittliche Bauers- oder Handwerkersfrau herumzuschlagen hatte. Ich stütze mich weitgehend auf die Berichte von Ärzten, die schildern, was ihre Patientinnen plagte. Anfang des 19. Jahrhunderts begann man in verschiedenen Kliniken systematisch Krankenberichte zu führen, und nach 1850 setzte eine gewaltige Flut medizinischer Veröffentlichungen zu jedem nur denkbaren Gegenstand ein. Zum Teil beruft sich dieses Buch also auf medizinische Quellen, allerdings nicht so, daß es dem allgemeingebildeten Leser Verständnisschwierigkeiten bereiten dürfte.

Die Frauen selbst sprechen indirekt zu uns durch Sprichwörter, Volkslieder, volkstümliche Heilmethoden und magische Riten, wie sie in Familienbüchern überliefert sind. Außerdem gibt es noch viele andere Quellen, so daß wir die Durchschnittsfrau nicht aus den Augen verlieren werden.

Häufig verwende ich in diesem Buch das Wort »traditionell«. Damit möchte ich die Welt bezeichnen, die mir am vertrautesten ist – Europa und England vom 17. bis zum Ende des 19. Jahrhunderts, im Unterschied zur »modernen« Welt, die erst später entstand. Jedem, der sich auch nur ein bißchen mit Dörfern und Kleinstädten früherer Zeiten beschäftigt, springt die Tatsache ins Auge, wie sehr sich das Leben dort von dem der späteren städtischen, industriellen Zivilisation unterschied. Und ich meine damit nicht bloß die Berufe, daß die Menschen z. B. Bauern und Schuhmacher waren statt Maschinenschlosser. Die grundlegenden sozialen Spielregeln in diesen Dörfern unterschieden sich total von den »modernen« Regeln. Aus diesem Grunde rede ich hartnäckig von einer spezifischen »traditionellen« Lebensweise, die es in Europa seit »unvordenklichen Zeiten« gab – oder zumindest seit der Reformation, mit der mein eigenes historisches Wissen beginnt. Diese »Welt, die wir verloren haben«, endete an verschiedenen Orten zu verschiedenen Zeiten. In England begann die traditionelle Gesellschaft Anfang des 18. Jahrhunderts zu schwinden, in abgelegenen Regionen wie der ländlichen Bretagne erst Anfang des 20. Jahrhunderts. So ist der Begriff »traditionell«, wie ich ihn verwende, wandelbar – zu einem gegebenen Zeitpunkt in dem einen Gemeinwesen schon lange tot, im anderen noch sehr lebendig.

Außerdem gilt meine Aufmerksamkeit stets dem einfachen Volk, nicht den Eliten. Andere Historiker, die sich mit der Geschichte der Frau beschäftigt haben, sind unter anderem deshalb auf den Holzweg geraten, weil sie sich auf die oberen fünf Prozent der Bevölkerung konzentriert haben – auf Frauen, die persönliche Bedienstete, eine akademische Ausbildung oder Zugang zur literarischen Kultur des gehobenen Bürgertums hatten. Das Leben von Frauen aus dem einfachen Volk sah völlig anders aus. Und dieses Buch ist ein erster Versuch, solche Lebensläufe zu rekonstruieren.

Ich hatte das große Glück, in einigen der bestausgestatteten Forschungsbibliotheken der Welt arbeiten zu dürfen. Mein besonderer Dank gilt den Mitarbeitern der Wellcome Library for the History of Medicine in London, der Bibliothèque Nationale in Paris, der Universitätsbibliothek in Wien, der Staatsbibliothek in München, der Staatsbibliothek in Göttingen, der Deutschen Staatsbibliothek in Ostberlin und der Bibliothek der New York Academy of Medicine. Eine Engelsgeduld brachten mir die Mitarbeiter der Toronto Academy of Medicine Library und der Science and Medicine Library der Universität Toronto entgegen.

Finanziell unterstützt wurde diese Forschungsarbeit vom Canada Council, vom Hannah Institute for the History of Medicine und der Harry Frank Guggenheim Foundation, deren Direktoren Lionel Tiger und Robin Fox mich sehr ermutigt haben. Diane Way hat als Bibliotheksassistentin für mich gearbeitet, und Patricia O'Hara danke ich für die Niederschrift des Manuskripts.

Dr. Kerry Connelly und Professor Adrienne Harris waren so freundlich, frühere Fassungen kritisch zu lesen. Auch Dr. Norman Farnsworth, Murray Enkin, Arthur Gryfe und James S. Thompson regten in mehreren Kapiteln nützliche Änderungen an. Unschätzbar war die Hilfe der Lektoren Martin Kessler und Phoebe Hoss von Basic Books, denen ich hier meinen Dank sagen möchte.

Elizabeth Akesson und Anne Marie Sharkey schulde ich Dank für ihren Rat in Fragen der makroskopischen Anatomie und der Neuroanatomie. Anne Marie Sharkey ist das Buch auch gewidmet, allerdings aus gänzlich anderen Gründen.

TEIL I

Frauen, Männer und Körper

1.

Männer, Frauen und Sexualität

Über weite Strecken dieses Buches werde ich beschreiben, wieviel Leid Frauen durch sexuelle Aktivität zugefügt wurde, über die sie nicht bestimmen konnten. »Nicht bestimmen?« fragt sich der Leser des 20. Jahrhunderts. Heutzutage kann eine verheiratete Frau, der die Annäherungsversuche ihres Mannes mißfallen, die Ehe verlassen, und eine unverheiratete Frau wird in der Regel in der Lage sein, sich den Umarmungen eines Mannes zu entziehen, wenn sie das will. Aber heute haben wir die »moderne« – ja die »post-moderne« – Familie, und die Dinge liegen ganz anders als vor zweihundert Jahren, als die »ehelichen Rechte« des traditionellen Ehemanns bedeuteten, daß die verheiratete Frau den Geschlechtsverkehr faktisch nicht verweigern konnte.

Versetzen wir uns in die Lage einer typischen Hausfrau, die damals in einer Kleinstadt oder auf dem Dorf wohnte. Weder sie noch irgend jemand sonst ahnte auch nur, wann die Frau ihre »sichere« Zeit hatte. Jeder Geschlechtsakt konnte für sie Schwangerschaft bedeuten. Sie war verpflichtet, mit ihrem Mann zu schlafen, wann immer *er* es wollte. Und wenn es ihr beschieden war, wurde sie sieben- oder achtmal schwanger, wobei sie im Durchschnitt sechs lebende Kinder zur Welt brachte. Und die meisten dieser Kinder wollte sie gar nicht: Denn wenn es ein Thema gibt, das sich wie ein roter Faden durch meine Darlegungen zieht, dann ist es die Gefahr, die dieses unaufhörliche Kinderkriegen für die gesamte Gesundheit einer Frau bedeutete.

Da drängt sich zunächst die Frage nach den Männern auf: Was ging in den Köpfen von Ehemännern vor, die ihren Frauen diese ununterbrochenen Schwangerschaften zumuteten?

Männer über Frauen

Die Gleichgültigkeit des Mannes dem Wohlergehen der Frau gegenüber lag in der Natur der traditionellen Ehe. Zwei Jahrzehnte Forschung zur Geschichte der Familie haben eindeutige Beweise dafür geliefert, daß sich die Voraussetzungen der traditionellen Ehe radikal von denen der modernen Ehe unterschieden[1]. Anders als im 20. Jahrhundert, wo man die Rechtfertigung der Ehe allgemein in emotionalen Erlebnissen wie Liebe und Partnerschaft sieht, heirateten die Menschen früher aus »familiären« Gründen: Ein Mann nahm eine Frau, damit sie ihm den Hof bewirtschaften half oder ihm die männlichen Nachkommen lieferte, denen er das Erbe hinterlassen konnte. Es gab wenig emotionalen Kontakt zwischen Mann und Frau, ja die Männer sahen in anderen Männern ihre wichtigsten »geistigen Partner«. Das bildete die Grundlage des »Männerbündnisses« (Lionel Tiger)[2]. Auch die Frauen konnten sich nicht vorstellen, bei ihren Männern irgendeine Form von Verständnis zu finden, und betrachteten deshalb andere Frauen als ihre Hauptverbündeten. Dies war die Grundlage des »Frauenbündnisses«. Während Männer und Frauen ihre wichtigsten emotionalen Bündnispartner außerhalb der Familie suchten, waren die Machtverhältnisse im Innern schreiend ungerecht. Die Frau hatte den Status »einer besseren Dienstmagd der Söhne und Knechte«, um einen Beobachter bretonischer Verhältnisse zu zitieren[3]. Und der Mann war der der Herr über »sein kleines Königreich«, der Herr im Haus.

Wenn ich jetzt auf verschiedene Aspekte des Familienlebens eingehe, möchte ich dem Leser nicht verhehlen, daß die Belege für meine Darlegungen eher anekdotischer Art sind. Zwar wären zuverlässige Statistiken z. B. über das Schlagen von Ehefrauen natürlich zu begrüßen, aber es gibt sie nicht. Ich habe mehrjährige Quellenstudien betrieben und lege im folgenden meinen allgemeinen Eindruck von den Beziehungen zwischen Männern und Frauen dar – einen Eindruck, der sich auf »anekdotisches« Material stützt, gewiß, der aber meiner festen Überzeugung nach nichtsdestoweniger zutreffend ist.

Die übermächtige Stellung des Mannes drückt sich in vielen Ritualen des täglichen Lebens aus. Je näher man bei Tisch am Stuhl des Vaters saß, desto höher war man im Rang. In den sauerländi-

1 Vgl. u. a. Edward Shorter, *The Making of the Modern Family*. Basic Books, New York 1975; Lawrence Stone, *The Family, Sex and Marriage in England, 1500–1800*. Harper & Row, New York 1977, und Jean-Louis Flandrin, *Familles: Parenté, maison, sexualité dans l'ancienne société*. Hachette, Paris 1976.

2 Lionel Tiger, *Men in Groups*. Nelson, London 1969.

3 Alexandre Bouët, *Breiz Izel ou vie des Bretons dans L'Amorique*. Nachdruck der Ausg. von 1835, Quimper 1918, S. 278.

schen Bauernküchen stand dem Vater der Platz am Kopfende des Tisches zu, während die anderen Männer auf der Bank an der Wand saßen, die Söhne am Ende. Die Frauen saßen auf Schemeln an der anderen Seite des Tisches. Ein Gast bekam nicht den Platz des Vaters am Kopfende, sondern den der Mutter, die mit allen anderen Frauen um einen Platz nach unten rutschte. Der Vater mochte auch, wie im Kanton Waadt, alleine essen, wobei ihm seine Frau gesondert auftrug. »Niemand wagt in des Vaters Gegenwart die Stimme zu erheben.«[4] Im Languedoc war die Autorität der Männer so übermächtig, daß eine Frau in Abwesenheit ihres Mannes nicht einmal den Häschern der Polizei die Tür öffnete, weil das seiner Autorität Abbruch getan hätte. Seine Frau redete ihn mit »Herr« an *(notre homme)* und schwieg in Gegenwart eines Gastes[5].

Bauernsprichwörter aus Frankreich legen beredtes Zeugnis davon ab, daß der Mann dank seines Geschlechts das Sagen hatte:

»Ein Hahn, nicht größer als deine Faust, kriegt das Beste von einer Henne, so groß wie ein Ofen.« (Bretagne)
»Ein Weib, das seinen Mann nicht fürchtet, fürchtet Gott nicht.« (Katalonien)
»Du bis als Mann so stark wie Gips, bist du nicht Herr über dein Weib.« (Languedoc)[6]

Zwar hingen die tatsächlichen Machtverhältnisse in einer Ehe mehr vom Charakter der Beteiligten ab, doch spielten aufgrund der allgemeinen Lebensgewohnheiten Zuneigung und Gemeinsamkeit keinerlei Rolle, wenn es galt, die Fährnisse des Ehelebens zu meistern. Der Mann war der Herr und Meister[7].

Dazu kommt, daß der Durchschnittsehemann in den Kleinstädten und Dörfern seine Frau zu schlagen pflegte. Juristisch war die Rechtslage unklar, aber ganz gewiß war er für das Tun seiner Frau

4 Eugène Olivier, *Médecine et santé dans le pays de Vaud au XVIIIe siècle, 1675–1798.* Lausanne 1939, Bd. I, S. 578.
5 Yves Castan, *Honnêteté et relations sociales en Languedoc, 1715–1780.* Plon, Paris 1974, S. 164, 171, 172.
6 Zitiert bei: Martine Segalen, »Le mariage, l'amour et les femmes dans les proverbes populaires français (suite)«, in: *Ethnologie française*, 6 (1976), S. 70.
7 Vgl. Hans Fehr, *Die Rechtsstellung der Frau und der Kinder in den Weistümern.* Jena 1912, S. 57.

verantwortlich – eine Verantwortung, die implizit auch das Recht zu körperlicher Züchtigung einschloß[8]. Praktisch war es allgemein üblich, seine Frau zu schlagen. Häufig wurden Hebammen zu Zeugen ehelicher Gewalt, weil sie sehr eng in das Familienleben einbezogen waren. Die Hebamme Lisbeth Burger berichtet von einem Ehemann, der seiner Frau heftig zusetzte, eine Abtreibung vornehmen zu lassen. Sie weigerte sich hartnäckig.

Er: »Fahre in die Stadt zu den Heilkundigen, wo andere Weiber auch hingehen. Sonst sind wir geschiedene Leute!«

Sie: »Nein. Wenn wirklich ein Kind kommt, wie ich vermute, dann hat es ein Recht auf Leben, und ich werde es nicht antasten.«

Er: »Das wagst Du mir ins Gesicht zu sagen! So verweigerst Du mir den Gehorsam! Wer ist Herr im Haus, Du oder ich?«

Dann hatte er sie »in sinnloser Wut an den Haaren gefaßt. Trat mit den Füßen nach ihr. ›Ich werd' Dir zeigen, was Du zu tun hast . . .‹«[9].

Aus dem Bericht der Hebamme geht hervor, daß sie in ihrer Praxis solche Eheszenen häufig erlebte.

Auch den Ärzten kamen viele Frauen zu Gesicht, die geprügelt worden waren. Eduard Dann in Danzig meinte, Arbeiterfrauen tränken keinen Schnaps, weil sie unter den Folgen des Alkoholgenusses ihrer Männer zu leiden hätten – unter anderem unter »schrecklichen Schlägen«[10].

Derartige Geschichten ließen sich endlos fortsetzen, wobei sich die Ärzte nicht sonderlich betroffen darüber zeigen, daß Frauen geschlagen werden, sie erwähnen den Umstand nur gelegentlich im Zusammenhang mit anderen medizinischen Details.

Auch Sprichwörter und Witze, die ja dem Kern einer Kultur entstammen, gehen davon aus, daß ein Mann in der Regel Gewalt gebrauchen wird, um seine Frau zur Ordnung zu rufen. Im bäuerlichen Frankreich:

»Ob gut oder schlecht, das Pferd kriegt die Sporen. Ob gut oder schlecht, die Frau kriegt den Stock.« (Provence)
»Wenn es dein Weib mit den Nerven hat, ist die beste Medizin eine ordentliche Tracht Prügel.« (Provence)

8 Ebd., S. 57–60.
9 Lisbeth Burger, *Vierzig Jahre Storchentante: Aus dem Tagebuch einer Hebamme.* Breslau 1936, S. 178, vgl. auch S. 247.
10 Eduard Dann, *Topographie von Danzig.* Berlin 1835, S. 155.

Frage: »Was haben Maultiere und Frauen gemeinsam?« Antwort: »Beiden tut anständige Dresche gut.« (Katalonien)[11]

In einer deutschen Witzsammlung aus dem 17. Jahrhundert ist folgendes zu lesen:

»Ein Mann prügelt seine Frau so, daß er den Doktor und den Apotheker holen muß. Er bezahlt beide doppelt.

›Wieso doppelt?‹ ›Erstens für diesmal und zweitens für das nächste Mal.‹«

Die in diesen Witzen und Sprichwörtern dargestellten Situationen müssen den Menschen, die sie erzählten und überlieferten, vertraut gewesen sein. Denn wären solche Szenen im einfachen Volk nicht allgemein üblich gewesen, hätten den Leuten diese Redensarten nichts gesagt.

Zur offenen Brutalität des Ehemanns gegenüber der Frau gesellte sich seine mangelnde Anteilnahme, wenn sie krank war, niederkam oder starb. Dieser Punkt ist wichtig, denn wenn Männer schon in solchen Krisensituationen rücksichtslos waren, dürften sie auch ganz allgemein dem körperlichen Wohlergehen der Ehefrau mit Gleichgültigkeit begegnet sein. In einem meiner früheren Bücher habe ich die These vertreten, daß die Empfindungslosigkeit, die ein Bauer beim Tode seiner Frau bewies, auf Mangel an Trauer und auf Mangel an Verbundenheit schließen lasse[12]. Da Kritiker dieser Auffassung entgegengehalten haben, die Männer hätten in Wirklichkeit doch unter dem Verlust gelitten, ihren Schmerz nur auf eine uns nicht so vertraute Weise zum Ausdruck gebracht, möchte ich hier noch einige andere Anhaltspunkte für mangelnde männliche Rücksichtnahme liefern, die sich wohl nicht so leicht forterklären lassen.

Der erste Beleg besteht darin, daß volkstümliche Redensarten, die beschreiben, daß Bauern ihr Vieh weit höher schätzten als ihre Frauen, unentwegt und überall auftauchen.

»Kühverrecke großer Schrecke, Weibersterbe kein Verderbe.« (Hessen)[13]

11 Segalen, »Proverbes«, a. a. O., S. 74.
12 Shorter, *Modern Family.* (Vgl. Anm. 1).
13 Adolf Müller, *Beiträge zu einer hessischen Medizingeschichte des 15.–18. Jahrhunderts.* Darmstadt 1929, S. 19.

»Weiber sterben, kein Verderben, Gaul verrecken, das macht Schrecken.« (Franken)[14]

Die Logik, die diesen Redensarten zugrunde liegt, besagt, daß das Vieh teuer war, wohingegen eine Ehefrau leicht durch eine neue Braut ersetzt werden konnte, die dem Hof noch dazu eine neue Mitgift zuführen würde. Während also der Verlust eines Pferdes ein schwerer Schlag war, zahlte sich der Tod einer Frau letztlich in klingender Münze aus.

Die Gleichgültigkeit, mit der die Männer dem körperlichen Wohlergehen ihrer Frauen begegneten, zeigt sich am deutlichsten bei der Geburt. Wie wir sehen werden, war die Niederkunft eine Frauenangelegenheit, die sich innerhalb der Frauenkultur vollzog. Den Mann interessierte daran lediglich, daß ein lebender Erbe heraussprang. Die Hebamme Burger wurde eiligst an das Bett einer in den Wehen liegenden Frau gerufen.

»Ich wußte ja, daß es keine Eile hat«, schrieb sie später. »Aber was tut man nicht, wenn so eine junge Mutter in Sorge und Not ist.«

Der Bauer erwartete sie. »Es muß ein Stammhalter werden!« sagte er. »Ein Erbe für den Hof!«

»Und wenn es ein Mädchen wird?« fragte die Burgerin.

»Dann soll es nur gleich der Teufel holen . . .«[15]

Das Geschlecht des Kindes war von entscheidender Bedeutung für die Väter, vor allem wenn es darum ging, daß ein Junge den Familiennamen weitertrug. Alles übrige war zweitrangig.

Daß es zweitrangig war, wissen wir, weil viele traditionelle Ehemänner nicht willens waren, die Kosten für eine ausgebildete Hebamme oder einen Arzt zu tragen. Sie fanden, daß es mit der Hilfe von Nachbarinnen auch getan sei. 1775 meinte ein Arzt in Soissons: »Zur großen Zahl der fatal endenden Geburten tragen zu einem gut Teil die Männer durch ihre Nachlässigkeit bei. Ebenso knauserig, oder gar noch knauseriger als die Städter, scheuen sie die kleinste Ausgabe. Bei der Pflege ihres Viehs lassen sie es an nichts fehlen, aber bei Angelegenheiten, die ihrem Herzen sehr viel näher stehen sollten, handeln sie mit törichter Sturheit: Die erfolgreiche Entbindung ihrer Frau kommt entschieden erst an zweiter Stelle.«[16]

14 Ludwig Büttner, *Fränkische Volksmedizin.* Erlangen 1935, S. 214.
15 Burger, *Storchentante,* a. a. O., S. 26.
16 Anne Amable Augier du Fot, *Catéchisme sur l'art des accouchemens.* Soissons 1775, S. XV.

Mit solchen Geizkragen bekam es die Hebamme Burger häufig zu tun. Bei einer längeren Geburt brauchte sie Hilfe:

»Bauer, habt Ihr nun endlich den Arzt gerufen? . . .«

»Ach was, Natur braucht Zeit. Man muß warten können«, sagte er.

»Mit dem Warten ist's nicht getan«, erwiderte sie, »ich merke doch, daß etwas nicht normal ist heuer. Schickt nach dem Arzt!«

»Es braucht halt seine Zeit. Im Stall kannst auch drei Nächte warten. Was Ihr Weibsleut' gleich für ein Geschrei habt . . .« Und so geht es weiter. Ein Gewitter zieht auf. Der Bauer behauptet, der Arzt werde noch mehr verlangen, wenn er bei schlechtem Wetter kommen müsse. Die Frau stirbt[17].

Hinter dieser männlichen Sturheit verbirgt sich eine ausgeprägte Gleichgültigkeit gegenüber den Leiden der Frauen, die im Widerspruch steht zum »modernen« Familienempfinden. Ich habe nicht die Absicht, die Ehemänner der traditionellen Gesellschaft zu verteufeln; ich möchte aber deutlich machen, welch unüberbrückbarer Gefühlsabstand Männer und Frauen trennte. Unter diesen Umständen wäre es wohl wirklichkeitsfern anzunehmen, die Männer hätten sich sexuelle Zurückhaltung auferlegt, um ihren Frauen die körperlichen Folgen wiederholter Geburten zu ersparen.

Die sexuellen Beziehungen

Eine moderne Hypothese könnte lauten, Sexualität sei so befriedigend gewesen, daß die Frauen dafür ihre Nachteile bereitwillig hingenommen hätten. Doch das Gegenteil ist der Fall. Der Geschlechtsverkehr in der traditionellen Familie war kurz und rücksichtslos, und es gibt kaum Anhaltspunkte dafür, daß er den Frauen viel Lust beschert hätte.

Hauptmerkmal der Sexualität traditioneller Männer ist ihre brutale Heftigkeit. Wenn der Mann seine Frau begehrte, nahm er sie ohne viel Umschweife. Beispielsweise oblag es immer dem Mann, die sexuellen Handlungen zu eröffnen. Die Bauern des Limousin drückten diese Vorstellung in der Hahn-Henne-Metapher aus, die sie für sexuelle Beziehungen zu benutzen pflegten: »Wenn die Henne den Hahn jagt, ist die Liebe keinen Pfifferling wert.«[18]

17 Burger, *Storchentante,* a. a. O., S. 53–55.
18 Segalen, »Proverbes«, a. a. O., S. 76–77.

Diese Heftigkeit äußert sich auch als Weigerung des Mannes, während des Wochenbetts seiner Frau auf den Geschlechtsverkehr zu verzichten. Es gibt Geschichten in Hülle und Fülle über Männer, die die Warnungen des Arztes in den Wind schlugen und ihre Frauen gleich nach der Niederkunft heimsuchten. Erfolgt der Geschlechtsverkehr zu rasch nach der Geburt, kann sich die Wöchnerin eine Infektion holen. Ohne Überraschung erfahren wir also, daß Frau Stengel ein paar Tage nach einer leichten Geburt unter Fieber und Blutungen litt. »Da steckt etwas dahinter«, dachte die Hebamme Burger.

»Sind Sie am Ende aufgestanden gestern, Frau Stengel?«

»Ach nein, gewiß nicht.« Die Frau wurde verlegen. Burger ließ nicht locker, bis die Wahrheit an den Tag kam.

»Es ist doch nur . . . mein Mann war bei mir . . .«

»So ein Tropf, so ein elender«, schrie die Burgerin und schalt ihn aus.

»Wozu hat man sein Weib?« antwortete der Ehemann[19].

Das geschah häufig bei einfachen Leuten, obwohl die Konvention etwas längere Wartezeiten vorschrieb.

Eine Sammlung derber Liebeslieder aus dem noch heidnischen Lettland vermitteln eine gewisse Vorstellung von dem, was in den Köpfen traditioneller Männer vorging, wenn sie ihren Frauen beiwohnten. Die Lieder sind geprägt von Gewalt und Brutalität.

Lauf und birg dich in den Weiden,
denn deine Freier kommen!
Zottelhein und Hodenhans,
Franz der Schwanz persönlich.

Vati stößt und stößt die Mami,
als wollt' er sie ganz zerstoßen.
Ruht kurz zwischen ihren Beinen,
fängt das Stoßen wieder an.

Lauf, mein Schwarzer, hoppla-hopp!
Morgen geht's nach Riga.
Da holen wir uns junge Weiber
und bohren auch die alten.

19 Burger, *Storchentante,* a. a. O., S. 90–91.

Geht der Gramps, das Vieh zu hüten,
steckt er einen Meißel in den Sack.
Findet er 'nen schwarzen Fleck,
meißelt er ein Loch hinein[20].

Frauen zu stoßen, zu bohren, zu meißeln – das ist nicht gerade die Sprache der Zärtlichkeit. Und selbst wenn sich die Männer auf ihr bestes Benehmen besannen, mußten sie ermahnt werden, während des Beischlafs nicht zu furzen. Wie verhält man sich, wenn man beim Geschlechtsakt ein Kind empfangen möchte? Die Finnen kannten da verschiedene Vorschriften, etwa saubere Unterwäsche zu tragen und den Geschlechtsakt am hellichten Tage vorzunehmen. Aber wenn man kein Kind haben wolle, das lispeln würde, dürfe man nicht furzen, sagten sie[21]. Es wäre interessant zu wissen, ob die Frauen ihre Körperfunktionen ebensowenig unter Kontrolle gehabt haben. Ich wage es zu bezweifeln.

Soweit Paare überhaupt von der »Missionarsstellung« abwichen, scheinen sie es weitgehend auf Betreiben des Mannes und zu seinem Nutz- und Frommen getan zu haben. In den lettischen Liedern, in denen oral-genitale Kontakte beschrieben werden – aus der Sicht des Mannes wie der Frau –, ist es die große Ausnahme, wenn sich eine Frau erfreut darüber äußert, daß ihr Mann den Cunilingus mit ihr praktiziert[22]. Normalerweise hören sich diese Lieder so an:

Iß nur, Trina, iß!
Nimm fein große Bissen!
In unsrer Räucherkammer
da gibt's noch dreierlei:
geräuchertes Rebhuhn und Schnepfe
und eines alten Mannes Pimmel[23].

20 Bud Berzing (Hrsg.), *Sex Songs of the Ancient Letts.* University Books, New York 1969, S. 37, 66, 81. Ich verdanke diesen Hinweis der Freundlichkeit Andrej Plakans.

21 E. Pelkonen, *Über volkstümliche Geburtshilfe in Finnland.* Helsinki 1931, S. 90.

22 Die Lieder finden sich überall in: Berzing, *Sex Songs,* a. a. O., man vergleiche aber insbesondere die Seiten 255–62.

23 Ebd., S. 257.

Es gibt zahlreiche Hinweise darauf, daß Bauersfrauen ihre Männer mit Hilfe von Fellatio und Masturbation befriedigt haben. So rät ein finnisches Sprichwort dem Mann, den Penis nach dem *Coitus interruptus* der Frau in den Mund zu stecken[24]. Spärlicher waren die Hinweise auf Masturbation von Frauen durch Männer.

Am besten erkennt man die Rücksichtslosigkeit der Männer daran, daß die Frauen kein Recht hatten, *Nein* zu sagen. Wenn sich eine verheiratete Frau dem Manne nicht verweigern konnte, war sie seinem Verlangen in der Tat schutzlos preisgegeben. Hatte wohl Madame Dubost im Alter von neunundvierzig Jahren das Recht gehabt, sich Monsieur Dubost zu verweigern? Im Juli 1812 erschien sie im Hôtel Dieu zu Lyon mit fortgeschrittenem Gebärmutterhalskrebs, der Blutungen verursachte und entsetzlich stank. Trotzdem bestand das vordringliche Problem darin, daß sie schwanger war, denn ungeachtet des »fortgeschrittenen Sarkoms« hatte Monsieur Dubost auf seinem ehelichen Recht bestanden. Am 16. September erlitt sie eine Fehlgeburt und starb kurz darauf[25].

Hört sich das an, als hätten die Frauen das Recht gehabt, den Geschlechtsakt zu verweigern?

So sah die Wirklichkeit der »ehelichen Pflichten« aus, ein Euphemismus für die *Pflicht* zum Geschlechtsverkehr. Wobei die Verpflichtung auf beiden Seiten bestand. Nach altem deutschen Recht ging ein Ehemann, der seiner Frau den Geschlechtsakt verweigerte, des Nießbrauchs an ihrer Mitgift verlustig. Wenn sie sich *ihm* verweigerte, wurde ihre Mitgift beschlagnahmt, so daß sie völlig mittellos dastand[26]. Wie oft mögen sich die Männer aus dem einfachen Volk geweigert haben, mit ihren Frauen zu schlafen? Wahrscheinlich nicht sehr häufig. Zumal sie ja nichts riskierten, wenn sie ihren Frauen beiwohnten. Hingegen wird ein Großteil dieses Buches davon handeln, was Frauen zu verlieren hatten, wenn sie mit ihren Männern Verkehr hatten.

24 Pelkonen, *Geburtshilfe in Finnland,* a. a. O., S. 56 (»mit dem Hinterteil wird gedroschen, mit dem Munde gesät«).
25 Dr. Martin, *Mémoires de médecine.* Paris 1835, S. 282–286.
26 Fehr, *Weistümer*, a. a. O., S. 2.

Spaß an der Sexualität für die Frau?

Diese Frage läßt sich von zwei diametral entgegengesetzten Gesichtspunkten aus angehen – von dem des Mannes und von dem der Frau. Soweit es die Meinung der traditionellen Männer betraf, waren Frauen feuerspeiende Vulkane der Lust. Die Auffassung, daß Frauen nur im Orgasmus empfangen könnten, geht auf den griechisch-römischen Arzt Galen zurück, der im zweiten Jahrhundert n. Chr. gewirkt hat[27]. Seit dem fünften Jahrhundert, seit Augustinus, ließ es sich die christliche Doktrin angelegen sein, die Sinnlichkeit beider Geschlechter mißtrauisch im Auge zu behalten. Doch seit dem späten Mittelalter galt das Mißtrauen der katholischen Kirche vor allem der Frau, der »gefährlichsten aller Schlangen«[28]. Die von der klassischen Medizin über die Gebärmutter verbreiteten Vorstellungen verstärkten dieses Bild von der allesverschlingenden Sexualität der Frauen noch. Bei einem Autor heißt es dazu im Jahre 1597: »Die Gebärmutter hat ein natürliches Verlangen nach Empfängnis und Fortpflanzung. Deshalb trachtet sie nach männlichem Samen, möchte ihn aufnehmen, in sich hineinziehen, aufsaugen und behalten.«[29] Im Klartext bedeuteten alle diese Auffassungen: Frauen sind Glutöfen fleischlicher Lust, die die Männer wieder und wieder ins Verderben bringen werden, wenn man ihnen Gelegenheit dazu gibt.

Zweck eines Gutteils des rücksichtslosen männlichen Sexualverhaltens war es, den Frauen die Möglichkeit dazu zu nehmen. Da die Flamme weiblicher Sexualität die Willenskraft des Mannes versengen konnte, galt es, die Frauen sexuell zu brechen und zu kontrollieren. »Welches Land und welches Dorf wüßte nicht zu klagen über die unnatürliche, unersättliche Lust der Frauen?«, schrieb Robert Burton 1621[30]. Der tiefere Grund für diese herrische Ungeduld des Mannes in der Sexualität war also, die natürliche sexuelle Kraft der Frau zu bezwingen, bevor sie ihm das Mark aus den Knochen saugen konnte.

27 Ian Maclean, *The Renaissance Notion of Woman.* Cambridge University Press, Cambridge 1980, S. 105, Anm. 54.

28 Jacques Solé, *L'Amour en Occident à l'Epoque moderne.* Michel, Paris 1976, S. 87–92.

29 Jean L. Liébaut, *Thrésor des remèdes secrets pour les maladies des femmes.* Paris 1597, S. 529.

30 Robert Burton, *Anatomy of Melancholy.* 3 Bde., 1621, Neudr., Dent/Everyman, London 1932, Bd. 3, S. 55.

Wie aber stand es mit den Frauen? Wie dachten *sie* über Sexualität? – Eines vorab. Belege, die die weibliche Sexualität im Bürgertum und in der Aristokratie betreffen, werden im 18. und zu Beginn des 19. Jahrhunderts häufiger, genau zu der Zeit, da sich in diesen Klassen die moderne Einstellung zum Familienleben auszubreiten beginnt, die dem Gefühlsleben bei Frauen größeren Wert beimißt[31]. Gleichzeitig fand eine Art vorehelicher »sexueller Revolution« unter den unverheirateten jungen Frauen der Unterschicht statt. Sie begannen vorehelichen Sex als eine Möglichkeit zu mehr privatem Glück anzusehen, statt als ein Mittel, sich »einen Mann zu angeln« (oder als eine Form von Vergewaltigung)[32].

Die Menschen jedoch, die uns hier besonders interessieren, sind die unzähligen verheirateten Frauen aus dem Volke, die vor dem 20. Jahrhundert lebten. Wie sah ihre »traditionelle« sexuelle Reaktion aus? Einige Anhaltspunkte, so zum Beispiel in der Studie von Emmanuel LeRoy Ladurie über das mittelalterliche französische Dorf »Montaillou«, scheinen meiner These zu widersprechen[33]. Doch ich glaube, aus dem überwiegenden Teil der Zeugnisse geht hervor, daß in der Vergangenheit für verheiratete Frauen die Sexualität eine Last war, die ein Leben lang gehorsam, aber widerwillig getragen wurde, und keinesfalls eine Quelle der Freude.

Das auf sexuellem Gebiet ungehemmteste Volk in Europa scheinen die Letten vor der Christianisierung gewesen zu sein. Die auf uns überkommenen Zeugnisse darüber sind zwar begrenzt, und doch sind es die besten Zeugnisse, die wir von irgendeinem Volk früherer Zeit haben, da Tausende ihrer »Sex-Lieder« erhalten sind. Freilich werden die Frauen in einigen von ihnen so dargestellt, als seien sie ganz wild auf Sex:

> Die Mädchen sagen beim Waschen:
> Wir haben nur die Hosen, die leeren.
> Ach, hätten wir doch die Nüsse,
> die sonst in diesen Hosen liegen.

31 Die Entstehung dieser neuen Einstellungen wird anschaulich geschildert bei: Carl N. Degler, *At Odds: Women and the Family in America from the Revolution to the Present.* Oxford University Press, New York 1980, S. 249–79.

32 Shorter, *Modern Family,* a. a. O., Kap. 3.

33 Emmanuel Le Roy Ladurie, *Montaillou: The Promised Land of Error.* Random House/Vintage, New York 1979, Kap. 10–12.

Hoch schwing ich den Wäschestock
über meinem Kopfe,
wenn ich die Burschenhose wasche,
und denke: hätt ich doch den Stock,
der sonst in diesen Hosen sitzt[34].

Obwohl wir nicht wissen, ob hier verheiratete oder unverheiratete Frauen sprechen, drückt sich in diesen Versen, die auf Dorffesten gesungen wurden, eine freudige Einstellung der Frauen aus.

Doch die Mehrheit jener »Sex-Lieder«, die offensichtlich von Frauen gesungen wurden, spiegeln die Furcht vor männlicher Brutalität oder den Wunsch wider, Sex als Tauschmittel zu verwenden:

Meine Mutter sagt, sie gibt mich einem,
der Erbarmen mit mir hat.
Nur, was heißt hier denn Erbarmen?
Er spießt den Dolch mir in den Bauch.

Gib mir, wen du willst, als Mann, Mama,
Nur ein Grobschmied soll's nicht sein.
Ein Schmied grabscht rücksichtslos nach Frauen
mit seinen schwarzen Fingern[35].

Es mag auch einen gewissen Unterschied in den sexuellen Reaktionen verheirateter und unverheirateter Frauen gegeben haben:

Als ich ein junges Mädchen war
zündete ich mein Feuer an mit meiner Pussi;
heut bin ich alt und fange Feuer
noch nicht mal mit 'nem Fidibus von Stahl[36].

Einige der lettischen Lieder deuten darauf hin, daß Frauen ihre Sexualität mehr als Mittel zu einem äußeren Zweck denn als Selbstzweck ansahen:

34 Berzing, *Sex Songs,* a. a. O., S. 89, 199.
35 Ebd., S. 245–46.
36 Ebd., S. 86.

Ich hab ein kleines, aber tiefes Döschen
am Ende meines Bauches.
Wer meinem Kopf zu essen gibt,
darf öffnen das Döschen.

Mein Mann, der Trunkenbold, der möchte bürsten.
Warum sollte ich – ohne was davon zu haben?
Rück rüber mit dem Krug voll Schnaps,
dann dreh mich rum und bürste mich[37].

Schließlich gibt es in diesen lettischen Liedern noch das Motiv des physischen Widerwillens, den viele Frauen gegenüber den ungepflegten Bauernburschen empfanden:

Aus lauter Liebe
wollt ich Hannes küssen.
Hielt ich meine Lippen hin,
sah ich auf Hannes die Läuse.
Was scheren mich die Läuse?
Doch ekelt mich so vor dem Rotz[38].

Dieses Motiv des physischen Widerwillens kehrt ständig wieder in der Welt, die wir verloren haben. Im Mai 1693 wurde de la Motte von zwei Frauen konsultiert, die sich als unfähig zur Lubrikation erwiesen, wenn ihre Männer Verkehr wollten. Er kam zu dem Ergebnis, daß »das Schwert zu groß für die Scheide war«. Wahrscheinlicher ist jedoch, daß sich bei den Frauen einfach keine Erregung einstellte. Er riet ihnen, die Finger mit Öl anzufeuchten und die Vagina manuell zu erweitern, was sie dann auch mit Erfolg taten[39]. Gelegentlich erwähnt der Geburtshelfer Frauen, die »sich beim Koitus übergeben« – eine Erscheinung, die er auf eine anatomische Beziehung zwischen Magen und Gebärmutter zurückführte[40]. Da er keine dieser Beschwerden für besonders bemerkenswert hielt, dürften sie nicht ungewöhnlich gewesen sein.

Bemerkenswert an diesem Widerwillen gegen Sexualität war die

37 Ebd., S. 230, 274.
38 Ebd., S. 46.
39 Guillaume de la Motte, *Traité complet des accouchemens*. 1715, Neudr. Leiden 1729, S. 11–12.
40 Ebd., S. 71.

Angst vor Schwangerschaft. 1925 meinte Marie Stopes von einer der Frauen, die sie in ihrer Beratungsstelle für Geburtenregelung in London befragte: »Sie konnte es kaum ertragen, einen freundlichen Ton in der Stimme ihres Mannes zu vernehmen, aus Angst, es könnten sich daraus sexuelle Gunstbezeigungen entwickeln, die sie seiner allzu unzuverlässigen ›Selbstbeherrschung‹ ausliefern würden.«[41]

Emma Goldman, eine bekannte radikale Intellektuelle, berichtete von den Einwandererfrauen, die sie in den neunziger Jahren des vorigen Jahrhunderts entband, als sie Hebamme in New York war. »Während ihrer Wehen verfluchten einige Frauen Gott und die Menschheit, besonders ihre Männer. ›Schaffen Sie ihn fort!‹ schrie eine meiner Patientinnen. ›Lassen Sie das Schwein nicht in meine Nähe kommen – ich bring ihn um!‹«[42]

Einige der englischen Arbeiterfrauen, die kurz vor dem Ersten Weltkrieg einen Fragebogen der Women's Co-operative Guild ausfüllten, erklärten, Sex sei für sie »nur Pflicht«. »Ich habe mich aus Pflichtgefühl bereitgefunden«, schrieb eine Frau, um zu erklären, warum sie sechs Kinder hatte, »weil ich wußte, wie treulos die Männer in Familien mit wenigen Kindern sind.« Eine andere äußerte sich ausgesprochen lustfeindlich: »Ich wünsche wirklich, man könnte den Zeitraum begrenzen, in dem von einer Frau Kinder erwartet werden. Manchmal denke ich, Frauen sind schlimmer dran als das Vieh . . . Wenn eine Frau sich nicht wohlfühlt, darf sie es nicht sagen, weil ein Mann viele Möglichkeiten hat, es ihr heimzuzahlen, wenn sie seinem Drängen nicht nachgibt.«[43]

Wir haben aus der Zeit um die Jahrhundertwende eine Fülle von Äußerungen, die darauf schließen lassen, daß verheiratete Frauen die ehelichen Beziehungen nicht sonderlich schätzten. Doch mir geht es um den Nachweis, daß in dieser »viktorianischen« Prüderie und Passivität negative weibliche Einstellungen zur Sexualität fortwirken, die viel weiter zurückreichen und keinesfalls eine Erfindung des 19. Jahrhunderts sind.

Das vorgelegte Material ist anekdotisch und fragmentarisch, aber es ist geeignet, uns auf die weit schlimmeren Realitäten vorzuberei-

41 Marie Stopes, *»The First Five Thousand«: Being the First Report of the First Birth Control Clinic in the British Empire.* London 1925, S. 47.

42 Emma Goldman, *Living My Life.* 2 Bde., 1931, Neudr., Dover, New York 1970, Bd. 1, S. 47.

43 Women's Co-operative Guild, *Maternity: Letters from Working-Women,* 1915. Neudr., Garland, New York 1980, S. 48–49, 67.

ten, von denen noch die Rede sein wird. Traditionelle Frauen wurden von den Männern sexuell unterdrückt, ihre Gefühle mit Füßen getreten. Sie hatten keine Möglichkeit, sich dem ehelichen Verkehr zu entziehen, und fanden angesichts seiner unerfreulichen Folgen Trost nur in der Gesellschaft anderer Frauen. Erst als die Frauen die Probleme von Schwangerschaftsunterbrechung, Empfängnisverhütung und risikofreier Geburt – Dinge, die an anderer Stelle dieses Buches erörtert werden – gelöst hatten, konnten sie eine gelassenere Einstellung zur ehelichen Sexualität finden.

2.

Körperbau

Dies wäre ein faszinierendes Kapitel, wenn sich im Laufe der Zeit Knochenbau und Beschaffenheit der inneren Organe bei der Frau erheblich verändert hätten. Doch das ist nicht der Fall. Der Körperbau von Männern und Frauen ist durch den Genotypus weitgehend vorgegeben. Allerdings sind vier wichtige Veränderungen im Körperbau der Frauen nicht ohne Auswirkungen auf ihr Leben geblieben: Frauen sind größer und schwerer geworden, sie haben ihre traditionelle Benachteiligung bei der Ernährung überwunden, sie leiden nicht mehr unter rachitisch bedingten Beckenverformungen, und sie tragen keine Korsetts mehr – wobei dies die unwichtigste der vier Veränderungen ist. Die gegenwärtige Beschaffenheit des weiblichen Körpers hat also so etwas wie eine Geschichte.

Frauen werden größer

Daß Männer größer sind als Frauen, hat relativ wenig mit den historischen Ursachen der männlichen Vorherrschaft zu tun. Denn in der Vergangenheit – als die Herrschaft des Mannes ihre größten Triumphe feierte – war der Größenunterschied zwischen Frauen und Männern wesentlich geringer als heute. Im ganzen gesehen hängt das Wachstum der Menschen vor allem von ihrer Ernährung ab. In manchen Gebieten nahmen Größe und Gewicht der Frauen zu, wenn ihr Essen besser wurde, und sie nahmen bei schlechterer Ernährung ab. Belege für die Einzelheiten solcher Entwicklungen sind leider verloren, weil vor dem 19. Jahrhundert niemand auf den Gedanken kam, die erforderlichen Messungen an hinreichend großen Stichproben vorzunehmen. Dennoch lassen sich zwei Tatsachen festhalten:

Erstens: Frauen waren zwischen dem 14. und 18. Jahrhundert vermutlich deshalb von kleinerem Wuchs, weil die in diesen Zeitraum fallende, allgemeine wirtschaftliche Rezession in Europa für die Frauen bedeutete, daß sie weniger zu essen bekamen. Dieser Punkt wird gleich näher belegt werden.

Zweitens: Eine langfristige Zunahme weiblicher Körpergröße scheint irgendwann Ende des 18. oder Anfang des 19. Jahrhunderts eingesetzt zu haben. Dieser Prozeß endete erst in den sechziger Jahren unseres Jahrhunderts.

Meines Wissens hat man in früheren Zeiten niemals Gewichts- oder Größenmessungen an einer größeren Zahl von Frauen vorgenommen. Doch kann man einen Hinweis darauf, daß sich gegen Ende des Mittelalters und zu Beginn der Neuzeit die durchschnittliche Körpergröße verringert haben dürfte, darin sehen, daß die Mädchen offensichtlich später zu menstruieren begannen. Denn auch für das Auftreten der ersten Regel scheint – betrachtet man die Frauen insgesamt – zu gelten, daß es um so früher erfolgt, je besser die Frauen ernährt sind. Der Zeitpunkt der ersten Menstruation, der »Menarche«, wird erheblich beeinflußt durch Erbanlage, Krankheiten, Rasse und eben auch durch Ernährung. Im Laufe der Geschichte dürfte von diesen vier Faktoren nur die Ernährung spürbaren Veränderungen unterworfen gewesen sein.

Mit dem Ende des Mittelalters brach für die abendländische Gesellschaft eine lange Phase des Mangels an, die offensichtlich zur Folge hatte, daß die Pubertät bei Mädchen durchschnittlich später einsetzte. Je später Frauen zu menstruieren beginnen, desto kleiner bleiben sie wahrscheinlich; und umgekehrt: je eher die Pubertät einsetzt, desto größer werden sie[1]. Daher bedeutet die Verzögerung der Menarche in der Zeit vom 14. bis zum 18. Jahrhundert vermutlich, daß die Frauen des 17. Jahrhunderts im Durchschnitt weniger robust waren als ihre Geschlechtsgenossinnen im 11. Jahrhundert oder im alten Rom.

Im klassischen Griechenland und Rom sowie im Mittelalter scheint die Menstruation im Alter von dreizehn oder vierzehn Jahren eingesetzt zu haben. Die früheste Menarche, von der die Quellen berichten, ist mit zwölf Jahren aufgetreten, und nur wenige Autoren schreiben, daß die Pubertät jemals später als mit fünfzehn Jahren begonnen hat. Zwei Wissenschaftler, die alles verfügbare Material eingesehen haben, schreiben zum Spätmittelalter: »Es gibt keinen Hinweis darauf, daß das für das Ende des 18. Jahrhunderts bezeugte verzögerte Auftreten der Menarche schon begonnen hätte.«[2]

1 Lennart Jacobson, »On the Relationship Between Menarcheal Age and Adult Body Structure«, in: *Human Biology*, 26 (1954), S. 130, Tabelle 1.

2 Darrel Amundsen und Carol Jean Diers, »The Age of Menarche in Classi-

Im 17. und 18. Jahrhundert scheint das Menarchen-Durchschnittsalter auf sechzehn Jahre und sogar darüber geklettert zu sein. Ein Autor aus der Gegend von Innsbruck meinte 1610, die Bauernmädchen der Grafschaft würden in der Regel sehr viel später menstruieren als die Töchter aus bürgerlichem oder aristokratischem Hause, nämlich selten vor ihrem siebzehnten, achtzehnten oder gar zwanzigsten Lebensjahr. Die Städterinnen hätten gewöhnlich schon mehrere Kinder zur Welt gebracht, bevor die Bauernmädchen überhaupt ihre Regel hätten. Das scheine daran zu liegen, daß die Bewohnerinnen der Städte üppiger speisten und tränken und deshalb früher menstruierten[3]. Vielleicht tun wir gut daran, diese Zahlen mit einer gewissen Vorsicht zu betrachten, da siebzehn Jahre als *Durchschnittsalter* für den Beginn der Pubertät in der Tat recht hoch wäre. Aber es gibt viele historische Belege dafür, daß die Frauen ihre Regel im Durchschnitt nicht bekamen, bevor sie sechzehn waren. Ob sechzehn oder siebzehn, aus diesen statistischen Daten geht hervor, daß in der Vergangenheit das durchschnittliche junge Mädchen mehr als die Hälfte seiner Teenager-Jahre in der Vorpubertät verbrachte.

Irgendwann gegen Ende des 18. oder zu Anfang des 19. Jahrhunderts verlegte sich der Beginn der Pubertät erheblich vor – eine Entwicklung, die sich bis in die sechziger Jahre unseres Jahrhunderts fortsetzte. In Frankreich beispielsweise scheint sich das Durchschnittsalter bei der Menarche wie folgt gesenkt zu haben:

1750 – 1799	15,9
1800 – 1849	15,5
1850 – 1899	15,1
1900 – 1950	13,9[4]

Andernorts ist es zu ähnlichen Vorverlegungen gekommen, wenn man den nicht so vollständigen Daten glauben darf: in Norwegen

cal Greece and Rome«, in: *Human Biology,* 41 (1969), S. 125–132, und »The Age of Menarche in Medieval Europe«, in: *Human Biology,* 45 (1973), S. 363–69; das Zitat stammt aus dem zweiten Artikel, S. 368.

3 Die Quelle ist »Quarinonius«, zitiert bei: Leona Zacharias und Richard J. Wurtman, »Age at Menarche: Genetic and Environmental Influences«, in: *NEJM,* 17. April 1969, S. 873.

4 Edward Shorter, »L'Age des premières règles en France, 1850–1950«, in: *Annales: Economies, Sociétés, Civilisations,* 36 (1981), S. 497, Tabelle 1.

von 16 Jahren um 1840 auf 13,3 Jahre kurz vor dem Zweiten Weltkrieg; in Schweden von 15,6 im Jahre 1886 auf knapp unter 13 im Jahre 1970[5]. Heute kommen die meisten Frauen zwischen zwölfeinhalb und dreizehn in die Pubertät[6] – ähnlich wohl wie in der Antike.

Ich gehe auf den Menstruationsbeginn nur deshalb so ausführlich ein, weil man daraus schließen kann, wie groß und kräftig die Frauen endlich werden. Die Zahlen über die enorme Zunahme der Menschen an Gewicht und Größe im Laufe der letzten hundert Jahre sind den Kennern der Materie wohlvertraut, und ich brauche sie hier nicht zu wiederholen. Halten wir uns nur vor Augen, daß in den dreißiger Jahren des letzten Jahrhunderts die belgische Durchschnittsfrau lediglich 1,58 Meter maß und etwa 55 Kilogramm wog. In den siebziger Jahren des 20. Jahrhunderts sollte ihr amerikanisches Pendant 5 Zentimeter größer und 10 Kilogramm schwerer sein[7].

Das Ernährungshandicap der Frauen schwindet

Zweifellos essen die Menschen heute besser. Mir geht es jedoch darum zu zeigen, daß unter den Bedingungen der traditionellen Familie – bevor die Beziehungen zwischen Männern und Frauen jenen Charakter konventioneller Liebenswürdigkeit angenommen haben, der typisch ist für das »moderne« Familienleben – die Frauen schlechter aßen als die Männer. Bevor ich jedoch näher auf diesen Punkt eingehe, möchte ich dem Leser einen allgemeinen Eindruck davon geben, was man damals so aß. Die Geschichte der Ernährung ist weitgehend bekannt. Werfen wir also zum besseren

5 J. E. Brudevoll u. a., »Menarcheal Age in Oslo During the Last 140 Years«, in: *Annals of Human Biology,* 6 (1979), S. 411, Abb. 1. Bengt-Olov Ljung u. a., »The Secular Trend in Physical Growth in Sweden«, in: *Annals of Human Biology,* 1 (1974), S. 253, Abb. 11.

6 Und für die jüngste Zeit vgl. J. M. Tanner und P. B. Eveleth, »Variability between Populations in Growth and Development at Puberty«, in: S. R. Berenberg (Hrsg.), *Puberty: Biologic and Psychosocial Consequences.* Kroese, Leiden 1975, S. 269, Abb. 8.

7 Sehr interessante Daten über den »jahrhundertealten Trend« sind zu finden bei: J. M. Tanner, *Growth at Adolescence.* 2. Aufl., Blackwell, Oxford 1962, S. 149, und bei: Phyllis B. Eveleth und J. M. Tanner, *Worldwide Variation in Human Growth.* Cambridge University Press, Cambridge 1976, S. 260–61.

Verständnis einen Blick auf den Speiseplan eines vergleichsweise gut versorgten Gebietes, wie es die Markgrafschaft Hochberg im Jahre 1783 war:

– Frühstück: Die meisten Einwohner essen eine dicke Brotsuppe, der nicht selten übriggebliebene getrocknete Bohnen, Erbsen und Linsen zugefügt werden.

– Mittagessen: Meist frisches oder getrocknetes Gemüse, Brotspeisen, Kloßbrühe, Kartoffeln in jeder Form, gekochtes, getrocknetes oder frisches Obst.

– Abendessen: Eine Suppe aus getrockneten Kartoffeln mit Salz oder Dickmilch oder ein Salat aus allem, was gerade greifbar ist – sogar Kartoffeln –, angemacht mit Nußöl. An Festtagen wird der Salat durch Schinken verfeinert.

Wie die meisten Menschen im vorindustriellen Europa spülten die Hochberger ihre Mahlzeiten mit Wasser und Kaffee, gelegentlich auch mit Wein hinunter. Die meisten Familien hielten ein oder zwei Schweine und pökelten nach der jährlichen Schlachtung einen Teil des Fleisches ein, wovon sie dann den Rest des Jahres ein- oder zweimal die Woche zu Mittag aßen. »Selten« kam bei den Hochbergern Rindfleisch auf den Tisch, Kalbfleisch nie[8]. Diese Fakten sind den Bevölkerungshistorikern vertraut. Ihrer Ansicht nach wurden seit dem 18. Jahrhundert Hungersnöte selten, weil Kartoffeln und Roggenbrot hohe Kalorienwerte lieferten. Zwar bedeutete ein solcher Speiseplan immerhin eine *gewisse* Abwechslung, gemessen an der ewigen Eintönigkeit der »Brotsuppe«, die das Erkennungszeichen wirklich rückständiger Gebiete war. Dennoch dürfte er schwerwiegende Mängel an Eiweiß und anderen Nährstoffen aufweisen.

Was uns interessiert, ist jedoch die Tatsache, daß angesichts dieser gerade noch oder kaum ausreichenden Ernährungsweise die Frauen erheblich schlechter dranwaren als die Männer, da sie – wenn es überhaupt Fleisch gab – weniger Fleisch abbekamen, und ohnehin kleinere Portionen von allem. Die dörflichen Spielregeln besagten – ob das nun zutraf oder nicht –, daß Männer härter arbeiteten als Frauen und deshalb mehr Nahrung brauchten. Wieviel mehr war das aber? Im 17. Jahrhundert gaben die Bewohner der Farøer-Inseln, bei denen beim Essen die Schüssel in der Mitte ste-

8 Wilhelm Ludwig Willius, *Beschreibung der natürlichen Beschaffenheit in der Marggravschaft Hochberg*. Nürnberg 1783, S. 192–94.

hen blieb, statt herumgereicht zu werden, den Männern doppelt soviel wie den Frauen. 1772 gibt das Haushaltsbuch eines norwegischen Pfarrers darüber Auskunft, daß beim weihnachtlichen Backen die Roggenbrote der Männer 1350 Gramm, die der Frauen 900 Gramm wogen[9].

Eine strenge Tischordnung sorgte dafür, daß die Männer den Löwenanteil bekamen. So nahm eine Weinhändlerfamilie aus Baden, die ihr Fleisch beim Schlachter kaufte, ein Pfund für sechs Personen. Nachdem die Frau das Fleisch aufgeschnitten hatte, machte der Vater von seinem Vorrecht Gebrauch und nahm sich das größte und schönste Stück. Nach ihm kamen die Söhne, dann die Töchter und schließlich die Frau selbst[10]. Wieviel blieb wohl für sie *von einem Pfund* übrig?

Entsprechend erging es den weiblichen Dienstboten (ebenso wie den männlichen, aber es gab viel mehr weibliche Hausangestellte). Wenn die Platte herumging, bekamen sie sie zuletzt, so daß für sie in den Gegenden, in denen die Familie das Schweinefleisch für das ganze Jahr einpökelte, nur noch die Stücke mit den Maden übrigblieben. Eine junge Frau erklärte, sie habe einmal fünfzehn Maden auf ihrem Teller gehabt. Ein anderes Dienstmädchen ließ nach dem Ersten Weltkrieg auf einem dieser großen Bauernhöfe die Platte aus Versehen falsch herumgehen, so daß die Dienstboten zuerst an der Reihe waren und sich mit den guten Stücken versorgen konnten. »Sie hätten hören sollen, was die Familie für ein Theater machte«, berichtete sie. Die Familienmitglieder weigerten sich, die Stücke zu essen, in denen die Maden saßen[11].

Daß der Vater mehr erhielt, war nicht nur bäuerliche, sondern auch Arbeitertradition. Dazu heißt es 1863 bei dem Arzt Edward Smith: »Ständig hörte ich: ›Der Mann verdient das Brot, da muß er auch das beste Essen haben.‹ ... Der Arbeiter ißt fast täglich Fleisch und Schinken, während Frau und Kinder solche Nahrungsmittel möglicherweise nur einmal in der Woche bekommen, und

9 Diese Beispiele stammen von: Lily Weiser-Aall, »Die Speise des Neugeborenen«, in: Edith Ennen und Günter Wiegelmann (Hrsg.). In: *Festschrift Matthias Zender*. 2 Bde., Röhrscheid, Bonn 1972, Bd. 1, S. 543–44.

10 Marta Wohlgemuth, *Die Bäuerin in zwei badischen Gemeinden*. Karlsruhe 1913, S. 76.

11 Gertrud Herrig, *Ländliche Nahrung im Strukturwandel des 20. Jahrhunderts: Untersuchungen im Westeifel Reliktgebiet am Beispiel der Gemeinde Wolsfeld*. Hain, Meisenheim 1974, S. 99, Anm. 210.

beide, er selbst und seine Familie, sind der Überzeugung, daß er das braucht, damit er seine Arbeit tun kann.«[12]

Natürlich konnten die Frauen, die ja das Essen kochten, soviel von der Brotsuppe kosten, wie sie wollten. Zur Benachteiligung kam es erst, wenn eiweiß- und fettreiche Nahrungsmittel wie Fleisch und Fisch zugeteilt wurden – denn diese wurden im Stück aufgetragen und vor aller Augen zerlegt. Die Folgen solcher Benachteiligung äußerten sich nicht so sehr in Merkmalen wie Körpergröße, wo der Unterschied zwischen Männern und Frauen wahrscheinlich geringer war als heute, sondern in geschwächter Widerstandskraft gegen Infektionen und einem geringeren Maß an körperlicher Energie. Ein wichtiger Erklärungsfaktor für die Unterschiede der Geschlechter auf diesem Gebiet dürfte die unterschiedliche Ernährung gewesen sein.

Frühkindliche Rachitis – eine Geißel der Frauen

Der weibliche Körper hat sich im Laufe der Jahrhunderte in einer bedeutsamen Hinsicht verändert: Heute ist die Wahrscheinlichkeit, daß die Frauen gerade Knochen, ein normal gekrümmtes Rückgrat und ein großes, geräumiges Becken bekommen, sehr groß. Vor dem Zweiten Weltkrieg gab es in der europäischen Unterschicht und im schwarzen Bevölkerungsteil der Vereinigten Staaten einen erheblichen Prozentsatz von Frauen, deren Wachstum und Knochenbildung durch Rachitis gestört war – eine Kinderkrankheit, die eine erhöhte Verformbarkeit des Skeletts zur Folge hat.

Gleich zu Beginn möchte ich darauf hinweisen, daß Rachitis vor allem für die Frauen ein Problem war, wenn auch männliche Säuglinge ebenfalls von ihr befallen wurden. Aber nur Frauen gebären, und so waren nur sie von den Beckenverformungen betroffen, die durch Rachitis hervorgerufen werden. Das Problem liegt darin, daß die Knochen, die sich während der ersten Lebensjahre krümmen, nie wieder gerade werden können. Die Krankheit beginnt wie folgt:
– Mit ungefähr vier Monaten treten am Schädel des Kindes weiche

12 Bei: Derek Oddy und Derek Miller (Hrsg.), *The Making of the Modern British Diet.* Croom Helm, London 1976, S. 220, zitiert aus: »The Sixth Report of the Medical Officer of the Privy Council«, 1864.

Stellen kranken Knochengewebes auf, »Kraniotabes« genannt, wodurch es zu quadratischer Schädelform und hoher Höckerstirn kommt.

– Mit sechs Monaten tritt an der Knorpelknochengrenze der Rippen rund um das Brustbein ein Streifen von Schwellungen auf. Er heißt »rachitischer Rosenkranz«, und Mütter, die dieses Phänomen an ihrem Kind entdeckten, fürchteten, es wäre verloren – was gar nicht der Fall war, denn dazu mußten noch andere Faktoren hinzutreten. Aber der rachitische Rosenkranz ist seit jeher ein Kennzeichen der Krankheit.

– Mit zwölf Monaten bilden sich Verdickungen an den Handgelenken, weil die Wachstumszonen dort durch das Gewicht des auf Händen und Knien krabbelnden Kindes zusammen- und nach außen gepreßt werden[13].

– Zu verschiedenen Zeitpunkten können noch andere Veränderungen wie geschwollener Bauch, verzögerte Zahnung oder O-Beine auftreten[14].

Von diesen Störungen waren zwar, wie gesagt, männliche und weibliche Säuglinge gleichermaßen betroffen. Aber allein Frauen setzen Kinder in die Welt, und eine leichte Geburt ist nur möglich, wenn die Beckenknochen groß genug sind, um sich dem Kopf des Kindes anzupassen. Rachitis jedoch verformt das Becken, und Frauen, die die Krankheit gehabt haben, können nur mit großen Schwierigkeiten entbinden.

Verursacht wird Rachitis durch Calcium- und Phosphormangel in den Knochen, der so entsteht: Calcium lagert sich nach der Verbindung mit Phosphor zwischen den einzelnen Knochenzellen ab und sorgt für die Härte der Knochen. Wird das Calcium nicht in die Knochengrundsubstanz aufgenommen, verbiegen und krümmen sie sich bei Belastung. Dabei ist nicht entscheidend, ob die Kinder in ihrer Nahrung genügend Calcium bekommen, denn die Milch enthält immer ausreichende Mengen, sondern ob sie das Calcium auf-

13 Diese Chronologie ist aus: British Pediatric Association, *Report on the Incidence of Rickets in War-Time*. Ministry of Health, Reports on Public Health, Nr. 92, London 1944, S. 7.

14 Zur Regelmäßigkeit, mit der diese verschiedenen Symptome auftreten, vgl. Alfred F. Hess und Lester J. Unger, »Infantile Rickets: The Significance of Clinical, Radiographic and Chemical Examinations in its Diagnosis and Incidence«, in: *American Journal of Diseases of Children,* 24 (1922), S. 328, 337.

nehmen können, das ihnen mit der Nahrung zugeführt wird. Verantwortlich für die Resorption von Calcium und Phosphor im Darm ist das Vitamin D. Säuglinge mit Rachitis bekommen gewöhnlich nicht genügend Vitamin D. Es braucht nicht in der Nahrung enthalten zu sein. In ausreichender Menge kommt es sowieso nur in Eigelb und fettem Fisch vor. Der größte Teil des Vitamins wird unter Einwirkung von Sonnenlicht in der Haut synthetisiert. Rachitis ist also »Sonnenmangel« und kein »Nährstoffmangel«. Bekommt ein Kind jedoch zu wenig Sonnenlicht, so läßt sich der Erkrankung immer noch mit Lebertran vorbeugen.

Dem Leser wird klar sein, warum Rachitis in sonnigen Klimaten kein Problem darstellt (es sei denn, man hält die Kinder hinter den Vorhängen der indischen Frauengemächer versteckt), oder warum Kinder verschont bleiben, die im Winter draußen spielen. Aber wenn Eltern glauben – wie es viele traditionelle Europäer taten –, Kinder würden sich erkälten, wenn man sie der »Zugluft« aussetzt, und es sei gefährlich, Kinder nach draußen an die frische Luft zu bringen, so sind damit die besten Voraussetzungen für Rachitis geschaffen. »In jedem Falle von Rachitis, der uns zu Gesicht gekommen ist«, schrieb James R. Smyth 1843 in London, sei das Kind, »einem hinreichenden Einfluß der Sonne mehr oder minder entzogen gewesen.«[15]

Von allen Praktiken der Kinderpflege, die Kindern das Sonnenlicht entzogen haben, war das »Einwickeln« am verderblichsten, bei dem der Säugling wie eine Mumie in eine lange Leinenbinde einbandagiert wurde und das erste halbe Jahr seines Lebens so verbrachte. Deshalb sind wir auch nicht überrascht, in Dr. Olivets »medizinischer Topographie« aus dem Jahre 1819 zu erfahren, daß Rachitis »fast allgegenwärtig« war. Sie trat etwa im fünften Monat auf. Mit zwölf Monaten zeigten die Kinder kein Interesse am Laufen und hatten noch mit zwei Jahren ihre Schwierigkeiten damit. Das Zahnen ging langsam und unregelmäßig vonstatten. Sogar mit fünfzehn Jahren noch hatten viele Mädchen verformte Wirbelsäulen[16]. Zwar sagt Dr. Olivet nichts über ihre Beckenknochen, aber auch sie dürf-

15 James R. Smyth, »Miscellaneous Contributions to Pathology and Therapeutics«, in: *LMG*, NS, 1 (1843–44), S. 328.

16 Dr. Olivet, »Essai sur la topographie médicale de la ville de Montereau, Haut-Yonne«, Februar 1819. Das Manuskript befindet sich in der Sammlung »Société de l'école de médecine de Paris, mémoires OP« der Pariser Académie de Médecine.

ten aller Wahrscheinlichkeit nach in Mitleidenschaft gezogen worden sein.

Was ich beschrieben habe, ist das traditionelle Krankheitsbild der Rachitis. Es hängt eher zusammen mit einer Reihe von Maßnahmen zur Kinderpflege als mit irgendeiner bestimmten Umwelt. Und es ist so alt wie die Menschheit selbst. Ein Spezialist des Mittelpaläolithikums entdeckte, daß »jeder bislang untersuchte kindliche Neanderthalerschädel Anzeichen für schwere Rachitis erkennen läßt«.[17]

Das traditionelle Krankheitsbild fand sich gleichermaßen auf dem Lande und in der Stadt, überall da, wo Kinder in den ersten beiden Lebensjahren nicht genügend Sonnenlicht bekamen. Viele Hinweise auf Rachitis lassen sich in den alten »medizinischen Topographien« finden. Dabei war sie in manchen Gebieten erstaunlich weit verbreitet, in anderen unbekannt. Sehr häufig trat die Krankheit beispielsweise in Bayonne, Hof, Ljubljana (Laibach), London, Lyon, Memel, Regensburg und Stettin auf[18]. Wenn auch eine quantitative Schätzung nicht möglich ist, so dürfen wir doch davon ausgehen, daß Rachitis im traditionellen Europa allgegenwärtig war.

Als sich dann im 19. Jahrhundert die althergebrachte Kinderpflege zu wandeln begann, trat Rachitis nicht mehr im Zusammenhang mit Angst vor Erkältungen und der Sitte des Einwickelns auf, sondern wurde allmählich zu einer Krankheit der industriellen Umwelt, weil man nämlich die Kinder in Fabriken, Schulen und Städten einschloß, wo Ruß und Rauch keinen Sonnenstrahl durchließen (denn Rachitis kann auch ältere Kinder befallen). Mitte des 19. Jahrhunderts war in Wien die Rachitis so häufig bei Fabrikkindern, daß ein

17 Francis Ivanhoe, »Was Virchow right about Neanderthal?«, in: *Nature,* 227 (1970), S. 578; vgl. auch H. Grimm, »Über Rachitis und Rachitis-Verdachtsfälle im ur- und frühgeschichtlichen Material«, in: *Zeitschrift für die gesamte Hygiene und ihre Grenzgebiete,* 18 (1972), S. 451–55.

18 P. J. Lesauvage, *Essai topographique et médical sur Bayonne et ses environs.* Paris 1825, S. 120–21; Jürdens, »Versuch einer medizinischen Topographie der Stadt Hof«, in: *Journal der practischen Arzneykunde,* 6 (1798), S. 843–44; Fr. Wilhelm Lippich, *Topographie . . . Laibach.* Laibach 1834, S. 183; zu Lyon: Dr. Martin, *Mémoires de médecine.* Paris 1835, S. 4; Friedrich Julius Morgen, *Beiträge zu einer medicinischen Topographie . . . Memel.* Memel 1843, S. 228; Jakob Christian Schäffer, *Versuch einer medicinischen Ortsbeschreibung der Stadt Regensburg.* Regensburg 1787, S. 44, wo es heißt, daß von der Krankheit vor allem die Kinder der Armen betroffen seien; Hermann Wasserfuhr, *Untersuchungen über die Kindersterblichkeit in Stettin.* Stettin 1867, S. 22.

Autor meinte, man solle sie lieber »Wiener Krankheit« als »Englische Krankheit« nennen[19]. Ihre geographische Verteilung Ende des 19. Jahrhunderts in England spiegelte den Verlauf der industriellen Revolution wider, insofern sie »in Großstädten und dichtbesiedelten Gebieten, vor allem dort, wo sich industrielle Anlagen befinden, gehäuft auftritt«. In ländlichen Gebieten war sie kaum zu finden. 1932 hieß es in einem Bericht über Bradford, das Zentrum des Kammgarnhandels: »Erwachsene Frauen sind häufig klein und verkrüppelt . . . Einst war Rachitis außerordentlich verbreitet; in den letzten zwanzig Jahren jedoch ist sie ständig zurückgegangen, und heute gibt es kaum noch ausgeprägte Fälle von Rachitis.« Aber natürlich bekamen die Frauen, die zwanzig Jahre zuvor als Säuglinge an Rachitis erkrankt waren, nun Kinder. »In den gynäkologischen Beratungsstellen ist der Eindruck entstanden, daß plattrachitische Becken relativ häufig sind«[20] – eine Beobachtung die sich vielerorts bestätigte.

In den zwanziger Jahren des 20. Jahrhunderts, als systematische Reihenuntersuchungen durchgeführt wurden, war Rachitis erstaunlich verbreitet. Von achthundert Kindern, die 1898 in der Bostoner Kinderklinik behandelt wurden, wiesen 80 Prozent »mehr oder minder ausgeprägte Symptome von Rachitis« auf[21]. Von 1600 Kindern unter zwei Jahren in Manchester, die 1933 untersucht wurden, ließen mehr als ein Viertel klinische Symptome von Rachitis erkennen[22].

Ich bin sicher, daß der Leser wird verstehen, warum ich so ausführlich auf diese Kinderkrankheit eingegangen bin: Sie verformte das Skelett der Frauen und machte sie anfällig für einige der Geburtsrisiken, die ich kurz beschreiben möchte[23]. Von hundert groß-

19 Dr. Ludwig Mauthner im Jahre 1841, zitiert bei: Gustav Otruba: »Lebenserwartung und Todesursachen der Wiener«, in: *Jahrbuch des Vereines für Geschichte der Stadt Wien,* 15/16 (1959/60), S. 214).

20 Janet Campbell u. a., *High Maternal Mortality in Certain Areas,* Ministry of Health, Reports on Public Health, Nr. 68, London 1932, S. 28–29.

21 John L. Morse, »The Frequency of Rickets in Infancy in Boston and Vicinity«, in: *JAMA,* 24. März 1900, S. 724.

22 British Pediatric Association, *Incidence Rickets,* a. a. O., S. 4; dort wird ein Bericht von Dr. Chisholm zitiert.

23 Zu Beckenverformungen durch frühkindliche Rachitis vgl. Theodor Hoffa, »Die Entstehung des rachitischen Beckens«, in: *Monatsschrift für Heilkunde,* 27 (1923–24), insbesondere S. 436.

gewachsenen Frauen, die sich Ende der vierziger Jahre in der Entbindungsklinik von Aberdeen in Schottland anmeldeten, hatten nur sieben »platte« Becken, das anatomische Kennzeichen von Rachitis. Von hundert kleinen Frauen hatten vierunddreißig platte Becken. Viele dieser kleineren Frauen hatten wahrscheinlich irgendwann einmal Rachitis gehabt[24]. (Als Kinder hatten sie womöglich gleichzeitig unter einem Mangel an Vitamin C gelitten, wodurch auch das Wachstum ihrer langen Knochen gehemmt worden war.)

Wie häufig trat der Fall ein, daß sich Mädchen von ihren Rachitisschäden, wenn sie erwachsen wurden, erholten? Nach William Smellie, der als einer der ersten einen Zusammenhang sah zwischen Rachitis im Kindesalter und Beckenanomalien bei erwachsenen Frauen sah, hatten praktisch alle Opfer der Krankheit später unter ihren Folgen zu leiden. »Die meisten der Frauen, die im Säuglingsalter Rachitis hatten, behalten in der Regel – ob sie nun klein und verformt bleiben, oder ob sie sich von der Krankheit erholen und zu großen stattlichen Frauen heranwachsen – enge und verunstaltete Becken, durch die ihre Entbindungen langwierig und schwierig werden.«[25] Ist das eine zu düstere Sicht der Dinge? Heute ist man der Meinung, daß die Rachitis bis zum zweiten Lebensjahr ausgeheilt sein muß, um spätere Beschwerden zu vermeiden. Doch tritt schwere, länger andauernde Rachitis heute kaum noch auf. Im Frankreich des 18. Jahrhunderts, wo die Krankheit an der Tagesordnung war, wurden die Kinder oft nicht vor dem fünften oder sechsten Lebensjahr gesund. »Kinder, die sich bis dahin nicht erholt hatten, bleiben gewöhnlich für den Rest ihres Lebens behindert und verunstaltet . . . Mädchen, die bis zum Alter von acht oder neun Jahren unter Rachitis leiden, werden in der Regel ein sehr enges Becken haben.«[26]

Frauen mit leichter Rachitis mußten – wenn es überhaupt zu einer Beckenverengung kam – mit einem »platten« oder »plattrachitischen« Becken rechnen, bei dem Rück- und Vorderseite zu nahe stehen (anatomisch ausgedrückt: in diesen Fällen senkt sich das Kreuzbein nach vorne, so daß das »Promontorium« des Kreuzbeins

24 Robert M. Bernard, »The Shape and Size of the Female Pelvis«, *Transactions of the Edinburgh Obstetrical Society,* in: *Edinburgh Medical Journal,* 59 (1952), S. 2, Tabelle 1.

25 William Smellie, *Treatise on the Theory and Practice of Midwifery.* London, 1752, S. 82.

26 Brouzet, *Essai sur l'éducation médecinale des enfants.* Paris 1754, Bd. 2. S. 215.

dem Schambein zu nahe rückt). Ein plattes Becken bedeutet, daß der Kopf des Kindes möglicherweise nur schwer in das Becken eintreten kann. Ist das aber erst einmal geschehen, ist im weiteren mit einem glatten Geburtsverlauf zu rechnen.

Frauen mit schwerer Rachitis konnten ein »plattrachitisches« oder ein »plattrachitisches und allgemeinverengtes« Becken bekommen, das heißt ein Becken, das insgesamt – nicht nur im Abstand zwischen Vorder- und Rückseite – zu klein geraten war. In diesen Fällen ähnelte der Beckenboden einem Trichter, weil die Seiten zu nahe aneinanderrückten (anatomisch: die Schambögen werden enger, und der Abstand zwischen den »Tubera ossis ischii« verringert sich). Beim allgemeinverengten Becken hat unter Umständen nicht nur der Kopf des Kindes Schwierigkeiten, in den oberen Teil des Beckens (den »Beckeneingang«) einzutreten; auch der Rest des Weges durch das Becken wird erschwert[27].

In den Statistiken von zwölf deutschen Entbindungsstationen sah Ende des 19. Jahrhunderts die Verteilung dieser verschiedenen Formen von Beckenverengungen wie folgt aus:

25 %	allgemeinverengt
15 %	allgemeinverengt-platt
33 %	einfach platt
25 %	plattrachitisch*
100 %[29]	

* Eine Unterscheidung zwischen »platt« und »plattrachitisch« ist wahrscheinlich ohne Bedeutung, da Rachitis die eine wie die andere Belastungsdeformität verursachen dürfte. »Unter der großen Zahl von platten Becken, die an der Northwestern University Medical School vorkamen«, schrieb Joseph DeLee, »war keines, das nicht gleichzeitig Anzeichen von Rachitis erkennen ließ.« Wahrscheinlich waren auch einige »allgemeinverengte« Becken rachitischen Ursprungs, da die anderen Ursachen für Beckenverformungen – wie beispielsweise Unfälle, Hüftverrenkungen und andere Knochenkrankheiten – vergleichsweise selten waren. So weisen heute, da die Rachitis praktisch beseitigt ist, nur etwa fünf Prozent aller Frauen Beckenverengungen auf, die so schwerwiegend sind, daß sie den Geburtsverlauf beeinträchtigen[28].

27 Vgl. Joseph B. DeLee, *Principles and Practice of Obstetrics*. 6. Aufl., Philadelphia 1933, S. 720, 733.

28 a. a. O., S. 718; sowie Louis M. Hellman und Jack A. Pritchard, *Williams Obstetrics*. 14. Aufl., Appleton-Century-Crofts, New York 1971, S. 897.

29 Franz von Winckel, *Handbuch der Geburtshilfe*. 3 Bde., Wiesbaden 1903–1907, Bd. 2, S. 1874.

Dabei müssen wir uns natürlich klarmachen, daß es in vielen Gebieten überhaupt keine Rachitis gab und daß dort die Frauen ein ganz normales Becken hatten. So besaßen in den achtziger Jahren des 18. Jahrhunderts die Frauen von Chambéry »große und wohlgeformte Becken«; es handelte sich um ein Gebiet, in dem das Einwickeln der Säuglinge ausgestorben war[30]. In Eschwege, wo das Einwickeln nur drei Monate dauerte, waren die Frauen wohlgestaltet. Abnorme Becken waren hier selten anzutreffen und nie in einer Ausprägung, die einen Kaiserschnitt an einer lebenden Mutter erforderlich gemacht hätte[31]. Ich möchte nicht den Eindruck erwekken, als hätten die Frauen überall zu einem hohen Prozentsatz unter diesen Verformungen gelitten.

Dennoch war das bei vielen Frauen der Fall. Von 8000 Entbindungen in Florenz wurden zwischen 1883 und 1895 18 Prozent durch Beckenverformungen erschwert[32]. Von 275 Müttern in einer Gießener Klinik litten 20 Prozent an Beckenverengungen[33]. Von 6400 weißen Frauen, die zwischen 1896 und 1924 im Johns Hopkins Hospital entbanden, hatten 14 Prozent verengte Becken irgendeiner Form (von den schwarzen Frauen 43 Prozent)[34].

Ich halte es für wahrscheinlich, daß sich vor den zwanziger Jahren des 20. Jahrhunderts, als das Vitamin D endlich isoliert wurde und man die Mechanismen der Rachitis zu verstehen begann, bei einer von vier städtischen Unterschichtsfrauen der Geburtsverlauf aufgrund von Mißbildungen der Beckenknochen verlängerte. (Dieses Thema wird in Kapitel 5 ausführlich behandelt.) Ob es dadurch zu einer beträchtlichen Verzögerung des Geburtsverlaufs kam, ob die Schwangere sich dadurch einer gefährlichen geburtshilflichen Operation unterziehen mußte, ob sie sich infizierte oder einem Dutzend anderer Gefahren ausgesetzt war, das sind Fragen, die wir in späteren Kapiteln behandeln müssen. Ich möchte hier nur deutlich ma-

30 Joseph Daquin, *Topographie médicale de la ville de Chambéry*. Chambéry 1787, S. 79, 82.

31 Carl Schreiber, *Physisch-medicinische Topographie . . . Eschwege*. Marburg 1849, S. 164–65.

32 Vgl. die Zusammenfassung von Ernesto Pestalozzas Artikel in *ZBG*, 20 (1896), S. 1090.

33 F. Ahlfeld, *Berichte und Arbeiten aus der geburtshülflich . . . Klinik zu Gießen*, 1881–1882. Leipzig 1883, S. 10.

34 J. Whitridge Williams, »A Statistical Study of the Incidence and Treatment of Labor Complicated by Contracted Pelvis«, in: *AJO-G*, 11 (1926), S. 737, Tabelle 1.

chen, daß sich hinter den trockenen Statistiken über »Beckenanomalien« eine Welt von Leiden verbirgt, die weitgehend in Vergessenheit geraten ist.

Verteufelung des Korsetts

Obgleich dem Korsett in der Geschichte der Mode viel Aufmerksamkeit gezollt worden ist, wurden zwei Punkte nicht berücksichtigt: 1. Außerhalb der Aristokratie und der städtischen Mittelschicht haben nur wenige Frauen ein Korsett getragen. 2. Ob sie es trugen oder nicht, spielt unter dem Gesichtspunkt ihrer Gesundheit keine Rolle, da das Korsett keinen wesentlichen Schaden anrichtete.

Der nicht speziell vorgebildete Leser wird kaum wissen, welch verheerende Auswirkungen auf den weiblichen Körper dem Korsett einst nachgesagt wurden. Nach einem Historiker des 19. Jahrhunderts »wurde der weibliche Körper in keiner anderen geschichtlichen Epoche von der Kleidung so eingeengt und entstellt« – eine Textstelle, die in erster Linie das Korsett meint[35]. Samuel Thomas Soemerring, Anführer einer langen Reihe von Ärzten, die gegen das Kleidungsstück gewettert haben, machte das Korsett verantwortlich für Wirbelsäulenverformungen, Tuberkulose, die verschiedensten Arten innerer Blutungen, Ohnmachtsanfälle, Durchfall, Mastdarmvorfall und so fort[36]. Wenn man sich nach herkömmlichem Wissen also über einen Aspekt des Körperbaus einig war, dann darüber, daß Korsetts zahllose Generationen von Frauen verformt und verkrüppelt haben. An diesem Mythos möchte ich im vorliegenden Abschnitt kratzen.

Das »Einschnüren« begann etwa im 11. oder 12. Jahrhundert, als die Damen der Aristokratie die »Körperformen« entdeckten. Im 14. Jahrhundert war laut Paul Diepgen in der Kleidung der Oberschicht eine Art von Korsett obligatorisch geworden[37]. Irgendwann

35 Stephen Kern, *Anatomy and Destiny: A Cultural History of the Human Body*. Bobbs-Merrill, Indianapolis 1975, S. 10.

36 Samuel Thomas Soemerring, *Über die Schädlichkeit der Schnürbrüste*. Leipzig 1788, S. 104–05, 160–61; über die Kritik anderer am Korsett berichtet Soemmering auf S. 96–97.

37 Paul Diepgen, *Frau und Frauenheilkunde in der Kultur des Mittelalters*. Thieme, Stuttgart 1963, S. 207.

– die genaue Chronologie ist immer noch nicht bekannt – begann sich das enge Schnüren auch bei den Frauen der »Mittelschicht« in den Kleinstädten durchzusetzen. Der Siegeszug des Korsetts fand dann eine kurze Unterbrechung mit der »klassizistischen« Mode Ende des 18. Jahrhunderts, mit dem Wunsch, bequeme und fließende Kleider zu tragen, wie sie nach damaliger Vorstellung im klassischen Griechenland getragen worden waren. Doch in den zwanziger und dreißiger Jahren des 19. Jahrhunderts kam das Korsett wieder in Mode und hielt sich bis ins erste Jahrzehnt des 20. Jahrhunderts, als neue Vorstellungen über die Freiheit des Körpers es plötzlich für immer von der Bildfläche verschwinden ließen.

Es besteht also kein Zweifel daran, daß Korsetts von den Mädchen und Frauen in den besseren Kreisen der europäischen Großstädte gewohnheitsmäßig getragen wurden. Lawrence Stone liefert übertriebene Beispiele aus dem Leben der wohlhabenden Schichten im England des 18. Jahrhunderts[38]. Ärzte in Städten wie Köln, Memel und Berlin machten das Korsett haftbar für jede nur erdenkliche Krankheit, von der Verstopfung bis zum Krebs[39]. All das ist sattsam bekannt, war es doch viele Jahre hindurch ein gefundenes Fressen für eine bestimmte Form der Sozialgeschichte.

Weniger bekannt, aber ebenso richtig ist, daß sich das Korsett im 19. Jahrhundert bei den Frauen europäischer und amerikanischer Kleinstadthonoratioren großer Beliebtheit erfreute. John S. und Robin M. Haller haben dargelegt, wie verbreitet die »Corsetitis« bei den amerikanischen Damen war, die sich ein Dienstmädchen leisten konnten[40]. Auch bürgerliche Frauen in kleinen »Burgflecken« wie Weiden und Gmünd in Deutschland oder Mantes in Frankreich schmückten sich mit diesem Kleidungsstück[41].

Doch hier lag auch die Grenze für das Vordringen des Korsetts. Nach allem, was ich aus den Quellen weiß, wurde es von den Frauen

38 Lawrence Stone, *The Family, Sex and Marriage in England,* 1500–1800. Harper & Row, New York 1977, S. 445–46.

39 Joh. Jac. Günther, *Versuch einer medicinischen Topographie von Köln am Rhein.* Berlin 1833, S. 113–15; Morgen, *Topographie Memel,* a. a. O., S. 130; und Paul M. Zettwach, *Über die fehlerhafte Ernährung der Kinder in Berlin.* Berlin 1845, S. 6.

40 John S. Haller jr. und Robin M. Haller, *The Physician and Sexuality in Victorian America.* University of Illinois Press, Urbana 1974, S. 146–74.

41 Joseph Steiner, *Versuch einer medizinischen Topographie vom Landgerichtsbezirke Parckstein und Weyden in der obern Pfalz.* Sulzbach 1808, S. 62.

aus dem einfachen Volk nicht getragen, ausgenommen an Festtagen, und auch dann nur von wenigen. Jean-Marie Munaret stellte 1862 fest, daß französische Bäuerinnen »es überhaupt nicht tragen«[42]. Und zwei Doktorandinnen, die kurz vor dem Ersten Weltkrieg die bäuerliche Lebensweise in deutschen Dörfern untersuchten, schrieben, die Frauen hätten Korsetts entweder überhaupt nicht oder nur an Festtagen getragen[43]. Mögen sich Korsetts also auch noch so verheerend auf die oberen fünf Prozent der Bevölkerung ausgewirkt haben, für die Gesundheit der unteren 95 Prozent spielten sie überhaupt keine Rolle.

Heute ist aber sogar umstritten, ob das Kleidungsstück selbst für die kleine Gruppe der wohlhabenden Frauen nachteilige Folgen gehabt hat. Die Ärzte der Zeit machten die Korsetts für alle möglichen Symptome verantwortlich. Aber daß die Frauen bestimmte Symptome zeigten, mußte nicht am Korsett liegen. Wie in Kapitel 9 zu sehen sein wird, machten die Ärzte das Korsett auch für Blutarmut verantwortlich, obwohl die Mehrzahl der an Blutarmut leidenden Frauen mit an Sicherheit grenzender Wahrscheinlichkeit nie eines getragen hat. Ein Großteil der berüchtigten »medizinischen« Beweise für die Schuld der Korsetts – etwa die angeblichen Fälle von »zermalmten Rippen«, in der Mitte zusammengefalteten inneren Organen und zerstückelten Därmen – erweisen sich im Lichte unseres heutigen anatomischen Wissens als reichlich phantastisch oder unwahrscheinlich. Dr. W. H. Sheehy fand 1871 bei der Autopsie an einer Frau »Milz und Nieren stark mit Blut gefüllt und vergrößert, die Hirnhäute mit Blut gefüllt . . . einen apoplektischen Fleck mit leichtem Austritt von Lymphe auf der Oberfläche der rechten Hemisphäre« und schrieb ihren Tod zu engem »Schnüren« zu[44]. Der Fall hört sich sehr nach Meningitis an, und Dr. Sheehy wußte offensichtlich nicht, wovon er redete. Andere Ärzte beschäftigten sich ausgiebig mit angeblichen Verformungen des Brustkorbs, die sie bei der Autopsie festgestellt hätten, und waren sich augenscheinlich im unklaren darüber, welch breite Formenvielfalt die Knochen des Thorax aufweisen können. Tatsächlich ist die einzige

42 Munaret, *Le Médecin des villes et des campagnes.* 3. Aufl., Paris 1862, S. 419.

43 Wohlgemuth, *Bäuerin badischer Gemeinden,* a. a. O., S. 93; und Maria Bidlingmaier, *Die Bäuerin in zwei Gemeinden Württembergs,* staatswiss. Diss., Tübingen 1918, S. 111.

44 Dr. W. H. Sheehy, Anmerkung im *Lancet,* 18. Februar 1871, S. 256.

Schädigung, die mit Gewißheit auf Schnüren zurückzuführen ist, die »Hiatus-Hernie«, bei der Teile des Magens in den unteren Brustkorb drängen. Die anderen Symptome waren alle entweder Zufall oder das Produkt einer allzu lebhaften medizinischen Phantasie.

Wir sehen also, daß der Körperbau so etwas wie eine Geschichte hat – nicht ganz die, die frühere Historiker ihm zugeschrieben haben, wenn sie die Rachitis außer acht ließen und statt dessen dem relativ unwichtigen Korsett zuviel Aufmerksamkeit schenkten. Dennoch erkennen wir eine Geschichte, in deren Verlauf die Frauen größer, schwerer und besser proportioniert werden. Allerdings interessiert uns das im Vergleich zu den anderen Fragen, die uns in diesem Buch beschäftigen, nur am Rande. Weit wichtiger und beklemmender ist für uns, was den Frauen zustieß, wenn sie niederkamen oder krank wurden, und diesem Aspekt möchte ich mich jetzt zuwenden.

TEIL II

Geschichte der Geburt

3.

Die traditionelle Geburt – eine Frauensache

Vor 1900 standen den weitaus meisten Frauen in Europa und Nordamerika bei der Entbindung andere Frauen bei – gewöhnlich Hebammen, manchmal aber auch Nachbarinnen oder alte Frauen aus dem Dorf. Genauso wie heute Dreiviertel aller Geburten in Entwicklungsländern von Hebammen betreut werden[1], fehlten in der traditionellen Epoche der abendländischen Gesellschaft – außer in der gehobenen Mittelschicht des angelsächsischen Bereichs – die Ärzte auf dem Schauplatz der normalen Geburt. Deshalb ist die Kompetenz der damaligen Hebammen entscheidend, wenn wir beschreiben wollen, was die Durchschnittsfrau bei der Geburt erlebte.

Wieder gibt es zwei diametral entgegengesetzte Standpunkte. Engagierte Forscherinnen aus der Frauenbewegung sehen in den Hebammen der Vergangenheit eine große Wohltat für die Frauen. Eine dieser Forscherinnen schreibt: »Über den größten Zeitraum der Geschichte hatte der Arzt der gebärenden Frau nichts zu bieten, was besser gewesen wäre als die Dienste einer Hebamme.«[2] Zu Neu-England während der Kolonialzeit heißt es in einem anderen Bericht: »Die Hebammen versuchten der Natur so weit wie möglich ihren Lauf zu lassen« (wenn auch eine andere Autorin einräumt, daß sie »von Zeit zu Zeit . . . den Gebärmutterhals untersuchten«[3]).

Der männliche Autor des ersten Handbuchs für Hebammen, Eucharius Rösslin, gelangte 1513 jedoch zu einem weniger liebenswürdigen Urteil:

> »Ich meyn die Hebammen alle sampt
> Die also gar kein wissen handt
> Dazu durch ihr Hynlessigkeit
> Kind verderben weit und breit.«[4]

1 Weltgesundheitsorganisation, *Traditional Birth Attendants*. Weltgesundheitsorganisation, Genf 1979, S. 7.

2 Brigitte Jordan, *Birth in Four Cultures*. Eden Press, Montreal 1978, S. 95, Anm. 3.

3 Catherine M. Scholten, »›On the Importance of the Obstetric Art‹: Changing Customs of Childbirth in America, 1760 to 1825«, in: *William and Mary Quarterly*, 3. Ser., 34 (1977), S. 433.

4 In: Gustav Klein (Hrsg.), *Eucharius Rösslin's »Rosengarten«*. München 1910, S. 8.

Rösslins verächtliche Ablehnung ließe sich durch Dutzende anderer abfälliger Meinungen über Hebammen ergänzen, die überall auf dem Kontinent und in England praktisch bis zu Beginn des 20. Jahrhunderts zu finden waren[5]. Ich werde darauf verzichten, sie zu zitieren, weil die ganze Frage der Kompetenz von Hebammen bei normalen Geburten (im Gegensatz zu geburtshilflichen Notfällen) falsch gestellt wird. Statt bei der Frage, wie gut die Hebammen waren, absolute Maßstäbe anzulegen, sollten wir fragen, inwieweit sie auf der Höhe des medizinischen Wissensstandes ihrer Zeit waren. Die Frage, ob sie besser oder schlechter als der normale Arzt gewesen sind, bringt wenig Klärung, weil Ärzte damals mit Ausnahme einiger weniger medizinischer Koryphäen keine Entbindungen vornahmen. Doch wenn sich herausstellt, daß sie nicht über die Kenntnisse verfügten, die sie hätten haben *können*, dürfen wir ihnen – auch über den zeitlichen Abstand von vierhundert Jahren hinweg – die erforderliche Kompetenz absprechen.

Gegensatz von »städtischen« und »traditionellen« Hebammen

Vor 1800 gab es zwei deutlich unterschiedene Hebammengruppen: einerseits die »städtischen« Hebammen, die hochqualifiziert waren und von einer Standesorganisation ihrer Zunftgenossinnen überwacht wurden, und andererseits die »traditionellen« Hebammen, die ohne Ausbildung und Aufsicht in Kleinstädten und Dörfern praktizierten. Diese traditionellen Geburtshelferinnen verdienten kaum die Bezeichnung »Hebamme«, da sie das Amt selten hauptberuflich versahen. Sie hatten keinerlei Berufsethik, erwiesen sich als hilflos, wenn Komplikationen auftraten, und waren im allgemeinen ältere, verarmte Frauen, die keinen anderen Weg sahen, sich ihren Lebensunterhalt zu verdienen. Da alle ihre Kenntnisse durch Versuch und Irrtum erworben waren oder im überlieferten, kollektiven Wissen der lokalen Frauenkultur bestanden, ist die Bezeichnung

5 Zu einer repräsentativen Zusammenstellung dieser Kritikpunkte vgl. Jacques Gélis, »Sages-femmes et accoucheurs: l'obstétrique populaire aux XVIIe et XVIIIe siècles«, in: *Annales: Economies, Sociétés, Civilisations,* 32 (1977), S. 927–57.

»traditionell« angebracht. Sie verfuhren so, wie schon immer verfahren worden war, ohne unbedingt zu verstehen, warum. Mit diesem Wissensstand konnten sie allerdings mit normalen Geburten ganz gut fertigwerden.

Dagegen verfügten die städtischen Hebammen über ein methodisches Wissen, das seit der Antike überliefert wurde, wenn es seither auch kaum erweitert worden war. Zwar lasen sie gewöhnlich keine Lehrbücher über Geburtshilfe, auch besuchten sie keine akademischen Vorlesungen, aber sie unterwarfen sich einer strengen beruflichen Disziplin und fühlten sich einem bestimmten Berufsbild verpflichtet[6]. In Notfällen konnten sie die sachkundige Hilfe von Kolleginnen in Anspruch nehmen. Außerdem bekleideten sie im allgemeinen die soziale Stellung von einfachen Stadtangestellten. Sie waren also in einer ganz anderen Situation als die traditionellen Hebammen in den kleineren Gemeinden.

Größte Selbständigkeit genossen die städtischen Hebammen in Deutschland. In der Regel stand ihnen eine Ober-Hebamme vor, die rechtlich weder dem Arzt am Orte noch dem Stadtrat unterstellt war. Unter ihrer Leitung arbeitete eine Handvoll weiblicher »Hebammeninspektoren«, die zur Verfügung standen, wenn die besoldeten Stadthebammen bei einer komplizierten Geburt in Schwierigkeiten gerieten. Die Ober-Hebamme war ehrenamtlich tätig, doch die anderen Hebammen wurden teilweise – oder ganz – von der Stadt bezahlt. Ihre Zahl war begrenzt. Jede beamtete Hebamme hatte das Recht, eine Lehrtochter anzulernen, die manchmal zehn oder zwanzig Jahre warten mußte, bis sie in eine reguläre Stellung nachrücken konnte. Im Alter erhielten diese Hebammen eine Pension[7]. Zwar unterschieden sich diese Regelungen im einzelnen von Stadt zu Stadt, doch stets lag die ganze Organisation in den Händen der Frauen. So setzte sich 1652 in Nürnberg der Hebammenstand wie folgt zusammen: sieben »ehrbare Frauen«, größtenteils Witwen angesehener Bürger, deren Aufgabe es war, die Armenhilfe zu organisieren und bei schwierigen Geburten zu beraten; acht »geschworene Weiber«, deren besondere Aufgabe – so heißt es in dem

6 Elseluise Haberling zitiert jedoch einige, die Handbücher lasen, in: *Beiträge zur Geschichte des Hebammenstandes: Der Hebammenstand in Deutschland von seinen Anfängen bis zum Dreißigjährigen Krieg*. Berlin 1940, S. 57–58.

7 Zu einer vollständigen Beschreibung dieser eindrucksvollen Standesorganisationen vgl. ebd., S. 42–44, und passim.

Bericht – darin bestand, Einläufe zu verabreichen, die aber offensichtlich auch in schwierigen Fällen halfen, und außerdem zwanzig reguläre Hebammen. Alle diese Frauen wurden jährlich bei einer kleinen Feier im Rathaus vereidigt, wobei sie im Stadtbuch unterschreiben mußten und anschließend mit Wein, Brot und Lebkuchen bewirtet wurden[8]. In Nürnberg bestand diese Selbstverwaltung der Hebammen bis 1755, dann wurden sie der Verwaltung des *Collegium medicum* unterstellt[9].

Die Hebammenordnung der Stadt Frankfurt aus dem Jahre 1653 legte fest, daß die Hebammenprüfung vor den »verordneten Matronen« abzulegen sei[10]. Eine Leipziger Verordnung von 1653 besagte, daß die Frau des Bürgermeisters die Hebammen zu ernennen und zu prüfen habe[11].

Auch in anderen Ländern waren die Hebammen selbständig, allerdings nicht in gleichem Maße. So verfügte 1551 eine Brügger Stadtverordnung, daß die Hebammen in Notfällen Ärzte oder andere Frauen hinzuziehen sollten. Außerdem wurden dort so umfassende Kenntnisse verlangt, daß die Stadt Schwierigkeiten hatte, Hebammen zu bekommen[12]. Die Hebammen in den bretonischen Städten des 18. Jahrhunderts verfügten über eine verzweigte Berufshierarchie. Zwar wurde die Hebammenanwärterin von einem Arzt geprüft, bevor sie ihr Gewerbe ausüben durfte; trotzdem war die Lehre bei einer anderen Hebamme unabdingbare Voraussetzung[13]. Die Reihe der Beispiele ließe sich noch lange fortsetzen. Aber ich will keine Geschichte des Hebammenstandes schreiben, sondern nur deutlich machen, daß in vielen europäischen Städten die Geburtshelferinnen hohen beruflichen Maßstäben gerecht zu werden hatten, die ihnen von *anderen Frauen* gesetzt wurden.

Man könnte durchaus die Auffassung vertreten, daß diese Stadthebammen fähiger waren als die besten Ärzte der Zeit. Wir müssen bedenken, daß die Geburtshilfe noch fast bis Beginn des 18. Jahr-

8 Johann Friedrich Roth, *Fragmente zur Geschichte der Bader, Barbierer, Hebammen, Erbaren Frauen und Geschwornen Weiber in der freyen Reichsstadt Nürnberg*. Nürnberg 1972, S. 35.

9 ebd., S. 35.

10 Heinrich Fasbender, *Geschichte der Geburtshilfe*. Jena 1906, S. 81.

11 Fasbender, a. a. O., S. 81, Anm. 6.

12 Alexandre Faidherbe, *Les Accouchements en Flandre avant 1789*. Lille 1891, S. 17–18.

13 Jean-Pierre Goubert, *Malades et médecins en Bretagne*, 1770–1790. Klincksieck, Paris 1974, S. 163.

hunderts in dem tausendjährigen Schlummer lag, in den sie mit dem Ende der antiken Kultur gefallen war. Von ein paar Notmaßnahmen abgesehen, die ich in den folgenden Kapiteln erörtern werde, war seit dem alten Rom nichts an wissenschaftlichen Erkenntnissen hinzugekommen, was bei einer normalen Geburt hätte nutzen können. Für den durchschnittlichen Arzt war die Geburtshilfe eine entwürdigende Tätigkeit, und die Lehrbücher waren noch immer vollgestopft mit nutzlosem Hokuspokus wie »den Kammern des Uterus« oder »wie der Fötus bei der eigenen Entbindung hilft«. Die städtischen Hebammen hingegen konnten auf die praktische Erfahrung von Jahrhunderten zurückgreifen, die nicht in Form irgendwelcher »Altweibergeschichten« überliefert wurde, sondern im Rahmen einer Zunft. Obwohl ich mich hier nicht ausführlich über Probleme bei Entbindungen auslassen möchte, ist doch darauf hinzuweisen, daß die Stadthebammen schon Verfahren zur Bewältigung eines Nabelschnurvorfalls kannten, lange bevor davon in medizinischen Lehrbüchern die Rede war[14]. Und sie haben nachweislich Mutterkorn zur Anregung einer trägen Gebärmutter verwendet, bevor die Ärzteschaft den Wirkstoff überhaupt entdeckt hatte (vgl. Kapitel 8).

Im Gegensatz zu den Stadthebammen blieben vor 1800 die traditionellen Hebammen auf dem Lande hinter dem Anspruch zurück, über den »höchsten Wissensstand ihrer Zeit« zu gebieten. Mehr Ähnlichkeit weisen sie auf mit der Karikatur von den todbringenden alten Weibern, die uns die medizinische Literatur überliefert. Ein anschauliches Bild liefert ein schlesischer Arzt im Jahre 1802: »Es ist Jahrmarkt, um die Buden der Laboranten stehn eine Menge alter Mütterchen, die ihren Kober mit Laxirpillen, Muttertropfen, Treibetropfen, Beruhigungstropfen usw. anfüllen, wer sind diese? Hebammen, die zugleich den Arzt mitmachen.« Nehmen wir an, so fährt der Autor fort, diese Hebammen würden zu einer Frau gerufen, die in den Wehen liegt. ». . . sie kommt, einen schweren breternen Geburtsstuhl, für einen Nachtstuhl als für dieses Geschäft schicklicher, auf dem Rücken . . . Ist nun die geringste Oeffnung des Muttermundes da, so muß die arme Leidende auf den Stuhl . . . die Mutterscheide mit stinkendem Oele eingerieben, Treibetropfen, Majoran und Safrantee und Brandwein eins nach dem anderen gegeben.«[15] In

14 Haberling, *Hebammenstand,* a. a. O., S. 90.

15 J. B. Gebel, *Aktenstücke die Möglichkeit der gänzlichen Blatternausrottung . . . betreffend.* Breslau 1802, S. 130–31.

dieser Szene wird ein Leitmotiv aller Berichte über traditionelle Hebammen erkennbar: Im damaligen Europa war die komplikationslose »normale« Geburt von einer kaum vorstellbaren Überaktivität seitens der Hebamme begleitet.

Anders als den gutausgebildeten Stadthebammen fehlte es diesen Frauen auf dem Lande an anatomischen Kenntnissen. Es gibt eine Fülle von Horrorgeschichten, in denen sie Organe verwechseln. Percivall Willughby berichtet von einer Hebamme, die zu einer angeblichen Entbindung gerufen worden sei, »ihre Hand in den Leib der Mutter führte, etwas zu fassen bekam, von dem sie nicht wußte, was es war, und heftig daran zerrte, um es herauszuziehen«. Da sie keinen Erfolg hatte, wurde Willughby geholt, der feststellte, »daß die Gebärmutter statt eines Kindes ein geschwollenes Krebsgeschwür enthielt, welches die Patientin mit entsetzlichem Brennen und Stechen peinigte«. Einige Monate später starb die Frau[16]. Der Gerechtigkeit halber sei nicht verschwiegen, daß es auch einige Geschichten über Ärzte gibt, die Gebärmutterkrebs oder Eierstocktumoren für Schwangerschaften hielten, doch lange nicht so viele wie über die traditionellen Hebammen, denen es an Grundkenntnissen in Anatomie und Pathologie fehlte.

Dieser große Mangel der Hebammen auf den Dörfern und in den Kleinstädten entstand dadurch, daß sie keine Ausbildung hatten. Ein Bericht aus dem Jahre 1739 über das Gebiet von Ansbach kommt zu dem Ergebnis, daß von zweihundert Hebammen nur dreißig über eine Ausbildung und ein Diplom verfügten. Natürlich – so heißt es in dem Bericht weiter – gebe es Gründe für diese Situation: Die Bezahlung sei so schlecht, daß keine tüchtige Frau die Arbeit verrichten wolle, und häufig versäumten es die Paten des Säuglings, ein Trinkgeld zu geben[17]. Doch was auch immer die Gründe sein mochten, es fehlte diesen traditionellen Hebammen an einer Ausbildung, die einen solchen Namen verdiente.

Statt dessen beschränkten sich ihre Kenntnisse auf eine »blinde Routine«, die von Generation zu Generation vererbt wurde – um Dr. Berthelots Ausdruck zu verwenden[18]. So spricht eine französi-

16 Percivall Willughby, *Observations in Midwifery*. 1863, Neudr., S. R. Publishers, East Ardsley 1972, S. 9.

17 H. Krauss, »Zur Geschichte des Hebammenwesens im Fürstentum Ansbach«, in: [Studhoff's] Arch. für die Gesch. der Medizin (1912), S. 65–66.

18 Joseph Berthelot, *Topographie de . . . Bressuire (en 1786)*. Bressuire 1887, S. 15.

sche Wissenschaftlerin unserer Tage von einem »Klima des Rituals und des Widerstands gegen neue Ideen«, das unter den Hebammen geherrscht habe[19].

Wenn wir von der »Unkenntnis« der Hebammen sprechen, müssen wir uns allerdings vor Augen halten, daß es den Hebammen nur aus der Sicht der Schulmedizin an einer geeigneten Ausbildung fehlte. Sie selbst waren überzeugt, daß ihr überliefertes Wissen völlig ausreiche und daß sich in den Fällen, in denen es versagte, Gottes unerforschlicher Wille erfüllt habe.

Hebammenordnungen

Da sich die verschiedenen Regierungen Europas der Mängel traditioneller Hebammen bewußt waren, begannen sie seit dem 13. Jahrhundert die Vertreterinnen der Zunft, die noch nicht beruflich organisiert waren, bestimmten Formen von Aufsicht zu unterwerfen. Ich will zwar dem Leser keine detaillierte Chronologie dieser Gesetzgebung liefern, doch immerhin einen Überblick in groben Zügen, weil sich diese Gesetze im Laufe der Zeit für die Frauen als sehr wichtig erwiesen haben.

Dabei lassen sich im wesentlichen drei Phasen unterscheiden:

- Im 15. und 16. Jahrhundert wurden von Kirche und Städten erste Gesetze erlassen, die die moralischen und religiösen Aspekte des Hebammenwesens regelten.
- Im 17. Jahrhundert begann man allgemein Gesetze zu erlassen, nach denen die Ärzte zur Prüfung und Aufsicht der Hebammen bestellt wurden.
- Im 18. Jahrhundert fing man an, Ausbildungsstätten für Hebammen einzurichten.

Betrachten wir zunächst die »moralisch-religiösen« Aspekte des Hebammenwesens: Hauptsorge der Kirche war es, daß die Hebammen Nottaufen in korrektem Wortlaut vornehmen konnten, wenn sie der Meinung waren, das Kind werde nicht lebend auf die Welt gelangen. So sollten nach der Synode von Trier 1277 Priester Laien-

19 Mireille Laget, »La Naissance aux siècles classiques. Pratique des accouchements et attitudes collectives en France aux XVIIe et XVIIIe siècles« [vgl. Anm. 5], S. 976.

frauen die Worte der Nottaufe beibringen. 1310 verfügte eine weitere Kirchensynode, daß Hebammen diese Nottaufen vornehmen sollten[20]. Eine Kirchenverordnung für Hildensen aus dem Jahr 1544 schrieb den Hebammen vor, »wiederholt zu beten«, wenn sich die Ankunft des Kindes verzögere[21]. Natürlich trugen diese ersten Aufsichtsmaßnahmen wenig dazu bei, der Mutter eine kundigere und sorgfältigere Pflege durch die Hebammen zu verschaffen.

Allgemein begann die ärztliche Aufsicht im 17. Jahrhundert. Als die Kenntnisse der Ärzte über Gebärmutteranatomie und den Geburtsablauf die der Hebammen allmählich in den Schatten stellten, begannen sie Hebammenanwärterinnen zu prüfen und die praktizierenden Hebammen zu beaufsichtigen. Die erste mir bekannte Verordnung dieser Art, nach der die Ärzte die Hebammen zu unterweisen hatten, wurde 1554 in Zürich erlassen.

Auch in anderen Ländern Europas waren ähnliche Bestrebungen im Gange. Die erste Hebammenverordnung von Paris stammt aus dem Jahr 1560[22]. Eine Kirchensynode von 1617 schrieb den Hebammen des Gebiets von Angers vor, daß sie einen Eid ablegten[23]. Aber erst mit der Französischen Revolution setzte sich in Frankreich ein systematisches, überregionales Programm zur Ausbildung und Berufung von Hebammen durch.

In England gab es zwar auch solche Kontrollen, aber sie blieben weitgehend wirkungslos. 1512 fiel den örtlichen Bischöfen das Recht zu, die Hebammen neben anderen in medizinischen Berufen Tätigen zu prüfen. Nachweislich seit 1567 pflegten Anwärterinnen einen Eid vor den Kirchenbehörden abzulegen. Doch nach Meinung von Jean Donnison, der besten Kennerin der Geschichte des englischen Hebammenwesens, arbeiteten viele Frauen auch weiterhin ohne amtliche oder kirchliche Billigung. Der ganze Berufsstand geriet dann während des 18. Jahrhunderts allmählich wieder in Vergessenheit; zu einer überregionalen Regelung kam es in England erst 1902[24].

20 Haberling, *Hebammenstand,* a. a. O., S. 16–17.

21 H. Deichert, *Geschichte des Medizinalwesens im Gebiet des ehemaligen Königreichs Hannover.* Hannover 1908, S. 91–92.

22 Gélis, »Sages-femmes«, a. a. O., S. 953.

23 François Lebrun, *Les Hommes et la mort en Anjou.* Mouton, Paris 1971, S. 212, Anm. 53.

24 Jean Donnison, *Midwives and Medical Man: A History of Inter-Professional Rivalries and Women's Rights.* Schocken, New York 1977.

Der Vollständigkeit halber sei dieser etwas langatmigen Chronik noch hinzugefügt, daß in den amerikanischen Kolonien nur New York City größeres Interesse an einer gesetzlichen Regelung des Hebammenberufes erkennen ließ. 1716 nahm der Gemeinderat der Stadt Anwärterinnen das Gelöbnis ab, dafür zu sorgen, daß »keiner Frau Kind umgebracht oder ihm ein Schaden zugefügt« werde, und »keinerlei Medizin zu verabreichen, die Fehlgeburten hervorruft«[25] (Verbote zur Schwangerschaftsunterbrechung, die überall in den Hebammeneiden enthalten waren). In den übrigen Gebieten der Neuen Welt kümmerte man sich nicht weiter um die Geburtshilfe.

Sobald reguläre Ausbildungsprogramme für die Hebammen in Kleinstädten und Dörfern eingerichtet wurden, kann man sie nicht mehr als »traditionell« bezeichnen. Im Gegensatz zu einem weitverbreiteten Irrglauben versuchten die Ärzte keineswegs, den Hebammen wissenschaftliche Kenntnisse vorzuenthalten. Tatsächlich waren die Mediziner verzweifelt bemüht, sie zur Aneignung solcher Kenntnisse zu bewegen. Ein erster Schritt war, den Hebammen dadurch ein bißchen anatomisches Grundwissen zu vermitteln, daß man von ihnen verlangte, gelegentlich zu Autopsien zu gehen. Aber natürlich hatten die Hebammen Schwierigkeiten mit den anatomischen Fachwörtern aus dem Lateinischen und Griechischen, da sie nur die muttersprachlichen Wörter kannten; so gaben sie solche Versuche bald wieder auf[26]. (Auch mir kam die Nomenklatur ein bißchen befremdlich vor, als ich mich mit »makroskopischer Anatomie« zu beschäftigen begann, und ich kann mir lebhaft vorstellen, was in den Hebammen von damals vorgegangen sein muß, wenn man ihnen nach Öffnung des Unterleibs etwas von den *Testes muliebris* erzählte.)

Offensichtlich war die einzig realistische Möglichkeit, Hebammen mit den erforderlichen medizinischen Grundkenntnissen auszustatten, sie für einige Wochen oder Monate auf eine Schule zu schicken, vorzugsweise auf eine Schule, die in einer Entbindungsklinik untergebracht war. Die erste Schule dieser Art ist wohl 1589 in München eingerichtet worden, die zweite in Paris beim Wiederaufbau der Wochenstation des Hôtel Dieu im Jahre 1618. Anschließend kümmerte man sich für lange Zeit nicht mehr um weitere Ausbildungs-

25 Herbert Thoms, *Chapters in American Obstetrics*. Springfield, Ill., 1933, S. 7–8.

26 Haberling, *Hebammenstand,* a. a. O., S. 106.

maßnahmen, bis es – erst im 18. Jahrhundert – zu einer neuen Gründungswelle von Hebammenschulen kam, beginnend 1737 in Straßburg[27]. 1739 legte sich Würzburg eine Schule zu, Berlin 1751, Neuöttingen 1767, Basel 1771, Koblenz 1772 – um nur einige zu nennen[28].

In Frankreich begann man damit erst später, doch hatte ein Regierungsedikt von 1759 in Verbindung mit der Rundreise einer berühmten und hochqualifizierten Hebamme – Madame du Coudrays – durch Frankreich und die Niederlande zur Folge, daß eine Reihe von Hebammenkursen eingerichtet wurden[29]. Regelrechte Schulen mit Gebäuden und Betten waren jedoch außerhalb von Paris noch kaum anzutreffen.

Während also um 1800 Mitteleuropa allmählich versorgt war mit medizinisch ausgebildeten Hebammen, galt das in Frankreich nur für einige Städte. In der angelsächsischen Welt gab es praktisch keine regulär ausgebildeten Hebammen; dort begnügte man sich mit den traditionellen.

Die Hebammen um 1800 – eine Bilanz

Hier nun eine Art Bilanz unserer Informationen über die Frauen, die in den meisten Kleinstädten und Dörfern Europas praktizierten.

Zunächst eine Charakteristik, eine Art »Steckbrief«. Was waren das für Frauen? Sehen wir uns einige an, die um 1760 in den badischen Gemeinden Rötteln und Sausenberg wirkten:

– Verena Küsterin, vierundsiebzig Jahre, seit vierundzwanzig Jahren im Amt; sie wird von allen gelobt und ist sehr tüchtig und erfahren; 558 Kinder hat sie auf die Welt geholt.

27 Hermann Freund, »Das Hebammenwesen«, in: Joseph Krieger (Hrsg.), *Topographie der Stadt Straßburg*. Straßburg 1889, S. 306.

28 Zur Würzburger Schule vgl. Joseph Horsch, *Versuch einer Topographie der Stadt Würzburg*. Arnstadt 1805, S. 384–85; zu Berlin F. C. Wille, *Über Stand und Ausbildung der Hebammen im 17. und 18. Jahrhundert in Chur-Brandenburg*. Berlin 1934, S. 21; zu Basel Hans Jenzer, »Die Gründung der Hebammenschulen in der Schweiz im 18. Jahrhundert«, in: *Gesnerus*, 23 (1966), S. 69.

29 Laget, »Naissance«, a. a. O., S. 985; Goubert, *Malades Bretagne,* a. a. O., S. 165 (über die ersten Hebammenkurse in der Bretagne) und 168 ff. (über Madame du Coudrays Rundreise).

– Andere Hebammen in Nachbardörfern werden von dem Autor des Berichts, Dr. G. V. Jägerschmidt, in ähnlicher Weise gelobt.
– Von einer dieser Frauen, fünfundsechzig Jahre und seit achtzehn Jahren im Amt, heißt es, sie habe einen guten Ruf, sei aber »schwach aufgrund ihres Alters«.
– Das Negativste, was Dr. Jägerschmidt vermeldet, betrifft eine Hebamme, die in Wahrnehmung ihres Amtes »zwar geschwätzig, ansonsten aber tüchtig« sei[30].
In der Tat waren Hebammen meist ältere Frauen. Bei der Untersuchung der Verhältnisse um 1790 in der Niederlausitz fand man nur drei Prozent Hebammen unter vierzig Jahren[31].

Trotz der Horrorgeschichten der Ärzte wäre es falsch, diese Dorfhebammen als gefährliche Ignorantinnen hinzustellen. Wie wir sehen werden, verliefen die meisten Geburten normal. Um sie zu einem guten Ende zu bringen, brauchte die Hebamme nur zwei besondere Fähigkeiten: *Urteilsvermögen*, um zu entscheiden, wann eine Anomalie vorlag, und *Geduld*, worunter die Bereitschaft zu verstehen ist, sowohl den Bitten der Mutter und der Angehörigen um rasche Beendigung der Geburt zu widerstehen wie auch die Dringlichkeit eigener anderweitiger Verpflichtungen von sich zu schieben. Und wenn jemand wie Dr. Jägerschmidt die örtlichen Hebammen als »gut« bezeichnet, dann darf man seinem Urteil sicherlich vertrauen.

Neben vorgerücktem Alter und Erfahrung war ein weiteres Kennzeichen der ländlichen Hebammen ihre ausgeprägte Armut. Von einigen Gebieten abgesehen, auf die wir gleich zu sprechen kommen werden, scheinen die meisten Hebammen aufgrund ihrer Bedürftigkeit zu der Arbeit getrieben worden zu sein. Nach Alois Valenta in Ljubljana, der im Lauf seines Lebens über sechzig Hebammenkurse durchgeführt hatte, bewarben sich nur die ärmsten Landfrauen[32]. Die Ausbilder an der Hebammenschule in Calau wa-

30 G. V. Jägerschmidt, »Hygienische Ortsbeschreibung des Badischen Physikats Rötteln und Sausenberg«, 1760, im Generallandesarchiv Karlsruhe, Handschrift Nr. 394 des Hausfideikommiß.

31 Dietrich Tutźke, »Über statistische Untersuchungen als Beitrag zur Geschichte des Hebammenwesens im ausgehenden 18. Jahrhundert«, in: *Centaurus,* 4 (1956), S. 353.

32 »Soll den Hebammen der Gebrauch des Mutterrohrs in der geburtshilflichen Praxis verboten werden?« in: *Wiener Medizinische Presse,* Sonderdruck von Nr. 5 (1890), S. 4.

ren der Meinung, daß die Landbevölkerung den Hebammenberuf allgemein für entehrend hielt, geeignet nur für Frauen, die kein Ehr- und Schamgefühl mehr besäßen und die sich für diese Arbeit nur entschieden hätten, »um der Welt ihre Verzweiflung darüber kundzutun, daß sie ihren Lebensunterhalt nicht auf anständigere Art verdienen« könnten[33].

Warum war nun, von den alten und verzweifelten Frauen abgesehen, niemand für das Amt zu gewinnen? Die Arbeit war so schwer, daß nur wenige sie verrichten mochten. In dem Dorf Oppin »muß die Hebamme außer dem Entbinden der Frau alle Nächte bis zur Taufe bei der Wöchnerin wachen, muß die Windeln und Unterlagen auswaschen, muß die Gäste zum Kindtaufen einladen und das Kind bis zum Kirchgang der Mutter (also wenigstens drei Wochen lang) täglich wickeln, und bekommt dafür *nicht mehr als 8 Gr.*, schreibe acht Groschen.« Kein Wunder, so schloß der Autor, daß so wenige Frauen bereit wären, Hebamme zu werden[34].

Nur in einer kleinen Zahl von Gemeinden scheint die Hebamme Ansehen genossen zu haben, eine »Vertrauensperson« gewesen zu sein, wie es ein Beobachter nennt. Das mag daran gelegen haben, daß sie in diesen Gemeinden von den Frauen am Ort gewählt wurde. Welche Vorteile diese Wahlen der jeweiligen Siegerin einbrachten, wissen wir nicht genau, aber wahrscheinlich gehörte sie nicht gerade zu den Benachteiligten dieser Erde.

Ich will nicht zur Verschärfung des theoretischen Gegensatzes: »Priesterin« – »alte Hexe«, beitragen, der die Diskussion beherrscht, wenn es um die Frage geht, wie man seinerzeit Hebamme wurde. Wahrscheinlich hatten die ortsansässigen Frauen stets ein gewisses Mitspracherecht, sonst hätten sie sicherlich heftige Klage geführt, wenn die Hebamme später Fehler beging. Gewiß meldete sich auch die lokale Geistlichkeit zu Wort, angesichts der moralisch-religiösen Aufgaben, die den Geburtshelferinnen oblagen. Ein typisches Beispiel ist vermutlich jene Kölner Verordnung aus dem Jahre 1748, die für die Dörfer vor den Stadttoren bestimmt war. Danach bewarb sich die Kandidatin zunächst beim Pastor der Ortschaft. Er überzeugte sich davon, daß sie ihre fünf Sinne beisammen hatte, keiner Ketzerlehre anhing und keine Hexenkünste ausübte. Dann rief er die gottesfürchtigsten und ehrbarsten Frauen des Ortes zu-

33 Tutzke, »Statistische Untersuchungen«, a. a. O., S. 354.
34 C. F. Senff, *Über Vervollkommnung der Geburtshülfe.* Halle 1812, S. 41.

sammen und ließ sie abstimmen. Anschließend wurde die Anwärterin vom Kölner Amtsarzt und einigen seiner Kollegen geprüft und vereidigt, und ihre »Prüfungsergebnisse« wurden den örtlichen Behörden zugestellt[35].

Ich gehe auf diesen ganzen Komplex und die längst vergessenen Verfahrensregeln nur deshalb so ausführlich ein, weil die Frage, wer die Hebamme war und wie sie ausgewählt wurde, von außerordentlicher Bedeutung für die Frauen der betreffenden Gemeinde war – für die Frauen, die die eigentlichen Hauptpersonen unserer Geschichte sind. Die Hebamme am Ort war für sie die praktische Ärztin. In den Augen der Frauen dürfte die Hebamme so wichtig wie der Pastor gewesen sein. Ob sie eine Ausbildung genossen hatte und ob man sich auf sie verlassen konnte, war also ganz entscheidend.

In unserer Bilanz des Hebammenbildes um 1800 dürfen wir allerdings auch die Sollseite, die Schattenseiten, nicht vergessen.

Obwohl sich in ganz Westeuropa die Hebammenschulen auszubreiten begannen, hatten die Schulen selbst erhebliche Schwierigkeiten, geeignete Schülerinnen zu bekommen. Einige der Lehrer, die sich anschickten, eine neue Generation von Hebammen heranzuziehen, beklagten sich darüber, daß die Anwärterinnen zu jung und unerfahren seien. So berichtet Munaret, daß sie, fast ausschließlich ihre heimische Mundart sprechend, »kaum Französisch [verstehen]. Wie soll man ihnen verständlich machen, daß der schräge Durchmesser des Beckens von der Articulatio sacroiliaca zur gegenüberliegenden Eminentia iliopectinea verläuft?« Sobald sie dann ihr Diplom hätten, fährt der Autor fort, hätten sie so viel Angst, einen Fehler zu begehen, »daß sie untätig bleiben, wenn sie eingreifen müßten«[36] – wahrscheinlich weil sie von dem ganzen Aufgebot an wissenschaftlicher Medizin völlig eingeschüchtert waren.

Die traditionelleren Anwärterinnen hingegen schienen ganz untauglich, weil sie zu alt und zu festgefahren in ihren Vorstellungen waren. So beklagt sich ein anderer Autor, daß ältliche, hinfällige und gebrechliche Frauen zur Hebammenschule geschickt würden, Frauen, die schon bei einigen Geburten geholfen hätten und die unausrottbare Vorurteile und abergläubische Vorstellungen hegten.

35 Rembert Watermann, *Vom Medizinalwesen des Kurfürstentums Köln.* Gesellschaft für Buchdruckerei, Neuss 1977, S. 136.

36 Jean-Marie Munaret, *Le Médecin des villes et des campagnes.* 3. Aufl., Paris 1862, S. 399.

Bei ihnen verschlüge alle Mühe und Arbeit nicht das geringste. Schließlich müßten sie zurückgeschickt werden, und das Dorf habe sechs bis acht Taler verschwendet[37]. Klagen dieser Art finden sich reichlich in der Literatur und zeugen in erster Linie davon, daß hier zwei Formen des Wissens aufeinanderprallten, das traditionelle und das wissenschaftliche. Die Dorffrauen klammerten sich an das erste, denn es war das einzige Wissen, das sie besaßen. Die Ärzte reagierten natürlich äußerst ablehnend auf »Patientenempfindlichkeiten«, »Volksbräuche« und überhaupt alles, was nach Aberglauben oder Brauchtum roch. Deshalb wurde der Lehrstoff der Schulen ungeduldig vermittelt und rasch vergessen.

Und selbst wenn die Absolventinnen der Schulen gut waren, zwang sie nichts, sich auf dem Lande niederzulassen, wo das Hebammenleben mühselig und wenig einträglich war. Sie gingen lieber in die Städte. So verdienten ausgebildete Hebammen kaum ihr nacktes Auskommen in den Dörfern vor den Toren Hamburgs und ließen sich dort nur nieder, wenn ihnen zugesagt wurde, daß sie nach einigen Jahren in die Stadt übersiedeln durften[38]. Um 1870 lebten in Finnland mehr als Dreiviertel der regulären Hebammen in Städten, weil die Bauern im allgemeinen noch nicht einmal bereit waren, die bescheidensten Hebammengebühren zu bezahlen[39].

Denn das war der Kern des Problems: Wie im 1. Kapitel gezeigt, hielten die Bauern es für unnötig, daß ihren Frauen eine ausgebildete Person bei den Entbindungen half. So konnten sich im Limousin als Geburtshelferinnen neben den Hebammen die heilkundigen Frauen bis ins 19. Jahrhundert halten, in der Sologner Region sogar bis ins 20. Jahrhundert[40]. Noch bis 1900 wurden im Gebiet um Königsberg mehr als die Hälfte aller Entbindungen auf dem Lande von alten Frauen, nicht von Hebammen vorgenommen[41]. Doch in den Städten waren ausgebildete Hebammen immer zahlreicher vertre-

37 Bern. Christ. Faust, *Gedanken über Hebammen und Hebammenanstalten auf dem Lande*. Frankfurt/M. 1784, S. 34–35.

38 H. G. Gernet, *Geschichte des Hamburgischen Landphysicats von 1818 bis 1871*. Hamburg 1884, S. 63.

39 Bertel von Bonsdorff, *The History of Medicine in Finland*. Finnish Society of Sciences, Helsinki 1975, S. 215.

40 Alain Corbin, *Archaïsme et modernité en Limousin aux XIXe siècle*. 2 Bde., Rivière, Paris 1975, Bd. 1, S. 92–93; und Bernard Edeine, *La Sologne*. 2 Bde., Mouton, Paris 1974, Bd. 2, S. 585.

41 Dohrn, »Erfahrungen bei Prüfungen und dem Nachexamen der Hebammen«, in: *ZBG*, 30 (1906), S. 908.

ten. Mitte des 18. Jahrhunderts waren die Frankfurter Hebammen so auf der Höhe des medizinischen Wissens, daß sie geläufig von »Pelvisachse« und anderen anatomischen Einzelheiten sprachen[42]. Ähnliche Belege ließen sich in großer Zahl beibringen.

Ein Index für die Verbesserungen des städtischen Hebammenwesens ist der allgemeine Rückgang der Müttersterblichkeit *in den Städten*, der während der zweiten Hälfte des 18. Jahrhunderts einsetzte. Das Zahlenmaterial werde ich zwar erst in Kapitel 5 vorlegen, möchte aber hier die Aufmerksamkeit des Lesers schon auf den unstrittigen Zusammenhang zwischen besserer Hebammenausbildung und Ansteigen der Überlebenschancen der Mütter lenken.

Fassen wir zusammen: Die Antwort auf die Frage, ob die Hebammen etwas taugten, gliedert sich in drei Teile.

Erstens: Die Stadthebammen vor etwa 1750 waren wahrscheinlich besser als die Ärzte und boten, gemessen am damaligen Wissensstand, die beste Geburtshilfe.

Zweitens: Die traditionellen Hebammen verfügten vor 1750 – und auch danach, sofern sie ohne Ausbildung blieben – über die Urteilsfähigkeit und die Geduld, die sich mit wachsender Erfahrung einstellen, waren aber außerstande, mit Komplikationen des Geburtsverlaufs umzugehen. Sogar bei normalen Entbindungen richteten sie, wie wir im folgenden Kapitel sehen werden, viel Schaden an, ohne sich dessen bewußt zu sein.

Drittens: Die ausgebildeten Hebammen, die ab 1750 die staatlich geförderten Hebammenschulen absolvierten, waren außerordentlich tüchtig, mieden alle schädlichen Maßnahmen, zu denen die traditionellen Hebammen auch bei ganz normalen Geburten griffen, und wußten, wann es an der Zeit war, einen Arzt zu rufen. Leider waren sie meist nur in den Städten Kontinentaleuropas anzutreffen.

42 Johann Adolph Behrends, *Der Einwohner in Frankfurt am Mayn in Absicht auf seine Fruchtbarkeit, Mortalität und Gesundheit geschildert.* Frankfurt/M. 1771, S. 228–29.

4.

Eine typische Geburt von damals

Heutzutage haben die Menschen eine romantische und ziemlich falsche Vorstellung von der typischen Geburt in früheren Zeiten. Danach hielt die »weise Frau«, die das Hebammenamt im Dorf versah, die Hände friedlich im Schoß gefaltet und wartete, bis das Kind geboren war, woraufhin sich die Nachbarinnen zu einem Frauentanz um das Bett der frischgebackenen Mutter versammelten. In jeder Phase – so erfahren wir – ließ man der Natur ihren Lauf und verzichtete auf jeglichen »Eingriff«. So habe die Geburt, einem vielzitierten Bericht zufolge, »zur natürlichen Ordnung der Dinge gehört«. Die Frauen hätten eine »instinktive und angstfreie« Einstellung zu ihr besessen und nicht gekannt, »was wir Schmerzen bei der Geburt nennen«. Die Verfasserin meint, es habe den Hebammen »widerstrebt, in den Geburtsverlauf einzugreifen, aus Angst, eine unnatürliche Situation zu schaffen, die der Kreißenden Schmerzen verursachen könnte«[1]. Sogar Spezialisten der Geburtshilfe von heute halten dieses Märchen für eine wahrheitsgetreue Darstellung. So heißt es in der Verlautbarung einer ehrwürdigen medizinischen Körperschaft: »In der Vergangenheit brachten Frauen ihre Kinder zu Hause zur Welt. Im Kreise der Angehörigen und Freunde waren sie keine ›Patientinnen‹, und die Geburt war keine ›Krankheit‹. Sie war ein natürlicher Prozeß.«[2]

Derartige Beschreibungen sind in hohem Maße irreführend. Zwar ist richtig, daß die typische Geburt zu Hause stattfand und daß sich die Nachbarinnen am Bett der werdenden Mutter versammelten, doch trifft es nicht zu, daß die Menschen die Geburt als »natürlichen Prozeß« betrachteten und auf jegliches Eingreifen verzichteten. In der Regel wurde die Mutter vielmehr von dem Augenblick an, da sie bemerkte, daß sie schwanger war, bis zur zeremoniellen »Reinigung« einen Monat nach der Geburt pausenlos und unentwegt von Besserwisserei und aufdringlicher Einmischung heimgesucht.

1 Suzanne Arms, *Immaculate Deception: A New Look at Women and Childbirth in America.* Houghton Mifflin, Boston 1975, S. 8.

2 Florence E. F. Barnes (Hrsg.), *Ambulatory Maternal Health Care.* American Public Health Association, Committee on Maternal Health Care, ohne Erscheinungsort [1978], S. 18.

In diesem Kapitel begleiten wir eine Durchschnittsfrau von früher, ihre gesamte – normale – Schwangerschaft hindurch. Wir beginnen mit der »Schwangerenvorsorge«, die ihr zuteil wurde, und verlassen sie erst wieder, wenn die Geburtshelferinnen sie von der Nachgeburt befreit haben und sie unter ihrem dämpfigen Federbett liegt. In *jeder* Phase hielten es die Anwesenden für notwendig, in die natürlichen Abläufe einzugreifen, *ausgenommen* jene Anlässe, da ein bißchen sinnvolle »Intervention« der Mutter willkommen gewesen wäre.

Schwangerenvorsorge

»Schwangerenvorsorge« heißt heute vor allem, daß der Arzt das Becken der werdenden Mutter mißt, um zu sehen, ob es groß genug für eine leichte Geburt ist, alle paar Wochen den Blutdruck kontrolliert und Gewebsschwellungen erfaßt und die Sedimente im Urin mißt, an denen sich unter Umständen der Beginn von Krämpfen erkennen läßt. Dazu kommen die Überwachung der regelrechten Entwicklung der Schwangerschaft und zahlreiche Blutuntersuchungen. Im traditionellen Europa fehlte es an den wissenschaftlichen Voraussetzungen für eine solche Vielfalt von Schwangerschaftsuntersuchungen. Aus diesem Grunde fanden sie natürlich auch nicht statt. Statt dessen erhielten die werdenden Mütter eine Vorsorge ganz anderer Art.

Zunächst einmal mußten sie Vorkehrungen gegen jene Heerschar von übernatürlichen Gefahren treffen, die nach Überzeugung unserer Vorfahren ständig vor der Tür lauerten. So glaubten die Menschen in einigen Teilen Lothringens, daß die Mutter, »wenn sie flucht, Gott lästert oder jemanden verflucht, eine Mißgeburt zur Welt bringt«. Insgeheim waren die Dorfbewohner überzeugt von der Wirksamkeit von »Schwangerschaftseindrücken« und meinten, die Mutter werde auf das Kind alles übertragen, was sie während der Schwangerschaft erschreckt habe. Aus diesem Grunde gingen schwangere Frauen »so wenig außer Haus wie möglich«, um vielleicht erschreckenden Begegnungen aus dem Wege zu gehen. Schon gar nicht »setzten sie zwischen Sonnenuntergang und Sonnenaufgang einen Fuß vor die Tür«. Beispielsweise glaubten die Leute, das Kind würde »ein Mondsüchtiger oder Schlafwandler«, wenn die werdende Mutter den Mond angesehen habe[3]. In der Gegend von Nürtingen in Württemberg glaubte man, das Kind würde Hundepfoten bekommen, wenn die werdende Mutter durch einen an ihr emporspringenden Hund erschreckt würde. Aus ähnlichen Gründen mieden die Schwangeren dort alle mißgestalteten Menschen[4].

Mit solchen Geschichten ließe sich seitenlang fortfahren. Schwangere Frauen mußten den Zuber in ganz bestimmter Weise aus der Waschküche rollen, Katzen meiden und durften sich nicht an bestimmten Körperstellen berühren, weil das Kind sonst Muttermale bekommen hätte. Das Netz von Vorschriften, das sie umgab, war letztlich auch eine Art »Schwangerenvorsorge«, deren Zweck es – damals wie heute – war, für ein gesundes, makelloses Kind zu sorgen. Aber diese Vorschriften waren sehr restriktiv, und nicht nur, daß sie die Mutter beunruhigten, weil sie ihr die dunklen Kräfte vor Augen führten, von denen die Geburt umlauert war, sie schränkten auch ihren Bewegungsraum bei ihren täglichen Pflichten ein.

Eine weit direktere Form der Schwangerschaftsintervention war der »Aderlaß«. Mit einem Skalpell öffnete man eine Vene und ließ einen halben oder einen ganzen Liter Blut herauslaufen, weil man der Meinung war, Krankheit werde durch Blutandrang verursacht. Mancher Leser mag erstaunt sein, dies als eine Maßnahme der Volksmedizin bezeichnet zu sehen, denn bis Mitte des 19. Jahrhunderts galt der Aderlaß auch in der Schulmedizin als unverzichtbarer Teil der therapeutischen Maßnahmen. In der Tat sind die Ärzte der Vergangenheit in der orthodoxen feministischen Literatur schlimm dafür abgekanzelt worden, daß sie ihre Patientinnen bei ganz normalen Schwangerschaften zur Ader gelassen haben. Dabei wird jedoch übersehen, daß der Aderlaß in der Bauernmedizin auch sonst umfassend angewandt wurde.

Am 13. März 1697 schickte eine Adlige in der Normandie nach Guillaume de la Motte, damit er sie zur Ader lasse. Sie war im neunten Monat. De la Motte hielt den Aderlaß für völlig überflüssig, »aber sie bestand darauf, und ich mußte gehorchen«. »Die meisten Frauen«, so schrieb er, »halten das Mittel, belehrt von einer Überlieferung, die von einer auf die andere kommt, für so notwen-

3 R. de Westphalen, *Petit dictionnaire des traditions populaires messines.* Metz 1934, S. 328.

4 H. Höhn, »Sitte und Brauch bei Geburt, Taufe und in der Kindheit«, in: *Württembergische Jahrbücher* (1909), S. 256.

dig, daß sie meinen, ihnen drohe eine gefährliche Geburt, wenn sie nicht beizeiten zur Ader gelassen würden«[5].

Wenn der Aderlaß nicht von Badern vorgenommen wurde, machten es die Hebammen. Noch zu Beginn des 20. Jahrhunderts nahmen sechzehn der achtundzwanzig Hebammen im Kreis Fischhausen auch weiterhin Aderlässe mit »Schröpfgläsern« vor, weil die älteren Leute so daran gewöhnt waren, daß weniger qualifizierte Personen es getan hätten, wenn sich die Hebammen geweigert hätten[6].

Die Schwangeren bestanden also selbst darauf, zur Ader gelassen zu werden, wobei sie einer volksmedizinischen Tradition folgten, die seit unvordenklichen Zeiten existierte und wahrscheinlich von der hippokratischen Medizin der Antike übernommen worden war. Da jedermann den Aderlaß als Stärkungsmittel – und bestimmt als volksmedizinische Heilmaßnahme – verlangte, wollten ihn auch die schwangeren Frauen.

Ernährungsvorschriften, die in der heutigen Schwangerenvorsorge eine so große Rolle spielen, wurden der traditionellen Frau kaum gemacht. Wir wissen heute, daß die Schwangere gut beraten ist, wenn sie ungefähr zwanzig bis fünfundzwanzig Pfund zunimmt und wenn ihr Essen reich an Eiweiß, Eisen, Calcium sowie anderen Vitaminen und Mineralien ist. Doch hatten die werdenden Mütter wahrscheinlich das Bedürfnis, mehr zu essen, wenn der Schluß richtig ist, daß sich hinter dem irrigen Volksglauben vom »Zahnausfall während der Schwangerschaft« (in Norwegen und Deutschland glaubte man, »jedes Kind koste die Mutter einen Zahn«) das allgemeine Empfinden verbarg, daß die Schwangeren an Unterernährung litten[7]. Aßen die Frauen denn auch besser während der Schwangerschaft? Das muß wohl verneint werden.

Gewiß war es mancherorts üblich, den plötzlichen Heißhunger werdender Mütter zu respektieren[8]. In Deutschland räumten die

5 Guillaume Mauquest de la Motte, *Traité complet des accouchemens*. Verb. Aufl., 1715, Neudr., Leiden 1729, S. 64–65.

6 Vgl. den Briefwechsel zwischen Dr. Koestlin und Dr. Israel in: *Zeitschrift für Medizinalbeamte,* 23 (1910), S. 561–564.

7 Lily Weiser-Aall, »Die Speise des Neugeborenen«, in: Edith Ennen und Günter Wiegelmann (Hrsg.), *Festschrift Matthias Zender*. 2 Bde., Ludwig Röhrscheid, Bonn 1972, Bd. 1, S. 543, Anm. 62.

8 Zu Beispielen für solche Nachsicht vgl. Westphalen, *Petit dictionnaire,* a. a. O., S. 327; Freddy Sarg, *La Naissance en Alsace*. Oberlin, Straßburg 1974, S. 12–13.

Dorfgesetze schwangeren Frauen häufig ausdrücklich Sonderrechte für ihre Ernährung ein – ein Zeichen entweder für die allgemeine Fürsorge der Männer oder aber für einen derartigen Mangel an familiärem Interesse an der Ernährung werdender Mütter, daß die Gemeinde es für notwendig befand, sich dieses Gegenstands in ihrer Gesetzgebung anzunehmen. Die Verordnungen gestatteten schwangeren Frauen, nach Belieben Obst und Weintrauben zu pflücken. Ihre Männer oder Bediensteten durften die strengen Jagdgesetze verletzen und Wild für die Frauen erlegen. Und sogar in Gewässern, in denen der Fischfang »bei Verlust eines Auges« verboten war, durften schwangere Frauen für den eigenen Bedarf angeln[9]. Nicht bekannt ist, inwieweit diese Sonderregelungen den Verlauf der Schwangerschaft beeinflußten.

Doch selbst wenn die Gemeinde bereit war, kostenlose Kirschen oder was auch immer zu stiften, hieß das noch lange nicht, daß die Männer allgemein bereit waren, ihr Recht auf die besten Stücke bei den Mahlzeiten den schwangeren Frauen zu überlassen. Ein Arzt in Franken sprach von der völligen Gleichgültigkeit gegenüber der Ernährung schwangerer Frauen, die nur Hülsenfrüchte, karge Brotsuppen und Wasser oder schlechtes Bier zu sich genommen hätten. Im Périgord bekamen die wohlhabenden Frauen während der Schwangerschaft zwar zweimal am Tag Leckerbissen wie Schweinefleisch und Gemüseeintopf oder Eier und Obst, die ärmeren Frauen jedoch aßen »kaum besser als das Vieh«, wie ein Arzt schrieb[10].

Halten wir fest, daß vor der Jahrhundertwende in den meisten Fällen auf die Ernährung schwangerer Frauen keine besondere Rücksicht genommen wurde. Während sich die ländlichen Heilkundigen und Ratgeber in anderen Bereichen der Schwangerenvorsorge viel zu aufdringlich einmischten, geschah auf diesem Gebiet zuwenig.

Entsprechend gestanden die traditionellen Bauern ihren schwangeren Frauen auch keinerlei besondere Schonung zu, wenn es um die Arbeit ging. Wenn wir der Schwangeren heute raten, ihr norma-

9 Hans Fehr, *Die Rechtsstellung der Frau und der Kinder in den Weistümern.* Jena 1912, S. 5.

10 Zu Franken vgl. Christian Pfeufer, »Über das Verhalten der Schwangeren . . . auf dem Lande«, in: *Jahrbuch der Staatsarzneikunde,* 3 (1810), S. 49; zum Périgord vgl. R. Beaudry, »Alimentation et population rurale en Périgord au XVIIIe siècle«, in: *Annales de démographie historique,* 1976, S. 52–53.

les, körperlich aktives Leben bis zum Einsetzen der Wehen weiterzuführen, so denken wir dabei an Tennis, Bürotätigkeit oder Gartenarbeit. »Normale körperliche Betätigung« bedeutete für die traditionelle Bevölkerung Europas Knochenarbeit auf den Feldern, und es ist bezeichnend, daß man sie schwangeren Frauen nicht ersparte. So nahmen in der württembergischen Gemeinde Wangen nach Dr. Zengerle schwangere Frauen keine Rücksicht auf ihren Zustand. Sie hoben und schleppten Lasten wie die Männer[11]. Eine Frau in Wolfsfeld wurde von den Wehen überrascht, als sie Heu lud. Da sie nicht mehr weiterarbeiten konnte, wurde ihr Mann zornig und erklärte ihr, sie hätte wenigstens warten können, bis die Arbeit fertig sei[12]. Und tatsächlich arbeiteten die meisten Bauersfrauen nicht nur während des größten Teils ihrer Schwangerschaft, sondern bis zum Einsetzen der Wehen. Laut Dr. Louis Caradec wurden die Frauen im bretonischen Departement Finistère häufig bei der Feldarbeit von den Wehen überrascht: »Sie mußten sich in das nächstgelegene Haus begeben und ihre Entbindung der erstbesten Frau überlassen.«[13]

Gerechtfertigt wurde diese Sitte, die in Wirklichkeit zweifelsohne auf wirtschaftliche Zwänge und Gleichgültigkeit der Männer gegenüber der Gesundheit ihrer Frauen zurückging, mit der Behauptung, die Geburt werde dadurch erleichtert. In Finnland glaubten die Bauern, harte Arbeit während der Schwangerschaft, vor allem aber während der letzten Monate erleichtere die Geburt, da sie die Schambeine trenne und den Geburtskanal weite[14]. Auch in der Gegend von Metz gingen die Frauen in der Schwangerschaft ihren gewohnten Beschäftigungen nach und unterzogen sich gegen Ende sogar besonderen Anstrengungen, weil sie hofften, dann werde das Kind leichter in den Geburtskanal eindringen und herauskommen[15].

So schuf man sich mit Hilfe von Volksweisheiten Rechtfertigun-

11 Dr. Zengerle, »Auszug . . . statistisch-medicinischen Topographie des Oberamtbezirks Wangen«, in: *Medicinisches Correspondenz-Blatt des württembergischen ärztlichen Vereins,* 18 (1848), S. 256.

12 Gertrud Herrig, *Ländliche Nahrung im Strukturwandel des 20. Jahrhunderts.* Hain, Meisenheim 1974, S. 215, Anm. 43.

13 Louis Caradec, *Topographie médico-hygiénique du département du Finistère.* Brest 1860, S. 78.

14 E. Pelkonen, *Über volkstümliche Geburtshilfe in Finnland.* Helsinki 1931, S. 88.

15 Westphalen, *Petit dictionnaire,* a. a. O., S. 327; ». . . descende et décolle bien«.

gen dafür, daß man auch hochschwangere Frauen noch auf dem Feld arbeiten ließ. Was die Frauen selbst über diese Sitte dachten, ist jedoch eine ganz andere Sache. Die einzigen mir bekannten Belege dieser Art stammen aus der Feder jener englischen Arbeiterfrauen, die 1914 einen Fragebogen der Women's Co-operative Guild ausfüllten. »Ich habe meine Pflicht als Frau eines Arbeiters getan«, schrieb eine Mutter von sechs Kindern, »aber die Erinnerung ist alles andere als erfreulich. Etwa zwei Stunden vor der Geburt des Babys war ich noch stramm über den Waschzuber gebeugt und mit der Wäsche der Familie beschäftigt.« Eine andere Frau, deren Antworten typisch für viele sind, sagte, sie habe wegen der Arbeitslosigkeit ihres Mannes arbeiten müssen, während sie mit ihrem letzten Kind schwanger gewesen sei, »und ich stand den ganzen Tag beim Waschen und Bügeln. Dadurch bekam ich Krampfadern, die mir viel zu schaffen machten, und dadurch verkeilte sich auch das Kind, was uns beide fast das Leben gekostet hätte.«[16]

All diese früheren Generationen von Bauersfrauen, so kann man wohl folgern, dürften kaum Geschmack an der Form von »Schwangerenfürsorge« gefunden haben, die ihnen zuteil wurde.

Die Niederkunft

Wer durfte dabei sein?

Als Samuel Sewalls Tochter am letzten Tag im Januar anno 1701 in Boston niederkam, waren anwesend ihre Mutter und Schwiegermutter, dazu die Hebamme Mrs. Wakefield sowie die Damen Usher, Pemberton, Hubbard, Welsteed und die »Amme Johnson«. Es befanden sich also von der Wöchnerin abgesehen noch mindestens acht Frauen im Zimmer[17]. Etwa zur gleichen Zeit wurde Guillaume de la Motte zur Entbindung einer Schlachtersfrau in dem normannischen Städtchen Montebourg gerufen. Wir erfahren von de la Motte, daß eine Komplikation vorlag, denn er habe »in Ge-

16 Women's Co-operative Guild, *Maternity: Letters from Working-Women.* London 1915, S. 22, 53.

17 Herbert Thoms, *Chapters in American Obstetrics.* Springfield, Ill., 1933, S. 10.

genwart von mehr als dreißig Menschen« einen geburtshilflichen Eingriff vorzunehmen gehabt[18]. Der Gerechtigkeit halber sei hinzugefügt, daß die Geburt früher ein Ereignis für die ganze Gemeinde war.

All diese Frauen waren natürlich dort, um der Mutter zu helfen und um ihr Mut zuzusprechen. Das hört sich gut an. Aber unsere positiven Vorstellungen von »Ermutigung« unterscheiden sich doch erheblich von dem notorischen Fatalismus und der Furcht vor übernatürlichen Kräften, auf die man bei traditionellen Bauern traf. Man dachte nur an die vielen Dinge, die schiefgehen konnten. So schrieb ein Frankfurter Arzt 1844, die Mutter werde während der Wehen mit Heldentaten aus der Praxis ihrer Hebamme unterhalten, mit Schreckensgeschichten über andere Geburten, die kaum geeignet gewesen seien, sie zu beruhigen, und mit Berichten über die Mißgriffe und die Nachlässigkeit verschiedener Ärzte aus der Nachbarschaft[19]. In diesem – und manchem ähnlichen – Bericht prallen zwei Kulturen aufeinander, werden zwei unterschiedliche Auffassungen zu der Frage deutlich, wer sich bei der Gebärenden aufhalten und was man ihr erzählen dürfe. So vertritt auch Dr. Jean-Marie Munaret in seiner Empfehlung für Ärzte eine grundsätzlich andere Meinung: »Sagen Sie den alten Weibern, die sich gewöhnlich im Schlafzimmer herumtreiben, sie sollen hinausgehen. Sie verpesten die Luft, verängstigen Ihre Patientin, quälen sie und werden Ihnen bei Ihrer Arbeit ständig im Wege sein, nur um über Sie herzuziehen, wenn Ihnen der Erfolg versagt geblieben ist.«[20]

In jener Zeit aber, von der hier die Rede ist, blieben sie.

Lage der Gebärenden

In welcher Stellung haben die Frauen entbunden? In heutigen Krankenhäusern ist die »Steinschnittlage« üblich (so benannt, weil die Patienten einst bei der Entfernung von Nierensteinen mit hochgestellten Beinen flach auf dem Rücken lagen). Für die Geburt ist diese Stellung erst in jüngerer Zeit entdeckt worden. Bevor sich die

18 De la Motte, *Traité*, a. a. O., S. 428–29.
19 Adams Walther, »Zur Hebammenfrage«, in: *ZBG*, 8 (1884), S. 306.
20 Jean-Marie Munaret, *Le Médecin des villes et des campagnes*. Paris 1862, S. 400.

Krankenhausgeburt durchsetzte, wurde die Entbindung zu Hause in einer Vielzahl von Stellungen vorgenommen.

Entsprechend hippokratischer Auffassung glaubten die Menschen im Mittelalter, das Kind helfe bei der Geburt mit. Im neunten Schwangerschaftsmonat werde der Fötus im Uterus nicht mehr mit Nahrung versorgt und beschließe daher, sich nach draußen zu begeben, wobei er die aufrechte Lage, in der er, wie man meinte, die meiste Zeit seines intrauterinen Lebens verbracht habe, gegen eine Kopf-über-Stellung vertausche, die ihm erlaube, aus der Gebärmutter herauszukrabbeln. Wehenschmerzen seien also auf die Anstrengungen des Fötus zurückzuführen, die Fruchtblase zu zerreißen und durch den Geburtskanal nach draußen zu krabbeln. Um dem Kind den Austritt zu erleichtern, sollte die Mutter im Stehen oder in der Hocke gebären, beides Stellungen, in denen die Schwerkraft fördernd hinzutrete[21].

In den deutschen Städten begannen die Hebammen dann im 15. Jahrhundert von Italien den Geburtsstuhl zu übernehmen, wo solche Stühle seit der Antike in Gebrauch waren[22]. Elseluise Haberling erklärt, wie mit dem Stuhl gearbeitet wurde. Sobald die Austreibungsperiode einsetzte, forderte die Hebamme die Gebärende auf, sich auf den Stuhl zu setzen. »In den Rücken der Frau stellte die Hebamme eine Frau, an welche die Kreißende sich anlehnen konnte. Die Frau war stets eine geübte, erfahrene Helferin der Hebamme, entweder eine Schülerin oder aber eine . . . Vortäuferin . . . Bei einer normalen Geburt stand sie hinter der Rückenlehne des Geburtsstuhls und umschlang die Gebärende mit ihren Armen, wobei sie genau auf die Anweisungen der Hebamme mit leichterem Druck auf den Gebärmuttergrund und die Seiten den Erfolg der Wehen unterstützen mußte.« Zwei weitere Frauen standen zu beiden Seiten des Stuhls, um der Gebärenden Mut zuzusprechen und der Hebamme zu helfen[23].

Außerhalb der Städte scheinen die Frauen Mitteleuropas lieber in den klassischen Stellungen geboren zu haben – im Stehen oder in der Hocke. Um 1890 schrieb Dr. Max Höfler aus der Gegend von

21 Mittelalterliche Auffassungen werden zusammengefaßt bei: Elseluise Haberling, *Beiträge zur Geschichte des Hebammenstandes: Der Hebammenstand in Deutschland von seinen Anfängen bis zum Dreißigjährigen Krieg*. Berlin 1940, S. 67.

22 a. a. O., S. 67.

23 Haberling, *Geschichte des Hebammenstandes,* a. a. O., S. 69.

Bad Tölz, daß noch wenige Jahrzehnte zuvor die einheimischen Frauen in traditioneller Hockstellung entbunden hätten. Er meinte, die hervorragende Dehnbarkeit ihres Beckens und ihre gute körperliche Verfassung hätten diese leichte Form der Entbindung begünstigt[24]. Berichte über Geburten im Stehen sind sogar noch zahlreicher. Wenn zum Beispiel Bauersfrauen aus der Gegend von Memel in die Wehen kamen, hielten sie sich an einem an den Dachbalken verknoteten Tuch fest und schwangen vor und zurück, während die Anwesenden sie aufforderten, kräftig zu pressen[25]. Ebenfalls etwa zu Beginn des 19. Jahrhunderts gebaren die Bäuerinnen in der Gegend von Bamberg entweder stehend oder auf dem Schoß ihrer Männer sitzend[26]. Noch in den zwanziger Jahren unseres Jahrhunderts standen kreißende Bäuerinnen im entlegenen Lötschental in der Schweiz bei der Geburt und hielten sich dabei mittels einer Schlinge aufrecht[27]. Bis in jüngste Zeit hielt sich also die »mitteleuropäische« Tradition, derzufolge die Frauen in der Stadt auf dem Gebärstuhl gebaren, die Frauen auf dem Lande im Stehen, wobei sie sich auf die eine oder andere Weise Halt verschafften.

An diesen Geschichten über Geburten im Knien, in der Hocke oder auf Stühlen interessiert in unserem Zusammenhang, daß Frauen bis zu einem gewissen Zeitpunkt ihre Kinder in Stellungen zur Welt brachten, die ihnen selbst bequem erschienen. (Damals spielte das Wohlergehen des Kindes keine Rolle.) Danach kam es nicht mehr auf die Vorlieben der Mutter an, sondern auf den Wunsch der Hebamme oder des Staates, daß ein Geburtsstuhl verwendet wurde.

Wie der nächste Abschnitt zeigen wird, waren die Hebammen durchaus nicht abgeneigt, in den Geburtsverlauf einzugreifen.

24 Max Höfler, *Der Isar-Winkel aerztlich-topographisch geschildert.* München 1891, S. 187.

25 Friedrich Julius Morgen, *Beiträge zu einer medicinischen Topographie . . . Memel.* Memel 1843, S. 49–50.

26 Pfeufer, »Verhalten Schwangeren«, a. a. O., S. 51.

27 Carl Müller, *Volksmedizinisch-geburtshilfliche Aufzeichnungen aus dem Lötschental.* Hans Huber, Bern 1969, S. 70.

Jetzt befindet sich die Mutter auf dem Gebärstuhl oder liegt im Stroh neben dem Bett. Die Wehen haben eingesetzt. Was geschieht nun?

Zunächst dürfte die Hebamme für den »Abgang des Fruchtwassers« gesorgt haben, das heißt, sie ritzte mit dem Fingernagel oder einem spitzen Fingerhut die Blase mit Amnionwasser an, die das Kind in der Gebärmutter umgibt. Diese Punktierung ist nicht ganz das, was heute als »Geburtseinleitung« bezeichnet wird, da die Wehen ja schon eingesetzt hatten. Die Hebammen machten es, um den Geburtsverlauf zu beschleunigen. Willughby hielt das für eine verbreitete Praxis: »Es gibt etliche Hebammen, die aus Unwissenheit, Ungeduld oder weil sie dringend zu einer anderen Kreißenden müssen, die Fruchtblase mit den Nägeln zerreißen oder sie mit der Schere zerschneiden.«[28]

Der Skeptiker mag vermuten, daß Willughby als Geburtshelfer nach Kräften bemüht war, seine Konkurrentinnen in Verruf zu bringen. Doch diese Gewohnheit der Hebammen, die Fruchtblase anzubohren, ist vielfach bezeugt. 1769 erklärte Moritz Gerhard Thilenius in seinem Handbuch für Hebammen, wie das Fruchtwasser durch die Kontraktionen der Gebärmutter auf natürliche Weise abgeht. Gar nicht genug könne er, so schreibt er, die Unsitte der Hebammen rügen, die Fruchtblase willkürlich und grundlos zu verletzen[29].

Viele Hebammen gaben sich nicht mit dem Abgang des Fruchtwassers zufrieden, sondern »sondierten« auch. Der Hamburger Arzt J. H. Wigand beschreibt die »böse Gewohnheit mancher Hebammen, nach welcher sie beym Explorieren gleich nach dem Wassersprunge den Kopf etwa in die Höhe schieben. Dadurch machen sie zwischen dem Kopfe und Becken zuviel Platz, so daß nun nicht nur die Menge des Wassers, welches *vor* dem Kopfe lag, abfließt, sondern auch eine Menge dessen, was in der übrigen Gebärmutter befindlich ist« (etwa die Nabelschnur)[30]. Warum so viel Einmischung? Wigand meinte, da »die wenigsten Weiber im Stande sind, die

28 Percivall Willughby, *Observations in Midwifery*. 1863, Neudr., S. R. Publishers, East Ardsley 1972, S. 21.

29 Moritz Gerhard Thilenius, *Kurzer Unterricht für die Hebammen und Wöchnerinnen auf dem Lande*. Kassel 1769, S. 38.

30 J. H. Wigand, *Beyträge zur . . . Geburtshülfe*. Hamburg 1800, S. 78.

Geschicklichkeit einer Hebamme nach vernünftigen Grundsätzen zu beurteilen; da überdem die Hebammen sich gottloß verleumden und einander kaum die alltäglichen Kenntnisse zugestehen; so halten sich die meisten Weiber gewöhnlich bey ihrem Urtheil über die Hebammen, an den Grad des Fleißes, den sich Frauen bey der Entbindung geben. Eine geschickte Hebamme ist daher in ihren Augen keine andere, als solche, die sich unter der Geburt von der Stirne bis zur Fußsohle in einen tropfbaren Schweiß arbeitet. Dieses Vorurtheil wissen denn auch die Wehemütter trefflich zu benutzen. Sie stecken mit ihren Händen unaufhörlich in der Mutterscheide; sie dehnen, zerren und arbeiten daran, wie an einem gewaltigen widerspenstigen Dinge; sie keuchen und stöhnen ordentlich dabey und fluchen wol dazu, so daß manche beynahe an der Möglichkeit der Geburt verzweifeln sollte.«[31]

Ganz im Gegensatz zu neueren Interpretationen, die eine Art »Goldenes Zeitalter« beschwören[32], haben die Hebammen im traditionellen Europa tatsächlich heftig in den natürlichen Geburtsablauf eingegriffen. Unablässig zogen und zerrten sie am Geburtskanal der Mutter, am Kopf des Kindes und am Mutterkuchen, weil sie Opfer der volkstümlichen Auffassung waren, die beste Hebamme sei die, die am meisten eingreife. Um beim Leser kein Mißverständnis aufkommen zu lassen: Das Massieren des Bereichs zwischen den Schenkeln, das Weiten der Vagina oder der Versuch, den Kopf des Kindes mit der Hand zu »dirigieren«, sind ausnahmslos schädliche und nutzlose Maßnahmen. Sie bedeuten weder für die Mutter noch für den Fötus einen Vorteil und bergen die Gefahr, daß der Mutter die Weichteile zerrissen werden oder daß sie infiziert wird. Zwar kann man heute noch gelegentlich alten Praktikern begegnen, die auf die »Damm-Massage« schwören, doch ist man sich in der Medizin ansonsten einig, daß von solchen Maßnahmen Abstand zu nehmen sei. Das Herumhantieren im Geburtskanal gilt heute als gefährlich, und Maßnahmen wie die Verwendung von Geburtszangen werden nur als gerechtfertigt angesehen, wenn das Kind so schnell wie möglich geholt werden muß, weil beispielsweise die Blutversorgung seines Gehirns gefährdet ist.

In traditionellen Zeiten wußten weder Hebammen noch Ärzte

31 a. a. O., S. 82.
32 Vgl. Jane B. Donegan, *Women and Men Midwives: Medicine, Morality, and Misogyny in Early America.* Greenwood, Westport 1978, S. 10.

etwas von Infektionsgefahr. Statt aber die Hände in den Schoß zu legen, standen die Hebammen in dem Ruf schrecklicher Ungeduld. Im Idealfall sollte die Kreißende den Stuhl erst besteigen, wenn der Geburtsvorgang weit fortgeschritten war, tatsächlich aber setzten viele Hebammen ihre Schützlinge schon beim Einsetzen der Wehen auf den Stuhl und drängten sie, Stunde um Stunde sinnlos nach unten zu pressen. Bekanntlich öffnet sich der Muttermund erst nach etwa zehn Stunden Wehen so weit, daß das Kind hinausgedrückt werden kann. C. F. Senff, ein Autor, dem es nicht an Sympathie für die Hebammen fehlte, schrieb 1812: »Es ist bekannt, wie ungeduldig dic Hebammen gewöhnlich auf das Ende einer jeden Geburt warten, wie sie die Frauen meistens über Gebühr zur Ausarbeitung der Wehen antreiben, wie sie dieselben zu zeitig auf den Geburtsstuhl setzen, ... vorzüglich wenn sie zu einer andern Entbindung gerufen worden sind.«[33] Von dem Zwang, vorzeitig zu pressen, seien die Mütter, so schrieb ein Sulzbacher Arzt, am Ende so erschöpft, daß sie dazu nicht mehr in der Lage seien, wenn es erforderlich werde[34].

Das ganze 18. Jahrhundert hindurch kämpften die deutschen Städte mit der Interventionsfreudigkeit ihrer Hebammen, nachdem den Ärzten klar geworden war, daß bei einer normalen Geburt, vom Auffangen des Kindes und dem Durchschneiden der Nabelschnur abgesehen, keinerlei Intervention erforderlich ist[35].

Derartige Kritik an den Hebammen können wir nicht einfach als böswillige Verleumdung durch eifersüchtige Ärzte abtun, denn alle waren sich einig darin, daß Hausentbindungen von Hebammen vorgenommen werden sollten. Die Frage war nur, wie.

Es wäre ermüdend, die Reihe der Beispiele mit Berichten aus anderen Teilen Kontinentaleuropas fortzusetzen, obwohl es in der Literatur eine Fülle von Schreckensgeschichten über ständig an den Kreißenden herumfummelnde Hebammen gibt. Allerdings scheint mir erwähnenswert, daß auch viele qualifizierte Hebammen den Übereifer ihrer Kolleginnen mit Besorgnis beobachteten. Louise Bourgeois, Ober-Hebamme des Hotel Dieu in Paris, meinte 1626: »Ich zweifle nicht daran, daß es einige sehr tüchtige Hebammen

33 C. F. Senff, *Über Vervollkommnung der Geburtshülfe.* Halle 1812, S. 89.

34 Christoph Raphaël Schleis von Löwenfeld, *Warum ist die Sterblichkeit der neugebohrnen Kinder so groß?* Sulzbach 1794, S. 52, Anm.

35 Alois Nöth, *Die Hebammenordnungen des 18. Jahrhunderts.* Med. Diss., Würzburg 1931, S. 154, 160, 175.

gibt, doch befinden sie sich den anderen gegenüber in der Minderzahl. Sie unterscheiden sich darin, daß jede gottesfürchtige Frau die Ehre höher als den Profit schätzen und niemals versuchen wird, eine Mutter zur Eile anzutreiben, um rascher zu anderen Kreißenden zu kommen. [Eine gute Hebamme] wird es nicht wie jene anderen machen, die ihre Häuser stets voller junger Frauen und Mütter ohne Ehemänner haben und sie zur Eile antreiben.«[36]

Als Rose-Claire Schüle in den Jahren nach dem Zweiten Weltkrieg die Arbeit der Hebammen im Wallis untersuchte, war sie entsetzt, wieviel von dieser Überaktivität fortlebte: »Zunächst fetten sie sich die Hände ein, dann die Scheide und den Muttermund der Kreißenden« – all das, um die »Gleitfähigkeit« des Geburtskanals zu erhöhen. Wenn die Geburt nur zögernd vorankam, »weiten sie den Muttermund eifrig mit den bloßen Händen, die nicht mit einem Desinfektionsmittel, sondern mit einer Gleitflüssigkeit eingerieben worden sind ... Überflüssig zu sagen, daß ausgebildete Hebammen den Arzt holen.«[37]

Ich glaube – um das Gesagte zusammenzufassen –, es ist deutlich geworden, daß sich die traditionellen Hebammen in Europa ständig in den Verlauf der normalen Entbindung einmischten. Die ärztlichen Zeugnisse für diese Tatsache lassen sich nicht einfach als Produkte von Eigennutz und Vorurteil abtun. Die Frage ist deshalb so wichtig, weil von der Sachkenntnis bei der Geburtshilfe das Leben der Gebärenden und Wöchnerinnen abhängt, um die es in diesem Abschnitt geht.

Nachgeburt

Nach der Geburt des Kindes setzt die dritte Phase der Entbindung ein – die Geburt der Plazenta, des Mutterkuchens, dieses großen, purpurfarbenen Organs, das den Fötus an den Blutkreislauf der Mutter anschließt. Normalerweise beginnt die Ablösung der Plazenta von der Gebärmutter einige Minuten nach Austritt des Kindes. Aber selbst wenn sie eine halbe Stunde auf sich warten läßt, liegt

36 Louise Bourgeois, *Observations diverses sur la stérilité.* Paris 1626, S. 47–48.

37 Rose-Claire Schüle, »L'Accouchement dans le Valais central de 1850 à 1950«, in: *Gesnerus,* 36 (1979), S. 57.

kein Grund zur Besorgnis vor. Nach traditioneller Hebammenkunst meinte man aber, sie sofort mit der Hand ablösen zu müssen. Damit sind wir bei der letzten Ursache für eine »Intervention« bei einer normalen Geburt.

Wenn die Plazenta an der Uteruswand festzusitzen scheint, liegt das gewöhnlich daran, daß sich die Gebärmutter nicht ganz zusammengezogen hat. Gelegentlich ist jedoch einer der großen, zottigen Plazentalappen (»Cotyledos« genannt) mit dem darunterliegenden Gebärmuttergewebe verbunden. In solchen Fällen kann das Ziehen an der Nabelschnur oder das Zerren an einer Ecke der Plazenta zu einer Blutung oder Umstülpung der Gebärmutter führen. Die Mutter kann an dem Schock sterben. Zumindest kann das Hineingreifen eine Infektion verursachen. Es besteht also keinerlei Zweifel daran, daß diese Praktiken schädlich sind.

Trotzdem waren sie in der Vergangenheit Routinehandlungen. 1777 meinte Nicolas Saucerotte: »Zweifellos ist es dem Wunsch der Mutter, rasch entbunden zu werden, sobald das Kind auf der Welt ist, und der Freude der Geburtshelferinnen zuzuschreiben, daß die meisten Hebammen die Plazenta unmittelbar nach der Geburt des Kindes herausreißen.«[38] Noch Anfang des 20. Jahrhunderts gehörte es zur Routine der Schweizer Dorfhebamme Marjosa, die Nachgeburt zu holen, wobei sie den Müttern erklärte, es sei höchste Zeit, sich darum zu kümmern, weil sie sonst nach oben klettere. Deshalb waren die Mütter Marjosa dankbar, daß sie durch ihr rasches Eingreifen diese schlimme Komplikation verhinderte; wäre die Plazenta doch sonst zum Herzen gewandert[39]!

Aufgrund solcher Eingriffe war die *Inversio uteri*, die Umstülpung der Gebärmutter, als Folge einer Normalgeburt ein bekanntes Phänomen. »In größter Eile wurde ich zu einer Frau gerufen, die sechs Meilen entfernt wohnte«, schrieb Edmund Chapman 1735. Als er eintraf, war sie schon seit einer halben Stunde tot. »Die Hebamme berichtete mir, die Nachgeburt habe an einer Seite so fest gesessen, daß sie auch bei Aufbietung all ihrer Kraft nicht in der Lage gewesen sei, die Mutter ganz von ihr zu befreien, obschon sie den größten Teil geholt hatte.« Chapman verlangte daraufhin, den Leichnam zu sehen. »Zu meiner großen Überraschung stellte ich fest, daß die

38 L. S. (»Nicolas«) Sancerotte, *Examen de plusieurs préjugés et usages abusifs concernant les femmes enceintes.* Straßburg 1777, S. 25.
39 Müller, *Aufzeichnungen Lötschental,* a. a. O., S. 106.

Gebärmutter umgestülpt war und sich gänzlich außerhalb des Leibes befand. Sie hing zwischen den Schenkeln herab, wobei die Plazenta noch am Fundus festsaß.« Nun erfuhr er die ganze Geschichte. Nach einer leichten Geburt »hatte die Hebamme heftig an der Nabelschnur gezogen und dadurch die Gebärmutter gesenkt, die sie sofort ergriff, sobald sie ihrer habhaft werden konnte. Da hatte sie mit frischen Kräften gezogen und sich auch nicht durch lauteste Schreie von ihrem Vorhaben abbringen lassen, woraufhin die bedauernswerte Frau nach wenigen Minuten in Krämpfe und Delirien fiel, die zu ihrem Tode führten.«[40]

Durch eine sachgerechte Ausbildung hätte sich solcher Pfuscherei wohl beikommen lassen. Das wußte man offensichtlich auch auf dem Gemeindeamt des Dorfs Vallstedt bei Wolfenbüttel, da man erneut eine ausgebildete Hebamme verlangte, nachdem zwei traditionelle Hebammen im Jahre 1805 die Nachgeburt unvorsichtig entfernt, dadurch eine *Inversio uteri* verursacht und die Mutter getötet hatten[41].

Durch solche Geschichten werden aus den Hebammen, die doch lediglich den traditionellen Vorschriften folgten, an allem zu ziehen, was man zu fassen bekomme, die reinsten Ungeheuer. Ich möchte deshalb betonen, daß diese höchst verderblichen Praktiken ursprünglich von der Schulmedizin gelehrt wurden und wahrscheinlich später in die volksmedizinische Geburtshilfe eingegangen sind. Tausend Jahre lang hatte die offizielle Medizin verkündet, daß die Plazenta sofort entfernt werden müsse, weil sich sonst die Gebärmutter zusammenziehe und jede Ablösung der Nachgeburt verhindere[42]. Doch als sich die medizinischen Anschauungen wandelten, wollte es das Unglück, daß sich die Hebammen weigerten, diesen Gesinnungswandel mitzuvollziehen, und machten durch ihren Starrsinn für weitere hundert Jahre aus normalen Geburten gefährliche Abenteuer.

40 Edmund Chapman, *A Treatise on the Improvement of Midwifery*. 2. Aufl., London 1735, S. 124.

41 A. F. Nolde, *Notizen zur Kultur-Geschichte der Geburtshülfe in dem Herzogtum Braunschweig*. Erfurt 1807, S. 91.

42 Zur frühen Geschichte dieser Auffassungen vgl. Heinrich Fasbender, *Geschichte der Geburtshilfe*. Jena 1906, S. 766 und passim.

Die Frauen der oberen Mittelschicht, die wir immer vor Augen haben, wenn wir uns das Leben der Frauen in der Vergangenheit vorzustellen versuchen, verbrachten ein bis zwei Wochen im Wochenbett. Die Frauen der unteren Schichten waren im allgemeinen nach ein oder zwei Tagen wieder auf den Beinen. Um sie geht es in diesem Abschnitt.

Zunächst sind da einige Unklarheiten zu beseitigen. Wenn die Rückbildung, die »Involutio« der Gebärmutter nach der Geburt normal verlaufen ist, gibt es keinen Grund dafür, daß eine Frau nicht schon nach ein paar Stunden aufstehen und herumgehen könnte. Sie kann ihr normales Leben wieder aufnehmen, sobald ihr danach zumute ist. Es gibt keinen physiologischen Grund, der sie ans Bett fesseln würde.

In diesem Punkt ist die Medizin erst in letzter Zeit so liberal geworden. Früher war man von der Notwendigkeit einer neuntägigen Bettruhe *überzeugt*, wenn sich auch nur wenige an diese Vorschrift halten konnten. Die Ärzte sagten, die Mutter müsse mindestens eine Woche streng liegen und dürfe noch nicht einmal aufstehen, wenn das Bett gemacht würde. »Nach zwei Wochen«, so schrieb Francis Ramsbotham, »darf sie beginnen, die Füße auf den Boden zu setzen.«[43] Auch die Hebammen befürworteten das neuntägige Wochenbett und kamen während dieser Zeit einmal oder zweimal am Tag[44]. Die Hebamme Josefine Biedermann beispielsweise war außer sich, als eine Wöchnerin am sechsten Tag aufstand, um eine kleine Besorgung zu erledigen[45]. Man war also sehr unnachsichtig in diesem Punkt.

Wir wissen heute, daß die Mutter durch dieses lange Liegen Schaden nehmen kann, weil dadurch die Blutansammlung in ihren Beinvenen erhalten bleibt. Es können sich Blutpfropfen bilden, die möglicherweise durch eine »Lungenembolie« die Lungen der Mutter schädigen oder sie auch töten. Doch wenn es auch keinen vernünfti-

43 Francis Ramsbotham, *The Principles and Practice of Obstetric Medicine and Surgery*. London 1841, S. 195–96.

44 Marta Wohlgemuth, *Die Bäuerin in zwei badischen Gemeinden*. Karlsruhe 1913, S. 124, und G. Lammert, *Volksmedizin und medizinischer Aberglaube in Bayern*. Würzburg 1869, S. 173.

45 Josefine Biedermann, *Die weise Frau: Ernste und heitere Erlebnisse aus 30jähriger Praxis*. Graz 1934, S. 58.

gen medizinischen Grund gab, die Wöchnerinnen zu strengem Liegen zu verurteilen, so *glaubten* die Menschen doch, *es gäbe einen*, und das ist das Entscheidende. Als Ramsbotham schrieb, daß die Wöchnerinnen den neunten Tag ihrer Rekonvaleszenz für den »kritischen« hielten, dachte er wahrscheinlich an die Infektionsgefahr oder das »Kindbettfieber«[46]. Wie wir noch sehen werden, schwebte die Gefahr einer Infektion wie eine dunkle Wolke über dem Wochenbett. Und da sich die Symptome verzögern konnten, durften die Frauen erst nach neun Tagen wirklich aufatmen. Wer es sich also leisten konnte, blieb nach der Geburt ein oder zwei Wochen im Bett.

Und wer es sich nicht leisten konnte, was für die meisten Frauen der unteren Schichten galt, war am zweiten oder dritten Tag wieder auf den Beinen. Die Mutter war unentbehrlich. In der Stadt Sulz am Neckar habe es – so der Bericht von Dr. Wunderlich – einfache Frauen gegeben, die wenig Aufhebens von der Geburt gemacht hätten. Einmal sah der Arzt eine Frau, die am Morgen entbunden hatte, nachmittags einen Eimer Wasser vom Brunnen holen[47]. Man sei erstaunt, schrieb Moritz Gerhard Thilenius 1769, die Bäuerinnen schon am Abend ihrer Entbindung wieder ihrer Hausarbeit nachgehen zu sehen. Einmal habe er eine Frau gesehen, die am Tage nach ihrer nächtlichen Entbindung das Vieh versorgt hätte, als sei nichts gewesen[48]. Wenn diese Frauen so rasch an ihre Arbeit zurückkehrten, so deswegen, weil sie es mußten. Sie seien nach zwei oder drei Tagen wieder auf, schrieb der Beobachter eines Schweizer Dorfes in den dreißiger Jahren unseres Jahrhunderts, weil nur sehr wenige Männer wüßten, wie man eine Kuh melke. Sie verstünden weniger von der Hausarbeit als der durchschnittliche Städter[49].

Noch eine Bemerkung zum Schluß. Der Leser wird später von »Frauenfesten« hören, mit denen die Taufe des Neugeborenen oder die glückliche Entbindung der Mutter gefeiert wurde. Natürlich mußte jemand für das Fest kochen. Zwar mochten die Nachbarinnen die Gerichte mitbringen, doch häufig mußte sich die Mutter kurz nach der Entbindung aus dem Bett aufraffen, um alles vorzu-

46 Ramsbotham, *Obstetric Medicine,* a. a. O., S. 196.
47 Dr. Wunderlich, *Versuch einer medicinischen Topographie der Stadt Sulz am Neckar.* Tübingen 1809, S. 50.
48 Thilenius, *Unterricht Hebammen,* a. a. O., S. 6–7.
49 Emil Schleiniger, *Die Gesundheitsverhältnisse der Bevölkerung des Eifischtales.* Med. Diss., Basel 1938, S. 18.

bereiten. So in den ländlichen Gebieten bei Bamberg. Häufig könne man die Wöchnerinnen aufstehen sehen, so lesen wir, um den »Gevatterschmaus« zu bereiten, während die anderen Hausbewohner und die Freunde das Kind zur Taufe begleiteten[50]. Ein entsetzter Arzt, der Gleiches aus den ländlichen Regionen Badens berichtete, befürchtete, daß solches Verhalten unweigerlich der Gesundheit von Mutter und Kind schaden müsse[51]. Vielleicht war es so, vielleicht auch nicht. Fest steht jedoch, daß die Frauen in den Dörfern und Kleinstädten wenig Zeit hatten, sich von einer normalen Geburt zu erholen.

Es ist heute Mode geworden zu behaupten, die Frauen in früherer Zeit hätten »Kontrolle« über ihre Geburten gehabt, während das heute nicht mehr der Fall sei. Daher meint man, daß diese traditionellen Verfahrensweisen besser für die Frauen gewesen seien[52]. Das vorliegende Kapitel hat jedoch gezeigt, daß Frauen ihre Entbindungen nie wirklich unter Kontrolle gehabt haben, daß die Geburt stets eingebunden war in ein Netz aus Brauchtum und gesetzlichen Vorschriften, welche die Wahlmöglichkeiten der einzelnen Mutter einschränkten. Heute haben die Krankenhäuser strenge Verfahrensregeln, nach denen unter bestimmten Umständen bestimmte Maßnahmen zu treffen sind. Die Verfahrensregeln der traditionellen Hebammen jedoch waren nicht weniger streng: Setz die Mutter auf den Gebärstuhl, sobald die Wehen beginnen, mach dich pausenlos an der Kreißenden zu schaffen, und ziehe ihr schließlich die Plazenta heraus! Daneben erwartete das Gemeinwesen von den Müttern, daß sie bis zum Einsetzen der Wehen arbeiteten und daß sie ihre täglichen Pflichten kurz nach der Entbindung wieder aufnahmen. Wenn Sitte und Bräuche derart intensiv in die Lebensgestaltung der Menschen eingreifen, ist es einfach lächerlich anzunehmen, die Mütter von früher hätten das Geschehen »kontrollieren« können.

50 Pfeufer, »Verhalten der Schwangeren«, a. a. O., S. 54.
51 P. J. Schneider, *Versuch einer medizinisch-statistischen Topographie von Ettlingen*. Karlsruhe 1818, S. 131–32, Anm.
52 Vgl. beispielsweise Ann Oakley, »A Case of Maternity: Paradigms of Women as Maternity Cases«, in: *Signs*, 4 (1979), S. 607–31.

5.
Schmerz und Tod bei der Geburt

Obwohl Schwangerschaft ein natürlicher physiologischer Prozeß ist und kein pathologischer, kann sie doch *höchst gefährlich* sein. In diesem Kapitel erörtere ich ihre Gefahren, wobei sich der Leser allerdings darüber klar sein muß, daß sie nur für eine Minderheit der Geburten galten. Aber solche Geschichten sprechen sich herum. Wenn eine Frau zehn oder fünfzehn andere Frauen kannte, war wahrscheinlich eine unter ihnen, die bei der Geburt oder im Wochenbett starb. Risiken dieser Größenordnung schaffen ein kollektives Angstgefühl. Ohne Zweifel sah die Mehrheit der Frauen in der Zeit vor 1900 ihrer bevorstehenden Entbindung mit sehr gemischten Gefühlen entgegen.

Frauenängste

Kurz vor ihrer ersten Entbindung schrieb Sarah Stearns, eine Frau aus Massachusetts, nachdem sie mit Verwandten zusammengekommen war, in ihr Tagebuch: »Vielleicht ist es das letzte Mal, daß es mir vergönnt ist, mit meinen irdischen Freunden zusammenzusein.«[1] Immer wieder stoßen wir in der Literatur auf diese ahnungsvolle Beklommenheit, während kaum Spuren von Zuversicht und Freude zu entdecken sind, besonders wenn es sich um Frauen handelt, die ihrer ersten Geburt entgegensehen.

Diese berechtigten Ängste wurden ein Teil der Frauenkultur, so daß zu den kollektiven Verhaltensregeln für normale Schwangerschaften auch untrennbar Maßnahmen gehörten, die dazu dienten, dem Tod ein Schnippchen zu schlagen. Zunächst einmal ließ sich der Tod durch Gebete und rituelle Handlungen abwenden. Als Magdalena Geisenhöfin 1702 in dem Dorf Pfarrstetten feststellte, daß sie wieder schwanger war, war sie nicht wenig verstört, weil die Dinge auch dieses Mal, wie schon das letzte Mal, eine böse und unangenehme Wendung nehmen konnten. Deshalb steckte man ihr, als ihre

1 Eine Eintragung aus dem Jahr 1813, zitiert bei: Carl N. Degler, *At Odds: Women and the Family in America from the Revolution to the Present.* Oxford Univ. Press, New York 1980, S. 59.

Wehen begannen, einen Ring an den Finger, den man zuvor in den wundertätigen Becher des heiligen Magnus gelegt hatte[2]. Elsässische Frauen wickelten sich während der Geburt in lange Papierrollen, die angeblich nach der »wahren Größe des Herrn« geschnitten und mit Gebeten bedeckt waren[3].

Der Himmel wurde nach Vorzeichen abgesucht. »Ist vollends der Aschermittwoch trübe, so sterben in demselben Jahre alle Wöchnerinnen«, hieß es in Württemberg[4]. Dieses kollektive Wissen um alles, was mit Geburt zusammenhängt, summiert sich zu einem »kollektiven Bewußtsein des gewalttätigen Geschehens, dessen Opfer die Mutter wird« (Mireille Laget)[5]. Von einer Generation auf die nächste überliefert, machten diese Volksweisheiten die Frauen mit den Gefahren vertraut, die ihre Geschlechtsrolle barg.

Doch wie berechtigt war diese Angst eigentlich? Wieviele Entbindungen gingen tatsächlich schief? Sehr viele.

Komplikationen

Vorab ein Wort zu der Frage, bei wievielen Entbindungen sich Schwierigkeiten entstellten. Ob eine Entbindung »normal« ist, ist zum Teil eine Frage der subjektiven Einschätzung. Wie wir sehen werden, konnte eine Infektion nach der Entbindung der Mutter normal erscheinen, ihrem Arzt jedoch anomal. Was der Mutter als anomal langwierige Geburt erscheint – sagen wir vierzehn Stunden –, kann sich aus statistischer Sicht als Normalfall darstellen.

Wie häufig waren die Hebammen selbst der Meinung, daß eine Komplikation vorlag? Die statistischen Daten darüber, wie oft sie Ärzte zur Hilfe riefen, weisen große Schwankungen auf: von 7 Prozent aller Entbindungen (in einem deutschen Dorf um 1900) bis zu

2 Erwin Richter, »Verschiedenes von unbekannteren Volksheilbräuchen in bayerischen Mirakelbüchern«, in: *Münchener medizinische Wochenschrift,* 25. Dezember 1953, S. 1401.

3 Freddy Sarg, *La Naissance en Alsace.* Oberlin, Straßburg 1974, S. 29.

4 H. Höhn, »Sitte und Brauch bei Geburt, Taufe und in der Kindheit«, in: *Württembergische Jahrbücher,* 1909, S. 257.

5 Mireille Laget, »La Naissance aux siècles classiques: pratique des accouchements et attitudes collectives en France aux XVIIe et XVIIIe siècles«, in: *Annales ESC,* 32 (1977), S. 967.

23 Prozent aller Entbindungen (bei ausgebildeten englischen Hebammen in den zwanziger Jahren unseres Jahrhunderts). Je schlechter die Ausbildung der Hebammen und je länger der Weg des Arztes, desto seltener die Bitten um Hilfe. Die Ärzte ihrerseits waren der Meinung, daß sich bei einer von zehn Geburten Komplikationen einstellten[6].

Das Urteil der Kreißenden über die Häufigkeit von Komplikationen deckt sich ziemlich genau mit diesen ärztlichen Schätzungen von »eins zu zehn«. Von den Müttern, die Margaret Sangers Beratungsstelle für Geburtenregelung in New York aufsuchten, erklärten 21 Prozent, daß zumindest eine ihrer früheren Schwangerschaften mit Schwierigkeiten verbunden war (Tabelle 5.1). Jede dieser Frauen hatte durchschnittlich drei Geburten hinter sich.
Aus der Sicht der Mutter bestand also bei der Durchschnittsgeburt ein Komplikationsrisiko von 7 Prozent (bei nur drei Kindern).

Tabelle 5.1

Schwangerschaftskomplikationen bei 28 000 Geburten (New York, zwanziger Jahre, laut Bericht der Mütter) Prozentsatz aller Schwangerschaften, in denen die folgende Komplikation auftrat

Eklampsie, Nierenentzündung, Erbrechen	1,7
psychiatrische und neurologische Erkrankungen	0,2
Magen-Darmstörungen, Herzerkrankungen	0,2
Blutungen, Plazentaerkrankungen	1,6
Sepsis (Genitalien und Brust)	0,2
schwere Geburt	20,8
Komplikationen insgesamt	24,7

Quelle: Vgl. Anmerkungen zu den Tabellen, S. 338.
Anmerkung: Die Prozentsätze für Eklampsie und psychiatrische Erkrankungen sind aus einer Gesamtmenge von 39 000 Schwangerschaften errechnet worden, nicht aus den sonst zugrunde gelegten 28 000 Schwangerschaften.

6 Zu den Quellen dieser Häufigkeitsschätzungen von Hebammen und Ärzten vgl. u. a.: Ludwig Formey, *Versuch einer medicinischen Topographie von Berlin.* Berlin 1796, S. 122; Gottlieb von Ehrhart, *Physisch-medizinische Topographie . . . Memmingen.* Memmingen 1813, S. 108, Ende der Tabelle VII (»schlimme Niederkünfte« bei 1743 Entbindungen); John S. Fairbairn, »Observations on the Maternal Mortality in the Midwifery Service of the Queen Victoria's Jubilee Institute«, in: *BMJ,* 8. Januar 1927, S. 48.

Wie häufig waren, von der erschwerten Geburt abgesehen, die übrigen Komplikationen? Nicht besonders häufig. Bei den New Yorker Frauen fügten sie zu der 20prozentigen Wahrscheinlichkeit einer schweren Geburt noch 5 Prozent hinzu, so daß die Komplikationsgefahr im gebärfähigen Alter auf insgesamt 25 Prozent anstieg (Tabelle 5.1 zeigt einen Überblick). Dabei müssen wir festhalten, daß dies eine statistische Durchschnittszahl ist und kein Gefahrenindex für jede einzelne Schwangerschaft.

Mit anderen Worten: Wir dürfen aus der Tatsache, daß heute »95 Prozent« der Geburten ohne Komplikationen verlaufen[7], nicht schließen, das Gleiche habe auch für die Vergangenheit gegolten. Die traditionellen Hebammen in den kleinen Ortschaften Europas haben den Arzt möglicherweise nur in 5 Prozent der Fälle gerufen, die wir als das Minimum der wirklich schrecklichen Komplikationen ansehen dürfen. Ausgebildete Hebammen hingegen sahen weit häufiger Probleme. Und die Frauen selbst hielten jede vierte ihrer Schwangerschaften für »anomal«, worunter sie gewöhnlich einen schmerzhaften und »schwierigen« Geburtsverlauf verstanden.

Schwere Geburt

Was ist eine »schwere« Geburt, und wie kommt es dazu?

Von den verschiedenen Ursachen für langsame Geburten fällt die Stellung des Kindes im Mutterleib am wenigsten ins Gewicht. Der Körperteil des Kindes, der zuerst in den Geburtskanal eintritt, bestimmt die »Lage«. Von den vielen Aspekten unseres Themas hat sich dieser im Laufe der Jahrhunderte wahrscheinlich am wenigsten verändert. Die meisten Kinder werden mit dem Kopf voran geboren. Doch etwa 2 bis 4 Prozent der Geburtslagen können die Mütter in ernsthafte Schwierigkeiten bringen.

Das geschieht folgendermaßen: Bei der normalen Geburt gleitet der Kopf des Kindes bei Herannahen des neunten Monats in das Becken der Mutter. Das Kind liegt auf der linken Seite, sein Kinn ruht auf der Brust (so daß der Nacken »gebeugt« ist). Mit dem Einsetzen der Wehen treiben die Gebärmutterkontraktionen den

7 Zitiert bei: Doris Haire, »The Cultural Warping of Childbirth«, in: John Ehrenreich (Hrsg.), *The Cultural Crisis of Modern Medicine.* Monthly Review Press, New York 1978, S. 194.

Kopf durch das Becken in den Geburtskanal hinein. Das Kinn bleibt gegen die Brust gepreßt, aber der Kopf dreht sich, so daß das Gesicht nach hinten zeigt. Dadurch tritt das Kind mit dem Hinterhaupt voran aus. Wenn der Rest des Kopfes herauskommt, hebt sich das Kinn allmählich von der Brust und schlüpft ebenfalls heraus.

Manchmal tritt das Kind jedoch nicht mit dem Kopf voran ins Becken ein, sondern hat den Steiß vorn, so daß der Steiß, die Füße oder die Knie zuerst geboren werden. Obwohl diese »Steißlage« in einem unheilvollen Ruf steht, hat sie tatsächlich kaum Auswirkungen auf das Geburtstempo. Allerdings wird der Kopf des Kindes als letztes geboren und ist deshalb in besonderem Maße Verletzungen ausgesetzt[8]. Damals wie heute kommt die Steißlage in 3,5 Prozent aller Geburten vor.

Zwei Arten von Kindslagen erweisen sich als extrem schwierig. Wenn die Mutter in diesen Fällen nicht kundige Hilfe erhält oder wenn ihre natürlichen Kontraktionen die Lage nicht spontan korrigieren, wird sie unentbunden sterben. Bei vielleicht einem halben Prozent aller Geburten tritt das Kind mit dem Gesicht nach vorn in die Scheide ein, das heißt, der Kopf ist stark nach hinten gestreckt, statt nach vorne gebeugt. Solange sich das Kind in dieser Stellung befindet, kann es nicht geboren werden. Tatsächlich haben sich in der Vergangenheit etwa Vierfünftel der Gesichtslagen früher oder später selbst korrigiert, so daß eine Spontangeburt doch noch möglich war. Die Hebammen, die Marie Lachapelle an einer Pariser Entbindungsklinik unterstellt waren, konnten von den 101 Gesichtslagen, die in den Jahren zwischen 1812 und 1820 vorkamen, 88 schließlich doch noch spontan entbinden[9]. Aber diese Entbindung bedeutete für die Mutter oft qualvolle Verzögerungen und Muskelrisse im »Beckenboden«.

Eine andere Stellung, bei der die Wahrscheinlichkeit einer spontanen Korrektur weit geringer war, war die »Querlage«. Bei etwa einem Prozent der Entbindungen lag das Kind quer im Becken der Mutter, statt längs, so daß es mit den Schultern voran im Geburtskanal erschien. Der Arm mußte zuerst geboren werden, und in einer solchen Stellung ist ein Kind nicht zu entbinden. Gelegentlich kön-

8 »Gewöhnlich kommt es dadurch nicht zu längerer Entbindungsdauer.« Jack A. Pritchard und Paul C. MacDonald, *Williams Obstetrics*. 16. Aufl., Appleton-Century-Crofts, New York 1980, S. 802.

9 Marie Lachapelle, *Pratique des accouchemens*. 3 Bde., Paris 1825, Bd. 2, Schlußtabelle.

nen die Kontraktionen der Mutter das Problem spontan beheben, doch gewöhnlich ist eine Operation erforderlich, soll die Mutter nicht an der Geburt sterben. Marie Lachapelles Hebammen konnten spontan nur 12 der 118 Pariser Frauen entbinden, bei denen diese Komplikation vorlag[10]. Bei den anderen mußte ein Eingriff vorgenommen werden.

Die folgende kleine Tabelle, die auf 31 000 Entbindungen in dem ländlichen Schweizer Bezirk Sursee zwischen 1891 und 1929 basiert, liefert ein ungefähres Bild von der Häufigkeit der verschiedenen Kindslagen:

Kopf, Nase nach unten (vorderes Hinterhaupt)	92,9 %
Kopf, Nase nach oben (hinteres Hinterhaupt)	1,4 %
Gesicht	0,6 %
Steiß (Füße, Knie, Hüften)	3,1 %
Quer	2,0 %
Gesamt	100,0 %[11]

93 Prozent waren also völlig regelmäßige Kopflagen, bei denen die Nase nach unten zeigte, wenn das Kind sichtbar wurde. Auch die Steißlagen, die weitere 3 Prozent darstellten, dürften keine besonderen Schwierigkeiten gemacht haben. Nur wenn das Kind mit nach oben gerichteter Nase geboren wird (hintere Hinterhauptslage), wenn das Gesicht den Scheidenausgang blockiert oder wenn das Kind quer liegt, läuft die Mutter Gefahr, nicht entbunden werden zu können oder eine qualvoll langsame Geburt aushalten zu müssen. Solche Situationen machen nur 4 Prozent der Gesamtzahl aus.

Wir müssen uns vor Augen halten, daß diese Prozentsätze zwar niedrig erscheinen mögen, daß aber, in absoluten Zahlen gesehen, doch sehr viele Frauen qualvoll von solchen anomalen Kindslagen betroffen waren. In Wien wurden beispielsweise zwischen 1898 und 1902 eintausendfünfhundert Frauen von den Schrecken einer Querlage heimgesucht (nicht gerechnet die Geburten am Allgemeinen Krankenhaus). Wenn also nur 0,7 Prozent der 225 000 Frauen be-

10 Ebd.

11 Rudolf Beck, *Geburten und Geburtshilfe in ländlichen Verhältnissen: eine statistische Studie aus den Geburtstabellen des Amtes Sursee über die letzten 39 Jahre.* Med. Diss., Basel 1930, S. 19.

troffen waren, die in jenen Jahren niederkamen, so verbirgt sich hinter diesem bescheidenen Prozentsatz doch eine eindrucksvolle Zahl[12]. Diese Anomalien – speziell die Gesichts- und die Querlage – waren also durchaus keine bloß hypothetischen Gefahren, die einer normalen Frau so gut wie nie zustießen, sondern konnten ohne weiteres in der Gemeinde auftreten.

»Erschwerte Geburt« heißt, daß sich die Entbindung lange hinzog und nicht nach ungefähr zwölf Stunden zu Ende war – die heutige Durchschnittszeit. Normale Geburten können hinsichtlich ihrer Dauer große Schwankungen aufweisen, einige sind in ein oder zwei Stunden vorbei, andere benötigen sehr viel mehr Zeit. In der Regel brauchen beispielsweise Erstgebärende ungefähr sechs Stunden länger als Frauen, die bereits Kinder geboren haben (vierzehn Stunden die einen, acht die anderen)[13]. Wir haben keinen Grund zu der Annahme, daß Frauen in der Vergangenheit eine schwächere Gebärmuttermuskulatur als heute gehabt hätten oder daß die Kinder größer gewesen wären (tatsächlich waren die Kinder bei der Geburt im Durchschnitt kleiner). Wenn sich also die durchschnittliche Geburt ungefähr sechzehn Stunden hinzog, so lag es daran, daß damals die Geburtshelfer weniger geneigt waren einzugreifen[14]. Augustus Granville, Aufsichtsbeamter einer Gruppe von Gemeindehebammen Anfang des 19. Jahrhunderts in London, erklärte zum Beispiel, er halte nichts davon, vor Ablauf von fünfzig Stunden einzugreifen[15]! Derartiges »wachsames Abwarten« bedeutete natürlich, daß Geburten länger dauerten. Vielleicht ein Drittel der Geburten des 19. Jahrhunderts, über die wir Informationen besitzen, dauerten länger als zwanzig Stunden. Heute nimmt nur eine von zehn Geburten soviel Zeit in Anspruch[16]. (Heute greifen die

12 Vgl. Siegfried Rosenfeld, »Zum Schutze der Gebärenden«, in: *ZGH*, S. 156.

13 Zitiert bei: Louis M. Hellman und Jack A. Pritchard (Hrsg.), *Williams Obstetrics*. 14. Aufl., Appleton-Century-Crofts, New York 1971, S. 396.

14 Ferdinand August Ritgen, *Jahrbücher der Entbindungsanstalt zu Gießen*, 2 (1820), Schlußtabellen; Dormann, »Nachrichten über die Ereignisse in der ... Entbindungsanstalt zu Hadamar«, in: *Medicinische Jahrbücher für das Herzogtum Nassau*, 3 (1845), S. 89–92; Otto Spielberg, *Midwifery*, a. a. O., S. 186.

15 Augustus Granville, *Report of the Practice of Midwifery at the Westminster General Dispensary during 1818*. London 1819, S. 22.

16 T. N. A. Jeffcoate, »Prolonged Labor«, in: *Lancet*, 8. Juli 1961, S. 62, Abb. 3.

Ärzte nach etwa zwanzig Stunden ein, weil danach die Lebensgefahr für das Kind merklich ansteigt[17].)

Konkret bedeuten diese Statistiken, daß die Frauen vor 1900 im Durchschnitt ungefähr fünf Stunden länger in den Wehen lagen als heute. Ihre Aussichten, eine Geburt von mehr als zwanzig Stunden erdulden zu müssen, standen eins zu drei, und es gibt Zeugnisse in Hülle und Fülle für Niederkünfte, die mehr als achtundvierzig Stunden dauerten.

Diese erschwerten Entbindungen oder »Dystokien« mochten durch Rigidität des Gebärmutterhalses verursacht sein – dann ließ er die Fruchtblase trotz der Gebärmutterkontraktionen nicht durch. Eine Dystokie konnte auch auf zu schwache Gebärmutterkontraktionen zurückgehen oder auf ein zu kleines Becken der Mutter, durch das dann der Kopf des Kindes buchstäblich hindurchgezwängt werden mußte. Eine weitere Ursache für Dystokien war ein übermäßiger Kopfumfang des Kindes, etwa bedingt durch »Hydrozephalus«, eine vermehrte Ansammlung von zerebrospinaler Flüssigkeit, die den Schädel auftreibt. Mit anderen Worten: Es gab viele mögliche Ursachen für langwierige Geburten, auf die wir nicht im einzelnen einzugehen brauchen. Hinzu kommt, daß uns die Ursachen in früheren Zeiten, mit Ausnahme rachitisch verengter Bekken, oft nicht bekannt sind.

Eine langsame Geburt bedeutete noch nicht unbedingt einen fatalen Ausgang. Im April des Jahres 1711 wurde Guillaume de la Motte, der Geburtshelfer aus einer Kleinstadt der Normandie, in das Haus einer Adligen gerufen. Ihre Wehen kamen selten, und er verbrachte die Nacht dort. Um sechs Uhr morgens hatte sie einige heftige Wehen; er konnte den Kopf des Kindes fühlen, aber die Fruchtblase riß erst vierundzwanzig Stunden später, und weitere zwei Tage dauerte es, bis das Kind schließlich geboren war. Es war ein Junge, dem »es gut ging, obwohl sein Kopf entsetzlich in die Länge gezogen war«. Auch der Mutter – »so erschöpft wie ich« – ging es gut[18]. Für diese Frau wie für viele andere, deren einziges Problem es war, daß sich der Gebärmutterhals nur langsam weiten wollte, nahm das ganze dann doch noch ein gutes Ende.

Wenn jedoch die Ursache der Verzögerung in einem mechani-

17 Hellman und Pritchard, *Obstetrics,* a. a. O., S. 840.
18 Guillaume Mauquest de la Motte, *Traité complet des accouchemens.* Verb. Aufl., 1715, Neudr., Leiden 1729, S. 182.

schen Hindernis lag, etwa in einem zu kleinen Becken oder einer anomalen Kindslage, dann konnte die Geburt einen unheilvolleren Verlauf nehmen. Die Mutter »kam in Not«, ihr Herz hämmerte, der Atem ging rasch. Sie litt unter Wasserentzug und begann zu fiebern, wenn die »Azidose« (eine anomale Vermehrung von Säuren im Blut) auftrat, die zu einem Erschöpfungszustand führte. Da die wiederholten Kontraktionen den Sauerstoffaustausch in der Plazenta unterbinden, geriet auch das Kind in Not. Irgend etwas mußte dann geschehen.

Was konnte man tun?

Was konnten Hebammen und Ärzte vor Einführung des Kaiserschnitts tun, um erschwerte Geburten abzukürzen?

Erste Möglichkeit: Nicht eingreifen

Einst wurden in vielen traditionellen Gesellschaften die Frauen, die zu einer spontanen Geburt nicht in der Lage waren, einfach sich selbst überlassen, was in der Regel den sicheren Tod bedeutete[19]. Das Europa vor 1800 war nicht unbedingt eine traditionelle Gesellschaft in dem Sinne wie Marokko, Algerien oder die Südseeinseln des 19. Jahrhunderts, weil es angesichts geburtshilflicher Notfälle die Bereitschaft zu aktivem Eingreifen besaß, die direkt auf die Griechen und Römer zurückgeht. Doch viele traditionelle Hebammen und hilfeleistende Nachbarinnen wußten einfach nicht, *was* zu tun war, wenn eine Kreißende in Schwierigkeiten geriet, so daß man sie tatenlos dem Tode überließ. Percivall Willughby »traf die Mutter häufig unentbunden an. Sie und das Kind waren tot, bevor ich kommen konnte, und schuld war die Unwissenheit solcher Hebammen«. Einmal fuhren Willughby und seine Tochter eine ganze regnerische Nacht hindurch nach Congerton und trafen bei Tagesanbruch am Ort des Geschehens ein: »Aber diese Lady war schon vor unserer

19 Vgl. beispielsweise Dorothée Chellier, *Voyage dans l'Aurès: Notes d'un médecin envoyé en mission chez les femmes arabes*. Tizi-Ouzou 1895, S. 17–18. L. Raynaud, *Etude sur l'hygiène et la médecine au Maroc*. Alger 1902, S. 138.

Ankunft unentbunden gestorben. Ich hätte mir ihren Leichnam sehr gerne angesehen, aber die Hebamme erlaubte es nicht. Ich wußte, daß diese Hebamme nicht sehr viel von ihrem Beruf verstand, und ich glaube, der Gedanke beschämte sie, jemand hätte im Jahre des Herrn 1655 ihres Werkes ansichtig werden können. Diese Hebamme war gefällig in ihrer Kleidung, aber unwissend in der Art, wie sie ihr Amt versah.«[20]

Angesichts einer ungewohnten Situation gaben viele Hebammen einfach auf. Verwaltungsbeamte in entlegenen französischen Ortschaften wie Agde, Mende und Barre meinten zur Zeit des Ancien Régime: »Die Unfähigkeit dieser Hebammen ist so groß, daß Mutter und Kind sterben, wenn die Entbindung nicht natürlich verläuft.«[21] Moritz Gerhard Thilenius stellte fest, daß in Städten oder Ortschaften, wo es kundige Hebammen gebe, selten der Todesfall einer Frau während der Geburt zu beklagen sei. Auf dem Lande jedoch wüßten die Hebammen nicht, was im Falle einer anomalen Kindslage zu tun sei, und gewöhnlich überließen sie die Dinge allzulange sich selbst. Ihre Unwissenheit sei schuld daran, daß viele Mütter mit ihren Kindern während der Geburt stürben[22]. Ohne Zweifel also wurden Frauen im traditionellen Europa oft abgeschrieben, wenn sie während der Geburt in Schwierigkeiten kamen.

Zweite Möglichkeit: »Volksmittel«

Unter Volksmitteln werden alle traditionellen Verfahren bei Dystokien verstanden, die keinen Eingriff in die Scheide vorsahen. Die einfachsten dieser volksmedizinischen Verfahren waren magischer Natur. Einer der weitestverbreiteten »Zauber« der irischen Landbevölkerung bestand darin, »alle Orte, Personen oder Dinge im Haus und in seinem Umkreis freizugeben, alle Schlösser aufzuschließen, alle Türen und Fenster zu entriegeln, alle Knoten aufzuknüpfen und sogar die Kühe im Stall freizulassen« – der Überlegung folgend, daß die äußerliche Freisetzung aller Dinge auch die Gebär-

20 Ein Manuskript aus dem 17. Jahrhundert: Percivall Willughby, *Observations in Midwifery*. 1863, Neudr., S. R. Publishers, East Ardsley 1972, S. 158.

21 Zitiert bei: Laget, »Naissance«, a. a. O., S. 977.

22 Moritz Gerhard Thilenius, *Kurzer Unterricht für die Hebammen und Wöchnerinnen auf dem Lande*. Kassel 1769, S. 2, 8.

mutter veranlassen könnte, ihren Inhalt freizugeben[23]. Bei den Slowaken des Nograder Bezirks ließ der Mann die Frau aus dem eigenen Mund trinken, knüpfte das Bund seiner Unterhosen um ihren Leib, urinierte dann in seinen Stiefel und ließ seine Frau davon trinken[24]. Und so fort. Magische Mittel gegen Dystokie gab es überall im Volk. Sie interessieren uns hier nicht unbedingt, weil sie geholfen hätten, sondern weil sie von der Entschlossenheit zeugen, der Kreißenden in ihrer Not zu helfen.

Ihre zweite Zuflucht suchte die Volksmedizin in Arzneimitteln. Mehrfach werde ich in diesem Buch auf den bäuerlichen Hang zur »Polypragmasie« zu sprechen kommen, das heißt die Angewohnheit, jede nur erdenkliche Beschwerde mit einer Vielzahl von Wässerchen und Tränken zu behandeln. Angesichts gesundheitlicher Probleme griffen die traditionellen Europäer am liebsten zu Arzneimitteln, die sie aus heimischen Pflanzen gewonnen hatten. Einige Pflanzen enthalten Wirkstoffe, die speziell die Gebärmutter anzusprechen scheinen. Ich werde darauf in dem Kapitel über Abtreibungsmittel zu sprechen kommen, hier möchte ich nur darauf hinweisen, daß etliche dieser »Tränke« die Kontraktionen der Gebärmutter verstärkt haben könnten. Beispielsweise gibt es keinen Zweifel daran, daß das Mutterkorn, ein schwarzer Pilz, der auf Getreideähren wächst, die Gebärmuttermuskulatur anregt. Deshalb finden die aus diesem Pilz gewonnenen Alkaloide auch heute häufig Anwendung in Kreißsälen. Europas Bauern verwendeten Mutterkorn, lange bevor es 1808 von der medizinischen Zunft entdeckt wurde[25]. Sie gaben bei schweren Geburten außerdem noch eine Vielzahl von Präparaten, von denen einige geholfen haben mögen, andere aber fast mit Sicherheit nutzlos oder gar giftig sind[26].

Wenn auch die Arzneimittel nichts verschlugen, bestand die letzte Zuflucht der Volksmedizin darin, den Fötus herauszuschütteln, in-

23 W. R. Wilde, »A Short Account of the Superstitions and Popular Practices Relating to Midwifery ... in Ireland«, in: *Monthly Journal of Medical Science, NS,* 35 (1849), S. 721–22.

24 a. a. O., S. 54.

25 Vgl. Friedrich A. Flückiger, *Pharmacographia: A History of the Principal Drugs of Vegetable Origin met with in Great Britain and British India.* 2. Aufl., London 1879, S. 740.

26 G. Lammert, *Volksmedizin und medizinischer Aberglaube in Bayern.* Würzburg 1869, S. 166; Christian Pfeufer, »Über das Verhalten der Schwangeren, Gebährenden und Wöchnerinnen auf dem Lande«, in: *Jahrbuch der Staatsarzneikunde,* 3 (1810), S. 52–53.

dem man die Mutter durchrüttelte oder auf den Kopf stellte. So berichtet Dr. W. R. Wilde über die »niederen Stände« Irlands: »An einigen Orten war es in früherer Zeit nicht unüblich, bei langwierigen Entbindungen das Bett der unglücklichen Patientin von zwei oder drei kräftigen Männern mit großer Heftigkeit hin und herschütteln zu lassen . . . Zu diesem Zwecke wählte man mit Vorliebe einen Ackersmann, aber Aussicht auf Erfolg hatte er nur, wenn er direkt vom Pflug kam.«[27] Willughby erzählt von »einem armen Geschöpf in der Nähe von Ashburn, dem jedes Mittel recht war, entbunden zu werden . . . Die letzte Zuflucht ihrer selbstgefälligen Hebamme war es . . ., sie in einer Decke hochzuwerfen, wie man es manchmal mit Hündinnen macht, in der Hoffnung, daß diese heftige Bewegung das Kind aus ihrem Leib treiben würde.«[28] Man kann sich vorstellen, wie viele Gebärmutterrisse, Verletzungen im Geburtskanal und Blutungen auf das Konto dieser volksmedizinischen Maßnahmen gingen.

Dritte Möglichkeit: An allem ziehen, was man zu fassen bekommt

Wenn alle Volksmittel, alles Schütteln, Aufhängen und Vollstopfen mit Arzneimitteln sich als wirkungslos erwiesen hatten, dann versuchten die Geburtshelfer als nächstes, mit roher Gewalt[29] an dem Teil des Kindes zu ziehen, dessen sie habhaft werden konnten. Bei Geburten auf dem Lande waren Geschichten über solche Vorkommnisse häufig zu hören. »Wenn die Hebamme auf irgendeine ungewöhnliche Kindslage stößt«, schrieb ein Beobachter 1752, »verliert sie die Übersicht . . . und beginnt zu ziehen, selbst wenn es ein Polyp in der Gebärmutter ist, was die Mutter dann häufig mit dem Leben bezahlt.«[30]

Ein naheliegender Gegenstand solcher Anstrengungen war der Kopf des Kindes, wenn er aus dem Geburtskanal herausgetreten war und die Schultern noch festsaßen. Es gibt einfache Verfahren

27 Wilde, »Short Account«, a. a. O., S. 722.

28 Willughby, *Observations,* a. a. O., S. 156–57; zu allem Überfluß hatte diese Methode noch nicht einmal Erfolg.

29 E. Pelkonen, *Über volkstümliche Geburtshilfe in Finnland.* Helsinki 1931, S. 163.

30 Anonym., *Kurzgefaßte Gedanken von dem verderbten Zustande der Hebammen.* Lübeck 1752, S. 7–8.

zur Bewältigung einer solchen »Schulterdystokie«, in keinem Falle aber darf man aus Leibeskräften am Kopf ziehen, wenn man ihn nicht abreißen will. Häufig wurde de la Motte zu solchen Fällen gerufen: »Am 21. Juli 1704 wurde ich geholt, um eine Frau im Kirchspiel Saint-Colombe zu entbinden . . . Bei meiner Ankunft erfuhr ich, daß die Hebamme den Kopf des Kindes abgerissen hatte, ohne besonders heftig gezogen zu haben. Sie war so zerknirscht und betroffen, daß ich sie zu trösten versuchte, statt ihr Vorwürfe zu machen.«[31] (Wenn so stark gezogen wurde, daß manchmal der Kopf regelrecht vom Körper abgetrennt wurde, stelle man sich die Häufigkeit von Rückgrat- und Nackenwirbelverletzungen vor!)

Die drei Hebammen in England, die Mary Hector, die Frau eines Baders, im Juli des Jahres 1670 entbanden, konnten der Versuchung, an einem vorliegenden Arm zu ziehen, nicht widerstehen und trennten ihn schließlich an der Schulter ab. Als Willughby auf dem Schauplatz des Geschehens eintraf, versuchten sie das Unglück zu vertuschen und brachten ihm das Baby »sehr hübsch in ein Hemd gewandet, wobei der Arm im Ärmel an die Schulter gelegt, die Hand an der Manschette festgebunden und das ganze unauffällig an der Seite des Kindes arrangiert worden war.

Das war so geschickt gemacht und verhüllt, daß jemand, der von nichts wußte und nur aus der Entfernung einen Blick auf den Körper des Kindes, diese solcherart vertuschte Stümperei, warf, nicht bemerken konnte, daß der Arm an der Schulter abgetrennt war.«[32]

Die Neigung, an allem zu ziehen, was man zu fassen bekam, war also tief verwurzelt in der traditionellen Hebammenkunst. Ich gehe nur deshalb so ausführlich darauf ein, weil wir in letzter Zeit soviel gehört haben von den »weisen Frauen« aus früherer Zeit und von ihrem besonderen Wissen, in dem sich die praktische Erfahrung von Jahrhunderten gesammelt habe, und so fort. Tatsächlich gab es ein überliefertes Wissen, das für normale Entbindungen ausreichte, sich aber als unzulänglich erwies, wenn etwas schiefging.

31 De la Motte, *Traité,* a. a. O., S. 365.
32 Willughby, *Observations,* a. a. O., S. 164.

Wenn dieses überlieferte Wissen keine Lösung brachte, versuchte die Dorfbevölkerung es mit einer geburtshilflichen Operation. Obwohl es nur eine »traditionelle« Operation im engeren Sinne gab – die Embryotomie (Zerstückelung des Ungeborenen im Mutterleib) –, waren in der dörflichen Kultur seit dem 16. Jahrhundert auch einige wichtige »neuzeitliche« Operationen bekannt. Welche Operationen konnten einer Kreißenden aus höchster Not helfen?

Wendung war das erste Verfahren, zu dem Ärzte und Hebammen griffen, wenn eine anomale Kindslage vorlag, der Kopf des Kindes zu groß war oder die Gebärmutterkontraktionen sich als nicht ausreichend erwiesen. Ich spreche hier von der »inneren« Wendung, bei der mit der Hand in die Gebärmutter gegriffen wird, um das Kind herumzudrehen. Einige der antiken griechischen Ärzte zogen es beispielsweise vor, den Kopf des Kindes nach unten zu drehen (»Wendung auf den Kopf«), damit es »besser bei der eigenen Entbindung helfen« könne. Andere drehten lieber die Füße nach unten, um es dann einfach an ihnen herauszuziehen (»Wendung auf den Fuß mit anschließender Extraktion«). Doch im Lauf des Mittelalters geriet die Wendung bei der Schulmedizin in Vergessenheit, und erst 1550 beschrieb Ambroise Paré die Wendung des Kindes auf den Fuß als die erfolgversprechendste Behandlung anomaler Kindslagen[33]. Wahrscheinlich hatten die beschlagenen Stadthebammen die Wendung nie aus den Augen verloren, denn schon geraume Zeit vor 1550 konnte der bayrische Arzt Ortolff auf die Wendung Bezug nehmen, als sei sie seiner Zuhörerschaft von Hebammen völlig vertraut und bedürfe keiner weiteren Erläuterungen. 1513 erwähnte Eucharius Rösslin in seinem Lehrbuch beiläufig sowohl die Wendung auf den Fuß wie die auf den Kopf, offensichtlich davon ausgehend, daß seinen Lesern das Verfahren bereits bekannt sei[34]. Es war also die Schulmedizin, die im 16. Jahrhundert, nachdem sie ihr langdauerndes Desinteresse an geburtshilflichen Fragen abgelegt hatte, die Wendung wiederentdeckte. Parés Lehrbuch fand eine breite Leserschaft. In der Zeit, die ich »traditionell« nenne – etwa 1500 bis

33 Bericht von Heinrich Fasbender, *Geschichte der Geburtshilfe*. 1906, Neudr., Olms, Hildesheim 1964, S. 124–25.

34 Elseluise Haberling, *Beiträge zur Geschichte des Hebammenstandes . . . von seinen Anfängen bis zum Dreißigjährigen Krieg*. Berlin 1940, S. 99.

1850 –, war die innere Wendung auf den Fuß eines von etlichen Verfahren, die bei erschwerter Entbindung zur Wahl standen.

Was verstanden die Frauen auf den Dörfern unter einer Wendung? 1771 erließ die Stadt Runkel-Wied hinsichtlich der Wendung folgende Anweisung an ihre Hebammen: »Bei falscher Kindeslage, Fehlen der Wehen, starker Blutung usw. muß die Hebamme die Wendung vornehmen. Sie soll keine Redensarten wie ›Das Kind seye angewachsen, darum könne es nicht gebohren werdten pp.‹ sich enthalten, sondern ohne Aufschub ihre Handt geschickt in die Mutter bringen, und das Kind wendten, dass ist, seine Füsslein suchen, beide Vorderfüsslein zur Geburth richten, hernach beede zusammen fassen, und das Kind unter mitarbeiten der Gebährerin, aus Mutterleib unterwärts herausziehen, dabei acht haben, dass des Kindes Ferssen vorwärts gegen ihr, der Hebamme, und die Zehen hinterwärts gegen die Gebährerin Rucken gewandt seyen.«[35] Diese Vorsichtsmaßregel sollte dafür sorgen, daß das Kind mit nach unten gerichtetem Gesicht herausgezogen wurde, damit sich das Kinn nicht am Schambein verfing.

In der Runkel-Wieder Verordnung hört sich das einfach an. Tatsächlich war die Wendung entsetzlich schmerzhaft, solange es keine Betäubung gab (Chloroform und Äther wurden in der Geburtshilfe erst ab 1847 verwendet). Hören wir einen Vorfall aus Herisau in der Schweiz, der sich um 1800 zutrug: Eine zweiundvierzigjährige Frau lag, zum zehnten Male schwanger, schon seit fünf Tagen in den Wehen. Schließlich ließ die dörfliche Hebamme Dr. I. G. Oberteufer holen, der drei Stunden lang versuchte, das querliegende Kind zu wenden. Ohne Erfolg. Er holte seinen Vater, der gleichfalls Arzt war, zu zweit zogen sie abermals stundenlang an der Kreißenden herum. Immer noch kein Erfolg. Schließlich erklärte ihr der Arzt, er könne sie nicht entbinden, aber er wolle gerne einige Geburtshelfer aus Sankt Gallen kommen lassen. Sie bedankte sich und meinte, sie wolle lieber sterben[36].

Ein Arzt, der zahlreiche Entbindungen auf dem Lande vorgenommen hatte, schrieb 1901, mit Schrecken denke er an eine schwierige Wendung zurück, die er ohne Betäubung bei einer Quer-

35 Alois Nöth, *Die Hebammenordnungen des XVIII. Jahrhundert.* Med. Diss., 1931, S. 144.

36 I. G. Oberteufer, »Beobachtungen verschiedener merkwürdiger widernatürlicher Geburtsfälle«, in: *Johann Christ. Starks Neues Archiv für Geburtshülfe,* 2 (1801), S. 447–50.

lage habe durchführen müssen. Die schrecklichen Schreie der Frau, die den Tod herbeiflehte, die entsetzliche Erregung der Angehörigen, die leicht auf den Arzt übergreifen und ihn zu unüberlegten Handlungen hinreißen könne, die Schwierigkeit der Operation – das alles würde er nie vergessen[37].

Vor Einführung des Kaiserschnitts war in etwa zwei von hundert Geburten die Wendung erforderlich. Von den mir bekannten Zahlen beträgt die kleinste 0,4 pro 100 Hausentbindungen um 1840/50 in London, die höchste 3,4 Prozent in der Stadt Memmingen um 1800. Bei etlichen größeren Stichproben, etwa den 32 000 Geburten im Bezirk Sursee, pendelt sich die Zahl bei 2 Prozent ein. Eine Mutter, die fünf Kinder gebar, hatte also eine Chance von ungefähr eins zu zehn, eine solche Wendung durchmachen zu müssen.

Halten wir uns vor Augen, daß sich die meisten traditionellen Hebammen absolut in der Lage fühlten, eine Wendung vorzunehmen, daß es sich also nicht um einen Eingriff handelte, der Ärzten vorbehalten war. Die Hebamme Jane Hawkins in Neuengland, die in einen Hexenprozeß verwickelt war, weil ein Kind eine Mißgeburt war, bezeugte, daß das Kind, »das von normaler Größe war, mit dem Steiß zuerst kam, bis sie es wendete«[38]. »Ich leugne nicht«, erklärte 1735 Edmund Chapman, ein Londoner Geburtshelfer, »daß viele Hebammen unter Umständen wissen, wie ein Kind gewendet wird, noch daß ihnen dabei in manchen Fällen Erfolg beschieden ist. Aber bedenkt man die vielen unvorhergesehenen Schwierigkeiten, die eintreten können, besonders, daß der Kopf an den Beckenknochen hängenbleiben kann . . .« Chapman hielt es für besser, daß der Arzt geholt wurde, wenn eine Wendung erforderlich war[39]. Eine deutsche Hebamme, die angeklagt war, in ihrer Unerfahrenheit bei einer solchen Wendung die Gebärmutter zerrissen zu haben, erwiderte stolz, sie habe bereits vierundzwanzig Wendungen vorgenommen[40]. Es kann also keinen Zweifel daran geben, daß

37 Adolf Weber, *Bericht über Hundert in der Landpraxis operativ behandelte Geburten.* München 1901, S. 17.

38 Zitiert bei: Claude E. Heaton, »Obstetrics in Colonial America«, in: *American Journal of Surgery,* NS, 45 (1939), S. 607.

39 Edmund Chapman, *A Treatise on the Improvement of Midwifery*. 2. Aufl., London 1735, S. VI.

40 Runzler, »Auszug aus den Acten einer Untersuchung gegen einen Chirurgen und eine Hebamme, in: *Zeitschrift für die Arzneikunde,* 25. Ergänz.-heft (1838), S. 183.

sowohl ausgebildete wie traditionelle Hebammen die Wendung regelmäßig vornahmen.

Zange. Was aber, wenn eine Wendung nicht möglich war? Nehmen wir beispielsweise an, die Mutter hätte so lange in den Wehen gelegen, daß der Kopf des Kindes fest in ihr Becken verkeilt war. In einem solchen Falle war der Geburtshelfer nicht in der Lage, die Hand vorbeizuzwängen, um die Füße zu ergreifen. Oder nehmen wir an, der Geburtshelfer wollte keinen Riß der Gebärmutter riskieren – was bei einer Wendung leicht passieren konnte – oder der Mutter schlimme Schmerzen ersparen. Was ließ sich tun?

Vor Erfindung der Zange blieb als einzige Möglichkeit die Tötung des Kindes durch Perforation des Kopfes, dessen Inhalt herausgeholt wurde, damit die Mutter vom Rest des kindlichen Leibes auf natürliche Weise entbunden werden konnte – ein entsetzliches Verfahren, von dem einige Seiten weiter unten die Rede sein wird. Seit Mitte des 18. Jahrhunderts verfügte der Geburtshelfer jedoch über eine zweite Möglichkeit, durch die das Kind geschont wurde und durch die auch die Gefahr gemindert werden konnte, die Mutter entweder durch die scharfen Instrumente für die Schädelperforation oder durch Knochensplitter vom Kopf des Kindes schwer zu verletzen. Diese andere Möglichkeit war die Geburtszange, eine Erfindung der Familie Chamberlen, einer Londoner Dynastie von Geburtshelfern, deren Anfänge ins 16. Jahrhundert zurückreichen. Aus Gewinnsucht hatten die Chamberlens ihre Erfindung viele Jahre hindurch geheimgehalten, indem sie unter dem Schutze eines Bettuchs arbeiteten. Doch in den dreißiger Jahren des 18. Jahrhunderts sickerte das Geheimnis durch, und kurz darauf entwickelten die Geburtshelfer William Smellie und André Levret eigene Modelle, mit denen sich weit besser als mit dem ursprünglichen Instrument der Chamberlens arbeiten ließ[41].

Die Geburtszange ähnelt einer großen normalen Zange, nur daß sie löffelförmig endet. Diese Löffelenden werden einzeln an den Kopf des Kindes angelegt und dann miteinander verbunden, woraufhin man zu ziehen beginnt. Das hört sich einfach an, doch kann der Arzt Schwierigkeiten bekommen, wenn der Kopf noch nicht in

41 Eine knappe Zusammenfassung dieser bekannten Geschichte findet der interessierte Leser bei: Walter Radcliffe, *Milestones in Midwifery*. Wright, Bristol 1967, S. 30–45.

das Becken eingetreten ist oder wenn sich der Muttermund noch nicht geöffnet hat. Der Arzt Jean-Marie Munaret hatte von vielen Geburten auf dem Lande in Frankreich gehört, »wo zahlreiche Personen« gemeinsam an einer Zange zogen und dabei »Körperteile des Kindes abrissen«. »Die Frauen auf dem Lande fürchten dieses Instrument mehr als die Frauen in der Stadt. Und ohne Zweifel kann man damit auch großen Schaden anrichten.«[42] Ganz gewiß. Mit ihrem enorm festen Griff bot die Zange den Vorteil, langwierige Entbindungen rasch zu beenden. Aber genau darin lag auch ihre tödliche Gefahr.

Zangengeburten zu Hause, ohne Betäubung, konnten fürchterlich sein. Die Hebamme Lisbeth Burger berichtete, wie sie und der Ehemann die Kreißende niederhalten mußten, während der Arzt eine Zangenentbindung vornahm: »Nichts war mehr im Raum als das Stöhnen und Wimmern der Mutter, das Bäumen und Rütteln des zermarterten Körpers . . . Unter Ziehen und Stemmen, Halten, Stöhnen und Bluten kam endlich, endlich das Kind aus dem Schoß der Mutter . . . Zerrissen und blutend, zu Tode erschöpft, lag das arme Weib in den Kissen . . .«[43]

Ursprünglich wurde ebenso häufig mit Hilfe der Zange wie durch Wendung entbunden – ein Umstand, der zeigt, wie groß die Abneigung der Ärzte gegen die Zange war, bedenkt man, daß die Wendung weit größere Risiken für die Mutter barg. Doch Ende des 19. Jahrhunderts wurde die Zange in Mitteleuropa bei etwa 2 Prozent aller Entbindungen benutzt, während die Wendung allmählich völlig außer Gebrauch kam[44].

Weckte die Zange Angst oder Zuversicht bei den Frauen? Jean-Louis Baudelocque, einer der ersten Geburtshelfer in Frankreich, pflegte der Frau, zu der er gerufen wurde, einen Löffel der Zange in die Hand zu geben und erst dann mit der Operation zu beginnen, wenn sie ihm diesen zurückgab. Doch seine Nachfolger brachen mit diesem Brauch. Es sei festzustellen, hieß es, daß Vertrauen nicht durch Demonstration einzuflößen sei, sondern nur durch das Handeln selbst – das heißt durch die geschickte und schmerzlose An-

42 Jean-Marie Munaret, *Le médecin des villes et des campagnes.* Paris 1862, S. 412.

43 Lisbeth Burger, *Vierzig Jahre Storchentante: Aus dem Tagebuch einer Hebamme.* Breslau 1936, S. 20–21.

44 Max Hirsch, *Fruchtabtreibung und Präventivverkehr im Zusammenhang mit dem Geburtenrückgang.* Würzburg 1914, S. 73.

wendung der Zange nebst einem glücklichen Ergebnis[45]. Ein Jahrhundert später meinte der Berliner Arzt Max Hirsch, eine totale Änderung in der Einstellung der Frauen feststellen zu können: »Und ich glaube mich nicht zu täuschen, wenn ich beobachtet habe, daß auch die Furcht vor der Zange im Volke nicht besonders groß ist. Daß im Gegenteil sogar oft die Angelegenheit des Instrumentes zur rascheren Beendigung der Geburt verlangt wird.«[46]

Die Frauen überwanden ihre Angst, zumindest einige, und das mit gutem Grund. Die Sterblichkeit bei Zangenentbindungen zu Hause sank stetig. In den dreißiger Jahren des vorigen Jahrhunderts betrug die Wahrscheinlichkeit, an einer Zangengeburt zu sterben, in Fulda eins zu fünfundzwanzig, in Oberhessen eins zu dreiunddreißig[47]. In den neunziger Jahren des 19. Jahrhunderts sank diese Wahrscheinlichkeit im übrigen Deutschland auf eins zu hundert, dann auf eins zu zweihundert, eins zu fünfhundert, bis schließlich die Gefahr, durch Anwendung von Zangen zu sterben, in den zwanziger Jahren unseres Jahrhunderts statistisch unerheblich geworden war[48].

Embryotomie. Wenn die Mutter weder durch Wendung noch mittels der Zange entbunden werden konnte, blieb nur noch eine letzte Möglichkeit: das Kind durch eine verstümmelnde Operation, die »Embryotomie«, zu töten. Wenn der Kopf des Kindes mit einem scherenähnlichen Instrument durchbohrt und dann mit einem scharfen Haken herausgezogen wurde, nannte man das Verfahren »Kraniotomie«. »Die Voraussetzungen sind immer die gleichen«, schrieb Joseph DeLee. »Die Frau liegt seit vielen Stunden oder gar Tagen in den Wehen, ungewaschene Hände haben sie wiederholt untersucht, Versuche, sie mit der Zange zu entbinden, sind fehlgeschlagen, die Vulva ist zerrissen und zerquetscht, der Gebärmutterhals hängt in Fetzen, der Urin ist blutig, das Kind verletzt oder im Sterben. Dann

45 Johann F. Osiander, *Bemerkungen über die französische Geburtshülfe.* Hannover 1813, S. 91–92.

46 Hirsch, *Fruchtabtreibung,* a. a. O., S. 72.

47 K. Schreiber, »Ein Beitrag zur Statistik der Geburtshülfe mit besonderer Beziehung auf Kurhessen«, in: *Neue Zeitschrift für Geburtskunde,* 11 (1842), S. 196.

48 Statistisches Material unterschiedlicher Herkunft findet sich bei: Hirsch, *Fruchtabtreibung,* a. a. O., S. 73; und Max Hirsch, »Der Weg der operativen Geburtshilfe in bevölkerungspolitischer Beleuchtung«, in: *Archiv für Frauenkunde,* 13 (1927), S. 208–09.

gibt es nur noch eins – die Kraniotomie.«[49] Als der Sankt Gallener Arzt Adrian Wegelin zu einer achtundzwanzigjährigen Frau gerufen wurde, die zum erstenmal schwanger war, lag sie seit zehn Stunden in den Wehen. Der »unnatürlich geschwollene« Kopf des Kindes befand sich im Becken und wollte sich nicht weiter bewegen. Welche Möglichkeiten hatte Wegelin? Eine Wendung war unmöglich, weil sich der Kopf in der Mitte des Beckens verkeilt hatte, so daß kein Platz für seine Hand blieb. Er und ein Kollege, den man ebenfalls gerufen hatte, versuchten es mit der Zange, aber sie konnten nur einen Löffel anlegen, der ständig abrutschte und schließlich sogar verbog! So blieb nur die Perforation des Schädels. Wegelin bohrte ein Loch ins Schädelbein und zog das Kind mit einem Haken heraus. Die Mutter brauchte sechs Wochen, um sich zu erholen[50].

Es ist leicht einzusehen, warum die Embryotomie durch alle Jahrhunderte in so schlechtem Ruf stand. Häufig bedeutete sie, ein lebendes Kind zu töten, obwohl von katholischen Ärzten erwartet wurde, daß sie das Verfahren erst nach dem Tode des Kindes anwandten[51]. Sie bedeutete schreckliche Wunden in den Weichteilen der Kreißenden, denn die Haken und Scheren zum Öffnen und Zermalmen des kindlichen Schädels konnten stets abrutschen und den Geburtskanal zerreißen. Schließlich hatte sie eine enorme Erhöhung des Infektionsrisikos zur Folge. Infolgedessen mieden die Ärzte die Embryotomie um fast jeden Preis und entschlossen sich nur ganz selten dazu. Im Bezirk Sursee in der Schweiz kam sie beispielsweise bei 32 000 über vierzig Jahre durchgeführten Entbindungen nur in zweiundzwanzig Fällen vor – mit anderen Worten, alle zwei Jahre einmal[52]. Fleetwood Churchill errechnete, daß Embryotomie alles in allem einmal pro neunhundert Entbindungen vorkam, obwohl sich die Engländer sicherlich eher zu ihr entschlossen als die Deutschen (einmal in zweihundert Fällen gegenüber einmal in zweitausend Fällen – weil die Engländer die Zange verab-

49 Joseph DeLee, *Principles and Practice of Obstetrics.* 6. Aufl., Philadelphia 1933, S. 1111.

50 Adrian Wegelin, »Allgemeine Übersicht des dritten Hunderts künstlicher Entbindungen«, in: *Johann Christ. Stark's Neues Archiv für die Geburtshülfe,* 3 (1804), S. 155–57.

51 Die Debatte über die Frage, ob das Leben der Mutter oder das Leben des Kindes Vorrang habe, wartet noch auf ihren Geschichtsschreiber. Eine kurze Zusammenfassung findet sich jedoch bei: Haberling, *Geschichte des Hebammenstandes,* a. a. O., S. 26.

52 Beck, *Geburten in ländlichen Verhältnissen,* a. a. O., S. 40.

scheuten!)[53]. Warum halten wir uns dann so lange mit einer Operation auf, die die Ärzte so selten vornahmen? Weil die Hebammen die Embryotomie sehr häufig durchführten.

Die kundigen Stadthebammen früherer Jahrhunderte hatten stets Eisenhaken in ihren Taschen, mit denen sie *tote* Kinder herauszogen. Wenn die Mutter nicht spontan entbunden hatte und auch die verschiedenen Tränke erfolglos geblieben waren, erwartete man von der Hebamme, daß sie ihre Kolleginnen und die Ober-Hebamme hinzuzog. Waren alle der Meinung, daß das Kind in der Gebärmutter tot sei, wurden Haken in den Kopf des Kindes gebohrt, durch das Auge oder den Mund, um es herauszuziehen. War es eine Steißlage, schlug man die Haken in den Rücken oder den Brustkasten. Die Hebammen hatten sorgfältig darauf zu achten, daß die Gebärmutter nicht verletzt oder umgestülpt wurde[54].

Tatsächlich aber scheinen viele traditionelle Hebammen, wenn auch nicht gerade diese kundigen und beruflich organisierten Stadthebammen, rasch zur Hand gewesen zu sein mit den Messern, den scharfen Haken (Crochets) und den stumpfen Haken, um das Kind zu köpfen oder seinen Schädel zu entleeren. Diese Prozeduren wurden an toten wie an lebenden Kindern in der Gebärmutter vorgenommen. 1849 schrieb Dr. W. R. Wilde vom St. Mark's Hospital in Dublin: »Von meinem Vater, der eine große Praxis (in der Grafschaft Connaught) hatte, habe ich gehört, daß er dort Hebammen gekannt habe, die ständig versucht hätten, den Fötus gewaltsam mit einem Stahlhaken herauszuziehen.«[55] Auch Willughby waren zahlreiche derartige Fälle bekannt, so der folgende: »Eine gute Frau, die in Brincliffe bei Sheffield wohnte, fiel, als sie in schweren Wehen lag, in die Hände einer unwissenden Frau. Sie schnitt das Kind im Leib der Mutter in mehrere Stücke. Durch das Messer der Hebamme und die Knochen des Kindes wurde der Leib der Frau bei der Extraktion der verschiedenen Teile des kindlichen Körpers verletzt.«[56]

Ich möchte allerdings nicht den Eindruck hervorrufen, daß die Hebammen unfähiger gewesen wären als die Ärzte, Bader und Schafhirten, die fleißig an diesem Gemetzel beteiligt waren. Es gibt

53 Fleetwood Churchill, *On the Theory and Practice of Midwifery,* 3. Aufl., Philadelphia 1848, S. 353–54.

54 Haberling, *Geschichte des Hebammenstandes,* a. a. O., S. 78–79.

55 Wilde, »Superstitions Midwifery«, a. a. O., S. 724.

56 Willughby, *Observations,* a. a. O., S. 55; ein weiterer Fall auf S. 56.

ebenso bestürzende Berichte über ärztliche Stümperhaftigkeit bei geburtshilflichen Operationen. Zu einer schwierigen Geburt in Sarstedt bei Hannover gerufen, verordnete der Arzt beim ersten Mal lediglich heiße Umschläge; als er das zweite Mal gerufen wurde, war er ungeduldig und schnitt dem Kind einen Teil des Hinterhauptbeins (am Hinterkopf) ab, woraufhin er sich wieder verabschiedete, nachdem er heiße Getränke verordnet hatte[57]. Die Hebammen hatten also die Rohheit und die Kurpfuscherei nicht gepachtet, aber sie standen den Frauen in den Dörfern und Kleinstädten weit näher als diese Ärzte und waren bereit, sie mit jedem Instrument, die Zange ausgenommen, zu entbinden.

In diesem Abschnitt haben wir einen Blick ins Geburtshilfe-Horrorkabinett geworfen. Denn *wenn* traditionelle Hebammen auf Geburtskomplikationen stießen, gerieten sie wirklich in große Schwierigkeiten. Von allen hier erwähnten Verfahren bot nur die Wendung reelle Erfolgsaussichten, es sei denn, es war ein einigermaßen sachkundiger Arzt greifbar, der mit der Zange umgehen konnte. Wenn wir also den Gemeinplatz wiederholen, daß »die meisten Geburten normal verliefen«, müssen wir uns dabei vor Augen halten, daß die beträchtliche Minderzahl der Geburten, die das nicht taten, für die Mutter häufig Tod oder Verstümmelung bedeutete.

Konstitutionelle Gefahren für die Gebärende

Zwei Sonderfälle sind zu beachten: zum einen Frauen, deren Bekkenknochen verengt waren, und zum anderen ältere Frauen, die vor ihrer Erstgeburt standen.

Der Leser wird sich aus Kapitel 2 daran erinnern, daß in manchen Gebieten der Anteil der Frauen, die unter einer Beckenverengung litten, auf ein Viertel geschätzt wurden und daß etliche dieser Fälle zweifellos auf Rachitis zurückzuführen waren. Ein solches Becken minderte die Chancen der Mutter, spontan entbinden zu können. Manche Frauen hätten ein so kleines Becken, schrieb ein Kasseler Arzt, daß die Öffnung, durch die das Kind hindurch müsse, einfach zu eng sei. Das Kind liege normal, die Fruchtblase erscheine, das

57 H. Deichert, *Geschichte des Medizinalwesens ... Hannover.* Hannover 1908, S. 94.

Fruchtwasser gehe ab, aber der Kopf sitze so unverrückbar fest, daß auch die kräftigsten Geburtswehen nichts verschlügen[58].
Etwa die Hälfte der Frauen mit verengtem Becken hatten schließlich doch eine Spontangeburt, wie Tabelle 5.2 zeigt. Bei der anderen Hälfte war irgendeine Operation erforderlich, oder sie starben unentbunden. Der Abstand zwischen dem Promontorium (hinten) und dem unteren Symphysenrand (vorne) beträgt normalerweise etwa 12,5 Zentimeter. Das ist die *»Conjugata diagonalis«* des Beckens, der von vorn nach hinten verlaufende Durchmesser, den Arzt oder Hebamme am leichtesten messen können. Wie Tabelle 5.2 weiterhin zu entnehmen ist, waren bei 665 Frauen mit verengtem Becken, die Mitte des 19. Jahrhunderts in Pariser Entbindungskliniken ihre Kinder zur Welt brachten, die Verengungen nur leicht (Durchmesser von 10 Zentimetern oder mehr). In ungefähr Dreiviertel der Fälle entbanden sie spontan. Sie starben jedoch häufiger als Frauen mit normalen Entbindungen, vermutlich, weil die Geburten länger dauerten und sich dadurch das Infektionsrisiko erhöhte. (Die Müttersterblichkeit von 19 Prozent stand einer allgemeinen Müttersterblichkeit von 6 Prozent in den Pariser Entbindungskliniken jener Zeit gegenüber[59].) Doch je enger das Becken, desto schlimmer die Folgen. So konnten von den Müttern, deren Beckendurchmesser weniger als 8 Zentimeter betrug, nur 4 Prozent ihre Kinder natürlich zur

Tabelle 5.2
Verengte Becken bei Frauen in Pariser Entbindungskliniken um 1850: Geburtsverläufe

Beckengröße	Zahl der Mütter mit verengten Becken	Prozentsatz spontaner Entbindungen	Prozentsatz verstorbener Mütter
Mehr als 10 Zentimeter	301	72	19
9–10 Zentimeter	215	42	22
8–9 Zentimeter	94	12	22
Weniger als 8 Zentimeter	55	4	49

Quelle: Vgl. die Anmerkungen zu den Tabellen, S. 338.
Anmerkung: Die Messungen wurden entlang des *diamètre sacro-sous-pubien* vorgenommen, den ich zur Bezeichnung der *Conjugata diagonalis* benutze.

58 Thilenius, *Unterricht Hebammen,* a. a. O., S. 91.
59 Vgl. verschiedene Müttersterblichkeitsstatistiken aus Pariser Krankenhäusern bei: Léon LeFort, *Des Maternités.* Paris 1866, S. 24–30.

Welt bringen, und die Hälfte der Mütter mit stark verengtem Bekken überlebte die Geburt nicht.

Der zweite Umstand, der zu Komplikationen führen konnte, war das relativ fortgeschrittene Alter der Kreißenden. Geburtshelfer bezeichnen das Alter von Anfang zwanzig gerne als das »optimale« Gebäralter, da sich dann der Muttermund am schnellsten weitet, die Gebärmuttermuskeln am kräftigsten nach unten drücken und die Gebärmutter sich hinterher am raschesten zurückbildet. Die Geburt des ersten Kindes wird zunehmend schwerer, wenn die Frauen älter werden. Deshalb gilt eine Frau, die mit fünfunddreißig zum ersten Mal entbindet, als »ältere Primipara« und wird sorgfältig auf Komplikationen hin beobachtet[60].

Warum viele Geburten in der Vergangenheit so blutig verliefen, erklärt sich also auch daraus, daß ungefähr 40 Prozent aller Geburten und 37 Prozent aller Erstgeburten auf Frauen über fünfunddreißig entfielen[61]!

Machen wir uns die Risikoverteilung klar! Während nur 4 Prozent der Frauen im allgemeinen länger als vierundzwanzig Stunden in den Wehen liegen, ist das bei fast einem Viertel der Erstgebärenden über fünfunddreißig der Fall[62]. Bei nur 9 Prozent aller Frauen wurde an der Mütter-Klinik zu Innsbruck in den achtziger Jahren des vorigen Jahrhunderts eine Zangenentbindung vorgenommen, hingegen bei 28 Prozent der Erstgebärenden. Bei älteren Erstgebärenden kam es in dieser Klinik dreimal häufiger zu einem »Dammriß« als bei der Gesamtzahl aller Gebärenden[63]. (»Älter« heißt in dieser Quelle »über dreißig«.)

Schuld daran, daß so viele Frauen erst in relativ fortgeschrittenem Alter ihr erstes Kind bekamen, war der Umstand, daß sie so spät heirateten. Und angesichts der primitiven Entbindungstechniken in der dörflichen Gesellschaft bezahlten die Frauen teuer für diese Verzögerung. Wenn also einst so viele Frauen zerfetzte Gebärmut-

60 Zu einem neueren Überblick vgl. Dorothy Nortman, »Parental Age as a Factor in Pregnancy Outcome and Child Development«, in: *Reports on Population/Family Planning, Nr. 16,* August 1974, S. 1 ff.

61 Dazu unlängst erschienen: Jacques Dupâtiers, *La Population rurale du Bassin Parisien à l'époque de Louis XIV*. Editions de l'école des hautes études en sciences sociales, Paris 1979, S. 364.

62 Vgl. die Stichprobendaten bei: Derek Llewellyn-Jones, »The Effect of Age and Social Status on Obstetric Efficiency«, in *JOB,* 72 (1965), S. 197.

63 Franz Torggler, *Bericht über die Thätigkeit der geburtshilflich-gynäkologischen Klinik zu Innsbruck.* Prag 1888, S. 110–13.

terhälse hatten, unter Sitzbeschwerden litten, weil ihre Dammrisse nicht richtig verheilt waren, und sich mit chronisch entzündeten Becken herumplagten, so lag es teilweise daran, daß viele Frauen ihr erstes Kind erst in fortgeschrittenem Alter bekamen.

Krämpfe und Blutungen

Doch selbst wenn das Kind rasch und leicht durch den Geburtskanal glitt, hatte die traditionelle Wöchnerin noch drei Gefahrenquellen zu fürchten: Infektionen, Blutungen und Krämpfe. Infektionen spielten eine so wichtige Rolle, daß wir ihnen das ganze nächste Kapitel widmen müssen. Die Durchschnittsfrau auf dem Dorf fürchtete aber ebensosehr die Gefahren von »Schwangerschaftsanfällen« oder lebensbedrohenden Blutungen.

Blutungen

Wir müssen uns klarmachen, daß die Plazenta direkt mit den Venen und Arterien der Mutter verbunden ist und daß bei ihrem Abgang die Blutgefäße der Mutter so lange völlig offen sind, bis sie durch die Kontraktionen der Gebärmutter geschlossen werden. Deshalb verliert die Mutter im Normalfall einen halben Liter Blut. Doch wenn sich die Gebärmutter nicht rechtzeitig zusammenzieht, dauert der Blutverlust ungehindert an, und die Mutter läuft Gefahr, einen Schock zu erleiden.

Der Verlust von ungefähr einem Liter Blut ist nicht außergewöhnlich und kommt heute bei ungefähr 5 Prozent der Vaginalentbindungen vor[64]. Doch heute können die Frauen Transfusionen bekommen. Die Ärzte können eine Blutung mit Medikamenten zum Stillstand bringen oder zur Not eine Hysterektomie durchführen. Keine dieser Möglichkeiten gab es vor der Jahrhundertwende, ausgenommen vielleicht das langsam wirkende Mittel Mutterkorn. Damals bedeutete eine heftige Blutung eine Katastrophe.

So berichtet uns Lisbeth Burger, die deutsche Kleinstadthebamme, deren Erinnerungen um die Jahrhundertwende entstanden, daß sie sich der Bäckerei, in der Frau Schulz soeben niedergekommen

64 Pritchard und MacDonald, *Obstetrics,* a. a. O., S. 488, Abb. 21 – 1A.

war, mit großer Sorge näherte. »Vor der Tür stehen schon ein paar Frauen aus der Nachbarschaft, die raunen und tuscheln. Die Kinder, die nun bald alle zehn aus der Schule daheim sind, stehen wie verscheuchte Hühnlein, ratlos . . . Schauerlich sieht es aus in der Wohnung. Eine große Blutlache in der Küche. Spuren zum Laden und durch die Stube. Und im Schlafzimmer erst! Als sei Mord und Totschlag gewesen. Die Betten zerwühlt . . . Die Waschschüssel, der Boden – alles mit Blut besudelt.

Frau Schulz liegt in einem Bett. Wachsgelb, eingefallen wie der leibhaftige Tod. Kaum, daß sie atmet. Da schickte ich die Kinder alle aus dem Haus und die Frauen dazu.«[65]

Wie häufig waren diese Blutungen? François Mauriceau erwähnte in seinen geburtshilflichen Fallgeschichten Blutungen vierundneunzigmal – die größte Zahl von Verweisen, mit der er auf eine Einzelkomplikation eingeht[66].

Da es auf dem Lande eine Fülle von Bräuchen zur Behandlung von Blutungen gab, ist anzunehmen, daß sie ziemlich häufig vorkamen. So hieß es bei den Einwohnern von Fulda, daß die Mutter nicht mehr zu retten sei, wenn ihr »Herzblut« auszulaufen beginne[67] (gemeint war vermutlich das rote arterielle Blut). In einer Region Finnlands legten die Dorfbewohner bei einer solchen Blutung einem Jagdhund, der gerade aus dem Wald zurückgekehrt war, ein sauberes Frauenhemd an, um das nasse Gewand anschließend der Wöchnerin anzuziehen[68].

Heute kommt es bei ungefähr 3 Prozent aller Geburten zu Blutungen in der zweiten Hälfte der Schwangerschaft[69], die gewöhnlich auf die vorzeitige Lösung einer normal sitzenden Plazenta *(Abruptio placentae)* zurückgehen. Ein Teil dieser Schwangerschaftsblutungen wird durch den falschen Implantationsort der Plazenta verursacht, nicht im oberen Gebärmutterabschnitt, wohin sie gehört, sondern unmittelbar über dem inneren Muttermund. Wenn die Plazenta auf diese Weise die Gebärmutteröffnung vollständig oder teilweise blockiert, wird sie *»Placenta praevia«* genannt, was soviel wie »vor-

65 Burger, *Storchentante,* a. a. O., S. 154–55.
66 Mireille Laget, »Naissance«, a. a. O., S. 970; dort werden die Hinweise gezählt.
67 Joseph Schneider, *Versuch einer Topographie der Residenzstadt Fulda.* Fulda 1806, S. 206.
68 Pelkonen, *Geburtshilfe Finnland,* a. a. O., S. 292.
69 Hellman und Pritchard, *Obstetrics,* a. a. O., S. 609.

liegende« Plazenta bedeutet. Zwar ist sie unter den Hauptursachen für prä- und postnatale Blutungen die seltenste, läßt sich aber dafür auch am schwierigsten handhaben: Das Kind kann nicht geboren werden, ohne die Plazenta zu entfernen. Wenn aber die Plazenta entfernt wird, kommt es zu starker Blutung, die für die Geburtshelfer besonders beunruhigend sein muß, weil das Kind noch nicht einmal geboren ist.

Um mit einer Placenta praevia fertigzuwerden, sind also ein kühler Kopf und eine Menge Erfahrung erforderlich. Wir haben keinen Grund zu der Annahme, daß es den kundigen Stadthebammen an einem von beidem gefehlt hätte. Viele mittelalterliche Hebammenordnungen überlassen ihnen die volle Verantwortung für die Behandlung antepartaler Blutungen. So hieß es 1738 in einer Bremer Verordnung: »Wenn eine Frau von starken Blutstürzen besonders in den letzten Monaten befallen wird, und diese nicht auf Aderlassen, Stilliegen und andere Mittel hin aufhören, so muss sie auf gehörige Weise entbunden werden.«[70]

Doch fiel eine Schwangere mit Placenta praevia einer traditionellen Hebamme in die Hände, war es wohl in der Regel um sie geschehen. Die Volksmedizin zeichnet sich durch eine heftige Abneigung aus, im Falle starker Blutungen irgendetwas zu unternehmen. Louise Bourgeois, eine ausgebildete Pariser Hebamme, wurde zu einer Frau gerufen, die wegen einer Blutung seit vier oder fünf Tagen bei einer traditionellen Hebamme in »Behandlung« war. »Ich fand sie in kaltem Schweiße liegend, mit dem Puls einer Sterbenden . . . Die Hebamme hatte ihr gesagt, man müsse der Natur ihren Lauf lassen und sie habe schon viele Fälle wie diesen gehabt.« Die Frau starb eine Viertelstunde, nachdem der von Louise Bourgeois herbeigerufene Arzt eingetroffen war[71].

Ich habe mich so lange bei der Placenta praevia aufgehalten, weil diese Geschichten zeigen, wie wenig die traditionelle Volksgeburtshilfe in der Lage war, mit schwierigen Notfällen fertigzuwerden. Im 19. Jahrhundert gab es dann eine Reihe von Möglichkeiten, eine Placenta praevia zu behandeln. Vorher jedoch war die raschestmögliche Entbindung der Mutter durch Wendung des Kindes die einzige erfolgversprechende Maßnahme[72].

70 Nöth, *Hebammenordnungen,* a. a. O., S. 121.
71 Louise Bourgeois, *Observations diverses sur la stérilité.* Paris 1626, S. 67.
72 Zur Geschichte vgl. Fasbender, *Geschichte Geburtshilfe,* a. a. O., S. 745–63.

Doch noch andere Ursachen für Blutverlust drohten, denn nur ein Sechstel aller Blutungen in Schwangerschaft und Wochenbett gingen auf das Konto der Placenta praevia (Tabelle 5.3). Zusammengenommen kamen alle diese Formen schwerer Blutungen bei ungefähr sechs von tausend Geburten vor.

Tabelle 5.3
Blutungen während Schwangerschaft und Entbindung (19. u. 20. Jahrhundert)

	Fälle pro 1000 Entbindungen	
	Placenta praevia	Alle Arten v. Blutungen
Vor 1850	0,9	6
1850–1900	2,3	18
1900–1940	2,8	22
Heute	5,0	–

Quellen: Vgl. die Anmerkungen zu den Tabellen, S. 338f.
Anmerkung: Dies sind statistische Durchschnittswerte aus unterschiedlichen Untersuchungen.

Noch eine Bemerkung zum Schluß: Die meisten Trends, von denen in diesem Buch die Rede ist, verlaufen »günstig«, das heißt, sie zeigen, daß sich die Situation der Frauen im Laufe der Jahre ständig verbessert hat. Die Häufigkeit von Schwangerschaftsblutungen jedoch scheint im 19. und 20. Jahrhundert zugenommen zu haben. Für diesen schmalen, aber wichtigen Abschnitt meiner Darstellung läßt sich deshalb nicht die These vertreten, daß es auch hier um 1900 zu einem Rückgang der traditionellen Benachteiligungen von Frauen gekommen sei.

Eklampsie

Mir ist klar, daß der Leser mittlerweile genug von all den Komplikationen hat. Trotzdem müssen wir uns noch kurz mit einer Komplikation beschäftigen, die sich heute am bedrohlichsten darstellt, weil ihre Ursachen noch immer unbekannt und ihre Folgen noch immer schrecklich sind: gemeint sind die »Schwangerschaftsanfälle« oder Eklampsie. Die Schwangere läßt warnende Anzeichen erkennen – das Auftreten von Eiweiß im Urin, Gewebsschwellungen, speziell an Handgelenken und Fußknöcheln, steigenden Blutdruck. Dann kann sie plötzlich in Krämpfe fallen und sterben. So wurde Dorothy Bayly aus Boylston ein Opfer der Krankheit: Am 29. Januar 1671 lag sie mit ihrem ersten Kind in den Wehen. Um acht Uhr abends »bekam sie Krampfanfälle, die ohne Unterbrechung bis zum nächsten Tag nach ein Uhr anhielten, woraufhin sie bewußtlos verschied«[73]. Eine arme Frau in der Londoner Ship Street, die diese Krämpfe 1833 während der Geburt bekam, schrie ständig: »Oh, mein Kopf!« Ihr Arzt berichtete: »Die Krämpfe kehrten alle Dreiviertelstunden wieder: während des Anfalls wurden Körper und Glieder von den Krämpfen heftig geschüttelt; sie hatte Schaum vor dem Mund; ihr Gesicht war verzerrt und die Hände verkrampft.«[74] Deshalb mußte schon die Möglichkeit, daß eine Schwangere in Krämpfe verfallen könnte, jedermann in Besorgnis versetzen. Eine Kreißende gar, die Krämpfe bekam, ließ das Schlimmste befürchten.

Wie häufig war die Eklampsie früher? Wie groß war die Wahrscheinlichkeit, daß sie das Leben einer durchschnittlichen Dorfbewohnerin gefährden würde?

Statistisch kam sie etwa einmal pro sechshundert Geburten vor. Man mußte also schon einigen Geburten beigewohnt haben, ehe man sie miterlebte[75]. In kleineren Gemeinden hörten manchmal ganze Generationen von Frauen nichts von »Schwangerschaftskrämpfen«. Marjosa hatte sie beispielsweise in ihrer jahrzehntelangen Praxis als Hebamme im Schweizer Lötschental nicht ein einziges Mal zu Gesicht bekommen[76].

Das Wissen um diese Krämpfe gehörte aber offensichtlich zur Frauenkultur, denn in der Volksmedizin gab es Mittel dagegen. Man sollte der Mutter »Melissengeist« verabreichen oder ihr einen »Blutstein« in die Hand drücken, sagten die Bauern in der Bamberger Gegend[77]. Bei einem Treffen schwarzer Hebammen in einem kleinstädtischen Gebiet von Mississippi fragte ein Arzt, wieviele von ihnen jemals »eine Schwangere mit Anfällen gesehen« hätten, wor-

73 Willughby, *Observations,* a. a. O., S. 205.

74 Fleetwood Churchill, »Report of Cases of Convulsions Occurring in Puerperal Women«, in: *LMG,* 15 (1835), S. 107–08.

75 Fleetwood Churchill, *On Diseases of Women.* Neue am. Ausg., Philadelphia 1852, S. 491.

76 Carl Müller, *Volksmedizinisch-geburtshilfliche Aufzeichnungen aus dem Lötschental.* Huber, Bern 1969, S. 60.

77 Pfeufer, »Verhalten der Schwangeren«, a. a. O., S. 52–53.

auf ungefähr die Hälfte der Frauen die Hand hoben[78]. Die Kleinstadthebammen wußten also mit Sicherheit von der Eklampsie, auch wenn sie derartige Fälle nicht sehr oft zu Gesicht bekamen.

Wie erlebten die Mütter selbst solche Situationen? Eine Arbeiterfrau aus dem Vorkriegsengland berichtete der Women's Co-operative Guild, daß sie unter den Frühsymptomen der Eklampsie gelitten habe – Schwellungen, so daß sie »keine Handschuhe oder Stiefel anbekam«, Sedimente im Urin und dergleichen – und beschrieb dann die Krämpfe einer ihrer Freundinnen: »Im achten Monat wurde sie krank und hatte eine sehr schlimme Zeit. Sie bekam einen Anfall nach dem anderen und lag, nachdem das Kind geboren war, zwei Tage völlig bewußtlos.« Ich zitiere das so ausführlich, weil die Befragte mit der Erklärung fortfährt, wenn ihre Freundin und sie keinen Arzt aufgesucht hätten, so sei das »die pure Unwissenheit« gewesen und die »Vorstellung, wir müßten uns damit abfinden, bis der neunte Monat vorüber sei«. Diese Äußerung läßt darauf schließen, daß der Durchschnittsfrau sowohl die warnenden Anzeichen (heute »Präeklampsie« genannt) wie auch die Eklampsie selbst bekannt waren[79].

Das Auftreten von Eklampsie hat wahrscheinlich im Laufe der Zeit zugenommen, zumindest bis in die vierziger Jahre unseres Jahrhunderts hinein, als man Mittel und Wege fand, die Präeklampsie zu behandeln und die Krampfanfälle zu vermeiden. Wie Tabelle 5.4 zeigt, hatten sowohl Erstgebärende (deren Anfälligkeit größer ist) wie auch Mehrfachgebärende im 20. Jahrhundert häufiger Krämpfe als im 19. Jahrhundert. Diese aus verschiedenen Quellen stammenden Daten sind nicht ganz hieb- und stichfest, weil die Untersuchungsbedingungen sehr unterschiedlich sein können. Doch das Land Baden führte zwischen 1886 und 1925 eine sehr genaue Eklampsiestatistik, und in dieser Zeit verdoppelte sich dort die Krankheitshäufigkeit[80], so daß es über die Tendenz der Entwicklung keinen Zweifel geben kann.

Erstaunlich an den Erfahrungen, die die Frauen mit der Eklampsie gemacht haben, ist der Umstand, daß sich eine medizinische Behandlung für das Überleben der Erkrankten erst in den vierziger

78 James H. Ferguson, »Mississippi Midwives«, in: *Journal of the History of Medicine,* 5 (1950), S. 94.

79 Women's Co-operative Guild, *Maternity: Letters from Working-Women.* 1915, Neudr., Garland, New York 1980, S. 36–37.

80 Hirsch, »Weg der operativen Geburtshilfe«, a. a. O., S. 211.

Tabelle 5.4
Häufigkeit von Eklampsie oder Krämpfen (im 19. und 20. Jahrhundert)

	Anzahl der Fälle pro 1000 Entbindungen	
	Überwiegend Erstgebärende (Primiparae)	Überwiegend Mehrfachgebärende (Multiparae)
Vor 1850	4,1	1,8
1850–1900	4,4	2,0
1900–1940	8,4	3,3

Quellen: Vgl. die Anmerkungen zu den Tabellen, S. 339 f.
Anmerkung: Es handelt sich um statistische Durchschnittswerte aus unterschiedlichen Untersuchungen.

und fünfziger Jahren unseres Jahrhunderts auszuwirken begann. Mitte des 19. Jahrhunderts bestand die Therapie bei Eklampsie im wesentlichen aus Abführmitteln und Aderlaß, und die Sterblichkeit betrug etwa 20 bis 25 Prozent. In den dreißiger Jahren des 20. Jahrhunderts wurden vor allem Barbiturate verabreicht und eine frühe Entbindung vorgenommen, trotzdem lag die Sterblichkeit noch bei 20 Prozent. Den wesentlichsten Beitrag zur Rettung krampfender Mütter hat die Magnesiumsulfattherapie geleistet, die man zwar schon um 1916 anwandte, aber erst nach dem Zweiten Weltkrieg in größerem Maßstab einsetzte. Außerdem erhält die Schwangere zur Beruhigung Injektionen mit Morphinsulfat, und es wird kein Versuch unternommen, sie zu entbinden, bevor die Krämpfe abgeklungen sind. Das hat zur Folge, daß die Eklampsiesterblichkeit heute bei 5 Prozent liegt.

Eine entscheidende Rolle spielt jedoch die Eklampsievorbeugung – die Hauptaufgabe der Schwangerenvorsorge. Dabei dürfen wir allerdings nicht übersehen, wie lange es gedauert hat, bis solche Vorbeugungsmaßnahmen ergriffen wurden. Erst 1948 beschlossen z. B. die Ärzte eines Sydneyer Krankenhauses, der Eklampsie entschlossen zu Leibe zu rücken, woraufhin sie in den nächsten fünf Jahren nur einen Fall unter 15000 Entbindungen hatten. Vor 1948 dagegen hatte die Häufigkeitsrate bei den Patienten dieses Krankenhauses bei 2,5 pro 1000 Entbindungen gelegen, was in etwa dem europäischen Durchschnitt zu Anfang des 19. Jahrhunderts entsprach[81].

81 J. M. Munro Kerr u. a. (Hrsg.), *Historical Review of British Obstetrics and Gynaecology, 1800–1950*. Livingstone, Edinburgh 1954, S. 156.

Wenn ich mich hier weitgehend auf die Berichte von Ärzten stütze, woher wissen wir dann aber, daß wir ihnen Glauben schenken dürfen? Woher wissen wir denn, daß sie nicht bösartig die historische Wahrheit verfälschen, um ihre Feindinnen, die Hebammen, anzuschwärzen? Was wir wissen, ist, daß in der Vergangenheit die meisten Entbindungen von Hebammen vorgenommen wurden. Und wir wissen aus den Statistiken ebenfalls, daß viele Mütter bei solchen Entbindungen starben. Diese Statistiken fällen ein vernichtenderes Urteil über die traditionellen Hebammen als jede noch so wortreiche Klage.

Vor 1800 endeten etwa 1 bis 1,5 Prozent aller Geburten mit dem Tod der Mutter. Der genaue Durchschnitt der von mir herangezogenen Studien beträgt 1,3 Prozent. Es war ungewöhnlich, wenn diese Todesrate längere Zeit über 2 Prozent lag, obwohl das offensichtlich im Londoner Aldgatebezirk im 16. Jahrhundert und unter den kolonialen Verhältnissen Neuenglands der Fall war[82]. Andererseits war eine Müttersterblichkeit von weniger als 0,5 Prozent ebenso ungewöhnlich, obgleich es in Deutschland Dörfer gab, die gelegentlich eine solche Rate aufwiesen. Wenn wir davon ausgehen, daß eine Frau bis zum Ende ihrer fruchtbaren Jahre im Durchschnitt sechs Kinder bekam, dann betrug für sie die Wahrscheinlichkeit, bei einer der Geburten zu sterben, sechsmal 1,3 oder 8 Prozent[83].

Was bedeutete dieses achtprozentige Risiko im Vergleich zu den anderen Risiken, denen Frauen in ihren fruchtbaren Jahren unterworfen waren? Obwohl ich auf diese Frage in Kapitel 9 noch ausführlich eingehen werde, sei hier schon vorweggesagt, daß zum Beispiel in den ländlichen Gegenden Brabants ein Viertel der Todesfälle von Frauen zwischen fünfzehn und fünfzig mit Schwangerschaft und Entbindung zu tun hatten[84]. In den europäischen Herrscherdynastien des 17. und 18. Jahrhunderts entfiel ein Todesfall von vieren

82 Vgl. Charles White, *Treatise on the Management of Pregnant and Lying-In Women.* London 1772, S. 340; und John Demos, *A Little Commonwealth.* Oxford Univ. Press, New York 1970, S. 66.

83 Arno Trübenbach, *Dorfsippenbuch von Großurleben und Kleinurleben nebst . . . Wiegleben.* Langensalza 1941, S. 240, Tabelle 37.

84 Claude Bruneel, *La Mortalité dans les campagnes: Le Duché de Brabant aux XVIIe et XVIIIe siècles.* Editions Nauwelaerts, Louvain 1977, S. 456, Anm. 8.

bei fruchtbaren Frauen auf das Kindbett[85]. Die Entbindung war also für Frauen im gebärfähigen Alter eine der wichtigsten Todesursachen – gewöhnlich nach der Tuberkulose an zweiter Stelle[86]. Das Risiko von 1,3 zu 100, bei einer Entbindung zu sterben, hört sich vielleicht nicht besonders hoch an, doch auf die Lebensspanne einer Frau hochgerechnet, war es beträchtlich.

Tabelle 5.5 zeigt, daß die Rate der Müttersterblichkeit in den Städten eher und rascher fiel als in den Kleinstädten und auf dem Lande. In London sank diese Zahl von 24 pro 1000 Geburten Ende des 16. Jahrhunderts auf 12 Ende des 18. Jahrhunderts und schließlich auf 4 in den dreißiger Jahren des 19. Jahrhunderts! Ähnlich deutliche Rückgänge sind im 18. Jahrhundert in Edinburgh, Berlin und Königsberg zu verzeichnen. Auf dem Lande dagegen nahm im Verlauf des 18. Jahrhunderts die Müttersterblichkeit überhaupt nicht ab und lag z. B. in einer Stichprobe aus Brabanter Dörfern stetig bei fast 2 Prozent. In einem Sample deutscher Dörfer und Kleinstädte ist die Zahl großen Schwankungen unterworfen, ohne jedoch einen Abwärtstrend erkennen zu lassen. Und in Schweden kam es vor 1800 zu keinerlei Rückgang[87]. Der Gegensatz zwischen Stadt und Land zeigt deutlich, denke ich, wie positiv sich die verschiedenen Verbesserungen in der Geburtshilfe – medizinische Ausbildung, Zangen und dergleichen – auswirkten, die sich zuerst in den Städten durchsetzten. Dieser Zusammenhang zwischen geringerer Sterblichkeit in den Städten und Fortschritten in der Geburtshilfe ist noch eingehend zu belegen. Doch wenn 1790 in London weniger Frauen im Kindbett starben als 1590, so wahrscheinlich doch, weil Ende des 18. Jahrhunderts dort mehr kundige Ärzte niedergelassen waren, die Hebammen über eine bessere Ausbildung verfügten und es eine ganze Reihe von Maßnahmen wie zum Beispiel die Wendung gab, die der Mutter jene entsetzlichen Qualen ersparten, von denen in diesem Kapitel die Rede war.

85 Sigismund Peller, »Studies on Mortality Since the Renaissance«, in: *Bulletin of the History of Medicine,* 13 (1943), S. 443.

86 *Denmark: Its Medical Organization, Hygiene and Demography.* Kopenhagen 1891, S. 428–30, nur für Städte.

87 Die schwedischen Müttersterbefälle sind aus: Friedrich Hendriks, »On the Vital Statistics of Sweden from 1749–1855«, in: *Journal of the Statistical Society of London,* 25 (1862), S. 167. Die Zahl der Entbindungen stammt aus: Gustav Sundbärg, *Bevölkerungsstatistik Schwedens, 1750–1900.* 1967, Neudr., Statistiska Centralbyran, Stockholm 1970, S. 127.

Tabelle 5.5
Rate der Müttersterblichkeit in der Stadt und auf dem Lande im Vergleich (bis 1850)

	Müttersterbefälle pro 1000 Entbindungen		
	Dörfer		Städte
Deutsche Dörfer		London	
1650–1699	10	1583–1599	24
1700–1749	4	1629–1636	16
1750–1799	12	1670–1699	19
1800–1849	8	1701–1746	14
		1747–1795	12
		1828–1850	4
Brabanter Dörfer			
1624–1640	19	Edinburgh	
1641–1700	n. v.*	1750–1759	14
1701–1756	17	1770–1779	8
1750–1791	18	1790–1799	6
		Königsberg	
		1769–1783	13
		1784–1793	10
		1794–1803	8
		1804–1814	7
		Berlin	
		1720–1724	11
		1746–1757	12
		1758–1774	12
		1784–1794	7
		1819–1822	7
		1835–1841	4

* nicht verfügbar
Quelle: Vgl. die Anmerkungen zu den Tabellen, S. 340 ff.

Seit den siebziger Jahren des vorigen Jahrhunderts begann die Müttersterblichkeit überall zu sinken, ein Ergebnis jener Flut von medizinischen Errungenschaften, die mit der Einführung der Antisepsis durch Joseph Lister im Jahre 1867 ihren Anfang nahm. Leider wies etwa gleichzeitig die Zahl der Frauen, die an fieberhaften Aborten starben, einen dramatischen Anstieg auf; und da diese Todesfälle unter der Rubrik »Müttersterblichkeit« geführt wurden, erwecken die Allgemeinstatistiken den falschen Eindruck, die Häufigkeit von

Müttersterbefällen nach ausgetragener Schwangerschaft sei überhaupt nicht zurückgegangen. Tatsächlich jedoch fiel die Müttersterberate seit 1880 stetig. Die Belege dafür werden im folgenden Kapitel vorgelegt, hier möchte ich dem Leser nur vor Augen führen, wie einschneidend sich die Gefahr für die Frauen verringerte, im Kindbett zu sterben.

Die Schweiz war eines der wenigen Länder, die in ihre Statistiken über Müttersterblichkeit die Todesfälle infolge fieberhaften Aborts nicht aufnahmen. Die Schweizer Daten beginnen 1901, als die Müttersterblichkeitsrate nur noch 0,5 Prozent betrug, denen wir die 1 bis 1,5 Todesfälle pro 100 Geburten um 1800 gegenüberstellen müssen. In den dreißiger Jahren unseres Jahrhunderts war die Zahl auf 3,7 pro 1000 Entbindungen zurückgegangen und um 1970/80 auf 0,2 pro 1000 oder 2 pro 10000 Entbindungen[88]. Die Schweizer Müttersterblichkeit wird bald in »*n* Todesfälle pro 100000 Entbindungen« gemessen werden, was bedeutet, daß 100000 Mütter entbunden werden müssen, bevor es auch nur zu einem einzigen Todesfall kommt. Mit anderen Worten, eine statistisch unerhebliche Größe. Die Schweizer Verhältnisse sind typisch für viele andere Länder: langsamer Rückgang in den Jahren nach Einführung der Antisepsis, rascher Rückgang nach Entdeckung der Sulfonamide im Jahre 1936, Abfall auf nahezu Null mit der hochmodernen Geburtshilfe seit den sechziger Jahren.

Wenn wir uns ein genaues Bild davon machen wollen, wie sich der Tod im Kindbett im Laufe der Zeit verändert hat, müssen wir uns die wichtigsten Krankheiten vor Augen führen, unter denen die Frauen in den sechziger Jahren des vorigen Jahrhunderts zu leiden hatten, unmittelbar bevor man Infektionen wirksam zu bekämpfen begann, um 1930/40, als die Ärzte einige der häufigsten Krankheiten zu verhüten und zu behandeln lernten, und heute, da Frauen nur unter höchst ungewöhnlichen Umständen bei einer Entbindung sterben. In Tabelle 5.6 werden die Ursachen der Müttersterblichkeit für verschiedene Zeiträume verglichen:

– In einem Teil Badens starb in den sechziger Jahren des vorigen Jahrhunderts mehr als die Hälfte der Mütter nach einer Hausentbindung an Infektion. Damals wie heute spielten Blutungen eine wichtige Rolle, und an dritter Stelle folgen andere Krankheiten wie Tu-

88 Edmond Weber, *Beiträge zur Mortalitäts-Statistik an septischen puerperalen Prozessen.* Med. Diss., Bern 1890, Schlußtabelle I.

berkulose, an denen die Wöchnerinnen zweifellos infolge ihres geschwächten Allgemeinzustandes starben.

– Die Statistik über die dreißiger Jahre stammt aus New York City. Noch immer war die Infektion ein Schreckgespenst, vor allem bei Entbindungen, an denen Instrumente beteiligt waren, und insbesondere bei Kaiserschnitten. Viele Frauen starben auch an »Herzversagen«, Spätfolge einer früheren Erkrankung an Gelenkrheumatismus. Außerdem litten die New Yorker Arbeiterfrauen, von denen diese Daten wahrscheinlich stammen, an den Folgen der unerklärlich ansteigenden Eklampsie, von der bereits die Rede war.

– Die amerikanischen Frauen, die in den siebziger Jahren unseres Jahrhunderts Kinder zur Welt brachten, starben möglicherweise an einer Krankheit, die in ihrem Gehirn zu lokalisieren ist. In den seltenen Fällen, da die Ärzte den Tod der Mutter konstatieren mußten, waren Schwangerschaftskrämpfe die häufigste Einzelursache. Statistisch folgen dann Krankheiten, die aus heiterem Himmel zu kommen scheinen – etwa Herzschlag oder »Fruchtwasserembolie«. Hier handelt es sich um Tragödien, die ein normaler Geburtshelfer fast nie miterlebt. Die banalen, vorhersagbaren Todesfälle – Infektion und Schock – sind von den Wochenstationen verbannt.

Tabelle 5.6
Ursachen für Todesfälle bei der Entbindung – Veränderungen im Laufe der Zeit*

	Baden (1864–66)	New York City (1930–32)	USA (1976)
Infektion	57	33	4
Phlebitis-Embolie	?	6	17
Blutungen	17	12	15
Eklampsie-»Toxikose«	6	15	21
Schock-traumatische Entbindung	8	11	6
Andere Krankheiten	11	22	13
	100%	100%	100%
Zahl der mütterlichen Todesfälle pro 1000 Entbindungen	5,4	4,5	0,1

* Abort und ektope Schwangerschaft (ektope = Schwangerschaft außerhalb der Gebärmutter) sind nicht berücksichtigt.
Quelle: Vgl. die Anmerkungen zu den Tabellen, S. 342.

Zwangsläufig mußten sich diese folgenschweren Veränderungen auf die Einstellungen der Frauen auswirken – auf ihre Einstellung zur Sexualität, zu den Kindern, zu den Männern. Heute ist die Niederkunft in erster Linie ein freudiges Ereignis, ein Privileg, das um so mehr geschätzt wird, als es den Männern verwehrt ist. In diesem Kapitel ging es darum zu zeigen, daß noch vor hundert Jahren die Dinge ganz anders lagen.

6.
Infektionen nach der Geburt

Nachdem eine junge hochschwangere Frau von ihrem Vater geschlagen und die Treppen hinuntergeworfen worden war, begab sie sich bei bitterster Kälte und nur notdürftig bekleidet zu Fuß von Torgau nach Berlin. Dort wurde sie im Spätwinter des Jahres 1825 in eine Entbindungsklinik eingewiesen. Sie kam nieder und starb an einer Infektion.

Der behandelnde Arzt führte diesen Tod zurück auf Furcht, Scham und Kummer nach der Mißhandlung durch den Vater, außerdem darauf, daß sie sich Gefahr, Not und Verzweiflung ausgesetzt sah[1]. Rückblickend betrachtet dürfte sie allerdings eher an dem »Kindbettfieber« gestorben sein, das damals in dem Krankenhaus grassierte. Seit den frühesten Zeiten sind Frauen bei der Geburt der Gefahr dieser Bakterieninfektionen ausgesetzt gewesen. Im 5. Jahrhundert v. Chr. wurde beispielsweise in Athen die Frau des Dromeades am zweiten Tag nach der Entbindung von heftigem Fieber und Schüttelfrost befallen. Am dritten Tag klagte sie über Leibschmerzen und Übelkeit. Sie delirierte, atmete unregelmäßig, und ihr Urin wurde »dick, weiß und trüb«. Am fünften Tag stieg das Fieber noch einmal an. Der Schüttelfrost hielt bis zum nächsten Tag an, dann wurden »ihre Extremitäten kalt«, ihre »Atemzüge selten und schwerfällig«, ihr Leib wand sich in Krämpfen, sie starb[2]. Die eigentliche Todesursache war fast mit Sicherheit eine »puerperale Sepsis«, die moderne Bezeichnung dessen, was man früher »Puerperalfieber« oder »Kindbettfieber« nannte. Von diesen Infektionen sind die Frauen zu allen Zeiten heimgesucht worden.

Wenn wir verstehen wollen, inwiefern sich, historisch gesehen, die Körpererfahrung der Frauen von der der Männer unterschied, müssen wir uns mit diesen Bakterieninfektionen etwas eingehender beschäftigen. Für alle Frauen, die vor der Entbindung standen, war die Sepsis eine ständige Quelle überwältigender Ängste. Statistisch gesehen war Kindbettfieber häufiger als Krebs, und es schien genauso

1 Ad. Elias von Siebold, *Versuch einer pathologisch-therapeutischen Darstellung des Kindbettfiebers.* Frankfurt/M. 1826, S. 102.

2 Francis Adams (Hrsg.), *The Genuine Works of Hippokrates.* 2 Bde., London 1849, Bd. 1, S. 378–79; Epidemie, Buch I, Fall XI.

unberechenbar. Postpartale Infektionen setzten um den dritten Tag nach der Geburt ein, wenn die Mutter aufzuatmen begann, weil sie dachte, sie hätte die Entbindung ohne Zwischenfall überstanden. »Nichts kommt plötzlicher als die Veränderungen im Befinden dieser Frauen«, meinte Dr. J. S. Parry vom Blockley Hospital 1874. »Am Morgen sind sie noch fröhlich und guter Dinge und scheinen wohlauf, trotzdem werden sie vom Fieber verzehrt. Der Puls rast, das Gesicht ist blaß und eingefallen, der Tod steht ihnen auf die Stirn geschrieben. Sang- und klanglos welken sie hin und sterben kampflos.«[3]

Soweit unsere begrenzten Quellen die Frauen selbst zu Worte kommen lassen, scheinen die Schwangeren große Angst vor Kindbettfieber gehabt zu haben. In einem elsässischen Sprichwort hieß es in Anspielung auf die lange Inkubationszeit bestimmter Arten von Infektionsbakterien: »Für die Frau im Kindbett bleibt der Himmel neun Tage offen«, womit gemeint war, daß alles in Ordnung war, wenn sich innerhalb dieser Zeit keine Symptome einstellten[4]. Steirische Dörfler meinten, wenn eine Frau im Kindbett sterbe, würden bald darauf zwei weitere sterben – ein Hinweis auf die Übertragbarkeit des »Puerperalfiebers«[5]. Was die Gemüter vom Elsaß bis zur Steiermark erregte, hatte natürlich ein und denselben Grund: daß sich das Kindbettfieber epidemisch auszubreiten schien wie eine Seuche. »Ich will nicht sterben wie die anderen«, schrie Catherine Dancard, eine Wöchnerin von zweiunddreißig Jahren, als im September 1854 in ihrer Heimatstadt Dünkirchen eine Epidemie ausbrach[6].

Infektionshäufigkeit

Das ist gewiß alles sehr schlimm, mag der Leser einwenden, aber wie häufig waren denn eigentlich diese postpartalen Infektionen? Wie groß war die Wahrscheinlichkeit, daß sich eine normale Hausfrau – und kein halbverhungertes, flüchtiges Mädchen in einer bak-

3 Mitteilung, in: *AJO*, 7 (1874–75), S. 164.
4 Freddy Sarg, *La Naissance en Alsace*. Oberlin, Straßburg 1974, S. 39.
5 Victor Fossel, *Volksmedicin und medicinischer Aberglaube in der Steiermark*. Graz 1886, S. 60.
6 Zandyck, *Etude sur la fièvre puerpérale . . . qui a régné à Dunkerque*. Paris 1856, S. 69.

terienverseuchten Entbindungsklinik – nach der Geburt eine Infektion zuzog? Ich werde in diesem Abschnitt die Auffassung vertreten, daß nur wenige Frauen ihre Entbindungen überstanden, ohne sich zu infizieren – oder ohne nicht zumindest einer Nachbarin geholfen zu haben, die sich im Kindbett infiziert hatte.

Die meisten Infektionen wurden nicht »Kindbettfieber«, sondern »Schwäche« oder »Milchfieber« genannt. Das waren die harmloseren Formen. Einer traditionellen Theorie zufolge, die gleichermaßen im Volke wie in der medizinischen Wissenschaft galt, wurde das Fieber nach der Entbindung durch das Einschießen der Milch verursacht. Daher der Ausdruck »Milchfieber«, der keine Brustinfektion bezeichnete, sondern ein Fieber, das – wie man glaubte – durch die Milch hervorgerufen würde, die das Blut (den vermeintlichen Sitz der Milch) verlasse, um in die Brust oder andere Körperteile einzuschießen.

So meinten die ungarischen Bauern zum Beispiel, das Fieber stelle sich ein, wenn die Milch »in den Kopf stieg«[7]. Der französische Geburtshelfer de la Motte schien das Milchfieber *la fièvre du lait)* für normal zu halten, als er beschrieb, wie die Frau eines Beamten, die er im Januar des Jahres 1706 entbunden hatte, ihr Milchfieber am fünften Tag überwunden hatte. Oder doch nicht ganz, denn sie wurde anschließend »von Schüttelfrost gepackt, gefolgt von außergewöhnlichem Fieber und einer Diarrhö, die sich zum Fieber gesellte«. Ohne Zweifel bedeutete »Milchfieber« für diese Mutter den Beginn einer schweren Infektion, die sich von ihrer Gebärmutter ausbreitete, dem Ausgangspunkt der Infektion in den meisten Fällen von »Milchfieber«, und sich zu einer Bauchfellentzündung auswuchs (»ihr Bauch war hart, geschwollen und schmerzempfindlich«)[8].

Die Ärzte taten diese Infektionen als unbedeutend ab. So schrieb der Londoner Arzt Robert Bland: »Viele der Frauen«, die um 1770 von den Hebammen des Westminster General Dispensary entbunden wurden, »hatten unter heftigen Nachwirkungen zu leiden, die man auch Milchfieber nennt; aber da sich diese Beschwerden im allgemeinen nach drei oder vier Tagen gaben und keinerlei Einfluß

7 Rudolf Temesváry, *Volksbräuche und Aberglauben in der Geburtshilfe . . . in Ungarn.* Leipzig 1900, S. 96.

8 Guillaume Mauquest de la Motte, *Traité complet des accouchemens.* Verb. Aufl., Leiden 1729, S. 228–29.

auf die Rekonvaleszenz zu nehmen schienen . . ., nahm man keine Notiz von ihnen.«[9]

Natürlich gibt es kein Milchfieber. Es handelte sich um leichte Infektionen. Heute kommt es zu diesem geringen Temperaturanstieg nur bei einem kleinen Prozentsatz aller Geburten, gewöhnlich begleitet von »Endometritis«, einer Infektion der Gebärmutterinnenhaut[10]. (Zu einem leichten Temperaturanstieg innerhalb von vierundzwanzig Stunden nach der Geburt kommt es häufig, auch wenn keine Infektion vorliegt. Um diese Form von »physiologischer« Pyrexie geht es hier nicht.) In den meisten Fällen von »Milchfieber« handelt es sich also wahrscheinlich um Endometritis, obwohl ein Viertel aller dieser fieberhaften Erkrankungen extragenitalen Ursprungs waren, zum Beispiel von der Blase oder den Brüsten herrührten[11]. Aber nicht die lokal begrenzte Endometritis verbreitete soviel Schrecken, sondern die Möglichkeit, daß die Infektion von der Gebärmutter in die Blutbahn gelangen konnte, in die Bauchhöhle, in die Venen des Beckens und der Beine. Als »Puerperalfieber« bezeichnete man, historisch gesehen, diese gefährlichen Komplikationen der Endometritis; von ihnen waren die vielen Frauen bedroht. Wie häufig kam diese Erkrankung vor?

Eine Schwierigkeit liegt darin, daß die Ärzte und Hebammen der Zeit bei vielen Infektionen verkannten, daß sie mit der Geburt zusammenhingen, und daß sie statt dessen als »Enteritis« oder »Pneumonie« einstuften. Die Bezeichnung »Puerperalfieber« behielten sie der Bauchfellentzündung vor, die sie anhand des aufgeblähten und qualvoll gespannten Leibes diagnostizierten. So verzeichneten die Ärzte der Entbindungsanstalt zu Hadamar zwischen 1822 und 1844 bei ihren Wöchnerinnen nur fünf Fälle von »Puerperalfieber«. Außerdem konstatierten sie nach der Entbindung:

10 Fälle von »gastrischem Fieber«
6 Fälle von »rein rheumatischem Fieber«
6 Fälle von »rein katarrhalischem Fieber«

9 Robert Bland, *Some Calculations of Number of Accidents of Deaths Which Happen in Consequence of Parturition.* London 1781, S. 8.

10 Richard L. Sweet und William J. Ledger, »Puerperal Infectious Morbidity«, in: *AJO-G,* 117 (1973), S. 1098.

11 Vgl. zum Beispiel Arthur M. Hill, »Why Be Morbid? Paths of Progress in the Control of Obstetric Infection, 1931 to 1960«, in: *Medical Journal of Australia,* 25. Januar 1964, S. 103.

1 Fall von Pneumonie
3 Fälle von »Pleuritis vera«
4 Fälle von Gesichtserysipelas
3 Fälle von »Friesel«
17 andere Fälle von gastrointestinalen Störungen »ohne Fieber«
11 »rheumatische Leiden verschiedener Art«[12].

Das waren keine bloßen Zufälle. Selbst dem oberflächlichen Betrachter wird auffallen, daß es sich bei diesen »nicht-geburtshilflichen« Erkrankungen von Wöchnerinnen in Wahrheit um postpartale Sepsis gehandelt hat. In einigen Fällen hatte eine Beckeninfektion auf die Dickdarmmuskulatur übergegriffen, was Verstopfung oder Diarrhö hervorrief – daher »gastrisches Fieber«. In anderen Fällen hatte eine Infektion über die Blutbahn Lungen und Herz erreicht – daher »Pleuritis« oder »rein rheumatisches Fieber«. In wieder anderen Fällen hatte eine Streptokokkeninfektion einen Hautausschlag hervorgerufen, der »Erysipelas« oder »Friesel« genannt wurde. Aber allen diesen Infektionen fehlten die klassischen Symptome der Peritonitis (Bauchfellentzündung), weshalb sie nicht mit der Entbindung in Zusammenhang gebracht wurden.

Damit man die Häufigkeit dieser Infektionsfälle nicht viel zu niedrig ansetzt, sollte der Historiker deshalb von der Annahme ausgehen, daß praktisch alle Infektionen, die innerhalb eines Monats nach der Entbindung auftraten, puerperaler Natur waren. Todesfälle, die auf Pneunomie und ähnliches zurückgeführt wurden, müßten also tatsächlich unter »Puerperalinfektion« geführt werden. So stellte ein Arzt aus Neu-England angesichts der Totenscheine einer Anzahl von Wöchnerinnen fest: »Das Kindbett wird in einer überraschend hohen Zahl von Todesfällen durch Krankheiten wie Malaria, Pneumonie, Typhus usw. kompliziert. Merkwürdig ist, daß die Diagnose immer nach der Geburt, nie vorher gestellt wird.«[13]

Wahrscheinlich waren etwa 4 Prozent aller Hausentbindungen in der Zeit der traditionellen Geburtshilfe mit *gefährlichen* Infektionen der Wöchnerin verbunden. Die Zahl ergibt sich wie folgt: Vor 1860 scheint die durchschnittliche Müttersterblichkeit durch Sepsis unge-

12 Dormann, »Nachrichten über die Ereignisse . . . Entbindungsanstalt zu Hadamar«, in: *Medicinische Jahrbücher für das Herzogthum Nassau,* 3 (1845), S. 101.

13 Frank H. Jackson, »Puerperal Sepsis«, in: *AJO,* 54 (1906), S. 21.

fähr 8 Todesfälle pro 1000 Entbindungen betragen zu haben (vgl. Tabelle 6.1, S. 155). Schätzungen des Prozentsatzes lebensbedrohender Infektionen schwanken zwischen 9 und 40 Prozent, je nach der Zeit, dem Ort und der Definition dessen, was unter einer »gefährlichen« Infektion zu verstehen sei. Ich habe aus der Literatur den Eindruck gewonnen, daß insgesamt gesehen ungefähr ein Fünftel der infizierten Wöchnerinnen starb[14]. Achtmal fünf macht vierzig oder 4 Prozent.

Wenn wir weiterhin annehmen, daß Frauen, die fünfundvierzig Jahre alt wurden, im Durchschnitt sechsmal niederkamen, so lag ihr Risiko, sich *einmal in ihrem Leben* eine schwere Puerperalinfektion zuzuziehen, bei sechs mal vier Prozent, das heißt bei ungefähr 25 Prozent. Kein unbedeutendes Risiko: Denn für diese Frauen standen die Aussichten eins zu vier, daß sie irgendwann in ihren fruchtbaren Jahren von einer der tückischen Infektionen ereilt wurden, die ich im folgenden beschreiben möchte.

Infektionsarten

Eine simple Gebärmutterinfektion kann sich auf vier verschiedene Arten zu einer lebensbedrohenden Krankheit auswachsen:

– Durch *Peritonitis*, bei der die Bakterien von der infizierten Gebärmutter, den Eileitern und den Eierstöcken auf die glänzend weiße Innenhaut der Bauchhöhle, das sogenannte »Peritoneum« (Bauchfell) übergreifen.

– Durch *Bakteriämie*, bei der die Bakterien über die infizierten Blutgefäße der Gebärmutter in die Blutbahn dringen, wo sie Giftstoffe verbreiten, die »Toxine« genannt werden.

– Durch *septische Thrombophlebitis*, bei der es sich um die Infektion eines Blutpfropfens in einer entzündeten Vene handelt. Wenn Stücke des infizierten Pfropfens abbröckeln, werden sie von der Blutbahn in entlegene Teile des Körpers transportiert, wo sie weitere Infektionen verursachen, etwa in den Lungen. Wenn eiterbilden-

14 Robert Lee, »On Puerperal Fever and Crural Phlebitis«, in: Charles Meigs (Hrsg.), *The History, Pathology, and Treatment of Puerperal Fever*. Philadelphia 1842, S. 222; Walter Sigwart, »Die Pathologie des Wochenbetts«, in: Josef Halban und Ludwig Seitz (Hrsg.), *Biologie und Pathologie des Weibes*. Berlin 1927, Bd. 8, S. 459, 477; Rudolf Beck, *Geburten und Geburtshilfe in ländlichen Verhältnissen*. Med. Diss., Basel 1930, S. 53.

de Bakterien in der Blutbahn wirken, spricht man von »Pyämie«. Pyämie und Bakteriämie werden gelegentlich unter dem Oberbegriff »Septikämie« zusammengefaßt.

– Durch *Parametritis*, eine Infektion des Beckenzellgewebes. Sie kann begleitet sein durch große Eiteransammlungen (»Abszesse«), die im besten Falle unangenehm und schmerzhaft sind und schlimmstenfalls in die Bauchhöhle durchbrechen und eine schwere Krankheit verursachen können.

Es ist darauf hinzuweisen, daß sich alle diese Infektionsarten in der Praxis – anders als in den Lehrbüchern – überschneiden. Eine Wöchnerin, die infolge der bei der Entbindung übertragenen Bakterien schwer erkrankt war, hatte wahrscheinlich eine Infektion zwischen den seitlichen »Mutterbändern« (Parametritis), gleichzeitig waren die Bakterien durch die Lymphgefäße der Gebärmutter in die Bauchhöhle gedrungen (Peritonitis), waren aber auch in die Bekkenvenen gelangt, wo sie die Bildung langer, schmerzhafter Blutpfropfen bewirkt hatten (Thrombophlebitis). All diese Krankheitsherde überschwemmten ihre Blutbahn (Bakteriämie oder Pyämie). Wenn sie starb, bestand die Todesursache in einer Bakterieninvasion ihrer Lungen, der Vergiftung aller lebenswichtigen Organe durch bakterielle Toxine, einem septischen Schock oder in einem Gemisch von all dem. Welche Mechanismen bei einer solchen Überschwemmung mit Bakterien letztlich den Tod herbeiführen, ist selbst heute noch nicht ganz klar. Bei den 222 Autopsien, die 1829 an Patientinnen der Pariser Entbindungsklinik vorgenommen wurden, wurde beispielsweise in der überwiegenden Zahl der Fälle irgendeine Form von Peritonitis festgestellt. Ungefähr die Hälfte der Frauen hatte lange Blutpfropfen in den Venen (Thrombophlebitis)[15]. Bei 163 postpartalen Autopsien in einer Wiener Frauenklinik etwa zur Zeit des Ersten Weltkriegs hatte ungefähr die Hälfte der Frauen irgendwelche Venenthrombosen, ungefähr die Hälfte Peritonitis, und viele hatten beides[16]. Wir können also feststellen, daß die verschiedenen Infektionsarten häufig zusammen auftraten. Solange die Mutter jedoch noch lebte, prägte sich einer dieser vier allgemeinen Infektionstypen am deutlichsten aus.

15 Tonnellé, »Des fièvres puerpérales«, in: *Archives générales de médecine*, 22 (1830), S. 482.

16 Joseph Halban und Robert Köhler, *Die pathologische Anatomie des Puerperalprozesses*. Wien 1919, S. 160–62.

Lange Zeit herrschte die Meinung, unter »Kindbettfieber« seien Schmerzen oder Schwellungen des Leibes zu verstehen. Noch 1937 wies eine englische Ärztegruppe, die Todesfälle im Wochenbett untersuchte, die Ansicht zurück, wonach einige tödliche postpartale Scharlachfälle mit der Entbindung zusammenhingen, weil nämlich »keinerlei Anzeichen für eine Sepsis von Abdomen oder Uterus zu beobachten waren«[17]. Aus dieser Fixierung der Aufmerksamkeit auf den Bauch dürfen wir schließen, daß die Bezeichnung »Puerperalfieber« historisch fast ausschließlich der Peritonitis vorbehalten war. Deshalb wollen wir sie zuerst betrachten.

Bauchfellentzündung

Im Frühjahr des Jahres 1774 wurde Jean Reid im Edinburgher Krankenhaus von ihrem dritten Kind entbunden und erkrankte zwei Tage danach, zunächst mit »Schmerzen im Unterleib«, dann mit Kältegefühl, Frösteln und Kopfschmerzen.

Am dritten Tag litt sie unter Übelkeit und Erbrechen. Eine Diarrhö stellte sich ein. Sie klagte über »Schmerzen im Bereich des Uterus, über Schwellungen und Druck im Bauch«. Ihr Wochenfluß setzte aus.

Am vierten Tag war ihre Gebärmutter berührungsempfindlich. Die Frau litt unter entsetzlichem Durst, und »ihre Wangen hatten eine tiefrote Färbung angenommen«.

Am fünften Tag hatte sie einen Puls von 160 Schlägen in der Minute. Der Arzt konstatierte eine »trockene, brennend heiße Haut«. Außerdem »hatte Reid an vielen Stellen ihres Körpers kleine rote Tumoren unter der Haut, die beweglich und schmerzhaft waren«.

Am sechsten Tag war ihr »rechter Handrücken geschwollen und rot«. Der Puls war nicht mehr zu fühlen. Sie »atmete sehr rasch«, hatte jedoch keine Schmerzen und blieb bis zu ihrem Tod, der noch am selben Tage eintrat, bei klarem Verstand.

Eine Autopsie ergab, daß »ihre Bauchhöhle ungefähr zwei Liter einer übelriechenden, milchigen Flüssigkeit enthielt«.

Der Arzt merkte zum Schluß noch an, daß Reids »kleine Tumo-

17 Great Britain, Ministry of Health, *Report on Investigation into Maternal Mortality*. London 1937, S. 179.

ren auf der Haut . . . eine gewisse Ähnlichkeit mit dem Erysipelas zu haben schienen, das damals in dem Krankenhaus grassierte«, und daß »die Chirurgen des Krankenhauses das Auftreten von Erysipelas an jedem Schnitt feststellten«[18].

Jean Reids Tod durch Peritonitis und durch die Begleiterscheinungen Bakteriämie und Schock bedarf einiger Anmerkungen. Die Infektion griff wahrscheinlich über die Lymphgefäße der Gebärmutter auf die Bauchhöhle über. Die Schmerzen der Bauchfellentzündung lähmten wahrscheinlich die Darmmuskulatur, wodurch sich nicht-absorbierte Flüssigkeiten und Darmgase bildeten. Daher »die Schwellungen und der Druck im Bauch«. Angesichts der erysipeloiden Infektion auf ihrer Haut und des »Erysipelas«, über den sich alle Chirurgen des Krankenhauses beklagten, dürfte sie wahrscheinlich mit einem hochvirulenten hämolytischen Streptokokkus infiziert worden sein. Sobald dieser auf die große, gefäßreiche Fläche des Bauchfells (Peritoneum) übergriff, schleuste er beträchtliche Mengen bakterieller Toxine in die Blutbahn ein. Inzwischen hatten die natürlichen Abwehrkräfte des Bauchfells einen erbitterten Kampf gegen die Bakterien aufgenommen, woraus sich die große Eitermenge in der Bauchhöhle der Erkrankten erklärt, doch die Blutvergiftung erwies sich als zu stark. Die Schockwirkung der Toxine hatte eingesetzt. Der Puls raste, weil das Herz versuchte, die Abnahme der von den Venen zurückbeförderten Blutmenge auszugleichen. Und als die peripheren Gewebe immer weniger Sauerstoff vom Herzen bekamen, begannen sie Kohlendioxyd zurückzuschikken, was die Kranke offensichtlich mittels ihres Keuchens auszustoßen suchte. Die genaue Todesursache war unklar und ist es noch heute bei Patienten, die einen Schock dieser Art erleiden.

Untypisch für Peritonitis war, daß die Patientin so wenig Schmerzen zu haben schien. Obgleich in einer Untersuchung festgestellt wurde, daß ungefähr ein Zehntel aller Peritonitispatienten überhaupt keine Bauchschmerzen haben und daß ein Drittel von ihnen wie Jean Reid nur ein oder zwei Tage daran leiden, wird die Mehrzahl von anhaltenden, heftigen Schmerzen geplagt[19]. Ein französischer Arzt erklärte aufgrund seiner Erfahrung mit Patientinnen ei-

18 Francis Home, *Clinical Experiments, Histories and Dissections.* London 1782, S. 71–77, 86.

19 Eine Untersuchung von »Dr. Ferguson«, zitiert bei: Fleetwood Churchill, *On The Theory and Practice of Midwifery.* 3 Bde., Philadelphia 1848, S. 497.

ner Wochenstation des Hôtel Dieu in Paris, daß der »schrille Schrei«, den der Peritonitis-Schmerz hervorrufe, so unverkennbar sei, daß schon anhand seiner »die Diagnose gestellt werden kann«[20]. Die Fallstudien sind voller Peritonitisopfer, deren Bauch wie der von Mary Lord aus Manchester »so außerordentlich gespannt war, daß sie keinerlei Berührung auszuhalten vermochte«.

Der Beginn der Peritonitis muß sich nicht unbedingt durch »Schüttelfrost« ankündigen, bei dem die Zähne der Wöchnerin minutenlang ununterbrochen aufeinanderschlagen, wenn der Körper sich gegen das steigende Fieber zur Wehr zu setzen versucht. Jean Reid wurde einige Male von Schüttelfrost heimgesucht, doch der Chicagoer Geburtshelfer Joseph B. DeLee war der Ansicht, daß »die schwersten Infektionen die geringste Zahl von Schüttelfrostanfällen haben«[21].

Ein letzter Punkt: Zwar war Jean Reids Bauch bei ihrem Tod mit Eiter und Fibrin gefüllt, doch muß dies nicht immer der Fall sein, denn einige dieser Bakterien können so rasch eindringen, daß die Abwehrkräfte des Körpers keine Zeit haben, Eiter zu bilden. Die Invasion kann derart schnell erfolgen, daß der Darm sich nicht aufbläht, die Bauchmuskulatur weder Berührungsempfindlichkeit noch Abwehrspannung zeigt, so daß sich der geschwollene, brettharte Bauch, den Ärzte wie de la Motte für das Erkennungszeichen der Peritonitis hielten, nicht einstellt[22]. Trotzdem wurde der Tod der Wöchnerin durch eine Unterleibsinfektion herbeigeführt und nicht durch »Apoplexie«, wie in solchen Fällen die Diagnose des 18. Jahrhunderts gewöhnlich lautete.

Septische Venenentzündung und Pyämie

Eine Frau muß nicht unbedingt Wöchnerin sein, um in ihren Venen Blutpfropfen zu bilden (»Thrombophlebitis«); sie kann auch Krebs haben, die Pille nehmen oder seit längerer Zeit bettlägerig sein. Eine Infektion ist nämlich nur eine der möglichen Ursachen für

20 Alphonse Leroy, *Essai sur l'histoire naturelle de la grossesse et de l'accouchement.* Genf 1787, S. 146.

21 Joseph DeLee, *The Principles and Practice of Obstetrics.* 6. Aufl., Philadelphia 1933, S. 931.

22 G. F. Gibberd, »Puerperal Sepsis, 1930–1965«, *JOB,* NS, 73 (1966), S. 2. Vgl. auch de la Motte, *Traité* a. a. O., S. 579.

diese Krankheit, aber bei den Frauen, die uns hier interessieren, bei den Bäuerinnen und Kleinstädterinnen der traditionellen Gesellschaft war sie wahrscheinlich die Hauptursache der Thrombophlebitis.

Selbst ohne Infektion kann Thrombophlebitis eine gefährliche Sache sein. Ein großer Pfropfen bildet sich der Länge nach in einer Vene – eine Mischung aus Fibrin, Blutplättchen, roten und weißen Blutkörperchen. Leicht können kleinere Klümpchen abbröckeln, durch die Hauptvenen ins Herz gelangen und von dort in eine Lungenarterie gepumpt werden. Ein solcher Pfropfen heißt »Embolus«. Da er die Blutversorgung der Lunge unterbindet, ruft er leicht einen Schock hervor. Das Opfer einer Lungenembolie verspürt qualvolle Schmerzen in der Brust und stirbt. Auch heute weiß man noch nicht über alle Aspekte der Embolie Bescheid. Ich behandle das Thema so ausführlich, weil »Embolie« eine beliebte Diagnose beim Tod im Wochenbett wurde: Damit war niemand verantwortlich, und die Annahme, die Mutter sei von einem unerforschlichen Schicksal ereilt worden, das sich der Macht der Geburtshelfer entzog, naheliegend.

Uns interessiert hier jedoch mehr, was geschieht, wenn der große Pfropfen in einer der Becken- oder Beinvenen septisch ist. Mrs. A., eine Londonerin von dreißig Jahren, die im Juni 1828 niederkam, hatte vermutlich einen solchen Pfropfen in ihrem rechten Bein. Die Geburt war »langwierig« gewesen, sie hatte hinterher geblutet und ihr Geburtshelfer hatte die Plazenta mit der Hand entfernen müssen. Die Voraussetzungen für eine Infektion waren also gegeben, doch über eine Woche lang fühlte sie sich wohl.

Am neunten Tag hatte sie »einen heftigen Fieberanfall«, sie delirierte und an »ihrem rechten Kniegelenk zeigte sich eine schmerzhafte, diffuse Schwellung«.

Ich will dem Leser die Einzelheiten ihres Falles ersparen. Nur soviel sei gesagt, daß sie die Anzeichen einer heftigen »Blutvergiftung« erkennen ließ, mit »einer merkwürdigen Wildheit in ihrem Gesichtsausdruck«, rasendem Puls, »hastiger und ängstlicher« Atmung und so fort, bis sich am dreizehnten Tag »auf halber Höhe der rechten Wade eine schmerzhafte, abgegrenzte Schwellung bildete; die Haut dort wurde heiß und färbte sich dunkelrot«.

Vier Tage später schien sie sich jedoch zu erholen und fühlte sich die folgende Woche über weit wohler. Aber leider kehrten am 1. Juli sämtliche Fiebersymptome und die Schwellung am rechten

Bein zurück. Jetzt war auch ihr rechtes Handgelenk infolge septischer Arthritis angeschwollen, »und eine Woche lang litt sie unter qualvollen Schmerzen im linken Knöchel und rechten Schultergelenken«, bis sie am 24. Juli starb, »völlig erschöpft von Diarrhö, Fieber« und den verschiedenen Schwellungen an ihrem Körper[23].

Wahrscheinlich war in Mrs. A.'s rechtem Bein langsam ein septischer Pfropfen gewachsen. Hin und wieder waren Klümpchen abgebröckelt und über die Blutbahn in die Lungen gelangt. Dort vermehrten sich die Keime weiter und schwärmten in andere Teile des Körpers aus – in die Handgelenke, die Schulter, den Knöchel und die Kniegelenke. Im Unterschied zur Peritonitis entwickelt sich die Thrombophlebitis gewöhnlich erst ein oder zwei Wochen nach der Entbindung und ist auch in ihrem Verlauf gemächlicher. Die Wöchnerin wird durch wiederholte Anfälle von Septikämie zermürbt, die sich durch einen steilen Fieberanstieg, wiederholten Schüttelfrost und einen plötzlich beschleunigten Puls ankündigen.

Manchmal kann die Phlebitis in einer Beinvene die Arterien veranlassen, die Blutversorgung des Beins einzustellen, das sich daraufhin bleich färbt, ein Symptom, das die Engländer »Marmorbein« oder »Weißes Bein« nannten. Der medizinische Terminus lautet *»Phlegmasia alba dolens«*.

Bakteriämie

Der Leser wird inzwischen so hinreichend mit den Symptomen einer Blutvergiftung vertraut sein, daß ich mich damit nicht mehr lange aufzuhalten brauche. Wir werden gleich sehen, daß einige der am Kindbettfieber beteiligten Bakterien außerordentlich virulent sind. Bei der Zirkulation durch infiziertes Gewebe nimmt das Blut die von den Bakterien erzeugten Toxine auf und transportiert sie durch den ganzen Körper. Auch die Bakterien selbst schwärmen über die Blutbahn aus, lösen die roten Blutkörperchen auf, sammeln sich an den Herzklappen und dringen in die Lungen ein. Es kommt zu »Endokarditis«, »Pleuritis« oder anderen Folgekrankheiten – Komplikationen, die heute meist im septischen Endstadium von verheerenden Krankheiten wie Krebs auftreten. Wir könnten uns die Erör-

23 Robert Lee, »Cases of Severe Affections of the Joints After Parturition«, in: *LMG,* 3 (1829), S. 664–65.

terung dieser höchst unerfreulichen Komplikationen ersparen, wenn sie nicht in der Vergangenheit – vor allem im Wochenbett – so häufig gewesen wären.

Die Einzelheiten über den Tod von Mary Wollstonecraft, einer frühen Feministin, die im Kindbett starb, sind spärlich, zeigen aber, wie allgegenwärtig diese Infektionen waren. Eine Hebamme entband sie in ihrem komfortablen Londoner Haus am 30. August 1797 von ihrem zweiten Kind. Unglücklicherweise löste sich die Plazenta nicht. Der Ehemann William Godwin ließ einen Arzt aus dem Westminster Lying-In Hospital holen, der die Plazenta in Stükken herausholte, »bis er davon überzeugt war, daß sie ganz entfernt sei. Wie sich später herausstellte, hatte er sich jedoch in diesem Punkt geirrt«, schrieb Godwin in sein Tagebuch. Erst am folgenden Sonntag bekam Mary Wollstonecraft Schüttelfrost, »untrügliche Symtome einer Nekrose, die durch die im Leib verbliebenen Plazentateile verursacht war«, schrieb Godwin. Tatsächlich aber waren sie höchstwahrscheinlich auf Bakterien in ihrer Blutbahn zurückzuführen, die durch die Hände der Hebamme oder des Arztes übertragen worden waren. Weitere Einzelheiten über den Krankheitsverlauf sind nicht überliefert. Wir wissen nur, daß Mary Wollstonecraft eine Woche später am 10. September starb – eines der bekannteren Opfer puerperaler Sepsis[24].

Parametritis

Obwohl die Infektion des Beckenzellgewebes eine häufige Erkrankung war, sind unsere historischen Kenntnisse in dieser Hinsicht begrenzt, da Parametritis nur durch eine eingehende Untersuchung von leichter Peritonitis oder Endometritis zu unterscheiden ist. Im Zeitalter traditioneller Geburtshilfe untersuchten die Ärzte ihre Patientinnen nicht im heutigen Sinne. (Sie sahen sich das Gesicht genau an, den Stuhl, fühlten ihren Puls und verschrieben gewaltige Mengen Quecksilber und Aloe.) Ich erörtere die Parametritis hier, weil sie besonders unangenehme langwierige Folgen hatte.

24 William Godwin, *Memoirs of the Author of a Vindication of the Rights of Women.* London 1798, S. 173–99; und Kenneth Neill Cameron (Hrsg.), *Shelley and his Circle, 1773–1822.* Harvard Univ. Press, Cambridge 1961, Bd. 1, S. 186–96.

Wenn dieses Gewebe infiziert wird, können sich große Eitertaschen bilden, die entweder zur Rückseite des Unterleibs wandern, sich zu beiden Seiten der Gebärmutter sammeln – sie regelrecht einkeilend – oder sich über die vorderen Gewebsflächen des Bauches bis zum Hüftbein hinziehen. Wenn sie sich nicht dort entleeren, können sie auch über die Vagina oder das Rektum abfließen. Es ist aber auch möglich, daß sie sich nicht entleeren, sondern sich abkapseln, um lange als schmerzhafte Eiterklumpen im Gewebe zu bleiben. Wenn sie nichts dergleichen tun, können sie auch einfach zu irgendeinem ungelegenen Zeitpunkt – etwa bei einer späteren Schwangerschaft – in die Bauchfellhöhle durchbrechen und die Frau in Lebensgefahr bringen.

Wenn der Körper sich gegen die Parametritis wehrt, tritt Nachmittagsfieber und Nachtschweiß auf. Die Abszesse sind als große Klumpen unter der Haut zu tasten und scheinen umherzuwandern. Nach ungefähr fünf oder sechs Wochen »wird die Exsudation unangenehm, die spontanen Schmerzen kehren zurück, Schlaflosigkeit stellt sich ein, Fortbewegung, Defäkation und Harnlassen sind qualvoll. Das Fieber steigt heftig, Schüttelfrost zeigt das Vorhandensein von Eiter an, bis es schließlich am siebzehnten oder achtzehnten Tag zum Durchbruch des Abszesses kommt«[25].

Diese Abszesse waren teilweise für die langanhaltende Schwäche verantwortlich, über die einst so viele Frauen nach ihrer Niederkunft klagten. »Das, was man Nachgeburt nennt, war mir an der Seite festgewachsen«, schrieb ein Mitglied der Women's Co-operative Guild 1914 über eine frühere Entbindung. Und der Arzt, der sich »fast betrunken« eingestellt hatte, konnte sie nicht ganz herausholen. »Zunächst bekam ich Milchfieber, dann Kindbettfieber. Ich verlor den Verstand, und erkannte drei Monate lang keine Seele mehr. Dann mußte ich mich einer Operation unterziehen, bei der diese Masse entfernt wurde (vermutlich wurden die Abszesse dräniert), und es ging mir sehr schlecht. Als ich wieder aufstehen konnte, war das Kind acht Monate.«[26] Lange nachdem die wissenschaftliche Ära der Geburtshilfe begonnen hatte, schätzte der Edinburgher Gynäkologe James Young, daß »ungefähr 60 Prozent der gynäkolo-

25 William T. Lusk, »Puerperal Fever«, in: William Pepper (Hrsg.), *A System of Practical Medicine*. Philadelphia 1885, Bd. 1, S. 1008.
26 Women's Co-operative Guild, *Maternity: Letters from Working-Women*. London 1915, S. 173.

gischen Krankenhauseinweisungen das Produkt verpfuschter Entbindungen sind und daß davon wiederum ein großer Teil auf die Kategorie der Infektion entfällt«[27].

Spielt die Bakterienart eine Rolle?

Wir müssen einen kurzen Abstecher in die Bakteriologie machen, da sich nämlich anhand der Infektionskeime darauf schließen läßt, wie rücksichtslos die Mutter entbunden wurde, wieviel Blut sie verlor, oder in welchem Ausmaß ihr Geburtskanal zerrissen wurde. Diese Fragen sind von Interesse, da unser Ziel ja die Einschätzung einer »typischen Geburt« ist.

Einige Bakterien sind im allgemeinen unschädlich für den Menschen und erfüllen als »Kommensalen« wichtige Aufgaben in seinem Körper – etwa indem sie die Vagina gegen pathogene Eindringlinge verteidigen oder im Darm die Nahrung in Abbauprodukte zerlegen. Aber – wenn mir der Leser einen kurzen lehrhaften Exkurs gestattet – sobald sich diese Bakterien in einer abgeschlossenen Körperhöhle befinden, die nicht an sie gewöhnt ist, können sie sich vermehren und schrecklichen Schaden durch die von ihnen produzierten Toxine anrichten. Diese nützlichen Mikroorganismen verhalten sich »opportunistisch«: Sie nutzen jede Gelegenheit, sich in einem Blutpfropfen, einem abgestorbenen Gewebefragment oder einem Fremdkörper niederzulassen und sich, gegen den Sauerstoff des Blutes abgeschirmt, stürmisch zu vermehren. Einige dieser Bakterien heißen »Anaerobier«: Sie gedeihen am besten weitab von gesunden Zellen, die das Blut noch mit Sauerstoff versorgt. Andere dagegen, »Aerobier« genannt, brauchen zu ihrer Entwicklung Sauerstoff. Die Art und Weise, wie Keime auf den Sauerstoff in den Zellen reagieren, ist also eine wichtige Unterscheidungsmöglichkeit.

Wenn man eine dieser Arten in einem Schälchen mit einer Kultur von Blutzellen zieht, bildet sich ein klarer, offener Kreis: Die Streptokokken haben die roten Blutkörperchen aufgelöst, hämolysiert – daher die Bezeichnung »hämolysierender Streptokokkus«. Einige Bakteriologen fügten dem Adjektiv »hämolytisch« oder »hämoly-

27 James Young, »Maternal Mortality from Puerperal Sepsis«, in: *BMJ*, 9. Juni 1928, S. 967.

sierend« noch ein »β« hinzu, weil andere Streptokokken, die »α-Spielart«, die roten Blutkörperchen nur teilweise auflösen.

Noch ein wichtiger Punkt. Alle hämolysierenden Streptokokken gedeihen in der Anwesenheit von Sauerstoff, und im Unterschied zu vielen anderen Mikroben können sie lange Zeit frei in der Luft leben, ohne viel von ihrer Virulenz einzubüßen. Aufgrund dieser Widerstandskraft mußten die hämolysierenden Streptokokken zwangsläufig zu den ersten Bakterien gehören, die man entdeckte: Sie waren leicht und »aerob« zu züchten (das heißt, es waren keine besonderen Vorsichtsmaßregeln, sie von der Luft zu isolieren, erforderlich).

Vor 1930 dachte niemand eingehender über die besonderen Techniken nach, die notwendig sind, um Bakterien zu züchten, die unter Sauerstoff*abschluß* gedeihen. Diese Anaerobier sterben, wie geschildert, sobald sie der Luft ausgesetzt sind. Deshalb wird der Laborbericht negativ ausfallen, wenn man nicht sogleich nach der Probeentnahme besondere Vorsichtsmaßregeln trifft, um das Blut oder den Wochenfluß der Patientin vor der Luft zu schützen. Kurz vor der Jahrhundertwende entdeckten zwei deutsche Bakteriologen erstmals Anaerobier bei einer Wöchnerin. 1910 veröffentlichte Hugo Schottmüller einen wichtigen Artikel, in dem er zweifelsfrei nachwies, daß diese Anaerobier die Hauptkrankheitserreger bei tödlichen postabortalen und auch bei einigen postpartalen Infektionen waren[28]. Trotzdem vergingen noch zwanzig Jahre, bevor die Medizin mit dieser Entdeckung etwas anzufangen wußte.

Inzwischen fuhren die Ärzte munter damit fort, die Blutproben der Patienten *aerob* zu züchten – eine einfache Technik. Und natürlich entdeckten sie Aerobier wie den hämolysierenden Streptokokkus in den Krankenhäusern, wohin er durch die vielen infizierten Patienten gelangte und wo die Voraussetzungen für solche Labortests in erster Linie gegeben waren. Aber die meisten Patientinnen, die sich infizierten, wurden vor 1930 zu Hause entbunden und nicht im Krankenhaus. Ihnen wurden keine Blutproben entnommen, und schon gar nicht anaerob. Deshalb wußte niemand, welche Mikroorganismen neben den hämolysierenden Streptokokken bei den Infektionsarten eine Rolle spielten, an denen die meisten Frauen er-

28 Hugo Schottmüller, »Zur Bedeutung einiger Anaeroben in der Pathologie, insbesondere bei puerperalen Erkrankungen«, in: *Mitteilungen aus den Grenzgebieten der Medizin und Chirurgie,* 21 (1910), S. 450–90.

krankten. In den dreißiger Jahren begann man dann Blut- und Lochienkulturen regelmäßig sowohl aerob wie anaerob zu züchten, woraufhin sich das Bild von den für das Kindbettfieber verantwortlichen Mikroorganismen radikal veränderte.

All das wissen die Bakteriologen. Wie aber kann man bestimmen, an welchen Krankheitserregern die Frauen *vor* der Entwicklung all der eben beschriebenen Labortests starben?

Es gibt mehrere Möglichkeiten. Zunächst einmal kann man prüfen, ob andere Infektionsarten, von denen man weiß, daß sie durch Streptokokken verursacht werden, mit dem Puerperalfieber zusammen auftraten. Wenn beide Krankheiten auf einer Wochenstation oder in einem Dorf grassierten, darf man mit Recht davon ausgehen, daß das Kindbettfieber vom gleichen Organismus verursacht wurde wie die andere Infektion. So wird beispielsweise die Wundrose (Erysipelas) – eine Infektion, die rötliche Hautschwellungen hervorruft – durch Streptokokken verursacht. Scharlach ist eine klassische Streptokokkeninfektion, die durch eine Spielart der Streptokokken der Gruppe A über die Blutbahn verbreitet wird. Diese Streptokokken besitzen ein besonderes, einen roten Hautausschlag verursachendes Enzym (daher der Name »Scharlach«). In welchem Umfange nun traten die anderen Streptokokkeninfektionen zur selben Zeit und am selben Ort wie Puerperalfieber auf?

Vom 17. Jahrhundert an verbreitete sich das Puerperalfieber gleichzeitig mit Scharlach und Wundrose über ganz Europa. Manchmal übertrugen Ärzte und Hebammen, die selbst mit Scharlach infiziert waren, die Krankheit in den Geburtskanal der Kreißenden. Manchmal bekamen Menschen, die mit kranken Wöchnerinnen in Berührung gekommen waren, später Wundrose oder »ulzerierende Angina«. Manchmal schien das Puerperalfieber selbst eine Art von Wundrose zu sein[29].

Statistisch war die Wahrscheinlichkeit eines gleichzeitigen Auftretens von Wundrose bei »epidemischem« Kindbettfieber größer als bei einem isolierten Fall – ein Hinweis darauf, daß der Streptokokkus vermutlich häufiger an Epidemien beteiligt war. Meine Zweihundert-Jahres-Stichprobe enthält isolierte Infektionen und Epidemien sowohl in häuslicher Umgebung wie im Krankenhaus.

29 August Hirsch gibt einen Überblick über die ältere Literatur in: *Handbuch der historisch-geographischen Pathologie.* 2. Aufl., 3 Bde., Stuttgart 1881–1886, Bd. 3, S. 327–28.

Im Krankenhaus wurde bei 22 Prozent der Epidemien Wundrose in irgendeiner Form erwähnt, aber nur bei 3 Prozent der isolierten Krankenhausfälle. Bei den Infektionen zu Hause kam Wundrose bei 31 Prozent der Epidemien vor, hingegen nur bei 14 Prozent der isolierten Fälle. (Zu den Quellen vgl. die Anmerkungen im Anhang. – Zweifellos kam die Wundrose noch häufiger vor, nur haben die Beobachter sie nicht erwähnt.) Zu Hause wie im Krankenhaus war also der Streptokokkus wahrscheinlich für die Kindbettsepsis verantwortlich, wenn sie »epidemische« Formen annahm.

Doch obgleich von Epidemien in medizinischen Zeitschriften eher Notiz genommen wurde als von vereinzelten Fällen, waren solche Epidemien nicht die Norm. Die meisten Sepsistodesfälle waren »isoliert«, das heißt, sie fügten sich in keinen größeren Zusammenhang von Ansteckungsfällen. In Sachsen verursachten beispielsweise 88 Prozent der Hebammen, die zwischen 1887 und 1901 für einen Todesfall durch Puerperalfieber verantwortlich waren, *keinen zweiten Todesfall* im selben Jahr. Und nur in acht Fällen der 3600 Berichte über Sepsistodesfälle in diesem Zeitraum gingen dort in einem Jahr vier oder mehr Todesfälle auf das Konto der verantwortlichen Hebamme[30]. (In diesem Teil Deutschlands leisteten so wenige praktische Ärzte Geburtshilfe, daß für sie keine entsprechenden Daten vorliegen.) Wie kann man herausfinden, welcher Krankheitserreger diese Tausende von »isolierten« Sepsistodesfällen in häuslicher Umgebung oder im Krankenhaus verursacht hat?

Eine Möglichkeit ist der Geruch. Einige Keime, wie der hämolysierende Streptokokkus der Gruppe A, rufen praktisch keinerlei unangenehme Gerüche hervor, wenn sie Menschen infizieren[31]. Eine andere, weniger virulente Gruppe von hämolysierenden Streptokokken (Gruppe B) verursacht einen üblen Geruch[32]. Wieder andere Organismen jedoch verbreiten einen überwältigenden Kotgestank, der häufig von den Ärzten erwähnt wurde. Wenn wir solchen Kommentaren begegnen, dürfen wir schließen, daß die Infektion nicht durch den bekannten Streptokokkus verursacht wurde, son-

30 F. von Winckel, *Handbuch der Geburtshilfe.* 3 Bde., Wiesbaden 1903–1907, Bd. 3, S. 396.

31 Arthur Hill, »The Diagnosis, Prevention and Treatment of Puerperal Infection«, in: *Medical Journal of Australia,* 21. Februar 1948, S. 231.

32 Charles H. Rammelkamp, »Hemolytic Streptococcal Infections«, in: George W. Thorn u. a. (Hrsg.), *Harrison's Principles of Internal Medicine.* 8. Aufl., McGraw-Hill, New York 1977, S. 818.

dern durch weniger bekannte anaerobe Bakterien, die im Darm leben.

Wahrscheinlich litt Mrs. Harpur, die im November 1669 von einer Hebamme entbunden worden war, an einer solchen Infektion. Da die Plazenta sich nicht lösen wollte, schickten Freunde der Mutter nach Percivall Willughby. Er empfand »den Ausfluß als so übelriechend, von so leichenhaftem, beklemmendem Gestank, daß den Eintretenden die Luft im Zimmer schlecht bekam, denn manchem drehte sich der Magen um«[33].

Nach ihrer Niederkunft in New Yorker Bellevue Hospital Anfang der siebziger Jahre des vorigen Jahrhunderts bekam die vierunddreißigjährige Witwe Bridget eine Infektion. Dr. Fordyce Barker untersuchte sie. Die Cervix war »nicht druckempfindlich, selbst wenn sie mit den Fingern der einen Hand auf der Cervix und den Fingern der anderen auf dem Fundus uteri zusammengepreßt wurde. Der Gestank der Finger, die er aus der Vagina herauszog, war so unerwartet widerlich, daß sich Dr. Barker ohne viel Federlesens auf der Stelle übergab.«[34] (Welch ein Ausbund an taktvollem ärztlichen Verhalten!)

Das war nicht ungewöhnlich. In Odessa galten Ende des 19. Jahrhunderts solche Gerüche bei infizierten Wöchnerinnen als normal. »Der gewöhnliche Verlauf ist folgender: Am dritten bis vierten Tag fängt die Wöchnerin zu fiebern an, die Lochien werden dabei missfarbig, bald übelriechend, der Uterus wird schlaff.«[35]

Da ungefähr Zweidrittel aller Wochenbettinfektionen »gemischt« sind, das heißt, auf zahlreiche verschiedene Krankheitserreger zurückgehen, bedeutet ein übler Geruch aus der Vagina nicht unbedingt, daß der für den Geruch verantwortliche Organismus auch die Blutvergiftung verursacht[36]. Aber er bedeutet mit Sicherheit, daß mehr als nur eine einfache Infektion mit einem hämolysierenden Streptokokkus vorliegt[37].

33 Percivall Willughby, *Observations in Midwifery* (Handschrift aus dem 17. Jhd.). 1863, Neudr., S. R. Publishers, East Ardsley 1972, S. 220–22.

34 Fordyce Baker, *The Puerperal Diseases*. New York 1878, S. 305.

35 J. Wernitz, »Über die Mißerfolge der Antisepsis beim Puerperalfieber«, in: *ZBG*, 18 (1894), S. 1064.

36 Sherwood L. Gorbach und John G. Bartlett, »Anaerobic Infections«, in: *NEJM*, 23. Mai 1974, S. 1183; Richard L. Sweet, »Anaerobic Infections of the Female Genital Tract«, in: *AJO-G*, 122 (1975), S. 892.

37 a. a. O., S. 896–97; und Arthur M. Hill, »Post-Abortal and Puerperal Gas Gangrene«, in: *JOB*, NS, 43 (1936), S. 201–51.

Eine dritte Möglichkeit besteht darin, nach Gas Ausschau zu halten. Einige Arten vor allem der Clostridiumgattung – eine Gattung, die unter anderem für Tetanus und Lebensmittelvergiftung zuständig ist – sondern große Mengen Gas ab, sobald sie sich im Gewebe eingenistet haben. *Clostridium perfringens* verursacht vor allem »Gasbrand«, und Wöchnerinnen, die unter Gasbrand leiden, gehören zu dem Schrecklichsten, was der Forscher zu Gesicht bekommen kann.

Ein junger deutscher Arzt sah bei einem Besuch der neuerbauten Entbindungsklinik in Paris, wie A. Leclerc, eine junge Frau von zweiundzwanzig Jahren, von einer solchen Infektion dahingerafft wurde. Ich möchte dem Leser die Einzelheiten ersparen, aber es ist bezeichnend, daß die Oberschwester Madame Lachapelle auf die Mitteilung des Arztes, eine solche Infektion sei etwas völlig Neues für ihn, antwortete, daß sie früher im Hôtel Dieu Gangräne des Beckens häufig beobachtet habe. Und tatsächlich, so hören wir von dem Arzt, schien die Krankheit in der neuen Entbindungsklinik keine besondere Aufregung zu verursachen[38].

Gestank und Gas sind also Merkmale anaerober Bakterien. Aber der Streptokokkus hat die Aufmerksamkeit von medizinischen Praktikern wie Forschern so sehr in Anspruch genommen, daß bis in die dreißiger Jahre unseres Jahrhunderts nicht erkannt wurde, wie häufig diese Anaerobier gefährliche Infektionen verursachen. Im Unterschied zu den Streptokokken der Gruppe A, die normalerweise nicht im Körper vorkommen, sind die Anaerobier in großen Mengen im Dickdarm und in der Vagina vorhanden. Damit sie eine fulminante Gebärmutterinfektion auslösen können, müssen schon einige ziemlich spezielle Umstände eintreten. Diese Umstände sind es, für die ich den Leser interessieren möchte – nicht die komplizierten Unterschiede der Keime untereinander.

Wenn eine anaerobe Infektion ausbricht, liegt gewöhnlich eine der folgenden Voraussetzungen vor:

1. Die Blutversorgung des Gewebes im mütterlichen Geburtskanal ist unterbrochen. Nehmen wir an, der Geburtsverlauf hat sich verzögert. Der Druck des kindlichen Kopfes hat die Gewebe im Gebärmutterhals und in der Scheide daran gehindert, genügend Sauerstoff zu bekommen. Sie beginnen abzusterben und werden

38 Johann Friedrich Osiander, *Bemerkungen über die französische Geburtshilfe.* Hannover 1813, S. 259–66.

damit zu einem idealen Nistplatz für solche Keime, die – erinnern wir uns – in Abwesenheit von Sauerstoff gedeihen.

2. Möglicherweise sind Fremdkörper vorhanden, etwa die Nähte, mit denen ein Dammriß ausgebessert wurde.

3. Nach einer Operation oder nach dem Quetschen und Reißen im Verlaufe einer gewaltsamen Entbindung ist das Gewebe »traumatisiert« – das heißt zerstört.

4. Eine bereits vorliegende Infektion durch *aerobe* Organismen, zum Beispiel Streptokokken der Gruppe A, schwächt das Gewebe des Genitalbereichs und ermöglicht den normalerweise gutartigen Anaerobiern, Fuß zu fassen[39].

Diese Eigenschaften erklären die besondere Rolle von Anaerobiern bei septischer Thrombophlebitis; sie nisten sich in dem Pfropfen ein, wo kein Sauerstoff an sie herankommen kann, und werden so innerhalb kleiner Emboli vom Pfropfen zu entlegenen Körperregionen transportiert. So wird ebenfalls klar, warum zurückgebliebene Plazentareste häufig zu Infektionen führten. Abgestorbenes Plazentagewebe bietet einen idealen Nährboden für Organismen, die sonst vom Wochenfluß aus der Gebärmutter geschwemmt werden. Und auch der Zusammenhang zwischen geburtshilflichen Operationen und anschließenden Infektionen wird deutlich: Der Grund liegt nicht allein in einer Übertragung durch die Hände oder die Instrumente des Geburtshelfers, sondern die Verletzungen, die dem Körpergewebe durch die Operation zugefügt wurden, schaffen einen Nährboden für Keime, die sonst wahrscheinlich unschädlich bleiben würden.

Auch Fäkalansteckung kam in der traditionellen Geburtshilfe nicht selten vor. Eine medizinische Autorität des 18. Jahrhunderts empfahl, zur Erleichterung der Geburt ins Rectum zu greifen und gegen das Kinn des Kindes zu drücken[40]. Von 59 Gelegenheitshebammen, die um 1907 in Glasgow befragt wurden und die ein Klistier mit sich führten, »gaben 22 zu, daß sie es gleichermaßen für Scheidenspülungen und Einläufe benutzten, häufig bei der gleichen Patientin und ohne den Stutzen anders zu reinigen als durch oberflächliches Reiben«[41].

39 Diese Aufzählung ist übernommen von: Sweet, »Anaerobic Infections«, a. a. O., S. 892.

40 Vgl. Heinrich Fasbender, *Geschichte der Geburtshilfe.* Jena 1906, S. 591.

41 A. K. Chalmers, *The Health of Glasgow, 1818–1925.* Glasgow 1930, S. 262.

Alle diese wenig erfreulichen Informationen über Kot und Gestank lassen den Schluß nicht unbegründet erscheinen, daß der hohe Prozentsatz an anaeroben Infektionen, der sich gegen 1930 abzuzeichnen begann, als man Blut- und Lochienkulturen *sowohl* aerob wie auch anaerob züchtete, nicht auf die besonderen Verhältnisse zu Ende der zwanziger Jahre zurückzuführen war, sondern einen Zustand sichtbar machte, *den es schon immer gegeben hatte.*

Die bakteriologischen Daten zeigen die Bedeutung verschiedener anaerober Organismen sowie einiger anderer Erreger, die normalerweise friedlich auf der Haut oder in der Vagina leben, und machen deutlich, daß »das Reich des Streptokokkus« ein Mythos war. Die große Mehrheit der gefährlichen Wochenbettinfektionen wurde durch die normalerweise nützlichen Mikroorganismen hervorgerufen, von denen wir ständig und überall umgeben sind.

Wie wurden die Frauen infiziert?

Haben die Ärzte oder die Hebammen die Kreißende infiziert? Für einige Historiker ist die Antwort einfach: »Die zur Überaktivität neigenden Ärzte infizierten sie, wenn sie mit ihren Zangen in den natürlichen Geburtsablauf eingriffen.«[42] Obwohl die Antwort nicht falsch ist, beschränkt sie sich auf eine der weniger wahrscheinlichen Möglichkeiten. Es gab vier mögliche Infektionsursachen.

Selbstinfektion

Sehr selten fungierte die Mutter selbst als Krankheitsüberträger. Um die Jahrhundertwende erfreute sich die Diagnose »Selbstinfektion« großer Beliebtheit. Damit war *nicht* gemeint, daß die Wöchnerin ihre Scheide untersucht und damit die Infektion mit ihren Fingern übertragen hatte (was leicht geschehen konnte), sondern daß sich eine bereits vorhandene Erkrankung ihres Genitaltrakts nun

42 Jean Donnison, *Midwives and Medical Men: A History of Inter-Professional Rivalries and Women's Rights.* Schocken Books, New York 1977, S. 190 und passim.

ausbreitete oder daß Erreger aus anderen Teilen des Körpers über die Blutbahn in die Gebärmutter oder das Bauchfell gelangten. Bevor man die verschiedenen Streptokokkenarten ganz zu unterscheiden vermochte, meinte man, daß einige der Streptokokken, die von Natur aus in der Scheide angesiedelt seien, in die Gebärmutter eindringen und dort eine gefährliche Blutvergiftung auslösen würden. Tatsächlich jedoch gehörten die Streptokokken, die im Blut gefunden wurden, fast nie zur Gruppe der in der natürlichen Bakterienflora der Scheide vorkommenden Keime. Vor allem wenn Organismen der Gruppe A verantwortlich waren, so waren sie von außen eingedrungen.

Wenn eine Mutter Gonorrhö hatte, konnte diese durch die Geburt – wenn die relativ wenig virulenten Gonokokken in die Gebärmutter gelangten – in die Blutbahn kommen. Aber das geschah selten, gemessen daran, wie häufig die Gonorrhö vor dem Zweiten Weltkrieg vorkam – was einen New Yorker Arzt zu der Bemerkung veranlaßte: »Für mich ist es ein Wunder, daß es nicht mehr Infektionen durch Gonorrhö gibt.«[43]

Wenn eine Frau bereits an anderer Stelle ihres Körpers eine Infektion hatte, konnten die Mikroben natürlich über die Blutbahn eine Peritonitis auslösen, obgleich dies in vielen Fällen – aus unbekannten Gründen – nicht zu geschehen schien (beispielsweise rief Impetigo keinen Gelenkrheumatismus hervor). Jedenfalls liebäugelten die Ärzte gerne mit dieser Möglichkeit, da sie eine bequeme Entschuldigung für eigene Fehler bot.

Das Hauptargument gegen die Annahme, die Selbstinfektion könnte eine ins Gewicht fallende Übertragungsweise gewesen sein, ist darin zu sehen, daß in manchen Gegenden über lange Zeiträume keine Mutter an Sepsis starb oder auch nur an »Kindbettfieber« erkrankte. Eine traditionelle Schweizer Hebamme im Lötschental hatte nie eine einzige Wöchnerin sterben sehen. Das Kindbettfieber war dort unbekannt. Der skeptische deutsche Arzt, der sie interviewte, konnte auch im kirchlichen Sterberegister keinen Hinweis darauf finden, daß es dort in der Vergangenheit je einen Müttersterbefall gegeben hatte[44]! Ganz gleich welchem glücklichen Zufall es

43 George W. Kosmak in der »Diskussion« eines anderen Artikels, in: *AJO-G*, 7 (1924), S. 726.

44 Carl Müller, *Volksmedizinisch-geburtshilfliche Aufzeichnungen aus dem Lötschental.* Hans Huber, Bern 1969, S. 72–75, 115.

die Lötschthaler Frauen zu verdanken hatten – sie sind nie das Opfer von Selbstinfektion geworden.

Noch zweifelhafter wird die Selbstinfektionstheorie, wenn wir hören, daß unter den 3300 Hausentbindungen, die vom ambulanten Dienst der Edinburgher Entbindungsklinik in der Zeit zwischen 1839 und 1847 vorgenommen wurden, kein Todesfall durch Sepsis vorgekommen ist[45].

Verschiedene andere Übeltäter jedoch spielten eine wichtige Rolle bei der Infektion der Mutter. Die Quellen sind zu spärlich, als daß sich diese ursächlichen Faktoren nach ihrer Bedeutung ordnen ließen. Mir liegt auch viel mehr daran zu zeigen, daß sie nach unserem heutigen Wissensstand alle gleich wichtig gewesen zu sein scheinen und daß wir nur in einem Falle dem klassischen Szenario begegnen, in dem ein übereifriger Arzt völlig überflüssigerweise mit seinen verseuchten Zangen zu Werke geht.

Verletzungen durch geburtshilfliche Operationen

Wie wir gesehen haben, ging es bei Operationen vor Einführung des Kaiserschnitts brutal zu – da wurden Geburtskanäle von Zangen zerrissen, von scharfen Knochen zerfetzt, wenn der Kopf des Kindes zertrümmert wurde, und blieben infolge einer Wendung zerquetscht und brandig. Solch abgestorbenes Gewebe bot einer Infektion eine günstige Angriffsfläche. Trotzdem war *bei den meisten infizierten Wöchnerinnen keine Operation vorgenommen worden*. Und wenn es auch ein vernichtendes Urteil über die Mecklenburger Ärzte und Hebammen bedeutete, daß ein Drittel der 1904 an Infektionen verstorbenen Wöchnerinnen mit Instrumenten gequält worden war, so hatten sich doch Zweidrittel der Todesfälle nach spontanen Entbindungen ereignet[46]!

Die untersuchende Hand

Eine zweite wichtige Infektionsursache war die untersuchende Hand des Arztes oder der Hebamme. Obwohl bei den meisten Kreißenden keine geburtshilflichen Operationen vorgenommen wurden,

45 Young, »Maternal Mortality«, a. a. O., S. 968.
46 Otto Büttner, »Mecklenburg-Schwerins Geburtshilfe im Jahr 1904«, in: *ZGH*, 61 (1908), S. 198.

wurden die meisten doch vaginal untersucht, und zwar mit ungewaschenen Händen. Die Ärzte kamen direkt von ihren Scharlachfällen an das Bett der Kreißenden, oder die Hebammen direkt aus den Ställen. Carl Müller hat die im Lötschthal heimische Hebamme Marjosa beschrieben: Sie »reinigte sich vor der Geburt weder die Hände, noch zog sie sterile Gummihandschuhe über. Sie kam einmal – ich sah es mit eigenen Augen – direkt aus dem Stall.«[47] Das erste, was jeder Geburtshelfer tat, war – wie wir in Kapitel 4 gesehen haben –, daß er in die Scheide der Kreißenden hineingriff, um nachzufühlen, wie das Kind lag, ob das Fruchtwasser abgegangen und wie weit der Muttermund geöffnet war. Wenn man bedenke, daß die Mehrzahl der inneren Untersuchungen völlig überflüssig sei – so hören wir von einem ostpreußischen Arzt – und nur vorgenommen werde, um die eigene Neugier oder die Neugier der Mutter und ihrer Angehörigen zu befriedigen, sei die Zahl der Infektionen und der Todesfälle, die ganz allein diesen Untersuchungen durch die Hebammen zuzuschreiben seien, um so trauriger[48]. Charlotte Douglas und Peter McKinlay, die die schottischen Ärzte und Hebammen gleichermaßen wegen ihrer Ungeduld kritisierten, meinten: »Der Eindruck unangemessener Eile wird noch durch die zahlreichen vaginalen Untersuchungen verstärkt, die vorgenommen wurden. Besonders die Hebammen sündigten in dieser Hinsicht.«[49]

Septische Umwelt

Eine dritte wichtige Ursache für Infektionen war eine septische Umwelt. In einem Haus, in dem es Scharlach gab, oder in einer schmutzigen Entbindungsklinik blieben der Mutter möglicherweise die innere Untersuchung, instrumentelle Eingriffe, ein Dammriß erspart – und dennoch konnte sie sich infizieren. Es konnten nämlich Bakterien, gegen die sie nicht immun war, in ihre Vagina eindringen, wenn sie sich selbst berührte, mit der Bettpfanne in Kontakt kam oder sich an der Wolljacke der Hebamme rieb. Deshalb stürben, so

47 Müller, *Aufzeichnungen,* a. a. O., S. 72.
48 E. Radke, »Ursachen und Bekämpfung des Kindbettfiebers«, in: *Veröffentlichungen aus dem Gebiete der Medizinalverwaltung,* 1 (1919), S. 29.
49 Charlotte A. Douglas und Peter L. McKinlay (schottische Gesundheitsbehörde), *Report on Maternal Morbidity and Mortality in Scotland.* Edinburgh 1935, S. 182.

meinte Franz Unterberg in seinem Bericht, in Mecklenburg die Wöchnerinnen häufiger im Winter als im Sommer an Sepsis: Die wollenen Kleider der Hebammen übertrügen die Krankheit von Bett zu Bett[50].

Anfang der zwanziger Jahre kam man in mehreren Erhebungen zur Müttersterblichkeit zu dem Ergebnis, daß eine septische Umwelt in einem Viertel aller zum Tode führenden Infektionen die Ursache gewesen sei. Janet Campbell stellte in einer Untersuchung von 256 Sepsistodesfällen, die sich 1921 und 1922 in ganz England ereignet hatten, fest, daß in 25 Prozent der Fälle keinerlei Eingriff, noch nicht einmal eine manuelle Untersuchung vorgenommen worden war[51].

Eine septischere Umwelt als die der Entbindungskliniken vor Einführung der Keimfreiheit Ende des 19. Jahrhunderts, läßt sich nicht vorstellen. Betrachten wir das Pariser Hôtel Dieu im Jahre 1788. »Man erkennt die Schmutzigkeit einer Station an ihrem Geruch«, teilte Jacques-René Tenon seinen Lesern mit. »Um sich wirklich eine Vorstellung von dem dort herrschenden Geruch machen zu können, muß man sich morgens einfinden, wenn die Verbände gewechselt werden.« Selbstverständlich sei das unvermeidlich, sagte er, wenn man gezwungen sei, die riesigen Betten allenthalben hinzustellen, »so daß kaum ein Durchkommen ist in den halbdunklen Gängen zwischen ihnen, wo die Wände mit Speichel bedeckt sind und die Fußböden mit dem Schmutz von den Matratzen und aus den Bettpfannen, wenn sie geleert werden, sowie mit dem Eiter und dem Blut, die aus Wunden und Aderlassen herabrinnen.« Wir hören von Tenon weiter, daß infizierte und gesunde Wöchnerinnen nebeneinander in dasselbe Bett gelegt wurden, in denselben stinkenden Raum wie Geschlechtskranke im letzten Stadium, in Stationen, die direkt über dem Leichenschauhaus des Krankenhauses lagen. Und die schmutzige Wäsche des Krankenhauses wurde in einer Truhe am Ende des Kreißsaals gesammelt, »wo sie vor sich hinstank und die Fäulnis noch vergrößerte«. Infolgedessen »sterben an keinem Ort in Europa, in keiner Stadt, keinem Dorf, keinem Krankenhaus, nirgendwo so viele Wöchnerinnen wie

50 Franz Unterberg, »Die Sterblichkeit im Kindbett . . . Mecklenburg-Schwerin«, in: *Archiv für Gynäkologie,* 95 (1911–12), S. 136.

51 Janet Campbell, *Maternal Mortality,* Great Britain, Ministry of Health, Reports on Public Health, London 1924, S. 110.

im Hôtel Dieu von Paris«[52]. Die Wöchnerinnensterblichkeit des Hôtel Dieu lag damals bei ungefähr eins zu zehn!

Die hohe Patientensterblichkeit erklärte sich aus den katastrophalen Verhältnissen in diesen Institutionen. Wir haben im letzten Kapitel gesehen, daß die Todesraten der Krankenhäuser Mitte des 19. Jahrhunderts ihren Höhepunkt erreichten. 1866 entdeckte Léon LeFort, daß nur 7 Prozent dieser Müttersterbefälle eine geburtshilfliche Operation vorangegangen war. In allen anderen Fällen handelte es sich um spontane Entbindungen[53]. Ein Beispiel: An 157 Wöchnerinnen, die sich 1861 im Wiener Allgemeinen Krankenhaus infizierten, war nur in 13 Prozent der Fälle eine Zangenentbindung oder eine andere Operation vorgenommen worden[54]. Aus der Arbeit von Ignaz Semmelweis wissen wir, daß gerade in diesem Krankenhaus die puerperale Sepsis durch die Hände des medizinischen Personals übertragen wurde. Aber sogar nach 1847, als Semmelweis von allen Medizinstudenten verlangt hatte, sich die Hände in Chlorwasser zu waschen, bevor sie innere Untersuchungen vornahmen (wodurch die Müttersterblichkeit gewaltig verringert wurde), starb auch weiterhin ein erheblicher Prozentsatz der Wöchnerinnen des Krankenhauses[55]. Wie viele andere Frauen, die vor 1875 in europäischen Entbindungskliniken niederkamen, fielen sie einfach der allgemeinen Verseuchung der Umgebung zum Opfer.

Die Wöchnerinnen in den Krankenhäusern wurden also von zwei Organismenarten umgebracht: Erstens durch Fäkalkeime, gegen die man »immun« werden kann, wenn man lange genug mit ihnen zusammenlebt, die aber außerordentlich gefährlich für die Wöchnerinnen wurden, wenn diese Frauen zum erstenmal mit dem Kot *anderer* in Berührung kamen; zweitens durch hochvirulente Mikroorganismen, gegen die niemand je immun wird, weil sie in zu vielen Spielarten vorkommen. Der A-Streptokokkus zum Beispiel besitzt über fünfzig verschiedene Unterarten, und selbst wenn man gegen eine oder zwei von ihnen durch eine frühere Infektion immun ist, so gilt das nicht für die anderen.

52 Jacques-René Tenon, *Mémoires sur les Hôpitaux de Paris*. Paris 1788, S. 222, 239–40, 269.

53 Léon Le Fort, *Des Maternités*. Paris 1866, S. 58.

54 *Ärztlicher Bericht des k. k. Findelhauses zu Wien . . . 1861*. Wien 1863, errechnet aus den Fällen auf S. 68–78.

55 Die Geschichte wird erzählt in: William Sinclair, *Semmelweis: His Life and His Doctrine*. Manchester 1909, S. 48–60.

Auch häusliche Umwelten waren hochseptisch. Frauen, die in Bauernkaten oder Mietwohnungen für Arbeiter niederkamen, waren von schrecklichem Schmutz umgeben. Trotzdem war dort die Sterblichkeit weit geringer als in den Krankenhäusern, einfach weil das Ausmaß der Ansteckung kleiner war. Das Kind einer Wöchnerin mochte eine Streptokokkeninfektion am Finger haben, aber niemand goß den Eiter eimerweise auf dem Küchenboden aus.

Es gibt jedoch noch einen anderen Grund dafür, daß die Sterblichkeitsrate durch Sepsis zu Hause so viel niedriger war als in den Krankenhäusern. Viele Wöchnerinnen waren gegen ihren eigenen Schmutz wahrscheinlich mehr oder minder immun geworden. In einem Aufsatz über Müttersterblichkeit, schrieb Gustav Zinke, ein Arzt aus Cincinnati, 1918: »Wenn Menschen unter so ungesunden Bedingungen leben wie diejenigen, die seit ihrer Geburt an mangelhafte Ernährung, an unreine Luft und unreines Wasser gewöhnt sind, so werden sie eine gewisse Immunität gegen Krankheiten erwerben, während andere, die stets beste sanitäre Einrichtungen, gesunde Nahrung, reines Trinkwasser und frische Luft genossen haben, solchen Krankheiten eher zum Opfer fallen.«[56]

Arbeiterfrauen und Bäuerinnen haben also wahrscheinlich durch eine lange Reihe »subklinischer« Infektionen (das heißt Infektionen ohne Symptome) eine gewisse Immunität gegen ihre eigenen Kolibakterien erworben. Mittelschichtsfrauen dagegen lebten in hygienischeren Umgebungen, so daß sie diese Immunität wahrscheinlich nicht hatten entwickeln können und deshalb – so merkwürdig es klingt – der Gefahr von Wochenbettinfektionen in höherem Maß ausgesetzt waren. Das ist zumindest die einleuchtendste Erklärung für die merkwürdige Tendenz, daß arme Frauen *seltener* an Infektionen starben als bessergestellte. Zahlreiche Beobachter haben zu dieser Tendenz Stellung genommen. Ein Prager Arzt hielt es für bemerkenswert, daß das Kindbettfieber vor allem die Frauen aus den begüterten Kreisen treffe. Jahrelange Erfahrung habe ihn gelehrt, daß kaum 1 Prozent der armen Wöchnerinnen von der Krankheit betroffen seien, während ihr 3 Prozent der wohlhabenderen Damen erlägen[57]. In England war die Sepsissterblichkeit um so niedriger, je einfacher die soziale Herkunft:

56 Gustav Zinke in: »Discussion«, in: *AJO*, 77 (1918), S. 118.
57 Franz Alois Stelzig, *Versuch einer medizinischen Topographie von Prag*. 2 Bde., Prag 1824, Bd. 2, S. 42.

Zahl der Todesfälle durch puerperale Sepsis pro 1000 Lebendgeburten
England 1930–1932

»Selbständige und Angestellte«	1,45
Facharbeiterinnen	1,33
Angelernte Arbeiterinnen	1,21
Ungelernte	1,16
Durchschnitt	1,29[58]

In einer schottischen Untersuchung über Infektionsfälle nach normalen Entbindungen aus dem Jahr 1932 wollte man feststellen, ob sich ein Zusammenhang mit beengten Wohnverhältnissen erkennen ließ. Wöchnerinnen aus dem Drittel der Skala, das die besten Wohnverhältnisse anzeigte, wiesen die höchste Infektionsrate auf[59].

Ein Skeptiker mag fragen, ob sich die Krankenhauswöchnerinnen nicht vielmehr deshalb häufiger infizierten, weil in den Krankenhäusern meist junge Frauen aus der Unterschicht lagen, deren Lebensumstände nicht eben leicht waren. Lag es also nicht gerade daran, daß ihre *Widerstandskraft* gegen Infektionen *niedriger* war? Ich kann diese Frage nicht mit Ja beantworten. Es gab wahrscheinlich keinen generellen Unterschied in der physischen Widerstandskraft von Müttern, die zu Hause und von Müttern, die im Krankenhaus entbanden. Natürlich waren viele der Mütter in Krankenhäusern durch ihre Armut geschwächt, aber auch viele Mütter, die zu Hause niederkamen, waren erschöpft, hungrig und arm – außerdem stellten die vielen Kinder, die sie schon geboren und großgezogen hatten, natürlich eine zusätzliche Belastung für ihre Gesundheit dar. Als Anhaltspunkt für die Widerstandskraft des Patienten darf die Dauer einer Krankheit mit tödlichem Ausgang gelten. Es zeigt sich, daß die Dauer dieser tödlichen Infektionen im Krankenhaus wie zu Hause fast gleich war. In meiner Zweihundert-Jahres-Stichprobe der Kindbettsepsis betrug die Durchschnittsdauer von Krankenhausinfektionen mit tödlichem Ausgang 13,5 Tage, die der entsprechenden Hausinfektionen 12,2 Tage. Die tödlichen Infektionen der Epidemie von 1861 im Wiener Allgemeinen Krankenhaus dauerten

58 Campbell, *Maternal Mortality,* a. a. O., S. 108.
59 Douglas und McKinlay, *Maternal Mortality Scotland,* a. a. O., S. 70, Tabelle 24.

durchschnittlich 12,3 Tage[60]. So erscheint unwahrscheinlich, daß irgendeine bestimmte Gruppe von Frauen in besonderer Weise resistent gegen diese schrecklichen Infektionen war.

Die große Wende: Überlebenschancen zu Hause und im Krankenhaus

In der Zeit von 1870 bis 1939 ging das Risiko, an Puerperalfieber zu sterben, stetig und beträchtlich zurück. Während Krankenhausgeburten in den sechziger Jahren des 19. Jahrhunderts etwa sechsmal so gefährlich wie Hausgeburten waren, boten in den zwanziger und dreißiger Jahren unseres Jahrhunderts Krankenhaus- und Hausgeburten das gleiche Maß an Sicherheit, zumindest im Hinblick auf das Infektionsrisiko.

Da diese Ergebnisse der herkömmlichen Auffassung über den Zeitpunkt des Sterblichkeitsrückgangs und über das Verhältnis der Risiken von Haus- und Krankenhausgeburten im 20. Jahrhundert so grundsätzlich widersprechen, muß ich wohl kurz erläutern, wie sie gewonnen wurden und warum die Betrachter sich so lange von den offiziellen Statistiken über Infektionstodesfälle irreführen ließen.

Erstens: Wann fand der große Rückgang tatsächlich statt? Die herkömmliche Auffassung räumt zwar ein, die Risiken der Krankenhausgeburten seien in den achtziger und neunziger Jahren des vorigen Jahrhunderts durch die aseptische Revolution erheblich verringert worden, behauptet aber, daß danach die allgemeine Infektionssterblichkeit aufgrund einer »überaktiven Geburtshilfe« hoch blieb, da die Ärzte aufgrund ihrer Unerfahrenheit und ihrer ärgerlichen Ungeduld angesichts des natürlichen Geburtsablaufs zu Hause und im Krankenhaus weit häufiger eingegriffen hätten als notwendig[61]. Diese Überaktivität habe, so meint man, die Sepsissterblichkeit bei Hausgeburten in der Zeit zwischen 1880 und den dreißiger Jahren unseres Jahrhunderts sogar noch *gesteigert*[62].

60 *Bericht Findelhaus,* a. a. O., errechnet aus den Fällen auf S. 68–78.

61 Grace Meigs, *Maternal Mortality . . . in the United States.* Children's Bureau, U.S. Department of Labor, Pub. Nr. 19, Washington 1917, S. 16, Anm. 1.

62 Cullingworth, »Undiminished Mortality from Puerperal Fever in England and Wales«, in: *Obstetrical Society of London, Transactions,* 39 (1897), S. 93.

Schließlich meint man nach herkömmlicher Auffassung, daß Hausentbindungen in allen Punkten sicherer gewesen seien als Krankenhausentbindungen[63]. Nach meinen Ergebnissen trifft keine dieser Behauptungen zu.

Wie konnten andere Betrachter in ihrer Einschätzung des Rückgangs des Infektionsrisikos im vergangenen Jahrhundert so irregeführt werden? Ganz einfach deshalb, weil sie sich auf die offiziellen, landesweiten Statistiken verlassen haben. Da diese Statistiken mit Aborttodesfällen gespickt waren, boten sie ein falsches Bild von der Sepsissterblichkeit nach ausgetragener Schwangerschaft. Nun waren die medizinischen Beobachter, die sich in den letzten Jahrzehnten mit dieser Frage auseinandergesetzt haben, keineswegs unfähig. Sie wußten, daß die große Zahl von Aborttodesfällen in irgendeiner Weise die Daten über reguläre Müttersterbefälle verfälschte. Deshalb drängten sie ihre nationalen statistischen Ämter, die Sepsistodesfälle nach Abort getrennt von den Sepsistodesfällen nach ausgetragener Schwangerschaft auszuweisen. Verschiedentlich nahm man auch eine solche Trennung vor, aber die Flut der Aborttode war so entsetzlich, daß viele dann doch wieder in der Rubrik »puerperale Sepsis« landeten, weil der behandelnde Arzt einen Skandal vermeiden oder die Familie schonen wollte.

Sobald wir unsere Statistik von diesen Verzerrungen säubern, ergibt sich ein ganz anderes Bild von der Geschichte des Infektionstodes: Die aseptische Revolution machte sich bei Haus- wie Krankenhausgeburten sofort und nachdrücklich bemerkbar, so daß man billigerweise für die Zeit des Ersten Weltkrieges feststellen muß, daß zu beiden Seiten des Atlantiks an geburtshilflichen Infektionen – von gelegentlichen Todesfällen bei Kaiserschnitt abgesehen – nur noch Opfer von Abtreibungen starben. Auch die Zahl der Todesfälle zu Hause lag nicht viel höher.

Warum setzte der Rückgang nicht 1847 ein, in dem Jahr, in dem Semmelweis in seinem berühmten Bericht erklärte, daß sich die Häufigkeit puerperaler Sepsis dadurch außerordentlich verringern lasse, daß man die Hände in einer desinfizierenden Lösung wasche? Weil fast niemand auf ihn hörte. Die Ärzte konnten sich nicht mit der Vorstellung abfinden, daß sie selbst diese »Privatpestilenz«, wie

63 Vgl. beispielsweise Suzanne Arms, *Immaculate Deception: A New Look at Women and Childbirth in America.* Houghton Mifflin, Boston 1975, S. 17–22.

Oliver Wendell Holmes sie nannte, auf die Mütter übertrugen. So stiegen die Zahlen für Kindbettfieber in den fünfziger und sechziger Jahren des vorigen Jahrhunderts sogar noch an, da die Krankenhäuser größer wurden, mit allen Arten bakterieller Erkrankungen überhäuft waren und so zunehmend zu Brutstätten von Kreuzinfektionen wurden[64].

Der eigentliche Durchbruch kam 1867, als John Lister beschrieb, wie sich die Infektionssterblichkeit bei komplizierten Brüchen beträchtlich dadurch habe herabschrauben lassen, daß er die Haut um die Wunde mit Phenol (Karbolsäure) gereinigt habe. Sein Artikel, der in der Zeitschrift *Lancet* erschien, wurde zum Anstoß für die Antisepsis – das Bestreben, die Keime abzutöten, bevor sie infizieren können[65].

Als die junge amerikanische Ärztin Catharine Macfarlane die Entbindungsklinik von Ernst Bumm in Berlin besuchte, entdeckte sie über jedem Waschbecken an der Wand ein Schild mit der folgenden Aufschrift:

Heißes Wasser, Seife und Bürste – fünf Minuten.
Nägel säubern.
Heißes Wasser, Seife und Bürste – drei Minuten.
Mit sterilem Handtuch abtrocknen.
Alkohol – fünf Minuten.
Bichlorid – drei Minuten.

Tabelle 6.1
Anzahl der Sepsistodesfälle nach ausgetragener Schwangerschaft pro 1000 Entbindungen (1860–1939)

Jahr	Krankenhaus	Zu Hause
1860–1869	31,1	5,7
1870–1879	21,6	4,5
1880–1889	9,0	3,5
1890–1899	2,6	2,1
1900–1909	1,2	1,4
1910–1919	2,3	1,3
1920–1929	0,9	1,3
1930–1939	0,7	0,7

64 Zur zunehmend septischen Umwelt des Krankenhauses vor Listers Zeit vgl. Edward D. Churchill, »The Pandemic of Wound Infection in Hospitals«, in: *Journal of the History of Medicine,* 20 (1965), S. 389–404.

65 Die Untersuchung erschien in fünf Teilen und wurde erneut gedruckt in *Medical Classics,* 2 (1937), S. 28–71.

Erst danach durften die Ärzte die Mutter untersuchen, vorausgesetzt, sie trugen »kurze Gummihandschuhe«. Macfarlane fügte hinzu, daß »bei intrauterinen Manipulationen und Bauchoperationen zu den Handschuhen noch Gummistulpen getragen wurden, die von den Handgelenken bis zu den Ellenbogen reichten«[66].

In jener Zeit hatte sich die Lehre von der »Asepsis« – der »Keimfreiheit« – zur Lehre von der »Antisepsis« verstärkt. Zwar gab es keine Möglichkeit, die Hände zu sterilisieren, aber die Keime, die an ihnen hafteten, konnten daran gehindert werden, in die Gebärmutter der Patientin zu gelangen. Deshalb begann man in den führenden Kliniken um 1898, Gummihandschuhe zu tragen[67]. Um Streptokokken nicht aus Nase und Rachen auf die Mutter zu übertragen, legten Ärzte und Pflegepersonal Masken an. Das Auskochen der Instrumente, Gazetupfer, Bettwäsche wurde zur Routine[68]. Wie nicht anders zu erwarten, ging infolgedessen die Sepsis in Krankenhäusern um die Jahrhundertwende auf einen statistisch unerheblichen Wert zurück. Tabelle 6.1 zeigt, daß eine Frau im Jahrzehnt von 1900 bis 1909 bei einer Hausentbindung ein *größeres* Risiko lief, an einer Infektion zu sterben, als wenn sie im Krankenhaus entband.

Doch auch die Sepsissterblichkeit zu Hause ging zurück – um fast 75 Prozent in der Zeit von 1860–69 bis 1900–1909. In den dreißiger Jahren war die Sepsissterblichkeit zu Hause und im Krankenhaus dann gleich.

Bei den Durchschnittshebammen und praktischen Ärzten dauerte es ziemlich lange, bis sie sich an die neue Art von Asepsis gewöhnten. Doch die meisten Ärzte aus der Generation, die nach 1880/90 studierte, befolgten die Antisepsis-Vorschriften wie Händewaschen und Auskochen der Instrumente wohl gewissenhaft. Anders ist nicht zu erklären, daß die Sepsis bei Hausentbindungen so stark zurückging. Trotzdem ist die medizinische Literatur der Zeit zwischen 1880 und 1930 voller Schreckensgeschichten. »Es gibt sehr unfähige Vertreter unseres Berufs«, meinte Frank Jackson 1906. »Ich wurde einmal von einem Arzt in einer unserer neuenglischen Städte gebeten, mich um eine Geburt zu kümmern, bis er kommen könne.«

66 Catharine Macfarlane, »A Month at Bumm's Klinik, Berlin«, in: *AJO,* 59 (1909), S. 463.

67 Paul Zweifel, in: »Diskussion«, in: *ZBG,* 38 (1906), S. 1188.

68 Einen Überblick findet der Leser bei: Fehling, *Entwicklung der Geburtshilfe und Gynäkologie im 19. Jahrhundert.* Berlin 1925, S. 185–95.

Jackson ging hin und stellte fest, daß die Frau gute Fortschritte machte, obwohl die Fruchtblase noch nicht geplatzt war. »Als der Arzt ungefähr eine Stunde später eintraf, machte ich ihn mit meinen Beobachtungen bekannt. Er erklärte, das Fruchtwasser hätte schon längst abgehen müssen, benetzte sich die Hände unterm Wasserhahn und zerriß nach diesen sorgfältigen (?) Vorkehrungen die Fruchtblase mit dem Fingernagel. Ich weiß nicht, ob die Frau Sepsis bekam oder nicht, ich weiß nur, daß, wenn sie eine bekam, dieser Mann sich eines Verbrechens schuldig gemacht hat.«[69]

In diesem Kapitel habe ich den Leser mit Statistiken und bakteriologischen Feinheiten bombardiert, um drei Dinge klarzumachen. Erstens wollte ich zeigen, wie häufig schwere Infektionen im Leben traditioneller Frauen waren. Zweitens sollte dem Leser vor Augen geführt werden, wie tückisch diese Infektionen waren – ein Risiko, dem Männer überhaupt nicht ausgesetzt waren. Drittens war nachzuweisen, daß der dramatische Rückgang der Infektionshäufigkeit um die Jahrhundertwende einsetzte, nicht erst Ende der dreißiger Jahre unseres Jahrhunderts, wie bislang angenommen wurde. Die exakte Bestimmung dieses Zeitpunktes ist mir deshalb so wichtig, weil genau um 1900 auch andere schreckliche Gefahren, von denen Frauen bis dahin bedroht waren, allmählich gebannt wurden, wodurch ein neues Zeitalter in den Beziehungen zwischen Männern und Frauen eingeläutet wurde.

Postskriptum: Wer war gefährlicher – Arzt oder Hebamme?

Ich kann dieses Kapitel nicht abschließen, ohne kurz auf eine leidenschaftliche historische Debatte einzugehen: Wer bedeutete das größere Infektionsrisiko für die Wöchnerin – der Arzt oder die Hebamme? Die Ärzte haben die Hebammen als schmutzige, ungepflegte Schlampen verunglimpft. Die Verteidiger der Hebammen wiederum haben den Ärzten vorgeworfen, sie hätten ins Kindbett die Keime geschleppt, die sie am Autopsietisch aufgelesen hätten.

Zur Schlichtung dieser Kontroverse gilt es zunächst mit dem Mythos Schluß zu machen, daß »Epidemien« des Puerperalfiebers nur

69 Frank H. Jackson, »Puerperal Sepsis«, in: *AJO*, 54 (1906), S. 23.

von Ärzten verbreitet worden wären. Bei de la Motte findet sich der erste Bericht über eine von Hebammen verursachte Epidemie. Im Frühjahr 1713 bat ihn eine Hebamme aus Caen, eine Frau zu entbinden. Selber könne sie es nicht wegen der »großen Zahl der von ihr entbundenen Wöchnerinnen, die in den letzten zwei Monaten gestorben seien«[70]. August Hirschs Stichprobe von Puerperalfieberepidemien bei Hausentbindungen enthält sechzehn Fälle, in denen die Infektion von einem Arzt übertragen wurde, und elf Fälle, in denen eine Hebamme die Schuldige war[71].

Doch nicht nur an Epidemien, sondern auch an isolierten Todesfällen waren Hebammen häufig beteiligt. In meiner Stichprobe von Infektionsfällen, die einen Zeitraum von zweihundert Jahren erfaßt, wurden die Hausentbindungen in fünfunddreißig Fällen von Ärzten vorgenommen, in neunundzwanzig Fällen nur von Hebammen. In ihrer Untersuchung von Müttersterbefällen in Schottland zwischen 1929 und 1933 kommen Janet Campbell und Peter McKinlay zu dem Ergebnis, daß in dreinundreißig Fällen septischer Spontanentbindungen die Schuld die Ärzte trifft, in einundzwanzig Fällen die Hebammen[72].

Die Schwierigkeit systematischer Vergleiche liegt darin, daß die Ärzte im Zeitalter traditioneller Geburtshilfe hauptsächlich bei Komplikationen zugezogen wurden, aber kaum Entbindungen »auf eigene Rechnung« vornahmen. Bei diesen komplizierten Geburten konnte die Hebamme die Kreißenden schon durch ihre vergeblichen geburtshilflichen Versuche infiziert haben, oder es war die Operation, um deretwillen man den Arzt gerufen hatte, für die Infektion verantwortlich. So kamen in Düsseldorf vier Infektionsfälle auf je tausend Entbindungen, die von Hebammen allein vorgenommen worden waren, und siebenunddreißig Fälle pro tausend Entbindungen, an denen Arzt und Hebamme beteiligt waren[73]. Doch wenn der Arzt die Mutter infizierte, so war das – wie in einer etwa gleichzeitig entstandenen ostpreußischen Studie festgestellt wurde – gewöhnlich das Ergebnis einer geburtshilflichen Operation (nur drei Todesfälle der fünfundfünzig, die auf das Konto von Ärzten gingen, waren auf innere Untersuchungen zurückzuführen). Wenn die Hebamme die

70 De la Motte, *Traité,* a. a. O., S. 584.
71 von Winckel, *Handbuch,* a. a. O., Bd. 3, S. 315–23.
72 Douglas und McKinlay, *Maternal Mortality Scotland,* a. a. O., S. 178.
73 Radtke, »Ursachen Kindbettfieber«, a. a. O., S. 19.

Mutter infizierte, war in Zweidrittel der Fälle eine innere Untersuchung die Ursache[74].

Nahmen sowohl Ärzte wie Hebammen eine größere Anzahl von Entbindungen in eigener Regie vor, fallen die Ergebnisse unterschiedlich aus. Manchmal schneiden die Hebammen besser ab. So stellte sich in einer Untersuchung der Müttersterbefälle im Staate New York zwischen 1922 und 1923 heraus, daß die Hebammen für nur 2 Prozent der Todesfälle verantwortlich waren, während sie 10 Prozent aller Entbindungen vornahmen[75]. Andererseits hatten etwa zur gleichen Zeit in Glasgow die Ärzte ein besseres Ergebnis vorzuweisen als die Hebammen: Wenn der Arzt die Geburt von Anfang an betreute, gab es – unmittelbar vor dem Ersten Weltkrieg – nur vier diagnostizierte Fälle von Puerperalfieber pro eintausend Entbindungen. War eine Nachbarin oder eine Hebamme von Beginn an verantwortlich, betrug die Rate sieben pro tausend[76].

Mir geht es darum, deutlich zu machen, daß Ärzte und Hebammen die Sepsis etwa im gleichen Maße übertrugen. Die Ärzte behandelten andere Infektionskrankheiten und schleppten wahrscheinlich große Flecken von Eiter und infiziertem Blut auf ihren Gehröcken mit sich herum. Aber auch Hebammen hatten mit infizierten Menschen zu tun. In diesen entlegenen Gemeinden lag jahrhundertelang die gesamte medizinische Versorgung in ihren Händen. Dr. Wengler schrieb 1917, es sei für die Hebamme in den abgelegenen Dörfern des Landkreises Alsfeld schwer, häufig auch unmöglich, bei Tätigkeiten neben und außerhalb ihrer beruflichen Aktivitäten der Berührung mit infektiösem Material aus dem Wege zu gehen. Oft werde sie von den Menschen so dringend um »ärztliche« Hilfe gebeten, daß sie einfach dazu gezwungen sei. In einem Dorfe, in dem eine auffällige Häufigkeit von Puerperalfieber zu beobachten war, habe er beispielsweise erfahren, daß die Hebamme täglich die eiternde Beinwunde einer alten Frau verbinde. Nachdem er sie dann belehrt habe, sei das Puerperalfieber abgeklungen[77]. Er wolle gerne einräumen, schrieb ein anderer Arzt, daß eine Hebam-

74 a. a. O., S. 20–21, 27.

75 Otto R. Eichel, »A Preliminary Report of a Statistical Study of Puerperal Sepsis«, in: *AJO-G,* 7 (1924), S. 672.

76 Chalmers, *Health of Glasgow,* a. a. O., S. 263.

77 Dr. Wengler, »Das Auftreten von Wochenbettfieber und seine Bekämpfung in zwei Landkreisen«, in: *Zeitschrift für Medicinalbeamte,* 30 (1917), S. 176.

me in ihrem Privatleben den Kontakt mit ansteckendem Material vermeiden könne, wenn sie finanziell so gut gestellt sei, daß sie keine Arbeiten im Haus, auf dem Feld oder im Stall zu verrichten brauche und sich eine Hilfe für andere Familienmitglieder leisten könne, wenn diese krank würden. Außerdem seien da schließlich noch die infizierten Mütter, fuhr er fort. Man könne nicht von der Hebamme erwarten, daß sie jeden Vaginalausfluß untersuche, um festzustellen, ob er infektiös sei[78].

Natürlich nicht. Sie mußte sie alle behandeln. Das Problem war die untersuchende Hand, nicht das Geschlecht der Geburtshelfer.

78 Döllner, »Zur Frage des Wochenbettfiebers«, in: *Zeitschrift für Medicinalbeamte,* 30 (1917), S. 332.

7.
Aufwertung des Geburtserlebnisses

Versetzen wir uns in die Lage der Mutter, die vor der Entbindung steht. Ab 1930 war das folgende Szenario möglich: Dank der Geburtenregelung war es wahrscheinlicher als noch hundert Jahre zuvor, daß ihre Schwangerschaft erwünscht war. Gleichgültig ob man für oder gegen Anästhesie ist: Für die Frau bedeutete die Neuerung, daß sie nicht gegen ihren Willen unter den Wehenschmerzen zu leiden brauchte. Sie konnte auch entscheiden, wie lange ihre Geburt dauern sollte, selbst wenn kein medizinischer Grund vorlag, die Entbindung abzukürzen. War sie schließlich erschöpft, konnte sie Hilfe verlangen, und sie wurde durch einen chirurgischen Eingriff entbunden. Mit anderen Worten, 1930 waren die technischen Voraussetzungen dafür gegeben, daß die Mutter jeden Aspekt des Geburtsverlaufs kontrollieren konnte.

Doch eine »von Frauen kontrollierte« Geburt hat es nie gegeben. Das hatte seinen Grund darin, daß es den Ärzten jetzt nicht mehr nur darum ging, die Mutter am Leben zu erhalten, sondern auch darum, ein gesundes Kind auf die Welt zu bringen. Vor 1930 hatte die Medizin sich kaum um die »Perinatologie« gekümmert, das heißt um das Kind kurz vor und kurz nach der Geburt. Wie wir gesehen haben, hatten die Geburtshelfer vom 16. bis zum Beginn des 20. Jahrhunderts alle Hände voll damit zu tun, der Mutter die Qualen einer überlangen Geburt zu ersparen, und ab 1880 waren sie außerdem bemüht, sie vor einer Infektion zu schützen. Doch Mitte der zwanziger Jahre durften diese Zielsetzungen als erfüllt gelten. Der Kaiserschnitt hatte gefährliche Vaginalprozeduren wie Wendung, Hohe Zange und Embryotomie ersetzt. Und nur noch wenige Frauen starben am Kindbettfieber. Aber in den dreißiger Jahren begannen die Ärzte dann plötzlich – aus Gründen, die man verdammen oder preisen mag – andere Prioritäten zu setzen: Die Zahl der Totgeburten sollte verringert und die lebenden Kinder sollten unbeeinträchtigt zur Welt gebracht werden – weder im Geburtskanal verletzt noch durch Sauerstoffmangel hirngeschädigt. Die Ärzte griffen jetzt häufiger ein, weil sie bemerkten, daß am Ende eines »natürlichen« Geburtsablaufs das Kind häufig eine Schädigung davontrug. Um dieses Risiko zu verringern, machten sie – zu Recht oder zu Unrecht – ihr ärztliches Urteil geltend, statt den

Wunsch der Kreißenden nach Kontrolle des Geburtsablaufs zu berücksichtigen.

Ich habe vorstehend beschrieben, in welchem Maße den traditionellen Frauen die Selbstbestimmung versagt blieb. Teilweise lag es daran, daß die Hebammen unter dem unumstößlichen Diktat überlieferter Gewohnheiten handelten, teilweise daran, daß es müßig ist, von Selbstbestimmung zu reden, wenn eine Frau jederzeit von Infektionen und erschwerten Geburten heimgesucht werden kann und eine endlose Reihe unerwünschter Schwangerschaften über sich ergehen lassen muß.

Die Ironie des Schicksals will es, daß die Frauen heute wieder jede Selbstbestimmung während der Entbindung eingebüßt haben. Jede Phase der Geburt wird minuziös durch Vorschriften und ärztliche Konventionen geregelt. Und doch, was für ein Unterschied! Als Entschädigung für die verlorene Selbstbestimmung legt man den Frauen heute rosige, gesunde Babys in den Arm. *Niemand stirbt.* Und das »Geburtserlebnis« genießt große Wertschätzung als weibliche Grunderfahrung.

Im folgenden Kapitel wollen wir sehen, wie es zu dieser Wertschätzung kam. Der Ausdruck »Geburtserlebnis« soll die spontane Freude über einen weiteren positiven Aspekt der Frauenrolle vermitteln, den viele Frauen während der Niederkunft entdecken. Historisch gesehen ist diese Art von Freude etwas Neues. Wir werden verfolgen, wie sie sich im Laufe des 19. Jahrhunderts herauskristallisierte. Dann werden wir beobachten, wie einige »Schattenseiten« der Hausentbindung Frauen und Ärzte gleichermaßen zu der Überzeugung bewogen, der geeignetste Ort für die Entbindung sei das Krankenhaus. Und schließlich werden wir erleben, wie sich das gesamte Geburtsszenario durch die »Entdeckung des Fötus« verwandelte.

Ein neues Empfinden

Wenn die Gedanken zutreffen, die ich an anderer Stelle vorgetragen habe, so begannen sich irgendwann gegen Ende des 18. oder zu Anfang des 19. Jahrhunderts die Empfindungen der Frauen zu wandeln. Sie fühlten sich nicht mehr in erster Linie der »Frauengruppe« zugehörig, sondern ihrer engeren Familie. Mit der Verlagerung ihres Zugehörigkeitsgefühls gewannen sie eine neue mütterliche Einstellung zu ihren Kindern und ein neues partnerschaftliches Gefühl ihren Männern gegenüber, wodurch die ziemlich strenge emotionale Distanziertheit der traditionellen Familie überwunden wurde.

Meine Auffassungen in diesem Punkt sind von anderen Forschern heftig kritisiert worden[1]. Auf diesen Streit soll hier nun nicht wieder eingegangen werden. Nur soviel: Ich glaube allerdings, daß sich das neue Empfinden der Frauen auch im Bereich der Geburt bemerkbar zu machen begann. Vor allem die Frauen aus der Mittelschicht begannen ab 1850 die Zahl ihrer Schwangerschaften einzuschränken. Totgeburten wurden als Unglück empfunden, statt insgeheim als Segnung begrüßt zu werden. Und die Frauen begannen sich Gedanken über die »Qualität« des Geburtserlebnisses zu machen; sie verlangten ein Maß an Freundlichkeit und Zartgefühl, an das vorher nicht zu denken gewesen war. Als man das Geburtserlebnis zunehmend als Abbild der umfassenderen gefühlsbetonten Familienbeziehungen auffaßte, zog eine neue Empfindsamkeit in den Kreißsaal ein – ebenso, wie die traditionellen Geburten den unsentimentalen Umgang in der Dorfgemeinschaft und die zwischen Männern und Frauen herrschende Gefühlsdistanz widergespiegelt hatten. In diesem Wunsch nach Veränderung, den die Frauen selbst hatten, ist eine wichtige Entstehungsursache des modernen »Geburtserlebnisses« zu sehen.

Empfindsame Frauen und einfühlsame Ärzte

Ein Zeichen für die neue Gefühlsbetontheit war das Verlangen der Frauen, jetzt von Ärzten statt von Hebammen entbunden zu werden. Im traditionellen Europa waren die Frauen männlichen Geburtshelfern mit Mißtrauen begegnet, mochte es sich in Notfällen auch als unumgänglich erweisen, sie hinzuzuziehen. Wenn im 18. Jahrhundert Frauen zur Entbindung in der Marseiller Frauenklinik erschienen, verlangten sie nach den dort beschäftigten Hebammen, nicht nach den Ärzten. »Sogar heute noch«, schrieb einer der Krankenhausärzte 1889, »äußern Frauen einer bestimmten Herkunft und aus bestimmten Ortschaften diesen Wunsch.«[2] Die einzige Möglichkeit, die Geburtsbedingungen auf dem Lande zu

1 Edward Shorter, *The Making of the Modern Family.* Basic Books, New York 1975, S. 227–55.

2 Queirel, *Histoire de la Maternité de Marseille.* Marseille 1889, S. 15.

verbessern, so erklärte Adams Walther 1884, sei die Ausbildung von Ärztinnen. Die Hebammen seien in Notfällen hilflos, und die Frauen wollten nur von Frauen behandelt werden[3]. Vor Beginn des 20. Jahrhunderts also lehnten die Frauen im allgemeinen die Ärzte ab, weil sie Männer waren.

Allerdings begann sich Mitte des 18. Jahrhunderts eine Änderung in dieser Haltung abzuzeichnen, als die Frauen aus der städtischen Mittel- und Oberschicht darauf bestanden, von Geburtshelfern und Ärzten behandelt zu werden. Ein Historiker glaubt, diese Mode habe damit begonnen, daß 1663 ein Arzt an den Hof Ludwigs XIV. gerufen wurde, um heimlich eine der königlichen Mätressen, Louise de la Vallière, zu entbinden. »Daraufhin breitete sich die gesellschaftliche Mode, bei einem männlichen Geburtshelfer Hilfe zu suchen, rasch in der Aristokratie und in der *Grande bourgeoisie* aus«, schrieb Jacques Gélis[4].

Auch in den deutschen Städten begannen im 19. Jahrhundert die Frauen der Mittelschicht Geburtshelfer und Ärzte, selbst bei normalen Entbindungen, zuzuziehen. Häufig sei festzustellen, schimpfte der Gmünder Arzt F. J. Werfer im Jahre 1813, daß wohlhabende Frauen oder solche, die gerne dafür gälten, ihre Entbindungen von einem *Accoucheur*, einem Geburtshelfer, vornehmen ließen. In dem ungeduldigen Bestreben, bald wieder fortzukommen, fänden sich diese Männer schnell und ohne Notwendigkeit zu einer Wendung oder zum Gebrauch der Zange bereit. Und wenn der Wunsch nicht von ihnen ausgehe, bestünden ihre Patientinnen auf einer Operation, weil sie von ihren langen Mühen und Qualen erlöst werden wollten[5]. Da wird ein Thema angeschlagen, von dem wir später noch hören werden: Die Mütter selbst verlangen, daß ihre Qual mit Hilfe jener Instrumente verkürzt werde, die sie in den Taschen der Ärzte wußten.

Der Grund, den die wohlhabenden deutschen Frauen hatten, sich den Händen von Ärzten anzuvertrauen, lag darin, daß diese im Unterschied zu traditionellen Hebammen mit geburtshilflichen Notfällen umzugehen wußten. So schrieb 1812 ein Arzt in Halle, man müsse sich darüber klar sein, daß die Frauen im allgemeinen weni-

3 Adams Walther, »Zur Hebammenfrage«, in: *ZBG,* 8 (1884), S. 308.
4 Jacques Gélis, »Sages-femmes et accoucheurs: l'obstétrique populaire aux XVIIe et XVIIIe siècles«, in: Annales *ESC,* 32 (1977), S. 947.
5 F. J. Werfer, *Versuch einer medizinischen Topographie der Stadt Gmünd.* Gmünd 1812, S. 97.

ger Vertrauen zu Hebammen als zu Ärzten hätten, wenn der Arzt als human und sachkundig bekannt sei[6]. Interessant ist in diesem Zusammenhang das Wort »human«: Es läßt auf eine Empfindsamkeit schließen, auf die ich in keiner vor Ende des 18. Jahrunderts entstandenen Überlegung zum Thema Geburt gestoßen bin. Auch in Danzig nahmen die Frauen der Oberschicht um das Jahr 1840 lieber die Dienste von Geburtshelfern in Anspruch, weil man sie bei Schwierigkeiten ja doch holen müsse[7].

Anfang des 20. Jahrhunderts hatte sich diese Vorliebe der Mittelschicht für männliche Entbindungshelfer überall in Zentraleuropa durchgesetzt. So kam 1912 ein Leidener Arzt zu dem Ergebnis, daß in den Niederlanden wohl die meisten Patientinnen für ihre Niederkunft lieber einen Arzt als eine Hebamme riefen, wenn ihre Finanzen es erlaubten[8]. Vor allem die empfindlicheren Frauen mieden die Hebammen, wenn sie erkannten, daß da eine physische Leistungs- und Leidensfähigkeit von ihnen erwartet wurde, die eher bei den Frauen aus dem Volke anzutreffen war[9]. Solche »empfindsamen« Frauen zogen natürlich einen Mann vor, bei dem sie ein gleiches Maß an Empfindsamkeit voraussetzen konnten: einen Arzt aus der Mittelschicht.

Im Laufe des 19. Jahrhunderts ging deshalb ein Großteil der geburtshilflichen Aufgaben in der Unter- und Mittelschicht aus den Händen der Hebammen in die der Ärzte über. Sogar in Arbeiterstädten wie Glasgow wurde zur Zeit des Ersten Weltkriegs fast die Hälfte der Geburten von Ärzten betreut[10]. Als man 1895 eine Umfrage an einer großen Stichprobe von »ländlichen Ortschaften« in England durchführte, stellte man fest, daß sich Dreiviertel aller Mütter schon im voraus bei einem Arzt angemeldet hatten, während nur 3 Prozent ausdrücklich eine Hebamme wünschten[11].

Doch am raschesten verloren die Hebammen in den Vereinigten Staaten an Boden. Um 1910 nahmen sie noch etwa die Hälfte aller

6 C. F. Senff, *Über Vervollkommnung der Geburtshülfe*. Halle 1812, S. 85.
7 Eduard Otto Dann, *Topographie von Danzig*. Berlin 1835, S. 280.
8 H. B. Semmelink, »Statistisches über 600 Geburten der Privatpraxis«, in: *ZGH*, 71 (1912), S. 368.
9 R. Dohrn, »Erfahrungen bei Prüfungen und dem Nachexamen der Hebammen«, in: *ZBG*, 30 (1906), S. 907.
10 A. K. Chalmers, *The Health of Glasgow, 1818–1925*. Glasgow 1930, S. 263.
11 Robert R. Rentoul, »Is It in the Best Interest of Public Health . . . Supplying Poorer Women Only with Midwives? . . .«, in: *Lancet*, 16. Januar 1897, S. 155.

Entbindungen vor[12], vor allem allerdings in Randgruppen der amerikanischen Gesellschaft: bei den Schwarzen im Süden und bei den Einwanderern. Etwa zur Zeit des Ersten Weltkriegs entbanden die Hebammen beispielsweise in Mississippi 88 Prozent der schwarzen Frauen und nur 16 Prozent der weißen[13]. Gleiches galt im großen und ganzen für North Carolina. Von den armen weißen Müttern, die Margaret Hagood befragte, als sie in den dreißiger Jahren durch den Süden reiste, waren 85 Prozent von einem Arzt entbunden worden[14]. Die meisten Hebammen waren schwarz.

Damit hatten die praktischen Ärzte also in der gesamten angelsächsischen Welt 1914 einen Großteil – wenn nicht den Löwenanteil – der Geburtshilfe von den Hebammen übernommen, wobei die entscheidendsten Einbrüche in der Mittel- und Oberschicht zu verzeichnen waren. Wahrscheinlich lag das daran, daß diese Frauen unter angenehmeren Umständen niederzukommen wünschten und daß es ihnen bei ihren Geburtshelfern mehr auf die soziale Herkunft als auf das Geschlecht ankam.

Doch dann geschah etwas Merkwürdiges: In sämtlichen Ländern, ausgenommen die Vereinigten Staaten und Kanada, feierten die Hebammen ein Comeback. Während in den Vereinigten Staaten der Prozentsatz der Hebammenentbindungen von 50 Prozent im Jahre 1901 auf ein halbes Prozent im Jahre 1970 fiel, stieg er in England im gleichen Zeitraum von 50 auf 76 Prozent an[15]! Und während in Nordamerika die Hebammen heute praktisch verpönt sind, nehmen sie in Europa inzwischen wieder die große Mehrheit der normalen Entbindungen vor, wenn auch in keinem anderen Land die Zahl so krass anstieg wie in England.

Aber – so kann man fragen – wenn richtig ist, was ich behauptet

12 Schätzung von Thomas Darlington, »The Present Status of the Midwife«, in: *AJO,* 63 (1911), S. 870.

13 Helen M. Dart, *Maternity and Child Care in Selected Rural Areas of Mississippi.* U.S. Department of Labor, Children's Bureau, Pub. Nr. 88, Washington 1921, S. 27.

14 Margaret Hagood, *Mothers of the South: Portraiture of the White Tenant Farm Woman.* 1939, Neudr., Norton, New York 1977, S. 113.

15 Hebammenstatistiken für England in dem Zeitraum von 1919 bis 1922 finden sich u. a. bei: Janet Campbell, *Maternal Mortality.* Ministry of Health, Reports on Public Health Nr. 25, London 1924, S. 31; Amerikanische Hebammenstatistiken für die Jahre 1935 und 1946 stehen u. a. bei: Paul H. Jacobson, »Hospital Care and the Vanishing Midwife«, in: *Milbank Memorial Fund Quarterly,* 34 (1956), S. 254.

habe, wenn nämlich in der Tat der ursprüngliche Rückgang der Hebammenentbindungen im 19. Jahrhundert eine neue Empfindsamkeit bezüglich der Geburt bewies, muß dann nicht die erneute Zunahme der Hebammenentbindungen als Verlust dieser Empfindsamkeit gewertet werden? Durchaus nicht, denn diese modernen Hebammen haben eine hervorragende Ausbildung genossen, arbeiten zumeist in Krankenhäusern und werden sorgsam beaufsichtigt. Das einzige, was sie mit den traditionellen Hebammen Europas gemeinsam haben, ist ihr Geschlecht. So werden die europäischen Frauen zwar auch heute noch größtenteils von Frauen entbunden, doch haben sich die Verhältnisse seit der Zeit der traditionellen »Wickelfrauen« grundsätzlich gewandelt. Keine Kreißende braucht mehr – was vor hundert Jahren nötig war – zu ihrer Beruhigung einen Arzt an ihrem Bett.

Entbindung im Bett

Auch für den Wechsel vom Gebärstuhl und vom Strohballen zum Bett war der Wunsch nach einer angenehmeren, empfindsameren Form der Entbindung verantwortlich. Wir haben gehört, daß die Frauen im Gebärstuhl, an einem Dachsparren hängend oder vor einer Bank kniend gebaren. Die bürgerlichen Frauen des 19. Jahrhunderts zogen das Bett vor, und die Ärzte richteten sich nach ihnen und verzichteten auf ihre komplizierten Gebärstühle[16].

Zu diesem Wandel kam es zuerst in der englischen Mittel- und Oberschicht, und zwar wohl Mitte des 18. Jahrhunderts, als sich männliche Geburtshelfer niederzulassen begannen. Nun darf man nicht meinen, für diese Geburtshelfer sei es leichter gewesen, »als Mann in die Geburt einzugreifen«, wenn die Frauen im Bett lagen. Denn in England und Amerika mußten sich die Frauen auf die linke Seite legen, die Knie an die Brust ziehen und dem Arzt den Rücken zukehren. Edward Rigby schrieb 1844, diese Stellung sei in England »ungefähr ein Jahrhundert lang« üblich gewesen, nachdem die Ärzte die Kreißenden zuvor lieber auf dem Rücken gesehen hätten[17].

16 Zu einigen nach medizinischen Gesichtspunkten entworfenen Gebärstühlen vgl. Harold Speert, *Iconographia Gyniatrica: A Pictorial History of Gynecology and Obstetrics*. Davis, Philadelphia 1973, S. 268–69.

17 Zitiert bei: William Leishman, *A System of Midwifery*. 3. Aufl., Philadelphia 1879, S. 263, Anm. 1.

Ich komme später noch auf den Wandel der Stellung bei der Entbindung zurück, der im 20. Jahrhundert stattfand. Hier sei nur festgehalten, daß die Entbindung im *Bett* – ganz gleich in welcher Stellung – eine Erfindung der Mittelschicht ist.

Schmerzlinderung

Als man schließlich lernte, die Schmerzen zu lindern, verlor die Geburt ihre Schrecken. Heute streiten sich die Gelehrten, ob es wirklich weh tut, ein Kind zu bekommen, oder ob die Schmerzen nur durch die Angst entstehen und durch die aufgrund dieser Angst hervorgerufene Unfähigkeit der Frau, sich zu entspannen und richtig zu pressen[18]. Als Mann kann ich mich natürlich nicht an dieser Debatte beteiligen, aber ich weiß, daß die Frauen früher die Wehenschmerzen so fürchteten, da sie sie für einen Teil der Strafe hielten, die Gott den Frauen zugedacht hatte[19]. Eine französische Dorfhebamme erzählte Yvonne Verdier: »Damals pflegten sie zu schreien. Himmel, was schrien sie!« Aber das nahmen Hebammen leicht: »Oh, es macht mir nichts aus, wenn Sie schreien.« Oder: »Solange die Mutter nicht erklärt, daß sie stirbt, ist das Kind noch nicht soweit.« Die alten Frauen sagten: »Komm, schrei so laut, daß dich das ganze Dorf hört.«[20] Diese Frauen waren also davon *überzeugt*, daß sie Schmerzen hatten.

Aber nehmen wir mal an, eine Frau war schmerzempfindlich und hatte *wirklich* Schmerzen. Welche Linderung konnte man ihr dann vor Mitte des 19. Jahrhunderts verschaffen? Keine, oder praktisch keine[21]. Die Frauen versuchten oft sich einen Rausch anzutrinken, um die Wehenschmerzen zu betäuben. So wußte die Hebamme

18 Zu einer der vorgebrachten Auffassungen vgl. Suzanne Arms, *Immaculate Deception: A New Look at Women and Childbirth in America.* Houghton Mifflin, Boston 1975, Kap. 8, »Pain and Childbirth: The Doctor's Fallacy«, S. 115 ff.

19 Vgl. beispielsweise E. Pelkonen, *Über volkstümliche Geburtshilfe in Finnland.* Helsinki 1931, S. 143 (»Strafe für den Sündenfall der Frauen«).

20 Yvonne Verdier, *Façons de dire, façons de faire.* Gallimard, Paris 1979, S. 93.

21 Zum Bemühen der Frauen und Ärzte, vor Entwicklung der Anästhesie mit dem Schmerz fertigzuwerden, vgl. Claire Elizabeth Fox, *Pregnancy, Childbirth and Early Infancy in Anglo-American Culture: 1675–1830.* Diss., University of Pennsylvania, 1966, S. 144–47.

Marjosa im Lötschental von schlimmen Alkoholexzessen zu berichten. Zwar hatte sie nichts dagegen, daß eine erschöpfte Kreißende ein oder zwei Gläser Schnaps trank. Aber ». . . wie sollte eine Frau in der Lage sein mitzuarbeiten, wenn wir sie mit Schnaps betrunken machen?«, fragte Marjosa[22]. In der Tat ist Alkohol kein Analgetikum, da es die Schmerzleitung nicht unterbricht.

1847 wurden dann mit Äther und Chloroform erstmals zwei schmerzstillende Mittel in der Geburtshilfe verwendet[23]. Sie verursachen Bewußtlosigkeit, und natürlich ist eine bewußtlose Mutter nicht mehr in der Lage, bei der Geburt durch Pressen ihrer willkürlichen Muskeln zu helfen. Die unwillkürliche Muskulatur ihrer Gebärmutter arbeitet jedoch weiter, und wenn die Frau erwacht, wird sie überrascht sein, ihr Kind schon vor sich zu sehen. In den hundert Jahren seit der Entdeckung von Äther und Chloroform waren es die Kreißenden in ihrer Verzweiflung, die den widerstrebenden Ärzten und Hebammen diese Narkosemittel aus den Händen rissen.

Das Verlangen der Frauen danach war unwiderstehlich. Die Neuigkeit hatte sich rasch herumgesprochen. Schon ein Jahr nach der Entdeckung des Chloroforms waren Szenen wie die folgenden an der Tagesordnung: »Die Wehenschmerzen waren äußerst heftig und wurden unerträglich; trotzdem schienen sie nichts auszurichten . . . ich war verzweifelt«, schrieb der Arzt. »Nach vielen qualvollen Stunden« gab er der Patientin schließlich Chloroform, und sie wurde friedlich entbunden[24]. 1937 wetterte ein amerikanischer Arzt gegen die allzu bereitwillige Anwendung von Schmerzkillern in der Geburtshilfe. Auf einem Treffen der American Gynecological Society erwiderte der aus London angereiste Eardley Holland: »Ich bin, was die Analgetika anbetrifft, mit Dr. Kosmak völlig einer Meinung, aber wir sind gezwungen, sie zu verabreichen, denn wenn wir es nicht tun, kommt niemand mehr zu uns.«[25]

In der Tat ließen die Ärzte wohl die Wünsche ihrer Patientinnen über die Vernunft triumphieren, obwohl Äther wie auch Chloro-

22 Carl Müller, *Volksmedizinisch-geburtshilfliche Aufzeichnungen aus dem Lötschental.* Huber, Bern 1969, S. 86; vgl. auch Pelkonen, *Finnland,* a. a. O., S. 154, 175 f.

23 Zu einer neueren Darstellung vgl. A. J. Youngson, *The Scientific Revolution in Victorian Medicine.* Croom Helm, London 1979, S. 42–72.

24 a. a. O., S. 112.

25 Eardley Holland, »Birth Injury in Relation to Labor«, in: *AJO-G,* 33 (1937), S. 18.

form zu allen möglichen, teilweise höchst gefährlichen Komplikationen führen können. Häufig werden diese Mittel in Untersuchungen auch im Zusammenhang mit Müttersterblichkeit erwähnt. Dennoch konstatierte 1937 ein Ausschuß zur Untersuchung von Müttersterbefällen in England: »Die gesteigerte Empfindlichkeit gegenüber Schmerzen und Beschwerden hat zu dem Bestreben geführt, den Frauen aus allen Schichten die Schmerzen der Geburt zu ersparen, die einst als natürlich hingenommen wurden.«[26] Die Frauen also waren es, die verlangten, daß etwas getan wurde.

Besonders das Chloroform hatte den Vorzug, leicht anwendbar zu sein. »Das Gesicht der Patientin wird mit kalter Vaselincreme eingefettet, und ein feuchtes Handtuch wird über ihre Augen gelegt. Die Maske wird ihrem Gesicht angepaßt, und die Chloroformflasche so eingestellt, daß die Tropfen stetig und langsam fallen«, schrieb ein Arzt aus West Virginia über eine typische Hausentbindung[27]. Man konnte aber auch einfach ein Taschentuch über das Gesicht der Mutter legen und von Zeit zu Zeit ein paar Tropfen darauf geben.

Wenn aber die Anwendung von Chloroform und Äther solche Gefahren barg, wie sollen dann – so kann der Leser natürlich fragen – derart riskante Mittel für die »Befreiung von der Krankheit« gesorgt haben, die, wie ich behaupte, in der Zeit zwischen 1900 und 1925 für die Frauen kam? Die Antwort lautet, daß diese Mittel durch andere ersetzt wurden. Seit 1900 kamen eine Reihe weniger gefährlicher Analgetika und Anästhetika auf, die Äther und Chloroform schließlich völlig verdrängen sollten.

Es waren synthetische Narkotika, die sich von 1939 an durchzusetzen begannen. Sie haben den Vorteil, daß sie die Schmerzleitung gleich zu Beginn der Geburt unterbrechen, ohne die Wehentätigkeit einzuschränken oder das Kind zu gefährden[28].

Dabei muß ich betonen, daß die Ärzte in der Zeit vor dem Zweiten Weltkrieg die Verbreitung dieser Narkotika sehr skeptisch beobachteten, daß – wie schon gesagt – der Wunsch nach Linderung der

26 Great Britain, Ministry of Health, *Report on Investigation into Maternal Mortality,* Cmd. 5422, London 1937, S. 117.

27 Harry E. Beard, »Home Obstetrics«, in: *West Virginia Medical Journal,* Januar 1940, S. 19.

28 Alle diese Techniken werden beschrieben bei: Munro Kerr u. a. (Hrsg.), *Historical Review of British Obstetrics and Gynecology,* 1800–1950. Livingstone, Edinburgh 1954, S. 231–36.

Wehenschmerzen von den Frauen ausging, nicht von der Medizin. Schon als James Simpson Ende der vierziger Jahre des vorigen Jahrhunderts das Chloroform einführte, stieß er auf heftigen Widerstand, der teils medizinische Gründe hatte, teils alttestamentarische, seien die Frauen doch durch Evas Handlungsweise dazu verurteilt, die Wehenschmerzen zu ertragen[29]. Es sei eben einfach so, meinte der englische Geburtshelfer James Young, »daß der Einsatz der Anästhesie aus Gründen der Menschlichkeit unvermeidlich die Gefahr heraufbeschwört, daß der Arzt im Interesse seiner Patientin die Entbindung des Kindes beschleunigen muß«[30]. Mit anderen Worten ausgedrückt: je tiefer die Narkose, desto stärker das Eingreifen des Arztes. »Die Patientin mag sich rühmen, das Kind im Schlaf bekommen zu haben«, sagte George Kosmak auf einer Geburtshilfetagung im Jahre 1947, »aber was ist mit den Auswirkungen auf das Kind?«[31]

Ich zitiere diese Ärzte nur, um zu zeigen, daß man die Anwendung der Anästhesie in Zusammenhang mit der Ablehnung der traditionellen Geburt durch die Frauen sehen muß, nicht als Ergebnis des ärztlichen Bestrebens, den Frauen etwas aufzuzwingen, was sie nicht wollten. Es ist deshalb falsch, wenn Richard Wertz und Dorothy Wertz die Auffassung vertreten, die Anästhesie sei eine Art finstere Verschwörung der Ärzte gegen die Frauen gewesen, und erklären: »Es ging ihnen nicht um das Bewußtsein der Patientin oder das Maß der Anästhetisierung, sondern um die Kontrolle über die Geburt.«[32]

Diese neue Empfindsamkeit der Frauen zeigte sich also schon früh und äußerte sich darin, daß sie einen männlichen Geburtshelfer wählten, nach der Entbindung im Bett und nach Schmerzlinderung verlangten. Aber um Frauen sicher und schonend zu entbinden, war mehr erforderlich, als sie in ihren großen Ehebetten auf die Seite zu legen und ihnen eine Narkose zu verpassen. Zahlreiche unheilvolle Probleme standen der Forderung nach einer neuen Form des Ge-

29 Youngson, *Scientific Revolution,* a. a. O., S. 101 ff.

30 James Young, »Maternal Mortality and Maternal Mortality Rates«, in: *AJO-G,* 31 (1936), S. 210.

31 George Kosmak in einer Diskussion über den Artikel von William F. Mengert, »Fetal and Neonatal Mortality: Causes and Prevention«, in: *AJO-G,* 55 (1948), S. 666.

32 Richard W. Wertz und Dorothy C. Wertz, *Lying-In: A History of Childbirth in America.* Free Press, New York 1977, S. 178–98.

burtserlebnisses noch im Wege, und erst im ersten Viertel des 20. Jahrhunderts gelang es, die meisten von ihnen in den Griff zu bekommen.

Schattenseiten der Hausentbindung

Von jetzt an werde ich mich auf England und die Vereinigten Staaten konzentrieren. Wie in den Jahrhunderten zuvor Deutschland und Frankreich der übrigen Welt als Vorbilder gedient hatten, übernahmen die angelsächsischen Länder nach dem Ersten Weltkrieg die Führungsrolle in der Geburtshilfe; andere Länder folgten ihnen. Was mit den Frauen an den verschiedensten Orten der Welt in den letzten sechzig Jahren geschah, können wir deshalb verfolgen, indem wir unsere Aufmerksamkeit auf ein paar Hauptorte richten.

Zwar war die Wahrscheinlichkeit gering, daß eine Frau in den zwanziger Jahren noch an einer Wochenbettinfektion starb oder große Schmerzen zu erleiden hatte, trotzdem konnten ihr noch eine Reihe sehr unangenehmer Dinge zustoßen, besonders wenn sie zu Hause entband. Die größten Probleme bildeten die schlechte Ausbildung der praktischen Ärzte und der Mißbrauch der Zange. Die Entstehung dieser Probleme und ihre wichtigste Konsequenz – die Verlagerung der normalen Entbindung vom Heim ins Krankenhaus – werden uns in den nächsten beiden Abschnitten beschäftigen.

Unzulängliche ärztliche Ausbildung

Wir sehen bereits, wie weitgehend in den zwanziger Jahren bei Hausentbindungen die Hebammen von Ärzten ersetzt worden waren. Leider hatten die meisten dieser Ärzte keine sehr gründliche Ausbildung in Geburtshilfe erhalten und mußten sich die notwendigen Kenntnisse in der Praxis durch Versuch und Irrtum aneignen. Erinnern wir uns, daß es in der Geschichte der Medizin lange Zeit Vorbehalte gegen die Geburtshilfe gegeben hatte. Landärzte hatten sich einst darauf beschränkt, Opium zu verschreiben und Furunkel zu öffnen. Praktische geburtshilfliche Kenntnisse besaßen sie kaum. Zum Problem wurde das, als die medizinischen Hochschulen Ende des 19. Jahrhundets wie die Pilze aus dem Boden schossen und ihre frischgebackenen Absolventen sich als praktische Ärzte in kleinen Gemeinden niederließen. Für diese jungen Ärzte spielte die Geburtshilfe eine große Rolle, aber das durchschnittliche Medizinstudium jener Zeit vermittelte ihnen kaum die nötigsten Kenntnisse. Als »eine Beschäftigung, die eines Gentlemans unwürdig« war, wurde Geburtshilfe in Oxford und Cambridge vor 1840 überhaupt nicht gelehrt. Und auch danach hatten die Studenten kaum Gelegenheit, Geburten beizuwohnen. Beispielsweise gab es in den siebziger Jahren des vorigen Jahrhunderts in Edinburgh über tausend Studenten, aber nur siebentausend Geburten in »jenen Schichten, die eine Anwesenheit von Studierenden erlaubte«[33].

Auch in den Vereinigten Staaten war die Situation nicht besser. Als J. W. Williams 1911 die Leiter der Geburtshilfeabteilungen von dreiundvierzig medizinischen Hochschulen befragte, erwiderten etliche, sie hätten »den Lehrstuhl nur angenommen, weil er ihnen angeboten worden sei, sie hätten aber keinerlei besondere Ausbildung oder Vorliebe für ihn«. Einer erklärte, »er habe vor Antritt seines Lehramtes nie eine Entbindung gesehen«. Hochschulen mit kleineren Wochenstationen konnten von sich aus »nur 533 Fälle für die Unterweisung von 575 Studenten bieten«, wobei die Hälfte der Entbindungen stattfanden, wenn keine Studenten zugegen waren. »Daraus geht hervor, daß jeder Student im Durchschnitt einmal Gelegenheit hat, die Entbindung einer Frau zu beobachten.« – »Halten Sie den normalen Absolventen ihrer Hochschule für fähig, in der Geburtshilfe zu praktizieren?« war eine der Fragen von Williams. Ein Viertel der Befragten antwortete mit »Nein«, und viele der »Ja's« waren dadurch eingeschränkt, daß es etwa hieß: »Nun, ja, schon, das heißt, einige wohl.«[34]

In der Praxis konnten diese jungen praktischen Ärzte kaum helfen; meist richteten sie schlimmes Unheil an. Viele hatten »die Zange nie in Gebrauch gesehen, bis sie sie selbst in ihrer Praxis benützten«[35]. So hat Stanley Warren aus Portland in Maine beschrieben, wie er seine erste Zangenentbindung an einer dreiundvierzigjährigen irischen Frau, die ihr erstes Kind bekam, vornahm: »Am Dienstag, dem 1. Januar 1875, setzten früh am Morgen die Wehen ein und machten bis zum nächsten Sonntagnachmittag (!) wenig Fortschrit-

33 Die vorstehenden Daten sind übernommen von Francis B. Smith, *The People's Health, 1830–1910.* Holmes & Meier, New York 1979, S. 23.

34 John W. Williams, »Medical Education and the Midwife Problem in the United States«, in: *JAMA,* 58 (1912), S. 1–5.

35 Mabel Dobbin Crawford, »The Obstetric Forceps and Its Use«, in: *Lancet,* 11. Juni 1932, S. 1242.

te. Unter der Anleitung eines älteren Freundes setzte ich dann die Zange am Eingang (des Beckens) an, aber wir mußten zu zweit alle Kraft aufbieten, um das Kind mit dem Instrument herauszuziehen.«[36] Ein Ausschuß zur Untersuchung der Müttersterblichkeit kam 1936 in Rochdale zu dem Ergebnis, daß »die Schwierigkeiten des Arztes das größte Problem darstellten. An den meisten Hochschulen wurde ihm eine beklagenswert unzulängliche Ausbildung vermittelt, und der durchschnittliche Arzt begann seine Praxis ohne wirkliche praktische Erfahrung . . . Obwohl so viele bekannte Forscher eindringlich vor Tröpfcheninfektionen gewarnt hatten, fand man selten einen Arzt, der eine Maske trug.«[37]

Einige dieser Männer lernten durch Erfahrung hinzu. Andere konnten einfach niemals genug Erfahrungen sammeln, weil es zum Beispiel in einer Stadt wie Manchester in den dreißiger Jahren 650 praktische Ärzte gab, die insgesamt nur 900 Entbindungen ganz allein betreuten. »Hinzu kamen 2413 Fälle, zu denen sie auf Bitte der Hebamme hinzugezogen wurden . . . Offensichtlich reichte die geburtshilfliche Praxis nicht aus, um die erforderlichen praktischen Kenntnisse zu erwerben.«[38] Als immer mehr englische Hebammen eine ordnungsgemäße Ausbildung erhielten, entfielen noch weniger Geburten auf die praktischen Ärzte. Ein Ausschuß zur Untersuchung der Müttersterblichkeit in Wales erklärte 1934: »Vor zwanzig oder dreißig Jahren hatte ein Arzt nicht selten 100 Entbindungen oder mehr im Jahr zu betreuen. Heute werden normale Fälle meist von Hebammen entbunden . . . Infolgedessen fehlt dem Arzt oft die Erfahrung mit unkomplizierten Fällen, die er als Vergleichsmaßstab für den anomalen Fall braucht.«[39] Der inkompetente Geburtshelfer also war in den zwanziger und dreißiger Jahren eine der Schattenseiten von Hausentbindungen.

Ein weiterer Nachteil bei Hausentbindungen war die mißbräuchliche Anwendung von Pituitrin, einem wehenfördernden Mittel, das – 1906 von dem Edinburgher Henry Hallett Dale entdeckt – seit

36 Stanley P. Warren, »The Prevalence of Puerperal Septicemia in Private Practice . . .«, in: *AJO,* 51 (1905), S. 302.

37 Andrew Topping, »Prevention of Maternal Mortality«, in: *Lancet,* 7. März 1936, S. 546.

38 R. Veitch Clark zu den Verhältnissen in Manchester auf einer Tagung des Royal Sanitary Institute, in: *Lancet,* 20. April 1935, S. 937.

39 Great Britain, Ministry of Health, *Report on Maternal Mortality in Wales.* London, Cmd. 5423, London 1937, S. 105.

1909 in der Geburtshilfe verwendet wurde, nachdem ein englischer Arzt namens Blair Bell darüber geschrieben hatte[40]. Es war in der Tat geeignet, langsame Entbindungen zu beschleunigen, derart, daß das Kind regelrecht »durch den Geburtskanal geschossen wurde«[41]. Obwohl das Mittel als unselige Nebenwirkung gelegentlich Gebärmutterrisse verursachte, wurde es neben der Zange überaus häufig verwendet. In der Straßburger Klinik von Hermann Fehling z. B. ging die Zahl der Zangenentbindungen durch Pituitrin um ein Drittel zurück[42].

Die »überaktive Geburtshilfe« bei Hausentbindungen wurde also zu einem schwerwiegenden Problem. Ein Ausschuß zur Untersuchung der Müttersterblichkeit untersuchte das »manipulative Eingreifen« bei den 35 000 Waliser Geburten des Jahres 1934. Natürlich waren einige dieser Operationen notwendig. Doch auch bei Hausgeburten *ohne Komplikationen* hatten die Ärzte in 31 Prozent der Fälle eingegriffen (zum Vergleich: bei entsprechenden Krankenhausgeburten geschah das nur in 10 Prozent der Fälle). Wenn wir jetzt die 31 Prozent, die auf das Konto der Ärzte gingen, den 3 Prozent der Fälle entgegenstellen, in denen Hebammen eingriffen, so verstehen wir, warum man in jenen Jahren diese »Interventionsorgien« mit Sorge betrachtete[43]. Dabei dürfen wir nicht vergessen, daß alle diese Eingriffe immer noch im Interesse der *Mutter* vorgenommen wurden. Bis zu diesem Zeitpunkt machte sich fast niemand ernsthafte Sorgen um das Kind.

Mißbrauch der Zange

Ein zweites Problem bei Hausentbindungen war die zu häufige Verwendung der Zange, besonders bei den Stadtärzten in der angelsächsischen Welt, wo sich manche sogar als »Zangenasse« brüsteten. Dr. Alexander Miller aus Glasgow verwendete die Zange beispielsweise zu der Zeit, da er zu praktizieren begann, bei 8 bis 10

40 J. M. Munro Kerr u. a. (Hrsg.), *Historical Review of British Obstetrics and Gynecology, 1800–1950.* Livingstone, Edinburgh 1954, S. 113.

41 Joseph B. DeLee, zitiert bei: Morris Fishbein, *Joseph Bolivar DeLee: Crusading Obstetrician.* Dutton, New York 1949, S. 248.

42 Hermann Fehling. *Entwicklung der Geburtshilfe und Gynäkologie im 19. Jahrhundert.* Berlin 1925, S. 58–59.

43 Ebd.

Prozent der Entbindungen, 1899 dagegen, als er seinen Artikel schrieb, bei 25 Prozent der Entbindungen[44]. Im Gebiet von Redditch stieg der Zangengebrauch von 4 Prozent 1890/1900 auf 20 Prozent in den zwanziger Jahren an. Ungefähr die Hälfte der Entbindungen, die in der Zeit von 1922 bis 1926 in der alleinigen Verantwortung der Ärzte lagen, wurde instrumentell vorgenommen[45]. Ein derartiges Vorgehen wurde vielfach kritisiert und ist ein Grund dafür, daß man die Frauen in großer Zahl zur Entbindung im Krankenhaus überredete, wo man solche mißbräuchlichen Praktiken unterbinden konnte.

Es wurden zu Hause nicht nur zu viele Zangenentbindungen vorgenommen, sondern sie wurden auch mit mangelhafter Sachkenntnis ausgeführt. Vielen Ärzten gelang es nämlich nicht, das Kind mit der Zange zu holen, so daß die Mutter schließlich ins Krankenhaus kam. Die Diagnose lautete in der Regel: »FFO« – *failed forceps outside* (mißglückte Zangengeburt). Die große Zahl von FFOs war der Hauptgrund für den allgemeinen Rückgang der Hausentbindungen.

Was bedeutete dieser Begriff? Die Lehrbücher der Zeit nannten drei Voraussetzungen für die Anwendung der Zange: Der Muttermund mußte sich ganz geöffnet haben, der Kopf des Kindes mußte zuerst kommen, und er mußte ganz in das Becken eingetreten sein[46]. Im Falle von FFO hatte sich entweder der Muttermund noch nicht ganz geöffnet – und der Arzt hatte, in dem Bestreben, endlich fertigzuwerden, trotzdem zu ziehen begonnen. Oder es lag eine anomale Kindslage vor, die eigentlich die Anwendung der Zange verboten hätte. In einer Untersuchung der Gründe für das Mißlingen von 558 Zangengeburten stellte sich heraus, daß in etwa einem Drittel der Fälle das Becken der Mutter zu klein war, gewöhnlich infolge von Rachitis. In einem weiteren Drittel der Fälle erklärte sich das Mißlingen daraus, daß das Kind mit dem Gesicht nach oben austrat (»persistierende hintere Hinterhauptslage«). Für das letzte Drittel der Fälle stellte der Bericht diplomatisch fest: »Offensichtlich hatte

44 Alexander Miller, »Twenty Years' Obstetric Practice«, in: *Glasgow Medical Journal,* Ser. 5, 51 (1899), S. 225.

45 H. E. Collier, »A Study of the Influence of Certain Social Changes Upon Maternal Mortality and Obstetrical Problems, 1834–1927«, in: *JOB,* 37 (1930), S. 41, Anm. 1.

46 Henry Jellett, *Causes and Prevention of Maternal Mortality.* London 1929, S. 200.

das Bestreben, die Qualen der Mutter zu lindern, zu dem voreiligen Versuch geführt, in den Geburtsablauf einzugreifen, bevor sich der weiche Geburtskanal genügend geweitet hatte.«[47]

Schreckliche Geschichten waren zu hören: »Ein Arzt, der ein Neugeborenes unter Umständen mit liebevoller Sorgfalt behandelt, denkt sich nichts dabei . . ., den Fuß gegen die Bettkante zu stemmen und, wie man mir oft versichert hat, mit aller Kraft zu ziehen.«[48] James Hendry bekannte 1928: »Auch mir blieb es nicht erspart, im Falle einer ›mißglückten Zange‹ einen Kaiserschnitt auszuführen und ein Kind mit Schädelbruch und durch die Zange völlig zerrissenen Wangen zu entbinden«.[49] Tatsächlich starb jede fünfte Frau mit FFO später im Krankenhaus. Zweidrittel der Kinder wurden dabei getötet[50]. Erstaunlich, wie häufig »mißglückte Zangen« in jenen Jahren waren. 1931 wurden sechsundsiebzig FFO-Fälle in eine große Glasgower Entbindungsklinik eingeliefert, in einer Klinik in Newcastle waren es vierundvierzig, in einer Klinik in Edinburgh vierundzwanzig und so weiter[51].

Gemeinsam ist all diesen Fällen von »mißglückten Zangen« wie ein roter Faden die Ungeduld und Eilc des praktischen Arztes. Doch »Ungeduld« kann viele Aspekte haben, die nicht unbedingt sämtlich auf ärztliche Gleichgültigkeit zurückgehen müssen. Natürlich waren alle diese Männer in Eile »aufgrund der vielfältigen Verpflichtungen der Allgemeinpraxis«[52]. »Nehmen wir doch um Himmels willen die Zange, und sehen wir zu, daß wir es damit schaffen«, sagte ein Arzt[53]. Doch viele Ärzte verspürten ein tieferes Widerstreben – das sich gewiß nicht mit ihrem Berufsethos vertrug, dafür aber menschlich war –, überhaupt Hausentbindungen vorzunehmen. »Geburtshilfe zahlt sich nicht aus«, meinte Victor Bonney 1919,

47 Douglas Miller, »Observations on Unsuccessful Forceps Cases«, in: *BMJ*, 4. August 1928, S. 183.
48 a. a. O., S. 1242.
49 James Hendry, »Unsuccesful Forceps Cases«, in: *BMJ*, 4. August 1928, S. 187.
50 Crawford, »Obstetric Forceps«, a. a. O., S. 1241–42; und Miller, »Observations«, a. a. O., S. 184.
51 J. M. Munro Kerr, *Maternal Mortality and Morbidity*. Edinburgh 1933, S. 51.
52 Der Ausspruch stammt von Dr. Dilys Jones, zitiert bei: Janet Campbell u. a., *High Maternal Mortality in Certain Areas*. Ministry of Health, Reports on Public Health Nr. 68. London 1932, S. 80.
53 Zitiert bei: Crawford, »Obstetric Forceps«, a. a. O., S. 1243.

»abgesehen davon, daß sie neue Patienten gewinnen hilft. Eine gefährliche Sache, denn unterbezahlte Arbeit wird nie sehr gute Arbeit sein.«[54] Der Arzt erhielt den »schäbigen Entgelt von einer Guinee dafür, daß er sich die Nacht an einem Ort der eben beschriebenen Art um die Ohren schlug und dann zehn kostenlose Krankenbesuche machte, wobei er Taxi und Chloroform noch aus eigener Tasche bezahlen mußte«[55].

Auch in den Vereinigten Staaten verloren die Ärzte nach dem Ersten Weltkrieg mehr und mehr die Lust, noch Hausentbindungen vorzunehmen. Zwei Ärzte aus Litchfield in Minnesota erklärten in diesem Zusammenhang: »Geburtshilfe ist die schwerste Arbeit, die in unserer Praxis vorkommt – viel Nachtarbeit, lange Fahrten, viele Stunden und miserable Bezahlung.« Dr. Workman aus Tracy in Minnesota meinte: »Ich versuche, die Geburtshilfe ganz einzustellen. Ich kann es mir nicht leisten, meine Zeit für die Gebühren zu opfern, die dafür bezahlt werden.«[56] Wenn also die Arbeit eilig und nachlässig besorgt wurde, wenn Dammrisse nicht genäht wurden weil die Mutter nur flüchtig untersucht wurde, und wenn zur Zange gegriffen wurde, obwohl der Muttermund erst halb geöffnet war, so lag das zum Teil daran, daß die Ärzte in den zwanziger und dreißiger Jahren weitgehend die Lust verloren hatten, noch Hausentbindungen vorzunehmen.

Allerdings hatte der verfrühte Griff zur Zange noch eine andere Ursache: das Drängen der Mutter selbst oder der umstehenden Angehörigen. Erinnern wir uns, daß Geburten ein Ereignis für die ganze Ortschaft waren und die Herumstehenden nicht mit guten Ratschlägen an die Adresse des Arztes geizten. Wenn die Mutter nach ihrer Ansicht genug gelitten hatte, verlangten sie, daß er etwas unternehme. Dem Arzt, der zu einem Notfall gerufen wurde, bot sich folgendes Bild: Die Frau schreit, sie kann es nicht länger aushalten. Der Mann fleht den Arzt an, etwas zu tun. Die Hebamme, die sich möglicherweise schon achtundvierzig Stunden am Ort des Geschehens aufhält, ist ebenfalls erschöpft und am Ende ihrer Kräfte. Der Tag bricht an. Die älteren Kinder, die im selben Zimmer schlafen, werden bald wach, und es gibt keinen anderen Raum, in

54 Victor Bonney, »The Continued High Maternal of Childbearing«, in: *Proceedings of the Royal Society of Medicine,* 12 (1918–1919), S. 96.
55 Lapthorn Smith in der Diskussion über Bonneys Artikel, a. a. O., S. 104.
56 Auszüge der Antworten auf Leavitts Fragebogen »Obstetrics as Practiced in the Country«, in: *St. Paul Medical Journal,* 18 (1916), S. 371.

den man sie bringen könnte. Den Arzt drückt die Vorstellung an die viele Arbeit, die zu Hause auf ihn wartet. In solchen Situationen war er versucht, gegen besseres Wissen zu handeln – und oft genug geschah es zum Nachteil der Mutter. Für den Landarzt, so hören wir, sei Warten eine echte Kunst[57]. W. J. Sinclair fand die »Klatschtanten« zum Verzweifeln. Er meinte die Frauen, die »sich das Recht zu gutgemeinten, aber törichten Ratschlägen herausnehmen, wenn es etwa um die ›Erschöpfung‹ einer kräftigen jungen Frau nach den ersten Stunden normaler Wehen geht«[58]. Die Ärztin Janet Campbell warnte 1924: »Der ärztliche Geburtshelfer wird es nicht immer als leicht empfinden, sich dem Verlangen seiner Patienten nach rascher Erleichterung zu widersetzen.«[59]

Ein Arzt aus Pinckneyville in Illinois, der eine Mutter bei ihrer zweiten Niederkunft betreute, ließ sie fünf Tage in den Wehen liegen: »Dieses Kind war kleiner als das erste, aber ich konnte mich des Gefühls nicht erwehren, beim ersten Mal zu voreilig gehandelt zu haben; obwohl mich die Nachbarinnen beschimpften, hatte ich dieses Mal ein gutes Gefühl, als ich den natürlichen Ablauf der Dinge abwartete.«[60] Nicht immer also standen die Nachbarinnen ehrfürchtig dabei. Außerdem spielte ihre Meinung keine unwesentliche Rolle für den künftigen Erfolg des Arztes in der betreffenden Stadt. Dazu erklärte ein praktischer Arzt aus Tennessee: »Gewöhnlich ist zumindest eine erfahre Frau zugegen, die bestens über alle Kindbetteventualitäten Bescheid weiß oder zu wissen glaubt. Deshalb wird der Eindruck, den der Arzt dort macht, . . . über seinen Ruf entscheiden.«[61] Es wäre sinnlos, aus einem Abstand von fünfzig Jahren Schuld zuweisen zu wollen, behaupten zu wollen, die Ungeduld der Angehörigen, die des Arztes oder seine Nachgiebigkeit seien für die »überaktive Geburtshilfe« der zwanziger und dreißiger Jahre verantwortlich. Entscheidend ist, daß diese Kräfte, die bei Hausgeburten zu vorzeitigem Eingreifen drängten, leicht auszuschalten waren, wenn die Mutter im Krankenhaus entband.

57 Ernst Zürcher, *Die geburtshülfliche Landpraxis*. Trogen 1887, S. 4, 13.

58 W. Japp Sinclair, »The Injuries of Parturition: The Old and the New«, in: *BJM,* 4. September 1897, S. 592, 595.

59 Campbell, *Maternal Mortality,* a. a. O., S. 56.

60 J. S. Templeton, »Obstetrics in Country Practice«, in: *Illinois Medical Journal,* 33 (1918), S. 92.

61 In bezug auf Franklin, Tennessee: K. S. Howlett, »Country Obstetrics«, in: *Tennessee State Medical Association Journal,* 16 (1923–24), S. 176.

Von der Hausgeburt zur Krankenhausgeburt

Vor der Jahrhundertwende wurden nur unverheiratete oder arme Frauen im Krankenhaus entbunden. In Kansas hieß es etwa zur Zeit des Ersten Weltkriegs: ». . . das Krankenhaus scheint im allgemeinen als letzte Zuflucht angesehen zu werden.«[62] In Wisconsin wurden in jenen Jahren »praktisch keine« Krankenhausentbindungen vorgenommen[63]. In Chicago fanden um 1920 nicht einmal 10 Prozent der Geburten im Krankenhaus statt[64]. Heute sind jedoch in allen westlichen Ländern, mit Ausnahme der Niederlande, die Krankenhausgeburten zur Regel geworden; und selbst dort kamen 1976 Zweidrittel aller Frauen im Krankenhaus nieder. Zum Zeitpunkt der Niederschrift dieses Buches gehören die Hausentbindungen der Vergangenheit an (vgl. Tab. 7.1).
Warum? Was konnte diese Millionen von Frauen bewogen haben, die herkömmliche Geborgenheit einer Hausgeburt mit der nüchternen Umgebung einer Krankenhausstation zu vertauschen? Betrachten wir die Sachlage vom Standpunkt aller drei Beteiligten: des Arztes, der Hebamme und der Mutter.

Da wir heute kaum eine Vorstellung davon haben, wie es in den zwanziger Jahren in Arbeiterwohnungen aussah, fehlt es uns am rechten Verständnis für das Widerstreben der Ärzte, dort Entbindungen vorzunehmen. »Man findet ein Bett vor, in dem der Mann, die Frau oder ein oder zwei Kinder geschlafen haben: es ist von Urin durchtränkt, das Bettzeug ist dreckig und die Wäsche der Patientin beschmutzt; sie hat nicht gebadet. Statt steriler Kleidung gibt es ein paar alte Lumpen, oder der Ausfluß läuft in ein Nachthemd, das seit Tagen nicht gewechselt wurde.«[65] Da kamen den Ärzten dann fast die Freudentränen, wenn sie ans Krankenhaus dachten. Adolf Weber, ein Alsfelder Arzt mit mehrjähriger geburtshilflicher Erfahrung in Bauernhäusern und Krankenhäusern, schilderte die Vorzüge des

62 Elizabeth Moore, *Maternity and Infant Care in a Rural County in Kansas.* U.S. Department of Labor, Children's Bureau, Publ. Nr. 26, Washington 1917, S. 25.

63 Florence B. Sherbon und Elizabeth Moore, *Maternity and Infant Care in Two Rural Counties in Wisconsin.* U.S. Department of Labor, Children's Bureau, Publ. Nr. 46, Washington, S. 29.

64 C. Henry Davis, »Maternal Mortality: A Crime of Today«, in: *Surgery, Gynecology and Obstetrics,* 30 (1920), S. 289.

65 Brief von Robert Anderson in: *BMJ,* 2. Juli 1921, S. 28.

Tabelle 7.1
Prozentsatz der Krankenhausgeburten in Deutschland und den Vereinigten Staaten
(19. und 20. Jahrhundert)

Jahr	Prozentsatz
Deutschland	
1877	weniger als 1
1891	1
1924	9
1936	27
1952	46
1962	72
1970	95
1973	98
Vereinigte Staaten	
1935	37
1945	79
1955	94
1977	99

Quellen: Vgl. die Anmerkungen zu den Tabellen, S. 342.

Krankenhauses: Die Mutter lag in einem gut gelüfteten, desinfizierten Zimmer. Licht und Sonnenschein drangen ungehindert durch ein hohes Fenster herein; außerdem konnte es durch elektrisches Licht taghell erleuchtet werden. Die Mutter war frisch gebadet und eingekleidet und lag in leinenem Bettzeug von blendendem Weiß. Der Arzt gebot über einen Stab von Assistenten, die auf das leiseste Zeichen reagierten[66].

Die Lichtverhältnisse sind ein ständig wiederkehrendes Thema. Im Krankenhaus konnte man *sehen*, was man tat. »Nur wer jemals einen Dammriß in einer Bauernkate, in dem Bett einer solchen Kate genäht hat, mit dem spärlichen Licht und der unzulänglichen Hilfe dort, kann die Freude [. . .] nachempfinden.«[67] Es gibt unzählige solcher Berichte.

Doch als häufigstes Argument für die Krankenhausgeburt kann

66 Adolf Weber, *Bericht über Hundert in der Landpraxis operativ behandelte Geburten.* München 1901, S. 4.
67 Eneas K. MacKenzie, »Rural Midwifery Practice«, in: *Practitioner,* 115 (1925), S. 269.

man lesen, daß dadurch die Zahl der gefährlichen Prozeduren zu Hause verringert würden und die Operationssucht der einheimischen praktischen Ärzte beschnitten werden könnte. Ein Schweizer Arzt erklärte, die spontane Entbindung einer Frau lasse sich sehr viel leichter in einer Entbindungsklinik abwarten, wo man in aller Ruhe und mit einem zutreffenden Bild von der klinischen Situation nachdenken könne, um alle in Frage kommenden Maßnahmen zu beurteilen, als zu Hause, wo die Angehörigen auf den Arzt einschreien würden[68].
Ein Arzt aus Minnesota erklärte, ihm sage das Krankenhaus so zu, »weil es mir gestattet, der verrückten Familie zu entkommen«[69].

Entsprechend waren Ende der dreißiger Jahre die führenden Ärzte bestrebt, die meisten Frauen im Krankenhaus zu entbinden. So hieß es im englischen Bericht über Müttersterblichkeit 1937: »Eine Verminderung der Todesfälle im Anschluß an anomale Geburten wird nur möglich sein, wenn die praktischen Ärzte einsehen, daß sie – von dringenden Notfällen abgesehen – im Hause der Patientin keine geburtshilflichen Operationen versuchen dürfen, die auch die Fähigkeit erfahrener Geburtshelfer in gut ausgerüsteten Krankenhäusern auf eine harte Probe stellen.«[70] Und Edwin Daily vom Children's Bureau der US-Regierung ließ an Deutlichkeit nichts zu wünschen übrig, als er 1944 in seiner Rede auf der Jahrestagung der American Obstetrical Society erklärte: »*Alle* Wöchnerinnen sollten während der Geburt und während der ersten zehn Tage danach im Krankenhaus betreut werden«[71] (Hervorhebungen im Original).

Auch die Hebammen leisteten im allgemeinen keinen Widerstand gegen die Krankenhausentbindung. Denn das Krankenhaus rettete ihren Berufsstand. Die Hebamme Alice Gregory zum Beispiel half um die Jahrhundertwende in einer Woolwicher Entbindungsklinik, die gleichzeitig als Hebammenschule diente. (Alice Gregory hegte tiefe Verachtung für die traditionellen Hebammen, »die sich stets in dem Glauben wiegen, weder sie noch ihre Patientinnen kämen ohne *eine Menge* Brandy und Gin aus«[72].) 1936 schrieb die deutsche

68 Zürcher, *Geburtshülfliche Landpraxis,* a. a. O., S. 2, 8.
69 Zitiert bei Leavitt, »Obstetrics in the Country«, a. a. O., S. 371.
70 Great Britain, *Investigation Maternal Mortality,* a. a. O., S. 23.
71 Edwin Daily, »Maternity Care in the United States: Planning for the Future«, in: *AJO-G,* 49 (1945), S. 129.
72 Egbert Morland, *Alice and the Stork, Or the Rise in the Status of the Mid-*

Hebamme Lisbeth Burger: »Daß die Frauen gern in die Klinik gehen, kann ich verstehen. Dort ist alles parat. Sie sparen Arbeit, Aufregung und Kosten. Wenn die Wohnung eng und klein ist, kommt noch anderes hinzu. Andererseits aber ist es doch so unpersönlich.«[73]

Die wachsende Bereitschaft der Frauen aus der Mittelschicht, zur Entbindung ins Krankenhaus zu gehen, ist wohl die wichtigste Entwicklung, die sich in unserer Geschichte während der zwanziger und der dreißiger Jahre vollzieht. Morris Vogel schreibt, die Krankenhäuser seien in diesen Jahren »zu Mittelpunkten medizinischer Praxis« geworden, nicht nur in der Geburtshilfe, sondern auch in allen anderen Bereichen.

Während die Frauen, die in den siebziger Jahren des 19. Jahrhunderts in Bostoner Krankenhäusern niederkamen, in der Regel arm oder unverheiratet gewesen waren, waren in den zwanziger Jahren nur noch 3 Prozent unverheiratet. Das Massachusetts General Hospital eröffnete 1917 eine private Wochenstation und mußte bald darauf ein ganzes Stockwerk für Entbindungen reservieren[74]. Wer es sich irgend leisten konnte, wollte unbedingt im Krankenhaus entbinden.

Daß Frauen aus Elendsquartieren ihren Behausungen die Ruhe des Krankenhauses vorzogen, ist verständlich, aber was bewog die Mittelschichtsfrauen, so einhellig für das Krankenhaus zu votieren? Lag es daran, daß die Ärzte – wie bei manchen Autoren zu lesen ist – den Frauen ihr männlich-chauvinistisches Verlangen nach Kontrolle aufzwangen? Oder muß man den Ansturm auf die Krankenhäuser im Zusammenhang mit dem generellen Wunsch der Frauen sehen, das Geburtserlebnis in den Griff zu bekommen? Es ist wohl eher so, daß eine Vielzahl von Umständen zusammentreffen muß, damit es zu einem kollektiven Sinneswandel von solcher Größenordnung kommen kann: das Leben in beengten Großstadtwohnungen; die bittere Armut in Europa unmittelbar nach dem Ersten Weltkrieg, die die Krankenversicherer veranlaßte, für Krankenhausgeburten zu zahlen; die Verbreitung der medizinischen Er-

wife as Exemplified in the Life of Alice Gregory. Hodder & Staughton, London 1951, S. 38, 49–50.

73 Lisbeth Burger, *Vierzig Jahre Storchentante: Aus dem Tagebuch einer Hebamme.* Breslau 1936, S. 166–67.

74 Julius Beer (Hrsg.), *Memoiren einer Berliner Wickelfrau.* Berlin 1872, S. 58.

kenntnis, daß Erstgebärende etwas anfälliger für Komplikationen sind als Frauen, die schon mehrere Kinder geboren haben[75]. Trotzdem gab es einen ausschlaggebenden Grund.

Kaiserschnitt: der endgültige Sieg des Krankenhauses

Dieser Hauptgrund war, daß die Frauen Anfang des 20. Jahrhunderts mehr Sicherheit bei der Entbindung erwarteten. Die traditionellen Frauen hatten geburtshilfliche Risiken mit der gleichen fatalistischen Resignation hingenommen, die die Menschen auf dem Lande gegenüber allen Risiken an den Tag legten, welche sich ihrer Einflußnahme entzogen – Hagelsturm, Pest und Krieg. Die neuzeitliche Geisteshaltung dagegen war durch aktives Eingreifen angesichts widriger Umstände gekennzeichnet. In den zwanziger Jahren nun bestand die erfolgversprechendste Weise, mit den widrigen Umständen bei Entbindungen fertigzuwerden, im Kaiserschnitt. Und da die Sicherheit, die er bot, nur im Krankenhaus vorhanden war, begannen sich die Frauen für Krankenhausentbindungen zu entscheiden.

Vor 1800 waren Kaiserschnitte Verzweiflungsoperationen, die erst vorgenommen wurden, um das Kind zu retten, wenn die unentbundene Mutter schon im Sterben lag. So gibt es Berichte über Priester, die Experten für Schnittentbindungen wurden[76]. Die alten Hebammenordnungen verfügten, daß man sich davon zu überzeugen habe, ob die Mutter tot sei, bevor man das Kind herausschnitt. Wenn sie auf durchdringende Gerüche nicht reagierte, eiskalt war, keinen Puls erkennen ließ, eingefallen und totenbleich aussah und wenn ihr Atem keine Spuren auf einem Spiegel hinterließ, dann galt sie als tot, und die Operation konnte beginnen[77]. Auch andere

75 Zu diesen Aspekten in Düsseldorf und anderen deutschen Städten vgl. die Debatte zwischen Else Theisen und einer Gruppe Berliner Geburtshelfer: Theisen, »Betrachtungen über Anstalts- und Hausgeburten«, in: *ZBG,* 64 (1940), S. 307–11; und Rott u. a., »Betrachtungen über Anstalts- und Hausgeburten«, in: *ZBG,* 64 (1940), S. 1442–54.

76 Jacques Gélis, *Accoucheur de campagne sous le roi soleil.* Privat, Toulouse 1979, S. 45, Anm. 55.

77 Alois Nöth, *Die Hebammenordnungen des XVIII. Jahrhunderts.* Med.

außergewöhnliche Umstände konnten einen Kaiserschnitt erforderlich machen: etwa als der Magistrat von Medingen 1350 ein Kind aus einer Frau herausschneiden ließ, bevor er sie auf dem Scheiterhaufen verbrennen ließ, weil sie drei ungeweihte Stücke Abendmahlsbrot gestohlen hatte, um sie an die Juden zu verkaufen. (Das Kind überlebte und wurde getauft[78].)

Nach der Renaissance der wissenschaftlichen Medizin im 18. Jahrhundert versuchten sich jedoch auch Ärzte an Kaiserschnitten[79]. Mireille Laget kam zu dem Schluß: »Wahrscheinlich hat die Operation im 18. Jahrhundert mehr und mehr ihren Ausnahmecharakter verloren.«[80] Doch trotz ansteigender Zahl blieben die Schnittentbindungen im 18. Jahrhundert selten, denn Jacques-René Tenon wußte, als er 1788 schrieb, nur von neunundsiebzig erfolgreichen Fällen in ganz Europa seit 1500 zu berichten[81].

Die Operation wurde so selten vorgenommen, weil die Zahl der Todesopfer entsetzlich hoch war. »Kaiserschnitt« war gleichlautend mit »Todesurteil«. Von den 80 Kaiserschnitten, die vor 1858 in England durchgeführt wurden, überlebten nur 29 Prozent der Frauen. Von 120, die man zwischen 1852 und 1880 in den Vereinigten Staaten vornahm, starben 58 Prozent der Mütter[82]. Im Jahr 1794 war die erste erfolgreiche Schnittentbindung in den Vereinigten Staaten zu vermelden[83]. Danach aber verzichteten die Ärzte hier wie überall auf den Eingriff, weil er einfach zu gefährlich war.

Warum? Theoretisch ist es eine einfache Technik. Der Chirurg macht einen vertikalen Schnitt in der Mittellinie des Bauches, mit

Diss., Würzburg 1931, S. 84 (Hebammenordnung der Burggrafschaft Nürnberg).

78 G. Lammert, *Volksmedizin und medizinischer Aberglaube in Bayern.* Würzburg 1869, S. 12–13.

79 Zur allerfrühesten Geschichte vgl. Heinrich Fasbender, *Geschichte der Geburtshilfe.* Jena 1906, S. 136–39, 221–22.

80 Mireille Laget, »La Césarienne ou la tentation de l'impossible: XVIIe et XVIIIe siècle«, in: *Annales de Bretagne,* 86 (1979), S. 183.

81 Jacques-René Tenon, *Mémoires sur les hôpitaux de Paris.* Paris 1788, S. 251, Anm. 33.

82 Zu England vgl. Fleetwood Churchill, *On the Theory and Practice of Midwifery.* 6. Aufl., London 1872, S. 406–08. Zu den Vereinigten Staaten vgl. Robert P. Harris, »Special Statistics of the Cesarean Operation in the United States«, in: *AJO,* 14 (1881), S. 347.

83 Laut M. P. Rucker, »A Brief History of Obstetrics and Gynecology in Virginia«, in: *AJO-G,* 31 (1936), S. 190.

dem er das Bindegewebe zwischen den großen Muskeln der Bauchdecke durchtrennt. Dann durchtrennt er Fett- und Bauchfell, drückt die Harnblase nach unten und aus dem Weg und dringt zur riesigen schwangeren Gebärmutter vor, die sich in das Abdomen vorwölbt. Heute öffnet der Chirurg die Gebärmutter mit einem Querschnitt weit unten in der Nähe des Schambeins in der Zervixgegend, greift mit einer Hand unter den Kopf des Kindes und hebt es vorsichtig heraus. Er durchschneidet die Nabelschnur und löst die Plazenta manuell. Dann wird alles schichtweise genäht, und die Operation ist nach dreißig bis vierzig Minuten vorüber.

Damals konnte sich jedoch die offene Bauchhöhle infizieren, oder die Mutter erlitt möglicherweise infolge der Schmerzen einen Schock. Vor allem aber – und das war das Schlimmste – unterließ es der Arzt unter Umständen, nach Entfernung des Kindes die Gebärmutter zu nähen, weil er meinte, die Nähte würden bei der Rückkehr der Gebärmutter zur normalen Größe sowieso ausreißen. Wenn die Frauen also nicht am Schmutz, der in Städten und Krankenhäusern herrschte, zugrunde gingen (in den Vereinigten Staaten waren die Kaiserschnitte im 19. Jahrhundert auf dem Lande doppelt so erfolgreich wie in den Städten[84]), so starben sie an inneren Blutungen.

Die Erfindung der Anästhesie (1847) und die Einführung antiseptischer Prinzipien in der Chirurgie (1867) bahnten der Schnittentbindung den Weg. Der endgültige Durchbruch kam aber erst Anfang der achtziger Jahre des vorigen Jahrhunderts, als eine Gruppe deutscher Ärzte eine genaue Beschreibung jener chirurgischen Technik lieferte, nach der viele andere schon seit geraumer Zeit gesucht hatten: Der Chirurg sollte die Ränder der Gebärmutterschnitte sorgfältig zusammenlegen und fest vernähen. Von diesem Zeitpunkt an wurde der Kaiserschnitt zu einer ernstzunehmenden Möglichkeit[85].

Dennoch blieben in den Krankenhäusern noch lange Zeit andere Notoperationen üblich wie Hohe Zange, Kindszerstückelung oder Durchtrennung des Schambeins. Der erste erfolgreiche Kaiserschnitt im Dubliner Rotunda Hospital wurde 1889 durchgeführt, in

84 Harris, »Special Statistics«, a. a. O., S. 343.
85 Die wichtigsten Fakten findet der Leser bei: Owen H. Wangensteen und Sarah D. Wangensteen, *The Rise of Surgery from Empiric Craft to Scientific Discipline*. Univ. of Minnesota Press, Minneapolis 1978, S. 200–13.

der Bostoner Entbindungsklinik 1894, im Pariser Krankenhaus Saint-Antoine 1896 und in der Charité von Lille 1897[86]. Dann beschleunigte sich die Entwicklung. Von 1900 bis 1909 waren bereits ein Prozent aller Entbindungen in den großen amerikanischen Krankenhäusern Kaiserschnitte, und zu Beginn des Zweiten Weltkriegs 3 Prozent (Tabelle 7.2). Auch im Rotunda-Krankenhaus in Dublin lag die Rate zu Beginn der vierziger Jahre bei über 2 Prozent[87].

In diesem Zusammenhang ist wichtig, daß mit dem Anstieg der Kaiserschnitte ein Rückgang anderer Arten von geburtshilflichen

Tabelle 7.2

Kaiserschnitte in den Vereinigten Staaten (ca. 1890-1979)*

Jahr	Frequenz (in Prozent aller Krankenhaus-entbindungen)	Sterblichkeit (in Prozent)
1890–1900	–	12,1
1900–09	1,0	–
1910–19	1,9	5,5
1920–29	2,9	7,6
1930–39	3,2	4,4
1940–49	2,8	0,9
1950–59	3,7	0,4
1960–69	6,8	»0,1«
1970–79	12,8	»0,02«

* Nach 1960 ging die Kaiserschnittsterblichkeit so stark zurück, daß die Autoren die Zahlen nicht mehr veröffentlichten. So enthielt die Statistik von Frigoletto und Williams für die Zeit von 1960 bis 1969 überhaupt keine Todesfälle. In Anführungsstrichen übernehme ich die Sterblichkeitsziffer 0,1 pro 100 von Rhode Island. Die Frigoletto-Statistik für die Zeit von 1970 bis 1978 enthielt keine Todesfälle, und die Sterblichkeit von Rhode Island war auf 0,04 pro 100 Schnittentbindungen gesunken, daher die Sterblichkeitsziffer von »0,02«. Ziffern von so geringfügiger Größenordnung sind statistisch unerheblich und sollen hier nur deutlich machen, daß Todesfälle bei Kaiserschnitten extrem selten sind.
Quellen: Vgl. Anmerkungen zu den Tabellen, S. 342 ff.

86 O'Donel I. D. Browne, *The Rotunda Hospital, 1745–1945.* Livingstone, Edinburgh 1947, S. 183; Paul Bar, *La Maternité de l'Hôpital St. Antoine.* Paris 1900, S. 156; und Georges Duval, *De la morbidité et de la mortalité . . . Hôpital de la Charité.* Lille 1899, S. 55.

87 Browne, a. a. O., S. 206.

Operationen Hand in Hand ging, so daß die *generelle* Zunahme operativer Eingriffe vor den dreißiger Jahren geringfügig war. Tatsächlich läßt sich die Geschichte des Kaiserschnittes schreiben, indem man zeigt, wie er verschiedene ältere Operationen überflüssig machte. Wenn das Becken der Mutter übermäßig verengt sei, sagte 1894 J. H. Carstens aus Detroit, müsse ein Kaiserschnitt vorgenommen werden, statt das Kind stückweise herauszuholen (Embryotomie)[88]. Als in Baden mehr Kaiserschnitte vorgenommen wurden, gingen die Wendungen auf den Fuß zurück[89]. 1925 berichtete Hermann Fehling, in welchem Maße der Kaiserschnitt in Deutschland die Anwendung der Hohen Zange eingeschränkt hatte[90]. Am Preston Retreat Hospital in Philadelphia ging die Häufigkeit der Hohen Zange von 3,3 pro 100 Geburten zwischen 1905 und 1911 auf 0,4 pro 100 zwischen 1912 und 1917 zurück, während sich die Zahl der Kaiserschnitte im gleichen Zeitraum verdoppelte[91], und so fort.

Ich bin ausführlich auf diese Operationen (zu denen noch die Pubeotomie und die Symphyseotomie, Trennung des Schambeins, kommen) eingegangen, um zu zeigen, daß die Einbürgerung des Kaiserschnitts nicht zu mehr »Intervention bei der Geburt« geführt hat, sondern nur zu einer Verschiebung von althergebrachten Operationen zu einem Schnittverfahren, das für die Mutter weit schonender war. Erinnern wir uns, welche Verletzungsgefahren Kraniotomien bargen, wie häufig die Gebärmutter bei einer Wendung riß und wieviele Frauen Monate brauchten, um wieder normal gehen zu können, nachdem ihr Schambein durchsägt worden war! Das verminderte Risiko zeigt sich an einem stetigen Rückgang der Müttersterblichkeit nach Kaiserschnitten: von 12 Prozent in den neunziger Jahren vorigen Jahrhunderts auf 4 Prozent in den dreißiger Jahren.

An dieser Mini-Geschichte des Kaiserschnitts interessiert uns je-

88 J. H. Carstens, »Cesarean Section«, in: *AJO,* 29 (1894), S. 776; wenn die Conjugata vera obstetrica des Beckens weniger als acht Zentimeter betrug.

89 Max Hirsch, »Der Weg der operativen Geburtshilfe in bevölkerungs-politischer Beleuchtung«, in: *Archiv für Frauenkunde,* 13 (1927), S. 207. In den zwanziger Jahren waren Wendungen jedoch noch viermal so häufig wie Kaiserschnitte. Zwischen 1871 und 1910 nahm in Baden die Häufigkeit geburtshilflicher Operationen insgesamt rasch zu, danach jedoch kaum noch.

90 Fehling, *Entwicklung der Geburtshilfe*, a. a. O., S. 56.

91 Richard C. Norris, »The Indications and Limitations of the Induction of Labor«, in: *AJO,* 78 (1918), S. 510.

doch vor allem, daß die Operation, wenn man sich denn zu ihr entschloß, im Krankenhaus vorgenommen werden mußte. Natürlich war sie rein technisch auch zu Hause möglich. In Iowa beispielsweise wurden Anfang der dreißiger Jahre 43 Kaiserschnitte zu Hause durchgeführt (gegenüber 307 im Krankenhaus)[92]. Aber zu Hause war es schwieriger, einen Anästhesisten zu bekommen, es waren keine Blutkonserven greifbar, wenn die Mutter eine Blutung hatte, einen Schock erlitt usw. Und da man nie wisse, wann es gefährlich werden könne, sei es – so sagten sich die Menschen damals – in den meisten Fällen sinnvoll, ins Krankenhaus zu gehen, weil dort *die* Operation bei schwierigen Entbindungen – der Kaiserschnitt – am besten durchgeführt werden könne.

Die »Entdeckung« des Fötus

Weder die wachsende Zahl von Krankenhausentbindungen noch der Kaiserschnitt haben die Flut von Interventionen verursacht, die für die Geburtshilfe der achtziger Jahre kennzeichnend ist. Wie wir gesehen haben, schickte man die Frauen in die Krankenhäuser, um sie vor den fanatischen Anhängern von Zange und Pituitrin zu schützen, denen sie zu Hause unter Umständen ausgeliefert gewesen wären. Und vor 1930 führte die Möglichkeit des Kaiserschnitts auch nicht dazu, daß insgesamt häufiger eingegriffen wurde. Vielmehr war es die »Entdeckung des Fötus«, die in den letzten vierzig Jahren die massive Zunahme geburtshilflicher Interventionen bewirkte.

Vor 1930 kümmerten sich die Ärzte während der Geburt relativ wenig um die Verfassung des Kindes. Alle geburtshilflichen Neuerungen, deren Entwicklung wir seit dem 18. Jahrhundert verfolgen konnten, sollten der *Schonung der Mutter* dienen. Die Entbindung sei für die Frauen viel leichter, wenn die Kinder klein seien, erklärte 1917 James Vorhees aus New York, und deshalb ersann er Maßnahmen, die das Wachstum der Kinder möglichst einschränken sollten: »Nach dem sechsten Monat sollte der Anteil der Kohlenhydrate in der Ernährung der Frau herabgesetzt werden. Diesen Rat gebe ich

92 E. D. Plass, »A statistical Survey of 129 539 Births in Iowa«, in: *AJO-G*, 28 (1934), S. 298–299.

regelmäßig.« Er legte seinen Patientinnen auch dringend nahe, die Geburt vor Erreichung des eigentlichen Termins einleiten zu lassen. »Nichts freut mich als Geburtshelfer mehr, als wenn das Baby ein oder zwei Wochen vor der Zeit geboren wird . . .« Infolgedessen versuchte er nicht selten, »den ›Apfel‹ mit Hilfe von Rhizinusöl oder Chinin ›vom Baum zu schütteln‹« oder die Geburt mit einer dehnbaren Gummiblase auszulösen, wie er ebenfalls vorschlug[93]. Diese Techniken waren dazu gedacht, untergewichtige Kinder und Frühgeburten hervorzubringen, die der Mutter bei der Entbindung zwar keine Schwierigkeiten machten, anschließend aber Mühe hatten zu überleben. Die Ärzte kümmerten sich kaum um die besonderen medizinischen Probleme des Säuglingsalters. Ein Historiker der amerikanischen Kinderheilkunde konstatiert: »1900 gab es vermutlich nicht mehr als fünfzig praktizierende Ärzte im ganzen Land, die dieser Altersgruppe besonderes Interesse entgegenbrachten.« Gegenwärtig gibt es mehr als zwanzigtausend Kinderärzte in den Vereinigten Staaten[94].

Deshalb machte man es sich zur Regel, Entbindungen im Interesse der *Mutter* abzukürzen. In aller Harmlosigkeit rühmte sich 1925 ein schottischer Arzt, wie er den Geburtsverlauf beschleunigt hätte, indem er Zervix und Vagina vorsichtig mit der Hand erweiterte (!), der Mutter Pituitrin gab, um dem »Arzt Stunden lästigen Wartens zu ersparen«, und »während der Entbindung den Kopf« mit der Zange führte, um den Damm vor Rissen zu »bewahren«. Nicht ein Wort hatte er für die Gesundheit des Kindes während einer solchen Entbindung übrig[95].

Wir dürfen also feststellen, daß die Sorge um das Ungeborene bzw. Neugeborene vor 1930 zweitrangig war (etwas merkwürdig angesichts des hartnäckigen Widerstands der Ärzteschaft gegen den Schwangerschaftsabbruch).

Um 1930 dann wurde der Fötus »entdeckt«. Genau läßt sich diese *prise de conscience* zwar nicht datieren, doch begann mit Gewißheit Ende der zwanziger und Anfang der dreißiger Jahre ein Trend, das Kind bei der Entbindung zu schonen. Besonders in Amerika fing man jetzt an, neben den »mütterlichen Indikationen« auch

93 Der Artikel erschien 1918; James D. Voorhees, »Can the Frequency of some Obstetrical Operations Be Dimished?«, in: *AJO*, 77 (1918), S. 5, 9.
94 Thomas E. Cone, jr., *History of American Pediatrics*. Little, Brown, Boston 1979, S. 151.
95 MacKenzie, »Rural Midwifery«, a. a. O., S. 269–70.

die »fetale Indikation« gelten zu lassen. Einfach ausgedrückt heißt das, daß man auch dann in den Geburtsablauf eingriff, wenn es der Mutter gut ging und wenn es nur galt, dem Kind zu helfen. 1921 las der einflußreiche Chicagoer Geburtshelfer Joseph DeLee seinen konservativen Kollegen bei einer Tagung der American Gynecological Society die Leviten. Auch bei einer normalen Geburt könne ein Kind verletzt werden, sagte er. »Ich behaupte, daß die Kräfte der natürlichen Geburt in vielen Fällen gefährlich und verderblich für Mutter wie Kind sein können und daß durch Eingreifen . . . ein Großteil dieser Gefahr abgewendet werden kann.« Vierzig der »fünfzig gesunden Kinder«, die in einer englischen Klinik gestorben waren, welche dem Grundsatz der Nichteinmischung huldigte, »hätten möglicherweise durch eine prophylaktische Zangenoperation gerettet werden können«, meinte er[96]. »Prophylaktische Zange« heißt, daß die Löffel angelegt werden, wenn der Kopf des Kindes sich in der Scheide befindet. Was DeLee da 1921 vertrat, ist heute das allgemein akzeptierte Verfahren.

Daß sich das Augenmerk nun intensiv auf die »Perinatologie« richtete, die Sorge um das Kind während der letzten beiden Schwangerschaftsmonate und der ersten Woche nach der Geburt, führte zu zahlreichen Veränderungen in der Geburtshilfe, die heute alle heftig diskutiert werden. Es dürfte interessant sein zu zeigen, welch jungen Datums, historisch gesehen, die normalen Ereignisse einer heutigen Krankenhausentbindung in Nordamerika sind. In der Regel passiert da folgendes: Die Mutter trifft ein; ihre Schamgegend wird rasiert; bei »Übertragen« des Kindes wird die Geburt eingeleitet, außerdem wird die Mutter an einen »Oxytocintropf« gehängt; man legt sie flach auf den Rücken, und ihre Füße werden in Knöchelhalterungen befestigt; wenn der Kopf des Kindes in der Vagina erscheint, wird eine Episiotomie (vgl. S. 194ff.) vorgenommen; spricht irgend etwas dafür, daß sich der Austritt des Kopfes verzögern könnte, wird routinemäßig mit der Zange nachgeholfen. Wenn Komplikationen auftreten, die den Geburtsablauf erheblich verzögern könnten, etwa eine Steißlage, wird eine Schnittentbindung vorgenommen. Und am Ende dieser Vorgänge, die in den zwanziger Jahren als »Interventionsorgie« verdammt worden wären, kommt ein gesundes Baby zum Vorschein. Zum Zeitpunkt, da ich diese Zeilen schreibe, hat Toronto, die Stadt, in der ich lebe, eine »perinatale« Sterblichkeit

96 Joseph DeLee in einem Diskussionsbeitrag, in: *AJO-G,* 2 (1921), S. 299.

von lediglich dreizehn pro tausend Geburten, 34 Prozent weniger als 1970; und eine Müttersterblichkeitsziffer von »Null«. Der gleiche Trend zeichnet sich vielerorts ab[97]. Die im folgenden beschriebenen Maßnahmen sind also nicht unbedingt schädlich:

Routinemäßige Rasur der Vulva. Vor 1900 wurde der Vorbereitung des Vaginalbereichs fast keine Aufmerksamkeit geschenkt. Doch um die Jahrhundertwende gaben sich die Ärzte ziemliche Mühe, die Vagina vor Keimen zu schützen, und schlugen zahlreiche Neuerungen vor, unter anderem die Spülung der Vagina mit einer Phenollösung (Phenol ist Karbolsäure) sowie das Stutzen oder die Rasur des Schamhaars. Doch insbesondere die Rasur stieß damals auf so heftigen Widerstand bei den Frauen, daß sie mehr ein Wunsch der Ärzte blieb, als konkrete Praxis zu werden. Dazu erklärte ein Arzt im Jahre 1906: »Kein Ostium vaginae kann ohne Rasur absolut steril sein. In der Privatpraxis wird man sie nicht erlauben. Im Krankenhaus jedoch sollte man diese Vorsichtsmaßregel beachten.«[98] Ein Londoner Geburtshelfer hätte die Vulva gerne rasiert, sagte aber: »Das hätte in der Privatpraxis zu Mißverständnissen und Widerständen geführt.«[99]

Dennoch hatte sich die Rasur in den dreißiger Jahren durchgesetzt. Beispielsweise war in früheren Ausgaben des Standardlehrbuchs *Williams Obstetrics* lediglich empfohlen worden, das Schamhaar zu schneiden, »wenn notwendig«, oder man hatte dem Benutzer die Wahl zwischen Schneiden und Rasur gelassen. In der Ausgabe von 1936 wurde jedoch unmißverständlich vorgeschrieben: »Die äußeren Genitalien und der Schambereich sind zu rasieren.«[100]

97 City of Toronto, Department of Public Health, *Annual Statement,* 1979. Department of Public Health, Toronto 1980, S. 146 (Ergebnisse von 1979).

98 James D. Voorhees, »The Etiology of Puerperal Sepsis«, in: *AJO,* 53 (1906), S. 762.

99 Thomas Watts Eden, *A Manual of Midwifery.* 3. Aufl., London 1911, S. 277.

100 Um dem Leser die Übersicht zu erleichtern, nenne ich hier die verschiedenen in diesem Kapitel zitierten Auflagen von *Williams Obstetrics* nebst ihren Autoren: 1. (1906), 2. (1908), 5. (1926), 6. (1930) von John Whitridge Williams selbst; 7. (1936) und 9. (1945) von Henricus J. Stander; 10. (1950), 11. (1956), 12. (1961) und 13. (1966) von Nicholson J. Eastman; 14. (1971) von Louis M. Hellman und Jack A. Pritchard; und die 16. (1980) von Jack A. Pritchard und Paul E. MacDonald; bis zur 10. Auflage lautete der Titel einfach *Obstetrics: A Textbook;* alle Auflagen sind bei

Einleitung der Geburt durch Punktion der Fruchtblase und Verabreichung einer Oxytocinlösung zur Dehnung der Zervix. Die künstliche Einleitung einer Frühgeburt als Mittel, die *Mutter* vor einem übergroßen Fötus zu schützen, hat – wie oben erwähnt – eine lange Geschicht[101]. Die Geburtseinleitung als Mittel zum Schutze des Fötus kam jedoch erst in den fünfziger Jahren auf. Die Operation sollte dafür sorgen, daß der Fötus mit genau vierzig Wochen kam – wie ein richtig gekochtes Frühstücksei: weder zu kurz noch zu lang im Leib, sondern gerade richtig.

In den dreißiger und vierziger Jahren nahmen die Einleitungen offensichtlich nicht zu. In den Vereinigten Staaten war die Ziffer schon vorher hoch; sie stieg nicht weiter an: neun eingeleitete Geburten pro hundert Entbindungen sowohl 1967 wie schon in den zwanziger und dreißiger Jahren[102]. Allerdings änderten sich die Gründe für diesen Eingriff. Etliche Forscher überdramatisierten Anfang der fünfziger Jahre die Gefahren für den Fötus bei »Übertragung«, indem sie erklärten, je länger die Tragzeit von vierzig Wochen überschritten werde, desto größer sei die Wahrscheinlichkeit, daß die Plazenta das Kind nicht mit genügend Sauerstoff versorge. Vom Standpunkt der amerikanischen *Mütter* aus also hatte sich hinsichtlich der Geburtseinleitung kaum etwas geändert: In den zwanziger Jahren bekamen sie von ihrem Arzt Rhizinusöl und Chinin, dazu wurde ihnen eine Gummiblase zur Erweiterung der Zervix eingesetzt. Lästig und unbequem. Heute wird die Fruchtblase (schmerzlos) geöffnet und dann ein Tropf mit Oxytocin angelegt. Ebenfalls lästig, aber angeblich zum Wohle des Fötus.

Appleton-Crofts erschienen. Die Anmerkung hier betrifft die 7. Aufl., 1936, S. 394.

101 Zu einer kurzen Geschichte der Geburtseinleitung vgl. Hugo Ehrenfest, *Fetal, Newborn, and Maternal Morbidity and Mortality.* White House Conference on Child Health, Report of the Subcommittee on Factors and Causes of Fetal . . . Mortality, New York 1933, S. 184–88.

102 Zum Bellevue Hospital vgl. die Bemerkungen von Harold C. Bailey in der Diskussion über verschiedene Artikel, in: *AJO-G,* 1 (1920–21), S. 74–75; zum Evanston Hospital Robert M. Grier, »Maternal Morbidity«, in: *AJO-G,* 34 (1937), S. 302; und zu den Vereinigten Staaten insgesamt für das Jahr 1967 vgl. American College of Obstetricians and Gynecologists, *National Study of Maternity Care: Survey of Obstetric Practice and Associated Services in Hospitals in the United States.* ACOG, Chicago 1970, S. 16.

Episiotomie – der nächste Eingriff in den Geburtsablauf. Obwohl die Episiotomie eigentlich ein Einschnitt in die Vulva ist, hat sich – seit Fielding Ould 1742 die Operation erstmalig beschrieb – eingebürgert, damit den Scheidendammschnitt zur Erweiterung des Scheideneingangs zu bezeichnen. Der Streifen Muskulatur und Bindegewebe zwischen Scheide und Afteröffnung wird Damm oder Mittelfleisch genannt. Bei den Medizinern heißt er »Perineum«. Episiotomie heißt also, daß mit einer Schere tief ins Perineum eingeschnitten wird.

Warum wohl sollte es irgend jemandem einfallen, so etwas zu tun? Erinnern wir uns, daß bei einem bestimmten Prozentsatz der Frauen das Perineum reißt, wenn sich der Kopf des Kindes herauszwängt. Reicht der Riß bis zum Anus, kann das sehr unangenehme Folgen haben, etwa eine fistelartige Öffnung zwischen Rektum und Scheide oder ein wulstiges Narbengewebe, das, wenn es nicht sorgfältig vernäht wurde, sehr lästig werden kann. Nun tritt dieses Unglück selten ein, und ernsthafte Risse irgendwelcher Art sind die Ausnahme. Bei 10000 Entbindungen am Jenaer Universitätskrankenhaus in der Zeit kurz vor dem Zweiten Weltkrieg erlitten nur 6 Prozent der Frauen Risse (bei den Erstgebärenden war die Zahl sechsmal so groß wie bei den Mehrfachgebärenden)[103]. Die konservativen Ärzte am Chicago Maternity Center stellten Anfang der dreißiger Jahre fest, daß bei 6 Prozent der Mütter eine Neigung zu Rissen vorlag: die 3 Prozent, bei denen sie eine Episiotomie vornahmen, und weitere 3 Prozent ohne Operation[104]. Das hieß, daß ohne Intervention möglicherweise jede fünfzehnte Frau einen Riß erleiden würde, der genäht werden müßte.

Die Episiotomie kam schon geraume Zeit vor 1930 in Mode[105]. Damals hatte sie die Aufgabe, einen Riß, zu dem es auch auf natürlichem Wege gekommen wäre, möglichst leicht nähbar zu machen, denn ein sauberer Einschnitt läßt sich leichter nähen als ein unregelmäßiger, natürlicher Riß. Die Ärzte verlegten den Schnitt zur Seite – seitliche Episiotomie –, so daß ein spontaner Riß den Anus nicht

103 Erwin Zweifel, »Erfahrungen an den letzten 10000 Geburten«, in: *Archiv für Gynäkologie,* 101 (1913–14), S. 681.

104 Henry Buxbaum, »Out-Patient Obstetrics«, in: *AJO-G,* 31 (1936), S. 413.

105 Vgl. die Diskussion über den Bericht von Anna Broomall, in: *AJO,* 11 (1878), S. 605–06; Charles Jewett (Hrsg.), *The Practice of Obstetrics.* 3. Aufl., London 1907, S. 253.

erreichen konnte, was sonst bei Heimentbindungen eine mittlere Katastrophe ist. In einem Lehrbuch heißt es dazu: »Drei solcher Risse genügen, damit dem verantwortlichen Arzt die Patientinnen weglaufen.«[106] (Heute wird der Einschnitt hingegen gewöhnlich in der »Mittellinie« vorgenommen, weil die seitliche Episiotomie stärker blutet, langsamer ausheilt und für die Frau sehr viel unangenehmer ist.)

Das Wohlergehen des Kindes aber wird erst ab den dreißiger Jahren als Grund für eine Episiotomie genannt. Dadurch nahm die Häufigkeit der Operation erheblich zu. Das neue Argument lautete, daß man dem Kind eine längere Austreibungsperiode ersparen wollte. Die Erweiterung des Scheideneingangs sollte eine rasche Zangenentbindung ermöglichen. Als im Jahre 1937 ein Gynäkologe die große Häufigkeit von Episiotomien rechtfertigte, nannte er an erster Stelle »fetale Indikationen«: »Der Fetus muß vor den Auswirkungen der zweiten Periode geschützt werden, besonders vor gewissen Verletzungen, zu denen es kommen kann, wenn der Kopf als Dilatator« des weichen Geburtskanals wirke[107]. In Joseph DeLees Lehrbuch ist vom Schutz des Fötus erstmals im Jahre 1933 die Rede. Der erste Hinweis in *Williams Obstetrics* erschien 1950: Die Operation »erspart es dem Kopf des Kindes, als Rammbock zu wirken«[108].

In den siebziger Jahren hatte jede Frau, die in einem westlichen Land niederkam, große Aussichten, eine Episiotomie mitmachen zu müssen: 65 Prozent der Frauen in Ontario, 64 Prozent in einem Wuppertaler Krankenhaus, 70 bis 90 Prozent in einem Londoner Krankenhaus, 60 Prozent der Erstgebärenden in der Gegend von Brighton[109]. Wozu eine englische Hebamme meinte: »Ich bin sehr unglücklich darüber, daß einige Ärzte und Hebammen in letzter Zeit so ›schnittfreudig‹ geworden sind.« Und sie sprach vielen Hebammen aus der Seele, wenn sie sagte, daß es »keine Notwendigkeit

106 Eastman, *Williams Obstetrics,* a. a. O., S. 412.

107 Howard C. Taylor, »Indications and Technique of Episiotomy«, in: *American Journal of Surgery,* NS, 35 (1937), S. 403.

108 Joseph B. DeLee, *The Principles and Practice of Obstetrics,* 6. Aufl., Philadelphia 1933, S. 322, 331; Eastman, *Williams Obstetrics,* a. a. O., S. 410.

109 Ontario, Ministry of Health, *Hospital Statistics,* 1978/79, S. 92; und H. Glosemeyer und H. Stockhausen, »Mediolaterale Episiotomie oder mediane Episiotomie?«, in: *Geburtshilfe und Frauenheilkunde,* 38 (1978), S. 34–37. Zu Brighton vgl. Constance L. Beynon, »Midline Episiotomy as a Routine Procedure«, in: *JOB,* 81 (1974), S. 178.

gibt, die Geburt des Kindes zu überstürzen«[110]. Ich kann mich naturgemäß nicht zu der Frage äußern, wann das Interesse der Mutter an einer erfreulichen Geburtserfahrung die möglichen Nachteile aufwiegt, die das Kind erleidet, wenn es zu rasch durch die Scheide auf die Welt befördert wird. Jedenfalls steht fest, daß die Operation seit den dreißiger Jahren im allgemeinen mit der Sicherheit des Kindes gerechtfertigt wird.

Zange. Der Kopf des Kindes befindet sich jetzt in der Scheide. Die Mutter wurde gerade einer Episiotomie unterzogen, die in der Regel die Vorbedingung für die nächste Intervention ist: die Entbindung mittels der den Kopf des Kindes umschließenden Zange. Ein Drittel aller Frauen, die heute in den Vereinigten Staaten niederkommen, werden mit der Zange entbunden[111].

Blicken wir einen Augenblick zurück: Als die Zange Ende des 18. Jahrhunderts erstmals bei Krankenhausentbindungen verwendet wurde, benutzte man sie sehr sparsam – in der großen Pariser Entbindungsklinik zum Beispiel ungefähr einmal pro zweihundert Entbindungen[112]. Mit Aufkommen der Anästhesie stieg der Zangengebrauch in den Krankenhäusern leicht an, weil die verminderte Preßfähigkeit der Mutter die Entbindung etwas verzögert und weil sie die durch die Zange verursachten Schmerzen nicht spürt. Doch um die Jahrhundertwende wurde die Zange im Krankenhaus beträchtlich seltener verwendet als zu Hause[113]. In den zwanziger Jahren wurde nur jede zwanzigste Frau im Krankenhaus mit einer Zange entbunden[114].

Doch dann schlug 1920 der Chicagoer Geburtshelfer Joseph De-

110 Juliet Willmott, »Too Many Episiotomies«, in: *Midwives Chronicle,* Februar 1980, S. 46.

111 Daten von 1975 für die Vereinigten Staaten aus: Chard und Richards (Hrsg.), *Benefits and Hazards of the New Obstetrics.* Heinemann, London 1977, S. 39, wo unveröffentlichtes Material aus der American Hospital Record Study der Commission on Professional and Hospital Activities angeführt wird.

112 Tenon, *Mémoires sur les hôpitaux,* a. a. O., S. 252.

113 M. Semon, »Uber die in dem Provinzial-Hebammeninstitut zu Danzig in den Jahren 1887–1897 ausgeführten Zangenentbindungen«, in: *ZGH,* 39 (1898), S. 139, wo außerdem Daten aus zwölf anderen Entbindungskliniken genannt werden.

114 Browne, *Rotunda Hospital,* a. a. O., S. 206; Ehrenfest, *Fetal Morbidity,* a. a. O., S. 224.

Lee die »prophylaktische« Verwendung der Zange vor. Der Gebrauch des Instruments sollte nicht auf die wenigen dringenden »fetalen Indikationen« beschränkt bleiben – etwa einen Vorfall der Nabelschnur oder eine vorzeitige Lösung der Plazenta –, sondern auf alle Fälle ausgedehnt werden, in denen der Kopf des Kindes nicht aus der Scheide austreten konnte, weil die Muskeln des Bekkenbodens (das »Perineum«) noch zu rigid waren. Wenn es den Anschein hatte, daß der Kopf nicht innerhalb einer Viertelstunde erscheinen würde, sollte der Geburtshelfer zunächst eine Episiotomie vornehmen, dann die Zange einlegen und das Kind herausziehen. DeLee sagte, die prophylaktische Zange würde nicht nur der Frau die Strapazen »einer protrahierten zweiten Periode« ersparen, sondern auch das Gehirn des Kindes vor Verletzungen sowie vor den unmittelbaren und späteren Auswirkungen von länger andauernder Kompression bewahren[115]. Ich gehe so ausführlich darauf ein, weil DeLees Operation zu einem Grundbestandteil der modernen Geburtshilfe in den Vereinigten Staaten geworden ist.

Die Operation fand nicht sofort Anklang. J. W. Williams sprach sich in der letzten Ausgabe seines Lehrbuchs (1930), die er noch selbst verfaßte, entschieden gegen die prophylaktische Zange aus: »Ich bin sicher, daß es katastrophale Ergebnisse hätte, würde DeLees Vorschlag allgemein akzeptiert werden.«[116] Und doch wurde das Verfahren schon während der dreißiger Jahre allgemein akzeptiert. 1968 wurde die Zange bei 38 Prozent aller Krankenhausentbindungen in den USA angewendet[117]. Interessant in diesem Zussmmenhang, daß die Anwendungshäufigkeit auf den britischen Inseln erheblich geringer blieb: In Dublin waren es in den zwanziger Jahren 6 Prozent, 1974 11 Prozent[118]. Hinter der massiven Zunahme der »elective low forceps« (fakultativen niedrigen Zange), wie die Operation heute genannt wird, in den USA stand das neue Bestreben, das Kind so rasch wie möglich zu entbinden. 1933 erklärte ein Arzt auf der White House Conference über Geburtsrisiken: »Bis in vergleichsweise jüngere Zeit wurden Zangen nur sehr selten verwendet und auch nur dann, wenn eine Spontanentbindung auszuschließen war; fetale Indikationen ließ man nicht gelten.« Wo-

115 Joseph DeLee, »The Prophylactic Forceps Operation«, in: *AJO-G,* 1 (1920–21), S. 34–44, Zitat von S. 43.
116 Williams, *Williams Obstetrics,* a. a. O., 6. Aufl., S. 481.
117 Chard und Richards, *Benefits and Hazards,* a. a. O., S. 39.
118 Browne, *Rotunda Hospital,* a. a. O., S. 206.

bei man sie – zum Zeitpunkt dieser Erklärung – natürlich gelten ließ[119]. In der Ausgabe von *Williams Obstetrics* aus dem Jahre 1936 fehlte dann die kritische Bemerkung über DeLee, und die Ausgabe von 1950 übernahm die »elective low forceps« ohne Vorbehalt: »Bei der großen Mehrzahl der in unserem Lande durchgeführten Zangenoperationen handelt es sich um *elective low forceps*«, erforderlich gemacht »durch Analgetika, [die] die Preßfähigkeit der Mutter mehr oder minder beeinträchtigen«[120]. Wie oben erwähnt, war es schon lange vor den dreißiger Jahren üblich, die Kreißenden mit Äther oder Chloroform außer Gefecht zu setzen. Geändert hat sich in den dreißiger Jahren also nicht die Häufigkeitsrate schmerzlindernder Maßnahmen, sondern die Einstellung zum Neugeborenen.

Gegenwärtig geht die Anwendung der Zange in amerikanischen Krankenhäusern wieder zurück – um 11 Prozent von 1968 bis 1975. In Ontario um 7 Prozent von 1975 bis 1977. Der Grund ist nicht eine neue Gleichgültigkeit gegenüber dem Kind, sondern wachsendes Vertrauen in den Kaiserschnitt als die beste Art und Weise, Entbindungen zu Ende zu bringen, von denen man befürchtet, sie könnten zu lange dauern.

Heute bleibt jeder siebten amerikanischen Mutter dank des Kaiserschnitts das oben beschriebene Verfahren erspart. Tabelle 7.2 zeigt den enormen Anstieg der Schnittentbindungen seit den fünfziger Jahren. In der Tat hat sich in der Zeit zwischen den sechziger und den siebziger Jahren der Prozentsatz der Kaiserschnitte *verdoppelt*: von 6,8 auf 12,8 Prozent der Geburten. 14 Prozent der Frauen in Ontario wurden durch Kaiserschnitt entbunden[121]. Obwohl die Häufigkeitsrate der Schnittentbindungen in England immer niedriger gewesen ist, ist die gleiche Tendenz festzustellen: in Oxford beispielsweise ein Anstieg von 6 Prozent im Jahre 1970 auf 10 Prozent im Jahre 1974[122].

Der Grund: »In den Mittelpunkt geburtshilflichen Denkens rükken mehr und mehr das Überleben des Kindes und die Vermeidung von Geburtstraumen.«[123] 1976 konnte der Präsident einer wichti-

119 Ehrenfest, *Fetal Morbidity,* a. a. O., S. 220. Ehrenfest widersprach den »radikalen« Geburtshelfern.

120 Eastman, *Williams Obstetrics,* a. a. O., 10. Aufl., S. 1058.

121 Ontario, *Hospital Statistics,* a. a. O., 1978/79, S. 92.

122 Bonnar, Brief, in: *BMJ,* 13. März 1976, S. 652.

123 Eastman, *Williams Obstetrics,* a. a. O., 11. Aufl., S. 1135; 13. Aufl., S. 1126.

gen geburtshilflichen Vereinigung unwidersprochen feststellen: »Es hat sich ein Einstellungswandel vollzogen; einst standen Mutter und Entbindung im Mittelpunkt, jetzt gilt die Aufmerksamkeit vor allem dem Kind.« Ein Teilnehmer vom New Yorker Sloane Hospital fügte hinzu: Die Zunahme der Schnittentbindungen »geht auf das wachsende Bestreben zurück, den Fötus vor jedem denkbaren Schaden zu bewahren«[124]. Der Wunsch, den Fötus zu schonen, hatte also gesiegt.

Sein Sieg hatte einen anderen nach sich gezogen: den des Gynäkologen über den praktischen Arzt. Im letzten Viertel des 20. Jahrhunderts wird die Durchschnittsamerikanerin von einem Gynäkologen entbunden, nicht von einem praktischen Arzt oder einer Hebamme. Das liegt vor allem daran, daß nur ein chirurgisch ausgebildeter Spezialist die Bauchoperation ausführen kann. Niemand sonst ist dazu in der Lage. Früher wurden die meisten Kaiserschnitte in den Vereinigten Staaten von praktischen Ärzten ausgeführt, aber in den dreißiger Jahren wandelte sich die Operationstechnik. An die Stelle leichter Verfahren traten andere, die den praktischen Ärzten Schwierigkeiten bereiteten. Vor 1930 beherrschte der »klassische« Kaiserschnitt die Szene. Da der Schnitt im oberen Teil der Gebärmutter lag, mußte der Arzt durch das schützende Peritoneum, dessen Aufgabe es ist, den Bauch gegen Infektionen abzuschirmen. Es gab noch andere Schwierigkeiten bei der klassischen Operation, so die Neigung der Narbe, bei späteren Entbindungen zu reißen, weil sie in der Mitte des Gebärmuttermuskels lag. Um 1920 schlugen mehrere Chirurgen die Operation am unteren Teil der Zervix vor – ein Einschnitt in der Nähe der Blase, wo die Gebärmutter vorwiegend aus Bindegewebe und kaum aus Muskulatur besteht. Ferner wurde dadurch die Infektionsgefahr für die Bauchhöhle herabgesetzt. Aber die Operation im »unteren Uterinsegment« war technisch schwieriger: der Arzt mußte die Blase freilegen, fortschieben, mußte das Peritoneum sorgfältig von der Gebärmutter ziehen, sie durchschneiden und anschließend wieder zusammennähen. Da die Ärzte für diese Operation damals zehn oder fünfzehn Minuten länger brauchten und da sie mit der Anatomie dieser Region sehr vertraut sein mußten, um sich überhaupt an sie zu wagen, verloren viele praktische Ärzte den Mut, als der Kaiserschnitt im unteren

124 O. Hunter Jones, »Cesarean Section in Present-Day Obstetrics«, in: *AJOG,* 126 (1976), S. 527.

Uterinsegment zum bevorzugten Verfahren wurde. Von den Medizinern, die 1941 die medizinischen Hochschulen verließen, sagte ein Autor: »Viele werden als praktische Ärzte aufs Land gehen. Sie können wie jeder gute Bauchchirurg die klassische Operation mühelos vornehmen. Bei der Operation im unteren Uterinsegment können sie jedoch in ernsthafte Schwierigkeiten kommen.«[125]

So war es. Praktische Ärzte, die diese komplizierten Eingriffe versuchten, konnten in der Tat Schwierigkeiten bekommen. Damit wurden die Frauen von der Medizin und der öffentlichen Meinung insgesamt immer stärker unter Druck gesetzt, sich für ihre Entbindung in die Obhut chirurgisch ausgebildeter Geburtshelfer zu begeben. 1967 wurden 51 aller Geburten in den Vereinigten Staaten von Spezialisten betreut[126]. Nur in entlegenen Staaten wie Iowa wurden die allermeisten Entbindungen von praktischen Ärzten vorgenommen, von denen fast die Hälfte älter als fünfzig war. Ein Gynäkologe von der University of Iowa empfahl, daß die Ärzte, die weniger als fünfundzwanzig Entbindungen im Jahr vornahmen, ganz auf die Geburtshilfe verzichten sollten[127]. Das war's also gewesen für den freundlichen alten Hausarzt, »der dabeisitzen und warten konnte«[128].

Der starke Trend zum Kaiserschnitt und die damit verbundene Abhängigkeit vom Gynäkologen wirkten sich nachhaltig auf das Leben der Frauen aus, da sie deren Autonomie in einem Bereich, über den die Gebärende in den zwanziger und dreißiger Jahren noch frei hatte bestimmen können, erheblich einschränkten. Ich kann nicht beurteilen, ob der Nutzen, den das Kind von diesen geburtshilflichen Operationen haben soll, real oder eingebildet ist. Ich möchte nur zeigen, wie launisch und willkürlich sich Veränderungen in der Auffassung von dem, was man »medizinischen Fortschritt« nennt, auf das Leben der Gebärenden ausgewirkt haben. Bis etwa 1930 bedeutete der medizinische Fortschritt die Befreiung von den Schrecken der traditionellen Geburt und in zunehmendem Maße die

125 Das Zitat von 1941 ist aus der Diskussion über: George H. Ryder, »A Comparison of the Classical and Lower Segment Cesarean Section«, in: *AJO-G,* 41 (1941), S. 1037.

126 American College of Obstetricians and Gynecologists, *National Study,* a. a. O., S. 10.

127 William C. Keetel, »An Appraisal of Maternity Care in Iowa«, in: *JAMA,* 27. Januar 1969, S. 721, 724.

128 Wendung von Ehrenfest, *Fetal Morbidity,* a. a. O., S. 220.

Möglichkeit, die Geburt als freudiges Ereignis zu erfahren, frei von der Furcht vor Tod oder Verstümmelung. Mit der »Entdeckung des Fötus« in den dreißiger Jahren wurde den Frauen das an Hoffnung und Kontrolle wieder weggenommen, was sich gerade zaghaft geregt hatte.

8.
Abtreibung

Nehmen wir an, eine Frau wurde schwanger, wollte aber das Kind nicht haben. War es leicht für sie, eine Abtreibung vorzunehmen, wenn sie es wünschte?

Ich werde in diesem Kapitel die Auffassung vertreten, daß sich die Frauen seit frühesten Zeiten unerwünschter Schwangerschaften zu entledigen wußten, vor allem durch Abortivmittel. Doch da einige dieser Mittel sehr gefährlich waren, mußte eine Frau schon fest zum Schwangerschaftsabbruch entschlossen sein, um sich zu ihrer Einnahme durchzuringen. Deshalb nahmen in der Vergangenheit die längste Zeit nur Frauen in verzweifelter Notlage Abtreibungen vor. Dann aber – zwischen 1880 und 1930 – kam es zu einem entscheidenden Durchbruch, der für alle Frauen einen weitgehend sicheren Schwangerschaftsabbruch möglich machte – eine Entwicklung, die ihnen ein ganz wichtiges Stück Freiheit verschaffte: die Freiheit von unerwünschten Schwangerschaften.

Zu den verzweifeltsten Frauen gehörten die unverheirateten. Wir können uns kaum vorstellen, mit welchem Entsetzen sie eine Schwangerschaft konstatierten, da man sie nach Entdeckung ihrer Schande bestrafte, ins Gefängnis warf oder durch die Kirchengerichtsbarkeit erniedrigte, von den Vorwürfen ganz zu schweigen, mit denen sie und ihre Familien von seiten der Gesellschaft zu rechnen hatten. So hatte beispielsweise Madeleine Mercanton beschlossen, ihr uneheliches Kind nicht abtreiben zu lassen, und war in der Nacht des 27. Mai 1756 heimlich in dem Schweizer Kanton Waadt niedergekommen. Unglücklicherweise starb das Kind bald darauf. Madeleine Mercanton wurde daraufhin angeklagt, »ihre Schwangerschaft verheimlicht zu haben« (was praktisch überall in Europa als Verbrechen galt), »die Geburt verleugnet und das Kind in seinem Blute gelassen zu haben, ohne die Nabelschnur abzuschneiden. Außerdem steht sie stark im Verdacht, das Kind erstickt zu haben.« Infolgedessen lautete das Urteil »Abhacken der rechten Hand und Enthauptung«[1]. Angesichts solcher Umstände ist verständlich, daß sich

1 A. Guisan, »La Médecine judiciaire au XVIIIe siècle, d'après les procédures criminelles vaudoises«, in: *Revue suisse de médecine,* 13 (1912–1913), S. 674.

Frauen wie die Mercanton verzweifelt um Abtreibungen bemühten.

Was geschah, wenn eine Frau bemerkt hatte, daß sie schwanger war? Dr. Egon Weinzierl befragte unverheiratete Mütter, die kurz nach dem Ersten Weltkrieg in die Prager Frauenklinik eingeliefert wurden, zur Reaktion ihrer Familien und Arbeitgeber. Ein Drittel von ihnen berichtete von schrecklichen Familienstreitigkeiten; man hatte sie aus dem Haus geworfen, weil zum Beispiel der Vater Bürgermeister am Ort war, oder man hatte ihnen gesagt, sie dürften nur ohne Kind nach Hause kommen. Von denen, die einen Arbeitsplatz hatten, wurden 42 Prozent entlassen – nicht selten mit Flüchen und Erniedrigungen, Hohn und Spott von seiten der Arbeitgeber. Dreißig der fünfhundert befragten Frauen hatten einen Selbstmordversuch unternommen[2].

Auch für verheiratete Frauen waren unerwünschte Schwangerschaften eine schwere Last. Eine Frau aus Duisburg hatte eine Abtreiberin um Hilfe gebeten und ihr geschrieben, ihre Periode hätte eigentlich am 24. August eintreten müssen, sei aber leider nun schon eine Woche überfällig. Die Frau hatte schon drei Kinder. Und das sei, meinte sie, für Arbeiter doch wohl genug[3]. Die Anarchistin Emma Goldman, die um die Jahrhundertwende als Hebamme in den Mietwohnungen von New York arbeitete, berichtete, daß die meisten der armen Frauen in der ständigen Furcht vor Empfängnis« lebten. »Wenn sie feststellten, daß sie schwanger waren, kamen sie in ihrer Bestürzung und ihrem Kummer schließlich zu dem Entschluß, sich des erwarteten Nachwuchses zu entledigen . . ., indem sie von Tischen sprangen, sich auf dem Boden wälzten, den Magen kneteten, ekelerregende Tränke zu sich nahmen und stumpfe Instrumente verwendeten.« Emma Goldman hatte Verständnis dafür – wenn sie es auch ablehnte, Abtreibungen vorzunehmen –, denn »jedes zusätzliche Kind war ein Fluch, ›ein Fluch Gottes‹, wie mir orthodoxe Jüdinnen und irische Katholikinnen wiederholt erklärten«[4]. Wenn wir also verstehen wollen, wie sich die Körpererfahrung der Frauen historisch verändert hat, müssen wir fragen, welche Möglichkeiten zum Schwangerschaftsabbruch ihnen offenstanden.

2 Egon Weinzierl, *Die uneheliche Mutterschaft.* Berlin 1925, S. 39–41.
3 Zitiert bei: Helmuth Jahns, *Das Delikt der Abtreibung im Landgerichtsbezirk Duisburg in der Zeit von 1910 bis 1935.* Staatswiss. Diss., Bonn 1938, S. 36.
4 Emma Goldman, *Living My Life.* 2 Bde., 1931, Neudr., Dover, New York 1970, Bd. 1, S. 185–86.

Um eine unerwünschte Schwangerschaft zu beenden, probierte eine Frau in der Regel die sich anbietenden Verfahren durch, wobei sie von den ungefährlicheren zu den gefährlicheren fortschritt und aufhörte, wenn eines die erhoffte Wirkung zeitigte. Die ungefährlichsten wirkten selten. Volkstümliche Rezepte empfahlen »heiße Sitzbäder«, manchmal mit Senfpulver[5]. Doch Frauen, die behaupteten, auf diese Weise abgetrieben zu haben, waren wahrscheinlich nicht schwanger oder verheimlichten die wahren Mittel. Professionelle Engelmacher verschwendeten ihre Zeit nicht mit heißen Bädern.

Der nächste Schritt war der Versuch, der Gebärmutter von außen eine Verletzung beizubringen. Im 17. Jahrhundert schnürte die Geliebte eines englischen Priesters »ihren Gürtel eng und versuchte den Fötus mit einem Nudelholz zu zerstören«[6]. Die Literatur ist voll von Berichten über Frauen, die sich von Dachböden und Leitern stürzten, die Treppe hinunterrollen ließen und von Stühlen sprangen. In Finnland pflegten sie sich Kopf und Füße voran vom Dachboden zu stürzen, sprangen von der oben auf dem Ofen angebrachten Bank herab, hoben und trugen schwere Gegenstände – das alles, um den Fötus aus der Gebärmutter herauszutreiben[7].

Von all den äußerlichen Gewaltanwendungen, die Frauen ihrem Leib zufügten, hatte nur die Massage wirkliche Erfolgsaussichten. Sogar heute noch sind in manchen Ländern der Dritten Welt kundige Hebammen in der Lage, eine Fehlgeburt durch Bauchmassage einzuleiten[8]. Diese Technik war gelegentlich auch in Europa zu beobachten. In einem Fall durchstieß die Masseuse einer Frau, die im dritten oder vierten Monat war, die Vaginalwand und verletzte das Bauchfell[9]. Nur durch diesen schrecklichen Unfall haben wir Kenntnis von diesem Vorgang. Wahrscheinlich wurden andere Schwangerschaften sachkundiger fortmassiert.

5 Vgl. beispielsweise Franz Xaver Güntner, *Kindesmord und Fruchtabtreibung in gerichtsärztlicher Beziehung*. Prag 1845, S. 71.

6 Zitiert bei: Alan Macfarlaine, »Illegitimacy und Illegitimates in English History«, in: Peter Laslett u. a. (Hrsg.), *Bastardy and Its Comparative History*. Harvard Univ. Press, Cambridge 1980, S. 77.

7 E. Pelkonen, *Über volkstümliche Geburtshilfe in Finnland*. Helsinki 1931, S. 60.

8 Carl Heinrich Stratz, *Die Frauen auf Java: eine gynäkologische Studie*. Stuttgart 1897, S. 47–48.

9 P. Fraenkel, »Über den Tod beim Abort«, in: *ZBG*, 50 (1926), S. 2217.

Wenn eine Schwangere alle diese Maßnahmen vergeblich ausprobiert hatte, suchte sie ihr Heil vermutlich bei Arzneimitteln. Wir wollen zunächst erörtern, wie weit verbreitet deren Gebrauch war. Der Leser sollte sich vergegenwärtigen, daß sowohl in der Volks- wie in der Schulmedizin die Arzneimittel auf die alten Griechen und Ägypter zurückgehen. Die Arzneibücher des Dioskurides und der hippokratischen Schule wurden im Mittelalter und zu Beginn der Neuzeit wieder und wieder abgeschrieben, so daß sich eine sehr umfangreiche Arzneimitteltradition ungebrochen durch zweitausend Jahre abendländischer Geschichte hindurchzieht[10]. Diese Tradition hielt sich bis zum Ende des 19. Jahrhunderts, als ein »medizinischer Nihilismus« solchen Arzneimitteln gegenüber den traditionellen Pharmakopöen den Garaus machte.

Jede Familie besaß ihren Medizinschrank, und jeder Haushalt in Stadt und Land hatte einen bunten Vorrat an getrockneten und gebrauchsfertigen Pflanzen, vor allem Kamille, Pfefferminze, Lindenblüten, Holunder, Wermut, Schafgarbe, Huflattich und andere. Die Leute sammelten und trockneten sie entweder selbst oder kauften sie in der Apotheke, von fahrenden Händlern oder auf Märkten[11]. In unserem Zusammenhang ist wichtig, daß in erster Linie die Frauen für diese Medizinschränke zuständig waren und daß überhaupt die Arzneikunde – für geburtshilfliche wie allgemeinmedizinische Zwecke – in den Bereich der »Frauenkultur« fiel[12].

Wenn es ein medizinisches Gebiet gab, auf dem die Dorffrauen nach besonderen Kenntnissen strebten, so war es das der »Menstruationsanomalien«, eine medizinische Umschreibung für das Ausbleiben der Periode. Auch die Ärzte beteiligten sich an dieser »Polypragmasie«, denn seit der Antike hielt die Schulmedizin es unter dem Einfluß der Theorie von den Körpersäften für schädlich,

10 Vgl. Wolfgang Jöchle, »Menses-Inducing Drugs: Their Role in Antique, Medieval and Renaissance Gynecology and Birth Control«, in: *Contraception,* 10 (1974), S. 425–39.

11 Alexander Berg, *Der Krankheitskomplex der Kolik- und Gebärmutterleiden in Volksmedizin und Medizingeschichte.* Berlin 1935, S. 57 über Ostpreußen.

12 Der wichtigste Beitrag zu dieser etwas romantischen Sichtweise der Geschichtsschreibung ist: Muriel Joy Hughes, *Women Healers in Medieval Life and Literature.* Freeport N.Y. 1943, S. 22–36.

wenn bei einer Frau die Periode ausblieb. All das unreine Menstruationsblut müsse sich in ihrem Inneren stauen – so diese Theorie – und das Gleichgewicht der übrigen »Körpersäfte« ihres Systems stören. Natürlich durfte man nicht eingreifen, wenn der Grund für das Ausbleiben der Periode in einer Schwangerschaft lag. Blieb die Periode jedoch aus anderen Gründen aus, waren aktive medizinische Maßnahmen erforderlich, Präparate, die »Emmenagoga« hießen und die Menstruation fördern sollten. Fast alles, was bis 1930 über Emmenagoga geschrieben wurde, war medizinischer Hokuspokus, der auf einem völligen Mißverständnis des endokrinen Systems beruhte. Theoretisch können bestimmte Präparate die Periode auslösen, wenn keine Schwangerschaft vorliegt: die Prostaglandine oder jeder »Progesteron-Antagonist« (das Hormon Progesteron erhält die üppige Gebärmutterschleimhaut, die sich bei der Menstruation löst)[13]. Doch in der Mehrzahl der Fälle wird die Periode ausbleiben, weil die Frau schwanger ist. »Jeder weiß«, erklärte Dr. J. F. McCann 1929 auf der Londoner Tagung der gerichtsmedizinischen Gesellschaft, »daß in 999 von 1000 Fällen eine Schwangerschaft die Ursache ist, wenn die Menstruation einer gesunden Frau ausbleibt«[14]. Und die meisten »Emmenagoga« waren, soweit sie überhaupt pharmakologisch wirksam waren, in Wahrheit Abortiva.

Da die Ärzte keine Möglichkeit hatten, eine Schwangerschaft vor dem vierten Monat festzustellen, ist die alte medizinische Literatur voller warnender Geschichten von Frauen, die – wohl wissend, daß sie schwanger waren – über Kopfschmerzen aufgrund von »Menstruationsverhaltung« klagten, und von Ärzten, die, bevor sie ein Rezept ausschrieben, geschickt überprüften, ob die Frau nicht schwanger war. Johann Storch zum Beispiel vermutete eine Schwangerschaft bei einem Dienstmädchen, das in seine Praxis kam, und legte die junge Frau herein, indem er ihr ein schwaches Abführmittel verschrieb, das sie ohne Erfolg nahm, bis ihr Leibesumfang sich nicht länger verheimlichen ließ und eine Abtreibung nicht mehr in Frage kam[15]. Das ist ein weiterer der ironischen Aspekte, an

13 Vgl. L. Schenkel-Hulliger u. a., »Experimental Models in the Search for Antigestagenic Compounds with Menses-Inducing Activity«, in: *Journal of Steroid Biochemistry,* 11 (1979), S. 757.

14 F. J. McCann, zitiert in der Zusammenfassung in: *BMJ,* 2. Februar 1929, S. 203.

15 Johann Storch, *Von Kranckheiten der Weiber.* 8 Bde., Gotha 1746–1753, Bd. 3, S. 199–200.

denen mein Bericht so reich ist: Die Frauen selbst machten sich früher eigentlich gar nicht groß Gedanken über unregelmäßige Monatsblutungen – es sei denn, sie waren durch Schwangerschaft verursacht[16]. Vielmehr waren es die Ärzte, die – unter dem Einfluß der antiken Theorien über »schlechte Körpersäfte« stehend – ihnen die Abortivmittel zugänglich machten.

Zur bäuerlichen Arzneikunde gehörte schließlich noch eine jahrhundertealte Erfahrung mit Tränken zur Stärkung der Wehentätigkeit. Zahlreiche Pflanzen in aller Welt wirken speziell auf die Gebärmuttermuskulatur. So waren beispielsweise in den fünfziger Jahren unseres Jahrhunderts Gebärmutterrisse die *Hauptursache* der Müttersterblichkeit in Uganda, weil die Kreißenden von den Medizinmännern die außerordentlich wirksamen einheimischen Kräuter bekommen hatten[17]. Mutterkorn hat, wie wir gleich hören werden, eine lange volkskundliche Geschichte in der Geburtshilfe. Die Ägypter rieben 2200 v. Chr. bei schwierigen Geburten der Kreißenden den Leib mit Safranöl ein[18]. Da das Kind ja vermeintlich bei der eigenen Entbindung mithalf, waren die traditionellen Europäer fest davon überzeugt, daß die Kreißende bei der Entbindung von einem toten Kind spezielle chemische Hilfsmittel brauchte. So enthielt ein englisches Gesundheitsbuch aus dem 17. Jahrhundert Rezepte für die »Entbindung von einem toten Kind«, unter anderem wurden Kölle, Wein und Ysop empfohlen[19]. Seit unvordenklichen Zeiten gaben die Dorfhebammen den Gebärenden Kräutertees, um die Wehen anzuregen, »die Plazenta auszutreiben« oder die postpartale Blutung zum Stillstand zu bringen[20]. Ich brauche diese Mittel hier nicht im einzelnen aufzuführen, weil alle diese Pflanzennamen dem heutigen Leser kaum etwas sagen würden. Doch konnten sich die Leute an fünf Fingern ausrechnen, daß Pflanzen, die die Gebärmut-

16 Otto Stoll, *Die Erhebungen über Volksmedizin in der Schweiz*. Zürich 1901, S. 24, Sonderdruck aus: *Schweiz. Archiv für Volkskunde,* 5 (1901).

17 Coralie W. Rendle Short, »Causes of Maternal Death Among Africans in Kampala, Uganda«, in: *JOB,* 68 (1961), S. 45.

18 Harvey Graham, *Eternal Eve: The Mysteries of Birth and the Customs That Surround It.* Verb. Aufl., Hutchinson, London 1960, S. 17.

19 Warren R. Dawson, *A Leechbook or Collection of Medical Recipes of the Fifteenth Century*. London 1934, S. 97.

20 Als eines von zahllosen Beispielen vgl. R. de Westphalen, *Petit dictionnaire des traditions populaires messines*. Metz 1934, S. 4–6; Eugène Olivier, *Médecine et santé dans le pays de Vaud au XVIIIe siècle*. Lausanne 1939, Bd. 1, S. 273, 277.

terkontraktionen bei der Geburt anregten, zu einem früheren Zeitpunkt der Schwangerschaft möglicherweise als Abortivmittel zu gebrauchen waren.

Berichte über Frauen, die Abtreibungsmittel nahmen, gibt es in Hülle und Fülle. »Verbreitet war die Kenntnis von Tränken, die Unfruchtbarkeit und Fehlgeburt hervorriefen«, schreibt ein Mediävist[21]. In praktisch allen Werken über Geburtshilfe, die ich zu Rate gezogen habe, gehen die Autoren auf die Volkstümlichkeit dieser Arzneimittel ein und geben uns Einblick in eine tausendjährige Erfahrung des Volks mit Abortivmitteln. Im Laufe dieser Zeit hatte man nach und nach herausgefunden, welche Pflanzen die glatte Muskulatur der Gebärmutter aktivierten, die Einnistung des befruchteten Eis verhinderten oder befruchtungshemmend wirkten – aber niemand hatte eine Vorstellung davon, *wie* ihre Wirkung eigentlich zustande kam. Die haben wir auch heute noch nicht so recht. Aber es ist erstaunlich, daß in Gesellschaften, die Tausende von Kilometern auseinanderliegen und keinerlei Berührung miteinander haben, die gleichen Pflanzen als »förderlich für die Menses« angesehen werden. Es sind immer die gleichen Namen – ob in Peru, Bayern, Indien oder China[22]. Die Volkskultur habe mit erstaunlich zuverlässiger Empirie, schrieb der Züricher J. R. Spinner 1920, die für den kriminellen Abort geeigneten Arzneien zusammengetragen; Arzneien, die unter bestimmten Umständen einen Abort bewirken könnten[23].

Abtreibungsmittel

Was waren das für Mittel? Wie wirkten sie? Und waren sie zuverlässig?

Die folgenden vier Arzneimittel wurden aus einem Verzeichnis von etwa 120 Mitteln herausgesucht, die in der schul- oder volksme-

21 B. D. H. Miller, »›She Who Hath Drunk Any Potion‹ . . .«, in: *Medium Aevum,* 31 (1962), S. 191.

22 Zu diesen Dritte-Welt-Ländern vgl. beispielsweise J. C. Saha u. a., »Ecbolic Properties of Indian Medicinal Plants«, in: *Indian Journal of Medical Research,* 49 (1961), S. 130–51.

23 J. R. Spinner, »Zur Toxologie des Eukalyptusöls und anderer ätherischer Oele, mit besonderer Berücksichtigung ihrer fruchtabtreibenden Wirkung«, in: *Deutsche medizinische Wochenschrift,* 8. April 1920, S. 389.

dizinischen Literatur der Vergangenheit wenigstens einmal als »brauchbar« für Abtreibung oder verzögerte Menstruation erwähnt werden. Noch viele Dutzend könnte man hinzufügen, wollte man all die Pflanzen dazurechnen, die in den »Pflanzenbüchern« aus dem Beginn der Neuzeit als geeignet bezeichnet werden, die Periode herbeizuführen oder »totgeborene Kinder auszutreiben«. Aber diese vier werden weit häufiger als die anderen genannt, woraus sicherlich geschlossen werden darf, daß sie auch die meistverwendeten waren.

Zur oralen Anwendung bestimmt kommen diese Mittel grundsätzlich in zwei verschiedenen Formen vor: erstens als hausgemachter Tee aus getrockneten Blättern, Stengeln, Samenkörnern oder Wurzeln der Pflanzen; zweitens als im Laden gekauftes »Öl«, das von einem Chemiker mittels Wasserdampfdestillation (oder mit Hilfe eines Lösungsmittels wie etwa Alkohol) aus der Pflanze gewonnen wurde; Hauptbestandteil dieser Mixtur ist gewöhnlich ein ätherisches Öl.

Claviceps purpurea (Mutterkorn). Von all diesen Abtreibungsmitteln ist Mutterkorn am bekanntesten geblieben, weil viele seiner Bestandteile, wie beispielsweise das Alkaloid Ergometrin, auch in der heutigen Medizin noch dazu verwendet werden, geburtsbedingte Uterusblutungen zu stillen oder Migräne zu bekämpfen. »Mutterkorn« ist der volkstümliche Name des Pilzes *Claviceps purpurea*, ein harter, schwarzer, sporenartiger Auswuchs, der aus den Ähren des befallenen Getreides, besonders des Roggens, hervorragt. Ein Arzt erinnerte sich, daß er als Dreizehnjähriger durch die Felder bei Ansbach gestreift war und Körbevoll davon gesammelt hatte, einfach aus Neugier, ohne die geringste Ahnung von der Bedeutung des Mittels zu haben. Also hatte auch jedes Bauernmädchen die Gelegenheit, sich damit zu versorgen[24]. Seit den Zeiten des Hippokrates war bekannt, daß Mutterkorn auf die Gebärmutter einwirkt. Adam Lonicer erwähnte es 1582 in seinem Pflanzenbuch als ein erprobtes Mittel gegen Krämpfe und Schmerzen der Gebärmutter[25]. Die Berufshebammen in Deutschland scheinen es seit unvordenkli-

24 Felix von Oefele, »Anticonceptionelle Arzneistoffe«, in: *Heilkunde,* 2 (1897–98), S. 494.

25 Zitiert bei: Wolfgang Schneider, *Lexikon der Arzneimittelgeschichte.* 7 Bde., Govi Verlag, Frankfurt/M. 1968–1975, Bd. V/1, S. 335.

chen Zeiten dazu benutzt zu haben, die Wehentätigkeit anzuregen oder die Lösung der Plazenta zu unterstützen[26]. Wenn also die Schulmedizin die geburtshilfliche Anwendbarkeit des Mutterkorns auch erst Anfang des 19. Jahrhunderts systematisch untersuchte, so stand es doch schon seit langer Zeit in dem Ruf, »wehenanregend« zu wirken.

Dementsprechend blickt Mutterkorn auch auf eine lange Tradition als Abortivmittel zurück[27]. Litauische Hebammen berichteten einem Volkskundler, es sei ihnen als Abtreibungsmittel bekannt[28]. Bei den »Matronen« in den ländlichen Gebieten Frankreichs wurde Mutterkorn »Gebärmutterpuder« genannt, in Deutschland manchmal »Kindesmord«[29]. Das Hauptproblem beim Mutterkorn ist jedoch, daß es erst bei fortgeschrittener Schwangerschaft auf die Gebärmutter einwirkt. Und Frauen, die abtreiben wollen, suchen gewöhnlich nach etwas, das im zweiten oder dritten Monat wirkt. Der früheste Zeitpunkt, zu dem meines Wissens eine Schwangerschaft durch Mutterkorn abgebrochen wurde, lag im vierten Monat, und dabei handelte es sich zudem um eine Schwangerschaft, die bereits durch Blutungen gefährdet war und bei der es vielleicht auch ohne Mutterkorn zu einer spontanen Fehlgeburt gekommen wäre[30]. Dr. James Whitehead gelang es bei drei oder vier Frauen mit stark verengten Becken, einen Abort im fünften Monat einzuleiten[31].

Ruta graveolens (Gartenraute). Auf der Liste der Abtreibungsmittel ist Gartenraute fraglos die Nummer zwei. Ein französischer Arzt des 19. Jahrhunderts erklärte, sie sei »ebenso wirksam wie Sadebaum und noch zuverlässiger«[32]. Man kann ihre Karriere als Abortivum

26 Gerhard Madaus, *Lehrbuch der biologischen Heilmittel.* 1938, Neudr., Georg Olms, Hildesheim 1976, Bd. 3, S. 2504.

27 Béla Issekutz, *Die Geschichte der Arzneimittelforschung,* Akadémiai Kiadó. Budapest 1971, S. 330.

28 J. Alksnis, »Materialien zur lettischen Volksmedizin«, in: Rudolf Kobert (Hrsg.), in: *Historische Studien aus dem Pharmakologischen Institute . . . Dorpat,* IV, Halle 1894, S. 226.

29 E. Ferdut, *De l'avortement.* Paris 1865, S. 83; Madaus, *Lehrbuch,* a. a. O., S. 2503.

30 Dr. Weihe, »Use of Ergot in Inducing Abortion«, in: *LMG,* 18 (1836), S. 543.

31 James Whitehead, *On the Causes and Treatment of Abortion and Sterility.* London 1847, S. 254.

32 Lafeuille, *La Vérité sur l'avortement.* Paris, o. J., S. 100.

bis in die Antike zurückverfolgen. Sie taucht dann in den mittelalterlichen Pflanzenbüchern auf, gehört im 17. Jahrhundert zum Arsenal der Hebammen und hat auch in der Volksmedizin des traditionellen Europas einen festen Platz[33]. Schon in der älteren pharmakologischen Literatur herrscht die Meinung vor, daß Gartenrautenöl die Gebärmutter direkt beeinflußt. Nach einer Reihe von Experimenten an der Gebärmutter von Meerschweinchen und Katzen kommt Jean Renaux 1941 zu eben diesem Ergebnis, Gartenraute führe nicht wegen ihrer allgemeinen Toxizität zum Abort, sondern infolge der direkten »Stimulation des Gebärmuttermuskels«[34].

Frauen in Indien, Ungarn und Neuseeland trinken Gartenrautenöl, um eine Fehlgeburt herbeizuführen. Auch in den Südstaaten der USA konnte man vor dem Bürgerkrieg von älteren schwarzen Frauen hören: »Es treibt sicherer ab als Rainfarnöl.« Die Verwaltung des Botanischen Gartens in Brest konnte ihre Gartenraute nur hinter Glas ausstellen[35]. Und als die Pflanze in den zwanziger Jahren aus den Bauerngärten verschwand, hielt sich ihr Ruf hartnäckig, und es hieß von ihr: »Verwendung nur für Liebende«[36].

Tanacetum vulgare (Rainfarnöl). Rainfarnöl wird hier vor allem berücksichtigt, weil es das verbreitetste Abortivmittel in den Vereinigten Staaten war. Sein wirksamster Bestandteil ist »Thujon«; und obwohl die offizielle Pharmakologie behauptete, Rainfarnöl sei ein tödliches Gift, wurde es trotzdem weithin verwandt[37]. Um 1930 stellte ein Experte fest, es sei das »Lieblingsabortivum« in den ländlichen Gebieten Amerikas[38]. Auch in Indien – ebenso wie in vielen andern Ländern – war es bekannt[39]. Kurz, Rainfarn haben die

33 Dr. Moïssidés, »Contribution à l'étude de l'avortement dans l'antiquité grecque«, in: *Janus,* 26 (1922), S. 143.

34 Jean Renaux, »A Propos des propriétés abortives des essences de rue et de sabine«, in: *Archives internationales de pharmacodynamie,* 66 (1941), S. 472.

35 Louis Caradec, *Topographie médico-hygiénique du département du Finistère.* Brest 1860, S. 337.

36 Heinrich Marzell, *Volksbotanik: Die Pflanze im deutschen Brauchtum.* Berlin 1935, S. 106.

37 Torald Sollmann, *A Manual of Pharmacology.* 6. Aufl., Philadelphia 1942, S. 168.

38 Frederick Taussig, *Abortion, Spontaneous and Induced: Medical and Social Aspects.* St. Louis 1936, S. 353.

39 Saha, »Indian Medicinal Plants«, a. a. O., S. 141.

Frauen spätestens seit der heiligen Hildegard von Bingen (1098–1179) genommen[40]. Er muß also schon irgendeine Wirkung gehabt haben.

Juniperus sabina (Sadebaum). Von allen Pflanzen, die ätherische Öle enthalten, wurde der immergrüne Strauch *Juniperus sabina* weitaus am häufigsten für Abtreibungen verwandt.

So schon bei den Römern – später taucht er dann wieder 1565 im Pflanzenbuch von Hieronymus Bock auf: »Zuletst so verfüren die jüngeren huren / geben jnen Seuen-palmen gepulvert / oder darüber zu trincken / dadurch vil kinder verderbt werd. Zu solchem handel gehört ein scharpffer Inquisitor und meyster.«[41] Ende des 18. Jahrhunderts berichtet ein Göttinger Professor: »Wenn ich in Schwaben aufs Land reiste und an einem Dorfgarten vorbeikam, in welchem ich einen Sewen-Baum oder -Busch sahe, so wußte ich aus vielen Fällen, wo meine Vermutung eingetroffen war, schon, daß der Garten dem Barbierer oder der Hebamme des Dorfes gehörte. In welcher guten Absicht mag wohl der Sewenbaum so sorgfältig gepflanzt werden? – Betrachtet man die Bäume und Stauden, so sind sie gewöhnlich ihrer Krone beraubt und verkrüppelt, weil sie so oft berupft, auch mitunter bestohlen werden.«[42]

Frauen, die die Pflanze nicht im eigenen Garten anbauen konnten, stahlen sie häufig aus den öffentlichen botanischen Gärten. Deshalb wurde hier und dort der Anbau in den öffentlichen Gärten verboten, oder die Pflanze wurde entfernt. Die Gärtner konnten lange Geschichten darüber erzählen, und es gab Gärten, in denen der Sadebaum durch einen Zaun vor der Öffentlichkeit geschützt werden mußte[43].

Augustus Granville beschrieb, wie 1818 eine Frau in seiner Armenpraxis im Londoner Stadtteil Westminster erschien, die unter »Amenorrhö« litt, das heißt, deren Menstruation seit einigen Monaten ausgeblieben war. Sie hatte sich übergeben. Granville verschrieb Sadebaum und berichtete, daß »sich ungefähr vierzehn Tage danach

40 Der Hinweis auf die heilige Hildegard bei: P. Fournier, *Le livre des plantes médecinales et vénéreuses de France.* 3 Bde., Paris 1947–48, Bd. 1, S. 394.

41 Zitiert bei: Heinrich Lehmann, *Beiträge zur Geschichte von ... Juniperus Sabina.* Phil. Diss., Basel 1935, S. 132–33.

42 Zitiert bei: Louis Lewin, *Die Fruchtabtreibung durch Gifte und andere Mittel.* 3. Aufl., Berlin 1922, S. 328.

43 Marzell, *Volksbotanik*, a. a. O., S. 180.

eine leichte Monatsblutung einstellte«[44]. Ein Forscher untersuchte Fälle, in denen eine Abtreibung mittels Sadebaum versucht worden war, und kam zu dem Ergebnis, solche Versuche seien gewöhnlich von Erfolg gekrönt[45]. Doch in der medizinischen Literatur überwiegt die Zahl der Fälle mit Vergiftungserscheinungen bei weitem die, in denen keine schwerwiegenden Nebenwirkungen bei der Mutter auftraten. Natürlich haben die Frauen, die einen erfolgreichen »kriminellen« Abort hinter sich hatten, diese Neuigkeit nicht unbedingt ihren Ärzten mitgeteilt. Und doch fällt auf, wieviele Sadebaum-Fälle tödlich für die Frauen endeten. In Schweden starben beispielsweise zwischen 1851 und 1900 fünfzehn schwangere Frauen an *Ätheroleum sabinae*, Todesfälle, die in den offiziellen Berichten als »Selbstmord« deklariert wurden[46]. In dreizehn der zweiunddreißig Fälle, die Lewin in der Literatur entdeckte, starben die Frauen, und in elf Fällen hatten sie, ganz gleich, ob sie starben, keine Fehlgeburt[47].

Wer die Geschichte der Abtreibung schreibt, stößt also auf ein Problem: Er muß sich entscheiden, wem er mehr Glauben schenken soll – den Ärzten, die nur über die von ihnen behandelten Vergiftungsfälle berichteten, oder Medizin-Volkskundlern wie Dr. N. Kronfeld, der auf die Verbreitung von Mitteln wie Sadebaum hinwies: In den Alpenländern sei seine kriminelle Verwendung so selbstverständlich wie das Aufsagen des Alphabets[48]. Der entscheidende Nachteil der Kräuterabtreibung lag in ihrer Unzuverlässigkeit. Wenn wir einen Moment von der Hypothese ausgehen wollen, daß es bei vielen dieser Mittel eine relativ sichere Abortivdosis gab, was machten dann *die* Frauen falsch, die sich so schreckliche Vergiftungen zuzogen? Die zahlreichen Berichte über die Nutzlosigkeit der Abortivmittel lassen sich, wenn man die ebenso zahlreichen Berichte über ihre schreckliche Giftigkeit dagegenhält, nur so erklären, daß es

44 Augustus Granville, *A Report of the Practice of Midwifery at the Westminster General Dispensary during 1818.* London 1819, S. 148.

45 Raimund Werb, *Die Wandlung der Abtreibungsmethoden und ihre forensische Bedeutung.* Med. Diss., Marburg 1936, S. 17.

46 Jonas Frykman, »Sexual Intercourse and Social Norms: A Study of Illegitimate Births in Sweden, 1831–1933«, in: *Ethnologia Scandinavica* (1975), S. 135.

47 Lewin, *Fruchtabtreibung,* a. a. O., S. 333–35.

48 M. Kronfeld, »Volksthümliche Abortiva und Aphrodisiaca in Österreich«, in: *Wiener medizinische Wochenschrift,* 2, November 1889, S. 1699.

schwierig war, eine zuverlässige und sichere Dosierung zu finden. Diese Schwierigkeit hatte verschiedene Ursachen:

– Der Anteil an ätherischem Öl in diesen Pflanzen konnte von Jahr zu Jahr sehr unterschiedlich ausfallen, je nachdem, ob es ein regnerischer oder trockener Sommer gewesen war. Er konnte vom Monat der Ernte abhängen, wobei die aktiven Substanzen normalerweise zur Zeit der Knospung am reichlichsten vorhanden sind[49].

– Das Vorhandensein aktiver Bestandteile konnte davon abhängen, wie lange eine Pflanze gelagert worden war[50].

– Die Rezepte, die in der Subkultur der Frauen von Hand zu Hand gingen, wiesen erhebliche Unterschiede auf.

Angesichts dieser Umstände wird die Kräuterabtreibung vielen Frauen als unsichere Angelegenheit erschienen sein. Das Ergebnis war – im Einzelfall – nicht zu berechnen: Man kochte einen Stoß Sadebaumzweige drei Stunden lang, trank den Sud und bekam dann entweder schreckliche Krämpfe, einen Abort mit einem leichten Gefühl der Übelkeit, oder man spürte überhaupt keine Wirkung, und die Schwangerschaft dauerte an. Aufgrund einer derart hohen Zufallsabhängigkeit kam für die meisten verheirateten Frauen die systematische Verwendung von Arzneimitteln zur Geburtenkontrolle wahrscheinlich nicht in Frage. Dennoch legen die häufigen Berichte in der volks- und schulmedizinischen Literatur über ihre Anwendungen den Schluß nahe, daß die Abtreibung durch Pflanzenmittel trotzdem eine beträchtliche Zahl der »Fehlgeburten« ausmachte. Eine Frau brach möglicherweise eine Schwangerschaft mit Safrantee ab, eine weitere Schwangerschaft fünf Jahre später mit Flohkrautöl, das sie im Laden gekauft hatte, und hatte im Endeffekt sechs Lebendgeburten aus einer etwas größeren Zahl von Konzeptionen. Doch erst zu Beginn des 20. Jahrhunderts wurden verläßlichere Arzneimittel wie Chinin und Apiol allgemein erhältlich, so daß dann die Arzneimittelabtreibung einen entscheidenden Beitrag zur Reduzierung der Fruchtbarkeit leistete.

49 Ernst Guenther, *Essential Oils*. 6 Bde., Van Nostrand, New York 1948–1952, Bd. 1, S. 68–77.

50 Madaus, *Lehrbuch*, a. a. O., Bd. 1, S. 319.

Wenn die Pflanzenmittel nichts verschlugen, mußte die Frau ihre Schwangerschaft wohl austragen, weil die instrumentelle Abtreibung vor der zweiten Hälfte des 19. Jahrhunderts keine realistische Möglichkeit war. Der instrumentelle Eingriff findet direkt in der Gebärmutter statt, wobei man den Versuch machte, entweder – zu Beginn der Schwangerschaft – den Embryo von der Uteruswand zu kratzen, oder – zu einem späteren Zeitpunkt der Schwangerschaft – die Gebärmutter mechanisch zu reizen, so daß sie mit den Kontraktionen begann, oder die das Kind umgebende Fruchtblase zu punktieren.

Solche Abtreibungen wurden selten vorgenommen. Beispielsweise arbeiteten die meisten der berufsmäßigen Abtreiber, die Ende des 17. Jahrhunderts in der Bastille eingekerkert waren, mit Arzneimitteln, nicht mit Instrumenten[51]. In einer Straßburger Verordnung aus dem Jahre 1605, die den Hebammen Abtreibungen untersagte, war lediglich die Rede von Aderlaß, Abführmitteln und Arzneien. Instrumente wurden nicht erwähnt, also von den Hebammen auch wahrscheinlich nicht für Abtreibungen benutzt[52].

Einer der Gründe für die traditionelle Scheu vor instrumentellen Eingriffen war die Unsicherheit, die in der dörflichen Kultur hinsichtlich Anatomie und Funktionen der Gebärmutter herrschte. Den schon geschilderten abstrusen Vorstellungen der Geburtshelfer von den Geburtsmechanismen entsprach eine generelle volksmedizinische Unkenntnis des Körperinneren. Ein deutscher Schneiderlehrling wollte z. B. die Leibesfrucht seiner Liebsten abtreiben. Nachdem er vergeblich auf ihrem Bauch herumgetrampelt war, nahm er seine große Tuchschere, steckte sie in die Vagina und versuchte, den »Lebensfaden« des Fötus abzuschneiden. Alles, was er erreichte, war eine Verstümmelung der Vagina[53]. Abtreibung durch vaginale Eingriffe müsse bei der bäuerlichen Bevölkerung notgedrungen selten bleiben, schrieb Otto Stoll in seiner Untersuchung der Volkspraktiken in der Schweiz, weil dazu Dritte erforderlich

51 Roger Goulard, »Avorteurs et avorteuses à la Bastille«, in: *Bulletin de la société française d'histoire de la médecine,* 15 (1921), S. 267–82.

52 Hermann W. Freund, »Das Hebammenwesen«, in: Joseph Krieger (Hrsg.), *Topographie der Stadt Straßburg.* Straßburg 1889, S. 303.

53 Johann Ludwig Casper, *Practisches Handbuch der gerichtlichen Medicin.* 4. Aufl., 2 Bde., Berlin 1864, Bd. 1, S. 236.

seien, die mit der Anatomie des Geburtskanals vertraut sein müßten[54].

Nicht gerechtfertigt wäre es, die Kenntnisse, die die damaligen Ärzte von der Beckenanatomie besaßen, als rudimentär zu bezeichnen. Aber auch sie hatten relativ wenig Erfahrung mit Vaginalprozeduren irgendwelcher Art, so daß sie sich ungeschickt anstellten, wenn sie zu solchen Eingriffen gezwungen waren. Am einfachsten ist eine Schwangerschaft dadurch zu beenden, daß man mit der einen Hand auf den Leib drückt und mit einem Finger der anderen Hand durch die Zervix drängt, um im Inneren der Gebärmutter den Embryo zu ertasten. Dann braucht man ihn nur noch abzulösen. Erfahrene Geburtshelfer wie Guillaume de la Motte hatten keine Schwierigkeit damit[55]. Doch bevor der Fötus nicht eine gewisse Größe erreicht hatte, war selbst das recht schwierig. Am Ende des ersten Monats ist der Embryo nur ungefähr einen halben Zentimeter lang, mit neun Wochen zwei Zentimeter (zu diesem Zeitpunkt ist die Fruchtblase etwa fünf Zentimeter lang)[56]. Der Fötus mußte also schon einige Monate alt sein, bevor diese primitiven vaginalen Eingriffe vorgenommen werden konnten. (Wie wir gleich sehen werden, begann man erst in den neunziger Jahren des vorigen Jahrhunderts mit Ausschabungen zum Zwecke des Schwangerschaftsabbruchs.) Ganz unbefangen erklärte 1821 eine medizinische Koryphäe, die Erweiterung der Zervix und die Einführung eines Metallinstruments sei »in der Praxis sehr schwer durchzuführen«[57]. Zwar bezog sich diese Aussage auf die »teuflische und unglaubliche Verworfenheit« des Abtreibers, aber wir dürfen ihr entnehmen, daß diese Verfahren für *jeden* schwierig waren.

Weiß Gott! Hören wir beispielsweise von der »Geschicklichkeit« eines französischen Arztes, der 1857 sein Dienstmädchen schwängerte. Ein Sud aus Sadebaum und Gartenraute, den er ihr verabreichte, brachte nichts als »Koliken, Erbrechen, Kopfschmerzen, Taubheit und Krämpfe«. Deshalb wartete er drei Monate lang und versuchte dann mit Hilfe eines Spekulums eine Gummisonde in ihre

54 Stoll, *Erhebungen,* a. a. O., S. 13.

55 Guillaume Mauquest de la Motte, *Traité complet des accouchemens.* Überarb. Aufl., 1715, Neudr., Leiden 1729, S. 285–86.

56 Keith L. Moore, *The Developing Human: Clinically Oriented Embryology.* Saunders, Philadelphia 1974, S. 63, 73.

57 Joseph Capuron, *La Médecine légale relative à l'art des accouchemens.* Paris 1821, S. 314.

Gebärmutter einzuführen. Dreimal schob er sie hinein und dreimal schrie sie vor Schmerzen auf. »Aber kein Blut floß aus, nur ein bißchen Wasser.« Außerdem waren weiterhin die Bewegungen des Kindes zu spüren. Mademoiselle N. weigerte sich, weitere Versuche über sich ergehen zu lassen, und kam am 7. Oktober nieder[58]. Also selbst Ärzte hatten ihre Schwierigkeiten mit Abtreibungen.

Das größte Problem bei einer instrumentellen Abtreibung war jedoch das Infektionsrisiko. Eine schmutzige Stricknadel kann eine Frau nach dreimonatiger Schwangerschaft genauso leicht infizieren wie eine unbehandschuhte Hand nach neun Monaten. Die gelegentliche Erwähnung septischer Aborte läßt darauf schließen, daß postabortable Abszesse und Entzündungen Schreckgespenster in der dörflichen Frauenkultur gewesen sein müssen. Dennoch waren septische Aborte damals so selten, daß sie fast schon medizinischen Seltenheitswert hatten. In dem Artikel »Fehlgeburt«, den Joubert 1766 für Diderots *Encyclopédie* verfaßte, zitierte er einen Fall, der sich 1714 in Nürnberg zugetragen hatte[59]! Welch weiter Weg in dieser Hinsicht bis zu den Verhältnissen zu Anfang des 20. Jahrhunderts, als ein Krankenhauspathologe berichtete, er sehe gewöhnlich *alle zehn Tage* einen tödlichen Abort[60].

Die erste Abtreibungsrevolution

Die Zunahme der Aborte nach 1970 war dramatisch, aber aus Sicht der Durchschnittsfrau lange nicht so dramatisch wie die *erste* große Zunahme künstlich eingeleiteter Aborte gegen Ende des 19. Jahrhunderts. In jenen Jahren wurde die Abtreibung von einer verzweifelten Notlösung für unverheiratete Dienstmädchen und kindermüde Vierzigerinnen zu einem üblichen Mittel der Geburtenkontrolle. Da Abtreibungen vom Gesetz streng verboten wurden, es sei denn, das Leben der Mutter stand auf dem Spiel, fanden die meisten Aborte in aller Verschwiegenheit statt. Deshalb lassen sich Änderun-

58 Ambroise Tardieu, *Etude médico-légale sur l'avortement.* Paris 1968, S. 118.
59 Joubert, »Fausse couche«, in: Denis Diderot (Hrsg.), *Encyclopédie.* Bd. 6, 1766, S. 452.
60 Sir Bernard Spilsbury in einem Vortrag vor der Gerichtsmedizinischen Gesellschaft, in: *BMJ,* 2. Februar 1929, S. 203.

gen in der Häufigkeitsrate schwer belegen. Dennoch gibt es eine Reihe von Anhaltspunkten dafür, daß es nach 1880 zu einem erheblichen Anstieg eingeleiteter Aborte kam.

So haben wir Berichte von Ärzten und Hebammen, die zur Behandlung von Abtreibungen gerufen wurden, weil Komplikationen aufgetreten waren. Das ist der beste aller zur Verfügung stehenden Indizes, doch bleibt auch er noch weit hinter der Wirklichkeit zurück, weil die meisten Frauen, die eine Abtreibung vornahmen, niemanden zu ihrer Behandlung riefen. Trotzdem zeigt Tabelle 8.1 in den Gemeinden, für die entsprechende Daten vorliegen, einen erheblichen Anstieg.

Weit mehr Frauen wurden wegen »unvollständigen« Aborts ins Krankenhaus eingewiesen – Teile der Leibesfrucht waren in der Gebärmutter verblieben. Zwischen 1888 und 1891 lag keine der Frauen in der Zürcher Frauenklinik aus diesem Grund dort, zwischen 1908 und 1911 waren es 27[61]. Die jährliche Zahl der in Wie-

Tabelle 8.1

Zahl der (spontanen und eingeleiteten) Aborte pro 1000 Frauen im Alter von 15 bis 45 (1901–1927)

Berichte von Ärzten, Hebammen und Krankenhäusern	
Malmö (Schweden)	
1901–09	3
1910–19	6
1920–27	8
Magdeburg	
1912	20
1923	23
1927	18
Berichte von Versicherungsgesellschaften (pro 1000 weibliche Mitglieder im gebärfähigen Alter)	
Leipzig	
1887–1905	9
Berlin	
1915	13
1927	33

Quellen: Vgl. Anmerkungen zu den Tabellen, S. 344.

61 Leopold Kohn, *Beitrag zum suspekten und kriminellen Abort an Hand von 76 Fällen der Zürcher Frauenklinik*. Med. Diss., Zürich 1917, S. 14.

ner Krankenhäusern behandelten Aborte stieg von 400 im Jahre 1892 auf 4500 im Jahre 1912, nicht eingerechnet die Zahl der Frauen, die wegen Fehlgeburten in den Ambulanzen behandelt wurden. Ein Wiener Arzt empfahl, einige der barackenähnlichen Wochenstationen in den Kliniken für die Behandlung unvollständiger Aborte umzuwandeln[62]. Überall häuften sich in den Krankenhäusern die septischen und die unvollständigen Aborte. In Paris stellte Dr. P. Balard fest: »Jedes Jahr gibt es fast ebenso viele abgebrochene wie ausgetragene Schwangerschaften.«[63]

In manchen Städten lagen auf den Wochenstationen mehr Abort-Patientinnen als Wöchnerinnen! In Kiel beispielsweise stieg der Anteil der Abort-Patientinnen an der Gesamtzahl der gynäkologischen Patientinnen von 19 Prozent im Jahre 1921 auf 61 Prozent im Jahre 1927[64]. Wenig Zweck hatte es, die Abtreibung zu verweigern, wie aus dem folgenden Stoßseufzer eines Breslauer Arztes hervorgeht: »Und wie oft hören wir in der Sprechstunde, dann fahre ich eben nach Berlin.«[65]

Viele dieser Aborte waren spontan. Haben wir irgendeinen Anhaltspunkt, anhand dessen wir die Zahl der eingeleiteten Aborte von der Zahl der spontanen Aborte oder Fehlgeburten absetzen könnten? Das Problem der zu Hause vorgenommenen Abtreibungen war die Infektionsgefahr, gleichgültig ob der Eingriff von geübten Abtreibern oder den Frauen selbst vorgenommen wurde. Wer mit einem Fremdkörper in der Gebärmutter herumstochert, führt Keime ein. Die Temperatur der Frau steigt. Schwer infizierte Frauen können Peritonitis oder Beckenabszesse bekommen. Doch insgesamt führten relativ wenige Aborte zu Infektionen. Von den 198 000 Fehlgeburten, die 1936 in Deutschland registriert wurden, waren beispielsweise 12 600 (6 Prozent) fieberhaft[66]. Infizierte Aborte interessieren uns vor allem als Index der insgesamt vorgenommenen Abtreibungen. So ist beispielsweise bezeichnend, daß im

62 A. Haberda, »Gerichtsärztliche Erfahrungen über die Fruchtabtreibung in Wien«, in: *Vierteljahrsschrift für gerichtliche Medizin,* 56 (1918), Ergänz., S. 56–57.

63 P. Balard, Mitteilung in: *Presse médicale,* 9. Januar 1937, S. 49.

64 Zur Kieler Region vgl. Elisabeth Baldauf, *Die Frauenarbeit in der Landwirtschaft.* Staatswiss. Diss., Kiel 1932, S. 57 (Landbezirk Kiel).

65 H. Rothe, »Die Einschränkungen des künstlichen Aborts«, in: *ZBG,* 41 (1917), S. 179.

66 Josef Krug, »Die Fehlgeburten im Deutschen Reich«, in: *Münchener medizinische Wochenschrift,* 15. November 1940, S. 1277.

schwedischen Malmö nur 3 bis 4 Prozent der Aborte bei Erstgebärenden fieberhaft verliefen (die meisten waren spontan), während 20 bis 25 Prozent der Aborte bei Mehrfachgebärenden fieberhaft waren: Mütter, die schon länger verheiratet waren und bereits Kinder hatten, entschlossen sich leichter zu einer Abtreibung als jungvermählte Frauen[67]. Von 82 Abort-Patientinnen, die in den dreißiger Jahren in ein Kieler Krankenhaus eingewiesen wurden und deren Aborte offensichtlich eingeleitet waren, hatten mehr als Dreiviertel hohes Fieber[68]. Um 1903 begann die Zahl der fieberhaften Aborte in Kiel anzusteigen[69]. Doch, wie Tabelle 8.2 zeigt, nahmen im ersten Viertel des 20. Jahrhunderts auch andernorts die septischen Aborte zu.

Tabelle 8.2

Zahl der septischen Aborte* pro 100 stationär behandelte Aborte (1901–1939)

1901–09	25
1910–19	32
1920–19	33
1930–39	38

* Therapeutische Aborte sind ausgenommen; »septisch« heißt jede Abort-Patientin mit einer Temperatur über 37,5 bis 38,5 Grad Celsius.

Quellen: Vgl. die Anmerkungen zu den Tabellen, S. 345 f.

Anmerkung: Es handelt sich um zusammengefaßte Daten aus vielen Untersuchungen.

Eine Folge dieses drastischen Anstiegs infizierter Aborte war, wie wir in Kapitel 6 gesehen haben, daß sich das gesamte Phänomen des »Puerperalfiebers« nach 1900 von den Entbindungen nach ausgetragener Schwangerschaft auf die Aborte verlagerte. Nach ausgetragener Schwangerschaft waren die Frauen einstmals vom »Kindbettfieber« heimgesucht worden, weil der Geburtshelfer die Krankheitskeime bei der Untersuchung mit seiner Hand übertrug. Ab 1900 bezeichnete »puerperale Sepsis« vor allem den infizierten Abort. Es ist eine der Tragödien in der Frauengeschichte, daß diese Veränderung in der »Müttersterblichkeit« damals nicht bemerkt wurde, denn eines der Argumente, die der Hausentbindung ein Ende

67 Erik Lindqvist, *Über die Aborte in Malmö, 1897–1928.* Helsinki 1931, S. 243.

68 E. Philipp, »Der heutige Stand der Bekämpfung der Fehlgeburt«, in: *ZBG,* 64 (1940), S. 248.

69 Zitiert bei W. Latzko, »Die Behandlung des fieberhaften Abortus«, in: *ZBG,* 45 (1921), S. 426.

setzten, lautete, die Sepsis sei im Krankenhaus wesentlich seltener.

Unvermeidlich mußte eine so horrende Zahl von septischen Aborten zu einem schrecklichen Anstieg der Todesfälle nach Fehlgeburten führen. Beispielsweise starben 1855 in Berlin 37 Frauen nach einem Abort; 1896 waren es 73[70]. In Hamburg gab es 1907 41 Abort-Todesfälle, 1922 229[71]. Ende der zwanziger Jahre schätzte man, daß in Deutschland *jährlich* 8000 Frauen an Abort starben[72]. Viele weitere Todesfälle blieben in dieser Zahl unberücksichtigt, weil sie als »Lebensmittelvergiftung«, »Mittelohrentzündung« oder »Blinddarmentzündung« klassifiziert wurden[73]. Eine Untersuchung in Neu-Südwales, »die als ›Myokarditis‹ angegebene Todesursache einer jungen Frau betreffend, ergab bei der Leichenöffnung eine Stricknadel im Peritoneum«. Dr. Dunstan Brewer überlegte, daß man eigentlich jeden Todesfall einer Frau im Alter zwischen fünfzehn und fünfundvierzig bis zum Beweis des Gegenteils als Aborttod anzusehen habe[74].

Die Todesursache bei den meisten Aborten war eine Sepsis: in der Schweiz in den neunziger Jahren des vorigen Jahrhunderts 67 Prozent, in England Anfang der dreißiger Jahre unseres Jahrhunderts 85 Prozent, in Philadelphia zwischen 1931 und 1933 86 Prozent[75]. Bei 74 Abort-Todesfällen, die sich zwischen 1921 und 1930 in Sheffield ereigneten, war in 72 Fällen eine Infektion die Ursache[76]. Bei einem spontanen Abort gab es keinen Grund für eine

70 Philipp Ehlers, *Die Sterblichkeit »im Kindbett«.* Stuttgart 1900, S. 30, 33.

71 Karl Freudenberg, »Berechnung zur Abtreibungsstatistik«, in: *Zeitschrift für Hygiene und Infektionskrankheiten,* 104 (1925), S. 545.

72 Karl Freudenberg, »Berechnung über die Häufigkeit der tödlichen Fehlgeburten in Deutschland«, in: *Münchener medizinische Wochenschrift,* 6. Mai 1932, S. 759.

73 Diese Beispiele sind entnommen: Sigismund Peller, *Fehlgeburt und Bevölkerungsfrage.* Stuttgart 1930, S. 141; Wilhelm Liepmann, »Die Gefahren des Aborts«, in: *Deutsche medizinische Wochenschrift,* 1. März 1929, S. 351; und L. Bouchacourt, »A Propos de quelques cas récents de poursuites judiciaires pour avortement clandestin«, in: *Journal des praticiens,* 44 Ergänz. (1930), S. 1884, Anm. 1.

74 Dunstan Brewer in einer Diskussion über einen Bericht von Andrew Topping mit dem Titel »Prevention of Maternal Mortality: The Rochdale Experiment«, in: *Lancet,* 7. März 1936, S. 547.

75 Friedrich Moser, *Über Morbidität und Mortalität bei Abortus.* Med. Diss., Bern 1900, S. 23; J. M. Munro Kerr, *Maternal Mortality and Morbidity.* Edinburgh 1933, S. 46; und Taussig, *Abortion,* a. a. O., S. 382.

76 Janet Campbell u. a. (Hrsg.), *High Maternal Mortality in Certain Areas.*

Infektion. Doch wenn man mit Klistieren, Kathetern und Küretten in den Frauen herumstocherte, standen die Aussichten für gefährliche Komplikationen nicht schlecht – allgemeine Blutvergiftung, Luftembolie, Schock und Kollaps[77].

Wir wollen uns allerdings von diesen entsetzlichen Komplikationen nicht so beeindrucken lassen, daß wir darüber die relative Sicherheit der durchschnittlichen Abtreibung vergessen. Es entschlossen sich einfach so *viele* Frauen zur Abtreibung, daß der kleine Prozentsatz von Todesfällen, der eine Begleiterscheinung des Verfahrens war, absolut genommen zu einer riesigen Zahl wurde. Nehmen wir an, daß pro Jahr eine Million Frauen eine Abtreibung vornehmen lassen und daß die Sterblichkeitsziffer ein Zehntelprozent beträgt – das würde eintausend Abort-Todesfälle pro Jahr bedeuten, eine erschreckend hohe Zahl, aber ein minimales Risiko für die einzelne Frau. Natürlich waren für die Frauen, die mit unvollständigen oder septischen Aborten ins Krankenhaus eingewiesen wurden, die Aussichten schlecht (je nach Statistik starben zwischen ein und zehn Prozent von ihnen)[78]. Doch für die unkomplizierten Aborte, die die große Mehrheit der Fälle ausmachten, lag die Sterblichkeitsziffer weit niedriger. Es ist unmöglich, die tatsächliche Sterblichkeitsrate bei Abort zu schätzen, doch betrug in Magdeburg die Ziffer bei den Aborten, die zu Hause von Ärzten und Hebammen behandelt wurden (plus der im Krankenhaus behandelten Fälle) lediglich 1,3 Prozent. Die gleiche Zahl galt für Österreich[79].

Hinzu kam, daß die Sterblichkeitsziffer zurückging, als man bei der Durchführung von Abtreibungen zunehmend steriler vorging und als darüberhinaus mit Aufkommen der Sulfonamide ein dramatischer Einbruch Ende der dreißiger Jahre stattfand[80]. Ein Danziger

Great Britain, Ministry of Health, Reports on Public Health, Nr. 68, London 1932, S. 42.

77 Autopsiebefunde in Breslau und Halle: F. Pietrusky, »Zur Frage der kriminellen Fruchtabtreibung«, in: *Deutsche Zeitschrift für die gesamte gerichtliche Medizin,* 14 (1929), S. 60–61.

78 Vgl. die Statistik bei: Wilhelm Liepmann, *Die Abtreibung*. Berlin 1927, S. 6. Hugo Lappin berichtet über eine Reihe von Untersuchungen in: *Statistik der Aborte in den Jahren 1925–26*. Med. Diss., München 1927, S. 15–16.

79 E. Roesle, »Die Ergebnisse der Magdeburger Fehlgeburtenstatistik«, in: *Statistisches Jahrbuch der Stadt Magdeburg,* 1927, S. 137; und Ernst Brezina und Valerie Reuterer, »Über den Abortus in Österreich«, in: *Archiv für Hygiene,* 14 (1935), S. 335.

80 Taussig, *Abortion,* a. a. O., S. 386–87; Hans Nevermann, »Zur Frage der

Arzt nannte 1931 zwei Ursachen dafür, daß die Sterblichkeitsziffer der in seiner Klinik behandelten Aborte zurückgegangen sei: »1) Stärkere Beteiligung der Ärzteschaft an illegalen Aborten; 2) Verbesserung der operationsanatomischen Kenntnisse, der Technik und Asepsis auch bei den nicht approbierten Abtreibern.«[81] Je mehr also Ärzte Abtreibungen vornahmen, desto weniger wurden Frauen infiziert.

Wie groß war in den Jahren zwischen 1900 und 1940 die Wahrscheinlichkeit, daß eine Durchschnittsfrau eine Abtreibung vornehmen ließ? Sehr groß. Zur Zeit des Ersten Weltkriegs endete bei verheirateten Frauen von etwa drei Schwangerschaften eine mit einer Fehlgeburt. Da nur ein kleiner Prozentsatz dieser Fehlgeburten spontan gewesen sein dürfte, hatte Max Hirsch wohl recht, wenn er schätzte, daß bei Städterinnen jede vierte Schwangerschaft mit einem illegalen Abort endete[82].

Wie unvollständig diese klinischen Daten auch immer sein mögen, zweifellos wuchs die Zahl der Frauen, die zugaben, schon einmal eine »Fehlgeburt« gehabt zu haben (eine Bezeichnung, die spontane wie eingeleitete Aborte einschloß): In der Zeit von 1882 bis 1885 waren es in Berlin 12 Prozent, 1915/16: 36 Prozent[83]; in Wien 1907: 8 Prozent, zwischen 1920 und 1924: 20 Prozent[84]; in Amsterdam 1883/84: 7 Prozent, 1943: 24 Prozent[85]. Und so fort[86].

Mortalität durch Schwangerschaft, Geburt und Wochenbett«, in: *ZBG*, 52 (1928), S. 2357; und Great Britain, Ministry of Health, Home Office, *Report of the Interdepartmental Committee on Abortion*. London 1939, S. 15 (zu den Sulfonamiden).

81 Dr. Fuchs, »Wandlungen des Abortusproblems«, in: *ZBG*, 55 (1931), S. 1921.

82 Vgl. die Schätzungen bei: Max Hirsch, *Fruchtabtreibung*. Stuttgart 1921, S. 2–8.

83 Daten zu Berlin für den Zeitraum 1882–1915 bei: Karl Hartmann, *Die Häufigkeit des Abortes: Ein statistischer Beitrag aus der Universitätsfrauenklinik in Marburg*. Med. Diss., Marburg 1919, S. 13–14. Für 1915–1916 bei: Agnes Bluhm, »Zur Kenntnis der Gattungsleistung der Industriearbeiterinnen im Kriege«, in: *Archiv für Rassen- und Gesellschaftsbiologie*, 13 (1921), S. 76.

84 Sigismund Peller, »Studien zur Statistik des Abortus«, in: *ZBG*, 53 (1929), S. 2221.

85 P. E. Treffers, »Abortion in Amsterdam«, in: *Population Studies*, 20 (1966–1967), S. 300.

86 Zu München vgl. Hartmann, *Aborte*, a. a. O., S. 13–14 (Patientinnen auf gynäkologischen Stationen).

Natürlich ist diesen Zahlen mit Vorbehalt zu begegnen, da zweifellos viele Frauen ihre illegalen Aborte verheimlichten, spontane dagegen vergaßen, die sie irgendwann zu Anfang einer Schwangerschaft gehabt hatten (oder die sie gar nicht als Aborte registriert hatten, weil sie nicht gewußt hatten, daß sie schwanger waren). Andererseits stellte sich heraus, daß etwa jede zehnte Frau, die glaubte, eine Fehlgeburt gehabt zu haben, noch nicht einmal schwanger gewesen war[87]. Ein anderes Problem liegt darin, daß in diesen Daten Frauen zusammengefaßt sind, die in ganz verschiedenen Umgebungen befragt wurden – etwa in Entbindungskliniken, Augenkliniken, Allgemeinpraxen und Beratungsstellen für Familienplanung. Infolgedessen können Unterschiede in den Ergebnissen eher die Besonderheiten der jeweiligen Stichproben widerspiegeln als zeitliche Veränderungen in der allgemeinen Wahrscheinlichkeit von Aborten. Dennoch scheint es wirklich ein Anwachsen der durch Abort endenden Schwangerschaften von etwa 10 bis 25 Prozent gegeben zu haben. Das mag sich nicht sehr dramatisch anhören, aber wenn 8 bis 10 Prozent aller Schwangerschaften spontan enden (ausgenommen die zahlreichen Aborte zu einem sehr frühen Zeitpunkt der Schwangerschaft), würde die Anzahl der eingeleiteten Aborte von 2 Prozent aller Schwangerschaften um das Jahr 1850 tatsächlich auf 15 Prozent im Jahr 1940 angestiegen sein. Und das bedeutet dann in der Tat eine beträchtliche Veränderung.

Die Menschen damals hätten dieser Einschätzung nicht widersprochen. Man könnte Bände mit den Berichten von Beobachtern füllen, die den Eindruck hatten, daß sich in den zwanziger und dreißiger Jahren die »kriminellen« Aborte zur Epidemie auswuchsen. Doch ich will den Leser damit verschonen und nur darauf hinweisen, daß sich vor allem die Hebammen lange und bitterlich über die Abtreibungen beklagten. Lisbeth Burger berichtete aus ihrer schlesischen Kleinstadt, daß in den Monaten nach dem großen Krieg und während der Inflation die Abtreibungskrankheit wie die Pest in allen Bevölkerungsgruppen gewütet habe, in der Stadt und auf dem Lande, bei arm und reich, alt und jung, Verheirateten und Unverheirateten. Wenn sie gerufen werde, so meistens zu Fehlgeburten, normale Geburten seien eine Seltenheit geworden[88].

87 Virginia Clay Hamilton, »Some Sociologic and Psychologic Observations on Abortion: A Study of 537 Cases«, in: *AJO-G*, 39 (1940), S. 920.

88 Lisbeth Burger, *Vierzig Jahre Storchentante: Aus dem Tagebuch einer Hebamme*. Breslau 1936, S. 227.

Neue Techniken der instrumentellen Abtreibung

Die Motive, die die Frauen veranlaßten, Abtreibungen in solchem Ausmaß vornehmen zu lassen, können nicht Gegenstand dieses Buches sein; sie gehören zur umfassenderen Geschichte der Familie und der Sexualität. Mir geht es hier um die Frage, in welchem Umfang der medizinische Fortschritt die Abtreibungsrevolution ermöglicht hat. Wurde sie mit den traditionellen Techniken vollzogen, die Frauen zur Verfügung standen, welche nun plötzlich ihre Familiengröße zu begrenzen wünschten[89]? Oder war sie das Ergebnis neuer Techniken, die Frauen zugänglich wurden, welche schon immer ihre Fruchtbarkeit hatten einschränken wollen, nur nicht gewußt hatten, wie? Ich vertrete hier die zweite Auffassung, weil ich glaube, daß Frauen stets unter der Abhängigkeit gelitten haben, in die sie durch unerwünschte Schwangerschaften gerieten.

Betrachten wir die neuen Abtreibungstechniken in der Reihenfolge ihres historischen Auftretens.

Punktion

Am wenigsten als Neuerung anzusehen waren die verschiedenen Techniken zur Punktion der Fruchtblase mit einem scharfen Objekt. Volkstümliche Abtreibungswerkzeuge wie etwa Gänsefederkiele sind so alt wie die Menschheit. Aber zu Beginn des 19. Jahrhunderts verloren diese simplen Punktionen dank neuer medizinischer Techniken an Gefährlichkeit: Die Ärzte begannen spitze Drähte in Hohlkatheter einzuziehen. Diese Technik, die eigentlich dazu gedacht war, Frühgeburten einzuleiten, bewahrte vor dem Schaden, den etwa eine ungeschützte Nadelspitze anrichten konnte, wenn sie im Inneren der Gebärmutter ziellos herumfuhr. Mitte des 19. Jahrhunderts war diese Technik zum Standardverfahren der Geburtseinleitung geworden, wenn auch bis zur Entdeckung der Asepsis ein gewisses Risiko blieb. Die Technik wurde – wie alle anderen, die ich beschreiben werde – rasch von den Abtreibern übernommen. Wer

89 Vgl. beispielsweise Linda Gordon, *Woman's Body, Woman's Right: A Social History of Birth Control in America.* Viking/Grossman, New York 1976, S. 35–45.

hätte denn auch ahnen können, schrieb 1855 W. Schütte, seines Zeichens Amtsarzt in Wolfenbüttel, daß der medizinische Fortschritt in den Dienst so gesellschaftsfeindlicher Zwecke gestellt werden würde[90]? Doch im Vergleich zu den Techniken, von denen noch die Rede sein wird, kam der einfachen Punktion keine Bedeutung zu.

Die Abtreibungsrevolution begann damit, daß Charles Goodyear 1839 die Kautschukvulkanisation entdeckte. Als 1850 Gummikatheter auf den Markt kamen, brauchten die Abtreiber nicht mehr aufs Geratewohl mit einem spitzen Gegenstand herumzustochern, wobei sie Gefahr liefen, auf der Suche nach dem Embryo die Gebärmutter zu durchbohren. Sie konnten jetzt einfach einen stumpfen Katheter solange durch die Gebärmutter bewegen, bis sie auf den Embryo stießen. So gab Dr. James F. Scott 1895 eine Beschreibung, wie nach seiner Meinung der typische kriminelle Abort vor sich ging: »Ein schmutziger Katheter wird ungeschickt in die Gebärmutter eingeführt und solange herumbewegt, bis das Ovum zerrissen ist. Die Vagina wird mit Baumwolle ausgestopft, und die Frau wird, wenn sie bezahlt hat, aufgefordert zu gehen.«[91] Bereits 1865 erwähnte der Pariser Arzt E. Ferdut die Auskratzung mit einem massiven Gummikatheter als kriminelle Methode des frühzeitigen Schwangerschaftsabbruchs[92].

Injektionen in die Gebärmutter

Die Injektion von Flüssigkeit in die Gebärmutter setzte sich irgendwann in der zweiten Hälfte des 19. Jahrhunderts durch. Das Verfahren beruht auf dem Prinzip, daß die Gebärmutter selbst zu einem frühen Zeitpunkt der Schwangerschaft zu Kontraktionen veranlaßt werden kann, wenn ihre Wände gereizt werden. Das kann schon ein mit großem Druck aus einer Spritze abgeschossener Wasserstrahl bewirken, so daß es scheint, als ob die bloße mechanische Reizung den Abort hervorruft. Von den neuen Abtreibungstechniken war die Injektion wahrscheinlich die beliebteste und blieb es bis kurz vor

90 W. Schütte, »Die Fruchtabtreibung durch innerlich gereichte Abortivmittel und durch den Einhaustich«, in: *Zeitschrift für die staatliche Arzneikunde,* 46 Ergänz. (1855), S. 106.
91 James F. Scott, »Criminal Abortion«, in: *AJO,* 33 (1896), S. 84.
92 Ferdut, *De l'avortement,* a. a. O., S. 86.

dem Zweiten Weltkrieg. Sie bedeutete die Vollendung der Technologie des 19. Jahrhunderts par excellence.

Medizinische Verwendung fanden die Injektionen schon bei den alten Griechen, und Hippokrates erwähnt eine Spritze, die aus einer Schweinsblase gefertigt war[93]. In einem deutschen Lehrbuch der Chirurgie aus dem Jahr 1531 ist ein Instrument abgebildet, das – mit einem kurzen Ansatz versehen – offensichtlich eine Darm- oder Ohrenspritze ist und aus Metall besteht[94]. Anfang des 19. Jahrhunderts entstand eine Vielfalt von Klistierspritzen zumeist aus Metall oder Glas[95]. Zu ihrer Verbreitung bedurfte es aber der Entdeckung des Gummis, denn die Spritzen aus Messing und Zinn, die die Ärzte und Hebammen verwendeten, waren viel zu teuer. Ferner fehlten ihnen die langen spitzen Ansatzstücke, die man zur Einführung in die Gebärmutter brauchte.

Im Laufe des 19. Jahrhunderts wurden diese Voraussetzungen nach und nach erfüllt. Die beiden Grundformen der Spritzen für den Hausgebrauch waren: Erstens ein Wassersack, der mittels eines Gummischlauchs mit einem dünnen Mundstück aus Metall, Elfenbein oder Hartgummi verbunden war; in der Mitte des Schlauchs befand sich ein Gummiball, den man zusammendrücken konnte, um Wasser mit großem Druck aus dem Ansatzstück hervorschießen zu lassen; zweitens ein Gummiball mit Gewindeöffnung, auf die man ein kurzes Ansatzstück schrauben konnte (für Scheidenspülungen oder Einläufe), oder ein langes gekrümmtes Ansatzstück für Uterusspülungen. Aus beiden Spielarten des Instruments konnte man einen kräftigen Wasserstrahl in die Gebärmutter spritzen und durch diese Reizung eine Fehlgeburt hervorrufen (oder sogar die Plazenta von der Uteruswand ablösen). Im Laufe des Jahrhunderts nahm das medizinische Interesse an der Geburtseinleitung durch Injektionen stetig zu. Erstmalig für geburtshilfliche Zwecke empfahl das Verfahren Jacob Friedrich Schwieghäuser im Jahre 1825. 1846 schlug ein Hamburger Arzt namens Cohen eine *Clysopompe* (Spritze Typ 1) mit dünnem Mundstück und gefüllt mit heißem Wasser zur Geburtseinleitung vor. Im selben Jahr empfahl Franz Kiwisch zur Geburts-

93 Franz Maria Feldhaus, *Die Technik der Vorzeit, der geschichtlichen Zeit und der Naturvölker*. Moos, München 1965, S. 1074.

94 Abgedruckt in: C. J. S. Thompson, *The History and Evolution of Surgical Instruments*. New York 1942, S. 103.

95 Abgebildet zum Beispiel bei: Elisabeth Bennion, *Antique Medical Instruments*. Sotheby, London 1979, S. 169–75.

einleitung die Injektion eines stetigen Wasserstrahls gegen die Zervix[96]. Diese Techniken fanden Verbreitung. 1867 konnte J. Lazarewitch von zwölf Fällen berichten, in denen eine erfolgreiche Geburtseinleitung mittels Gebärmutterinjektionen stattgefunden hatte[97].

Rasch machten sich diese Injektionen auch Nichtmediziner zunutze. 1865 berichtete Dr. Ferdut, das »Verfahren von Professor Kiwisch« sei neuerdings sehr beliebt bei Abtreibern (gemeint waren die *intra*uterinen Injektionen)[98]. Ambroise Tardieu zitiert die Aussage einer Frau, die 1867 angeklagt wurde, sie habe eine Abtreibung vornehmen lassen: »(Die Abtreiberin) hielt eine Spritze in der Hand, die mit einer langen Kanüle versehen war. Ich fragte sie, ob sie mir die in den Bauch stoßen wolle. Sie sagte: ›Keine Angst, nicht weiter als so‹, wobei sie das erste Glied ihres kleinen Fingers vorzeigte. Außer der Spritze brachte sie noch eine graue Flasche mit einer weißlichen Flüssigkeit . . . Ich mußte stehen und mich gegen eine Wand lehnen, die Beine auseinander. Sie kniete vor mir und suchte mit der einen Hand die Öffnung der Gebärmutter, während sie mit der anderen die Kanüle einführte. Ihr Finger blieb in meiner Scheide und dirigierte die Kanüle. Im Abstand von ein paar Minuten machte sie zwei Injektionen.« Um feststellen zu können, ob eine zweite notwendig war, blickte die Abtreiberin in eine Schüssel, in die das Wasser aus der Gebärmutter abfloß. »Wäre das Wasser mit ein bißchen Blut vermengt gewesen, wäre die zweite Injektion nicht erforderlich gewesen. Am Abend gegen neun hatte ich meine Fehlgeburt und verlor eine Menge Blut.«[99]

Im letzten Viertel des 19. Jahrhunderts war die Spritze das Lieblingsinstrument der professionellen Abtreiber. Alles, was man brauchte, war »ein großer Gummiball und eine dünne Kanüle«[100].

Obwohl die Injektionen auch nach der Jahrhundertwende noch eine Zeitlang sehr beliebt bei berufsmäßigen Abtreibern waren,

96 Zur frühesten Geschichte vgl. Heinrich Fasbender, *Geschichte der Geburtshilfe.* Jena 1906, S. 858–62.

97 J. Lazarewitch, »Induction of Premature Labour by Injection to the Fundus of the Uterus«, in: *Transactions, Obstetrical Society of London,* 9 (1867), S. 161–202. Diesen Literaturhinweis verdanke ich Susan Lawrence.

98 Ferdut, *De l'avortement,* a. a. O., S. 86.

99 Tardieu, *L'avortement,* a. a. O., S. 66–67.

100 Vgl. beispielsweise M. Mourral in einem Bericht über die während einer Razzia bei einem Abtreiber beschlagnahmten Werkzeuge, in: *Revue pénitentiaire,* S. 173.

griffen immer häufiger die Schwangeren selbst nach dem Instrument, um sich seiner ohne fremde Hilfe zu bedienen. 1915 schrieb ein Königsberger Arzt: »Die Mutterspritze wird dagegen weniger von den Abtreibern angewandt . . . Häufig wird sie von den Frauen selbst (ohne Mithilfe Dritter) benutzt . . .«[101] Vierundzwanzig der Frauen, die Anfang der zwanziger Jahre in einem Hamburger Krankenhaus wegen Komplikationen behandelt wurden, die auf Injektionsabtreibungen zurückgingen, hatten diese selbst vorgenommen, zwölf hatten sie sich von berufsmäßigen Abtreibern verabreichen lassen[102]. Bedenkt man, wie wirksam die Abtreibungen durch Einspritzung war, kann man verstehen, daß die Frauen bereit waren, um ihretwillen einige Unbequemlichkeiten hinzunehmen.

Doch auch Spritzenabtreibung war nicht ohne Risiko. Zwar hielten sich viele professionelle Abtreiber streng an die Regeln der Asepsis[103]. Aber es gibt Geschichten in Hülle und Fülle, in denen die Rede davon ist, wie Angehörige dieser Zunft den Frauen hastig und leichtfertig irgendwelche unsterilisierten Kanülen einführten[104]. Eine Frau, die sich einen Gegenstand in die Gebärmutter schob, riskierte also zumindest eine Infektion. Wie hoch der Prozentsatz der Frauen war, die sich eine ernsthafte Infektion zuzogen, läßt sich unmöglich sagen, weil wir nicht wissen, wie viele überhaupt eine Abtreibung haben vornehmen lassen.

Neben der Infektion riskierten die Mütter bei instrumentellem Abort auch eine *Perforation*. Die medizinische Literatur ist voll von greulichen Berichten über Frauen, deren Eingeweide herausquollen, weil ihre Vaginalwand durchstoßen worden war[105].

Aber selbst wenn eine Frau die Kanüle richtig führte und Perfora-

101 W. Benthin, »Über kriminelle Fruchtabtreibung«, in: *ZGH,* 77 (1915), S. 597.

102 Artur Horvat, »Beitrag zur Statistik krimineller Aborte«, in: *MGH,* 59 (1922), S. 281.

103 Vgl. beispielsweise Adolphe Pinards Kommentar in: *Presse médicale,* 18. März 1905, S. 175; Max Gerstmann, »Statistisches über Aborte«, in: *MGH,* 68 (1925), S. 221 (»Weniger die geschulte Abtreiberin, die ihren Beruf wenigstens meistens sauber und steril ausübt, als die Patienten selbst, die beim Abtreibungsgeschäft sich pathogene Keime in den Uterus bringen, verschlechtern in dieser Weise die Statistik«).

104 Vgl. Jahns, *Delikt Abtreibung Duisburg,* a. a. O., S. 53 zum Beispiel.

105 Zu näheren Einzelheiten vgl. z. B. Hans-Georg Heinemann, *An der Rostocker Universitäts-Frauenklinik beobachtete Perforationen des graviden Uterus bei Abortsräumungen (1920–1930).* Med. Diss., Rostock 1931.

tionen der Scheide und der Gebärmutter vermied, konnte sie immer noch zu heftig auf den Kolben oder den Ball der Spritze drücken. Dann konnte Schlimmes geschehen: der Druck preßte möglicherweise das Wasser durch die Eileiter in das Bauchfell und verursachte eine Peritonitis, wenn das Wasser nicht steril war. Durch Unachtsamkeit konnten auch Luftblasen in den Ball der Spritze gelangt sein, von wo aus sie in die Venen der Frau dringen konnten, um in Herz und Lunge eine tödliche »Luftembolie« hervorzurufen[106]. Oder das heftige Pressen verursachte ihr einfach sehr unangenehme Schmerzen. Da war z. B. die Frau, die von Österreich nach Duisburg gezogen war und die bald darauf eine Abtreibung brauchte. Sie warb eine Vertreterin der einheimischen »Zunft« an, ihr die Mutterspritze zu applizieren. Als sie ihre Abtreiberin, nachdem sie sich erholt hatte, später auf der Straße erblickte, rief sie aus: »Das ist das verfluchte Weib, das mich halbtot gemacht hat. Das kennt man in Österreich nicht. Das kann man hier alles lernen.«[107]

Trotz dieser Risiken waren die Injektionen in der ersten Hälfte des 20. Jahrhunderts zur beliebtesten Form der eigenhändigen Abtreibung geworden. Gummiballspritzen waren zu Haushaltsartikeln avanciert. Als ein Fabrikarbeiter in Lüdenscheid eine Abtreibung bei seiner dreiundzwanzigjährigen Frau vornehmen wollte, kaufte er sich eine »Mutterspritze« mit metallenem Uterinansatz »Picadilly« von einem Arbeitskollegen, wozu der Arzt, der die Frau später wegen Perforation behandelte, anmerkte: »Die Tatsache, daß derartige, ziemlich raffiniert konstruierte Abtreibungsinstrumente und -mittel von Fabrikarbeitern, die sozusagen als Agenten der diese Dinge fabrizierenden Firmen fungieren, an ihre Arbeitskollegen vertrieben werden, zeigt mit aller Deutlichkeit, wie tief die Kenntnis derartiger Manipulationen bereits in die weitesten Schichten der Bevölkerung gedrungen ist. Die überall bemerkbare Zunahme der Fehlgeburten, namentlich auch der schwer fieberhaften, kann nicht wundernehmen . . .«[108]

106 Vgl. beispielsweise Erich Münchmeyer, *Über die pathologisch-anatomischen Befunde der dem Gerichtlich-medizinischen Institut zu München vorliegenden Fälle von tödlich verlaufender Fruchtabtreibung*. Med. Diss., München 1927, passim; und Weißenrieder, »Fruchtabtreibung Tod durch Luftembolie«, in: *Zeitschrift für Medizinalbeamte,* 23 (1910), S. 585–93.

107 Jahns, *Delikt Abtreibung Duisburg,* a. a. O., S. 61.

108 Fr. Thomä, »Abtreibungsversuch bei fehlender Schwangerschaft«, in: *ZBG,* 36 (1912), S. 1429–31.

In Frankreich konnte man die Kanülen in Drogerien, bei Kräuterhändlern und auf dem Markt kaufen, in Deutschland sogar beim Friseur[109]. »Die Technik der Abtreibung ist heutzutage so einfach geworden«, sagte ein Richter am Appellationsgericht in Rouen, »daß man nicht länger Zuflucht bei Leuten nehmen muß, die dieses Geschäft berufsmäßig betreiben. Es genügt, daß man eine bewanderte Freundin hat und sich . . . die berühmte Kanüle zu verschaffen weiß. Mich hat stets verblüfft, wie leicht sie zu bekommen ist.« Eine Frau hatte sie bekommen, nachdem ihr Liebhaber »Spezialkanüle« auf einen Zettel geschrieben hatte, der für den Drogisten bestimmt war[110].

In Deutschland wurden die Spritzen für fünf Mark pro Stück von Handlungsreisenden verkauft. Sie wurden in Drogerieschaufenstern ausgestellt, und wenn eine Arbeiterin sich keine eigene leisten konnte, benutzte sie mit Nachbarinnen eine Gemeinschaftsspritze. So berichtete ein Arzt von einem Kollegen, »in dessen Praxis in ziemlich regelmäßigen Intervallen zwei Freundinnen (. . .) mehrfach meist kurz hintereinander wegen im Gange befindlichen Aborts in Behandlung kamen. Auf Vorhaltung über dieses sonderbare Zusammentreffen wurde angegeben, daß sie gemeinsam eine Mutterspritze besäßen, die sie abwechselnd bei eingetretener Schwangerschaft zur Abtreibung mit vollem Erfolg benutzten.«[111]

Aufgrund verschiedener Untersuchungen zeigt sich, daß die »Mutterspritze« anderen Instrumenten vorgezogen wurde. Von sechsunddreißig instrumentellen Abtreibungen, die zwischen 1888 und 1895 in der Zürcher Frauenklinik behandelt wurden, war in neunundzwanzig Fällen eine solche Spritze benutzt worden. Gleiches gilt für Zweidrittel der Aborte, die kurz nach dem Ersten Weltkrieg in einem Krankenhaus in Nancy behandelt wurden. 85 Prozent der im Königsberger Krankenhaus behandelten instrumentellen Aborte waren mit einer Gebärmutter- oder einer Scheidensprit-

109 Vgl. Doléris, Mitteilung in: *Presse médicale,* 18. Februar 1905, S. 111; Frederic Griffith, »Instruments for the Production of Abortion sold in the Market Places of Paris«, in: *Medical Record,* 30. Januar 1904, S. 172; und W. Benthin, »Über kriminelle Fruchtabtreibung«, in: *ZGH,* 77 (1915), S. 626.

110 Adolphe Pinard, in: *Revue pénitentiaire et de droit pénal,* 41/42 (1917), S. 174.

111 Petzsch, *Abtreibung und Findelhäuser*. Greifswald 1929, S. 16; A. Grotjahn, *Geburten-Rückgang und Geburten-Regelung*. Berlin 1921, S. 72–73.

ze ausgeführt worden. In Essen waren bei 61 Prozent aller instrumenteller Aborte, die in den dreißiger Jahren vor Gericht kamen, Injektionen im Spiel, die gewöhnlich mit Seifenwasser vorgenommen wurden[112].

Erweiterung plus Katheter

Bevor wir die nächste Technik erörtern, wollen wir uns daran erinnern, daß die Ärzte vor der Jahrhundertwende keine instrumentelle Abtreibung in den ersten beiden Schwangerschaftsmonaten vornehmen konnten, weil der Embryo zu klein war, als daß sie ihn mit ihren beschränkten Methoden hätten ausfindig machen können. Sicherlich konnte der Arzt etwa von der achten bis zur sechzehnten Schwangerschaftswoche einen Finger durch die Zervix zwängen und den Embryo lösen. Aber vor der achten Woche war der Fötus zu klein und nach der sechzehnten Woche zu groß, um so ohne weiteres herausgezogen zu werden. Natürlich hätte man es zu jedem Zeitpunkt mit einer Injektion versuchen können, aber die meisten Ärzte hatten beim legalen, therapeutischen Abort Vorbehalte dagegen, weil sie so viele Infektionen infolge illegaler Abtreibungen sahen. Die entscheidenden Gebiete, auf denen es noch Fortschritte zu machen galt, waren also sichere Methoden für einen Schwangerschaftsabbruch zu einem sehr frühen und zu einem mittleren Zeitpunkt der Schwangerschaft.

Zunächst wurde ein Verfahren für den zweiten Fall entwickelt: für den Abort während des mittleren Schwangerschaftsabschnitts. Dabei wurde die Zervix geöffnet und ein dünner, fester Katheter eingeführt, mit dem man die Uteruswände reizte und eine Fehlgeburt auslöste. Erweiterung plus Katheter wurde rasch von den berufsmäßigen Abtreibern übernommen, denen offensichtlich unbehaglich zumute wurde angesichts der möglichen Komplikationen bei Injektionen. Aber die Abtreiber fanden bald einen eigenen Dreh. Sie begnügten sich damit, mittels der neuen Technik lediglich eine Gebärmutter*blutung* hervorzurufen. Damit suchte die Frau dann – jetzt in der Lage, einen legalen Grund für eine »Ausschabung« zu

112 Kohn, *Beitrag Zürcher Frauenklinik,* a. a. O., S. 13; Pierre-Louis Duclerget, *Contribution à l'étude de l'avortement criminellement provoqué.* Med. Diss., Nancy 1922, S. 60; zu Königsberg: Walter Offermann, »Beitrag zur Behandlung des fieberhaften Abortes und einiges über die kriminellen Aborte überhaupt«, in: *ZGH,* 84 (1921), S. 382.

nennen – einen zugelassenen Arzt auf. Sie blutete und die Schwangerschaft stand offensichtlich vor dem Abbruch. Wichtig war, daß sie den Katheter entfernte, bevor sie den Arzt aufsuchte, deshalb befestigte der Abtreiber eine Schnur daran, mit der sie den Katheter herausziehen konnte[113].

Häufig genügte es, die Zervix zu erweitern, damit es zum Abort kam. Man brauchte keinen Katheder einzuführen. Es ist bemerkenswert, wie nahtlos sich diese Technik aus der Hauptrichtung des »medizinischen Fortschritts« ergab. Anfang des 19. Jahrhunderts suchten die Ärzte nach Mitteln und Wegen, die Geburt bei solchen Frauen einzuleiten, die ihre Schwangerschaft nicht ganz austragen sollten – Mütter etwa mit verengtem Becken. Wie aber ließ sich die Zervix erweitern, ohne der Patientin Zerreißungen zuzufügen? 1820 schlug man Schwammtampons dafür vor. Die waren aber nur schwer in eine eng geschlossene Zervix einzuführen, deshalb wurden später Tampons genommen, die man aus Tang der Gattung Laminaria oder aus der Rinde der nordamerikanischen Ulme herstellte. Wenn man den Tampon, zu einer festen Rolle gedreht, in die Zervix schob, so saugte er sich voller Schleim und begann sich langsam zu dehnen[114]. Die 1862 von Stéphane Tarnier entwickelte Gummiblase funktionierte ganz ähnlich; sie erweiterte die Zervix, wenn man sie voll Wasser pumpte. Alle diese Mittel gehörten in den großen Rahmen der geburtshilflichen Bemühungen, Frühgeburten einzuleiten.

Aber ebenso eigneten sie sich für Aborte nach der Hälfte der Schwangerschaft. 1878 war Tarniers Gummiblase aus den Händen der Ärzte in die der professionellen Abtreiber gelangt[115].

In den zwanziger und dreißiger Jahren waren die Laminaria-Aborte allgemein üblich geworden. Zahlreiche Patientinnen, die mit Komplikationen ins Krankenhaus eingewiesen worden waren, berichteten, Ärzte hätten den Abort mit Hilfe von Laminaria-Tampons eingeleitete, während Injektionen oder Katheter nur noch selten genannt wurden[116]. In einer im Auftrag des Gesundheitsministe-

113 Dieses Verfahren wird beschrieben bei: Haberda, »Gerichtsärztliche Erfahrungen«, a. a. O., S. 83–86.

114 Vgl. Horatio R. Storer, »The Use and Abuse of Uterine Tents«, in: *American Journal of the Medical Sciences,* NS, 37 (1859), S. 59; und J. M. Munro Kerr, *Operative Midwifery.* 2. Aufl., London 1911, S. 449.

115 T. Gallard, *L'Avortement au point de vue médico-légal.* Paris 1878, S. 29.

116 Dr. Kiefer in einer Diskussion, in: *ZBG,* 50 (1926), S. 2216.

riums durchgeführten Studie über die Müttersterblichkeit in Wales Anfang der dreißiger Jahre wurde die Rinde der nordamerikanischen Ulme »als sehr beliebtes Abtreibungsmittel« bezeichnet[117]. Sieben der einundfünfzig Aborte, die 1935 in einem Londoner Krankenhaus behandelt wurden, waren mittels dieser Rinde verursacht worden[118].

In den siebziger Jahren habe ich ältere Apotheker in Ontario befragt, ob sie in den dreißiger Jahren Abortiva zubereitet und verkauft hätten. Die nordamerikanische Ulme wurde häufig erwähnt. Ein Apotheker sagte, er habe sie im Stück verkauft, wenn er die Frauen gekannt habe. Wenn er sie nicht gekannt habe, habe er die Rinde gemahlen – als hätten sie sie für Hustensaft haben wollen. »Sie hätten ihre Gesichter sehen sollen!« sagte der Apotheker.

Dehnung des Gebärmutterhalskanals und Ausschabung

Nehmen wir an, eine Frau wollte ein paar Wochen, nachdem sie entdeckt hatte, daß sie schwanger war, abtreiben. Die eben beschriebene Technik – Erweiterung plus Katheter – konnte zu Beginn der Schwangerschaft durchaus versagen. Noch ungefähr nach dem vierten Schwangerschaftsmonat führt die bloße Weitung der Zervix zu größeren Rissen in der Gebärmutter. Und was die Einführung von Fremdkörpern zu Beginn der Schwangerschaft angeht, so kommen Krankenhauspathologen heute gelegentlich ausgetragene Plazenten zu Gesicht, die Intrauterinpessare einschließen.

Nach der Jahrhundertwende kam eine neue Operation auf, die eine frühe Abtreibung ermöglichte: die »D-und-C« (Dilatation und Curettage, also Erweiterung und Ausschabung). Bei dieser Operation wird die Gebärmutter mittels Metalldilatatoren oder Quellstiften aus Blattang geöffnet und die Innenseite dann mit einer Kürette ausgekratzt.

Die Geschichte beginnt im Jahre 1843, als ein französischer Gynäkologe namens Joseph Récamier die Uteruskürette erfand. Küretten, das heißt scharfe kleine Löffel, hatte man seit jeher für die verschiedensten medizinischen Zwecke benutzt, doch Récamier

117 Campbell, *High Maternal Mortality,* a. a. O., S. 82.
118 H. S. Pasmore, »A Clinical and Sociological Study of Abortion«, in: *JOB,* 44 (1937), S. 459.

versah sie mit einem Griff, so daß man mit ihnen »schwammartige Auswüchse« von den Uteruswänden kratzen konnte[119]. Das Instrument fand wenig Aufmerksamkeit, bis in den sechziger und siebziger Jahren des vorigen Jahrhunderts einige leichtere und besser zu handhabende Versionen auf den Markt kamen. Ab 1867 begannen sich auch die Grundsätze der Asepsis in der Chirurgie durchzusetzen, so daß eine Kürette in die Gebärmutter eingeführt werden konnte, ohne unbedingt Infektionsgefahren heraufzubeschwören[120]. Unter anderem kürettierten die Ärzte, um die Reste unvollständiger Aborte auszuräumen. Doch erst seit den neunziger Jahren des vorigen Jahrhunderts wurde das Instrument auch für den *legalen* Abort verwandt[121]. Und erst in den Jahren vor dem Ersten Weltkrieg nutzten die Ärzte allgemein die Möglichkeiten der Kürette, Schwangerschaften schon in der fünften und sechsten Woche abzubrechen[122].

Hinter den Kulissen hatte längst ein zähes Tauziehen zwischen den Ärzten und den Frauen, die eine Abtreibung wollten, begonnen. Dr. R. Herman aus Haine-Saint-Pierre in Belgien riet seinen Kollegen 1896: »Hüten Sie sich bei der Kürettage vor Schwangeren. Ich weiß von Ärzten, die von ihnen an der Nase herumgeführt worden sind« – das heißt, die sich zu einer »D-und-C« bewegen ließen, weil die Patientin über unregelmäßige Blutungen oder andere Symptome klagte, die die Ausschabung eines nichtschwangeren Uterus rechtfertigte[123]. Zur Zeit des Ersten Weltkriegs hatten sich viele praktische Ärzte an eine Art *Pas de deux* gewöhnt, in dessen Verlauf die Patientinnen nicht um Abtreibung baten und die Ärzte nicht sagten, daß sie eine vornehmen würden, nichtsdestotrotz aber bestehende Schwangerschaften frühzeitig durch Kürettage abgebrochen wurden. »Sie haben gewiß Husten«, mochte der Arzt sagen und damit eine Tuberkulose als legitime Indikation für einen Abort an-

119 Eine Abbildung bei: Harold Speert, *Iconographia Gyniatrica: A Pictorial History of Gynecology and Obstetrics.* Davis, Philadelphia 1973, S. 463.

120 Susan Lawrence, »Instrumental Therapeutic Abortion and Induction of Premature Labor in the Nineteenth Century« (1978).

121 Der früheste Literaturhinweis im *Surgeon General's Index,* Bd. 19, 1914, ist: V.-L.-S. Candelier, *Du Curettage total de l'uterus comme méthode d'avortement provoqué.* Lille 1896.

122 Vgl. Davis B. Hart, *Guide to Midwifery.* London 1912, S. 415.

123 Zitiert bei: Roger Darquenne, »L'Obstétrique aux XVIIIe et XIXe Siècles«, in: *Ecoles et livres d'école en Hainnaut du XIXe siècle.* Ed. universitaires, Mons 1971, S. 306.

deuten[124]. Ohne daß der Arzt oder Patientin im strafrechtlichen Sinne zu Komplizen wurden, machte die Kürettage frühzeitige medizinische Aborte möglich – vorausgesetzt, die Frau konnte einen Arzt ausfindig machen, der bereit war, die Komödie mitzuspielen. Wie viele Ärzte sich dazu bereitfanden, läßt sich nicht entscheiden, aber daß *irgend jemand* alle die Abtreibungen vorgenommen haben muß, die ich im vorigen Abschnitt beschrieben habe, steht außer Zweifel.

Natürlich sickerte auch die »D-und-C«-Methode aus den Kreisen der Ärzteschaft in die Zunft der Abtreiber durch, wenn allerdings auch hier die Daten unzuverlässig sind. Sachkundig vorgenommen führte »D-und-C« kaum zu Krankheits- oder Sterbefällen und tauchte deshalb auch nicht in Krankenhaus- oder Polizeiberichten auf, den üblichen Quellen. Deshalb ist durchaus möglich, daß »D-und-C« in der ersten Hälfte des 20. Jahrhunderts zum wichtigsten Verfahren des instrumentellen Aborts wurde, dabei aber kaum historische Spuren hinterlassen hat. Bereits 1878 klagte ein Pariser Arzt, daß die Kürettage in die Hände professioneller Abtreiber übergegangen sei: »Die Kürette, die uns in unserer täglichen Praxis so wertvolle Dienste leistet . . ., nimmt unter den Instrumenten, die von kriminellen Abtreibern verwendet werden, einen hervorragenden Platz ein.«[125] Ich habe jedoch kaum Hinweise aus jüngerer Zeit entdeckt, daß Abtreiber Küretten benutzt hätten. In einer in den dreißiger Jahren durchgeführten Studie aus Essen wurde sogar behauptet, daß nur Ärzte sie für Aborte benützten[126].

Überall in diesem Abschnitt habe ich die Auffassung vertreten, daß die Abtreibungsrevolution auf den medizinischen und technologischen Fortschritt zurückzuführen war. Zwar mag es eine größere Bereitschaft bei den Frauen gegeben haben, Abtreibungen vornehmen zu lassen, doch hätte dieser Wunsch ohne die Entdeckung der Asepsis nicht in Erfüllung gehen können, ebensowenig ohne die Suche nach Techniken zur Einleitung von Frühgeburten, ohne die Gummiballspritzen und die sterilisierbaren Gummikatheter, von denen die Rede war, ohne die Erfindung der Gebärmutterkürette und ohne die Entdeckung langsam wirkender Dilatatoren zur Öff-

124 Rothe, »Einschränkung des künstlichen Aborts«, a. a. O., S. 179.
125 Gallard, *L-Avortement,* a. a. O., S. 29.
126 Hans Reichling, *Abortivmittel und Methoden des kriminellen Aborts im Landbezirk Essen.* Med. Diss., Münster 1939, S. 23.

nung der Zervix. Deshalb vertrete ich die Auffassung, daß eine relativ sichere medizinische Abtreibung ein Geschenk des technologischen Fortschritts war, dem die Frauen es verdankten, daß sie in den dreißiger Jahren ungewollten Schwangerschaften weniger ausgesetzt waren. (»Relativ sicher« heißt hier aus der Sicht von 1780 und nicht von 1980.)

Abtreiber und Ärzte

Angesichts des jahrhundertealten Klischees von den »Schlächtern« und »Hintertreppenabtreibern«, die die öffentliche Diskussion über dieses Thema beherrscht haben, kann ich nicht umhin, noch eine letzte Frage anzusprechen. Ich habe nämlich den Eindruck gewonnen, daß die professionellen Abtreiber ziemlich sachkundig waren, die eigentlichen »Schlächter« dagegen die Ärzte gewesen sind, von Gewissensbissen geplagt und in Abtreibungsverfahren ungeübt. Dieser Eindruck wird durch verschiedene Anhaltspunkte bekräftigt. Ein Arzt würde fahrlässig handeln, wenn er eine Abtreibung vornehmen würde, ohne zuvor zu prüfen, ob eine »ektopische Schwangerschaft« vorliegt. »Ektopisch« bedeutet hier »außerhalb der Gebärmutter«, Bauchhöhlenschwangerschaft. Bei etwa jeder hundertsten Schwangerschaft entwickelt sich die Leibesfrucht im Eileiter, in der Bauchhöhle oder an einem anderen Ort außerhalb der Gebärmutter[127]. Der Versuch, eine solche Schwangerschaft mittels intrauteriner Maßnahmen abzubrechen, kann eine Katastrophe heraufbeschwören,da die Fruchtblase infolge der Manipulationen zerreißen kann. Insofern ist es interessant zu wissen, wie häufig Ärzte, die im Begriff standen, eine Abtreibung vorzunehmen, diese elementare Vorsichtsmaßnahme außer acht ließen. In einem Kiewer Krankenhaus wurden zwischen 1924 und 1932 beispielsweise 726 Bauchhöhlenschwangerschaften behandelt. In 51 Fällen hatten die Frauen schon vorher versucht, eine Abtreibung machen zu lassen, wobei Zweidrittel dieser Versuche von Ärzten unternommen worden waren[128]. Vielleicht haben es auch die professionellen Abtreiber versäumt festzustellen, ob eine ektopische Schwangerschaft vorlag,

127 Jack A. Pritchard und Paul C. MacDonald, *Williams Obstetrics*. 16. Aufl., Appleton-Century-Crofts, New York 1980, S. 528.

128 M. Magid und N. Pantschenko, »Versuche der Fruchtabtreibung und intrauterine Eingriffe bei ektopischer Schwangerschaft«, in: *ZBG*, 57 (1933), S. 706.

aber die in der Literatur erwähnten Fälle gehen zu Lasten der Ärzte. Eine Reihe anderer Schreckensgeschichten berichtet von Fällen, in denen der Arzt noch nicht einmal überprüfte, ob überhaupt eine Schwangerschaft vorlag[129].

Der zweite Umstand, den wir uns klarmachen sollten, wurde von einem Arzt auf folgende Formel gebracht: »Die Abtreiber infizieren, die Ärzte perforieren.«[130] Die Ärzte scheinen während ihres Studiums so gründlich mit den Regeln der Asepsis vertraut gemacht worden zu sein, daß sie wohl relativ wenig infizierte Aborte auf dem Gewissen hatten. Die Infektion schien eher eine Begleiterscheinung der eigenhändig oder durch den Ehemann vorgenommenen Abtreibung zu sein. Weitgehend verantwortlich aber waren die Ärzte für die entsetzliche Zunahme der Gebärmutter*perforationen*, die in Europa vom Ende des Ersten Weltkriegs bis etwa 1930 zu verzeichnen waren[131]. Beispielsweise waren von 120 Perforationen, zu denen es zwischen 1910 und 1923 bei Abtreibungsversuchen in Hamburg gekommen war, 78 Prozent von Ärzten, 4 Prozent von Abtreibern und 18 Prozent von den Frauen selbst verursacht worden. Von 16 zwischen 1920 und 1930 in Rostock perforierten Uteri waren 14 von Ärzten verletzt worden. Bei einer Überprüfung von 266 anderen in der medizinischen Literatur erwähnten Perforationen stellte ein Forscher fest, daß 57 Prozent das Werk von Ärzten waren[132]. Diese traurige Statistik legt den Schluß nahe, daß »Hintertreppenabtreiber« die Gebärmutter ihrer Kundinnen nicht so häufig perforierten, weil sie sachkundig arbeiteten.

Neue Abortivmittel

Hätten allein die neuen instrumentellen Techniken die enorme Zunahme der Abtreibungen verursacht, könnten wir das Kapitel hier beenden. Doch die Dinge liegen etwas komplizierter. Ein Gutteil

129 Aus der umfangreichen Literatur vgl. zum Beispiel Arthur Stein, »Attempted Abortion in the Absence of Uterine Pregnancy«, in: *AJO,* 75 (1917), S. 644–51.

130 So Dr. Hammerschlag in einer Diskussion, in: *ZBG,* 50 (1926), S. 2216.

131 Zum allgemeinen Anstieg vgl. Werb, *Wandlung der Abtreibungsmethoden,* a. a. O., S. 44.

132 Vgl. Liepmann, *Abtreibung,* a. a. O., S. 10–11; und Heinemann, *Rostokker Perforationen,* a. a. O., S. 2.

des Anstiegs der Abtreibungszahlen geht nämlich auch auf das Konto von Arzneimitteln. In den Vereinigten Staaten wurde bis zum Beginn des Zweiten Weltkriegs etwa ein Drittel aller Abtreibungen mit Substanzen wie Mutterkorn hervorgerufen[133]. In Europa lag der Prozentsatz zwar niedriger, war aber gleichfalls nicht unbeträchtlich. Ein Ausschuß des britischen Gesundheitsministeriums schrieb 1939: »Die häufigste, wenn auch nur sehr begrenzt erfolgreiche Methode, einen kriminellen Abort herbeizuführen, ist die orale Anwendung von Arzneimitteln.«[134] Wenn wir die Frage der Wirksamkeit für einen Augenblick beiseite lassen, so besteht kein Zweifel daran, daß Arzneimittel auch noch in der ersten Hälfte des 20. Jahrhunderts die Erfahrungen der Frauen mit Abtreibungen entscheidend prägten. Ich werde in diesem Abschnitt die Auffassung vertreten, daß traditionelle Mittel wie Sadebaum und Mutterkorn einer Reihe von neuen Präparaten Platz machten und daß diese neuen Mittel – Bleiverbindungen, Chinin und Apiol – in erheblichem Maße für den steilen Anstieg der Abortzahlen nach 1880 verantwortlich waren.

Verfälschte Mittel und »Frauenpillen«

Warum war es überhaupt notwendig, die traditionellen Mittel zu ersetzen? Zum einen lehnten viele Frauen, die längst nicht mehr der traditionellen Gesellschaft zugeordnet werden konnten, diese Volksmittel als »Aberglauben« ab. Die Kräuter würden allmählich vergessen und kaum noch verwendet, schrieb 1898 ein Wissenschaftler über die Berner Gegend[135]. Zunehmend den Prozessen von Verstädterung und »Modernisierung« unterworfen, verloren die Frauen den Kontakt mit jener bäuerlichen Tradition, in der es üblich war, die Pflanzen auf den Wiesen zu sammeln und Tees aus ihnen zu bereiten. Manche der Mittel – wie etwa Mutterkorn – verschwanden auch von den Feldern, als die Anbaumethoden sich verfeinerten.

Die Verfälschung der traditionellen Mittel, die jetzt in Apotheken

133 Vgl. Jalmar H. Simons zu Minneapolis, »Statistical Analysis of One Thousand Abortions«, in: *AJO-G,* 37 (1939), S. 843 (33 Prozent der Aborte durch Arzneimittel, vor allem Mutterkorn und Chinin).

134 Great Britain, *Committee on Abortion,* a. a. O., S. 41.

135 Hans Zahler, *Die Krankheit im Volksglauben des Simmenthals*. Bern 1898, S. 56.

verkauft wurden, verstärkte das Mißtrauen der Frauen noch. Bei Präparaten wie Safran und Sadebaum, die sehr gefragt, knapp und schwierig zu bereiten waren, war die Versuchung zur Verfälschung groß. Wenn die Frauen sie dann nahmen, warteten sie vergeblich auf die erhoffte Wirkung oder erkrankten schwer an den Streckmitteln[136]. Als 1923 ein Wissenschaftler achtunddreißig Proben handelsüblichen Sadebaums aus fünf verschiedenen Ländern analysierte, stellte er fest, daß der englische, der französische und der spanische gefälscht waren. Nur die Proben aus der Schweiz und aus Deutschland waren echt, vermutlich der Grund dafür, daß in Mitteleuropa Aborte infolge von Sadebaum so häufig erwähnt werden[137].

Der Nachfrage nach Abortivmitteln versuchten die pharmazeutischen Hersteller dadurch nachzukommen, daß sie »Frauenpillen« und Patentmedizinen auf den Markt brachten, für die mit vagen Versprechen geworben wurde wie etwa, daß sie »Hindernisse beseitigen« oder »die regelmäßigen Körperfunktionen wiederherstellen« würden. Es dürfte klar sein, daß diese legal vertriebenen Pillen nicht zu den neuen Abortivmitteln gehörten. Sie bestanden größtenteils aus Alkohol, Eisensalzen und Abführmitteln, enthielten aber nur minimale Mengen von Mitteln wie Sadebaum oder Apiol, die tatsächlich irgendeine Wirkung hätten erzielen können[138]. Doch obwohl dieser Tatbestand auf den Beilagezetteln oft zugegeben wurde, griffen die Frauen meist zunächst zu diesen Pillen und bemühten sich erst, wenn sie keinen Erfolg brachten, um eine instrumentelle Abtreibung[139]. Die Wirkungslosigkeit der Patentmedizinen also trug letztlich mit dazu bei, daß die Vorstellung, Arzneimittel könnten eine Alternative zum mechanischen Eingriff sein, bei Ärzten und Frauen gleichermaßen in Mißkredit kam.

136 Zur Verfälschung des Safrans vgl. Madaus, *Lehrbuch,* a. a. O., Bd. 2, S. 1124.

137 Ant. Joseph Scholz, *Pharmazeutisch-gebräuchliche Coniferen-Blattdrogen insbesondere Juniperus Sabina und seine Verfälschungen.* Phil. Diss., Basel 1923, S. 55.

138 Vgl. z. B. »Quacks and Abortion: A Critical and Analytical Inquiry«, in: *Lancet,* 10. Dezember 1898, S. 1570–71; 17. Dezember, S. 1652–53; 24. Dezember, S. 1723–25; 31. Dezember, S. 1807–09. G. Roche Lynchs Anmerkungen in: *BMJ,* 2. Februar 1929, S. 204; Martin Cole und A. F. M. Brierley, »Abortifacient Drugs«, *Journal of Sex Research,* 4 (1968), S. 16–25.

139 Vgl. Bernard Spilsburys Bemerkungen in: *BMJ,* 2. Februar 1929, S. 203.

Im Schatten der Frauenpillen blühten allerdings etliche andere Mittel, die durchaus wirkten. Die »anorganischen Präparate« – Mittel auf der Basis von Arsen, Phosphor, Blei und anderen Metallen – verdanken ihre Wirksamkeit einer hochgradigen Giftigkeit. Ihre Wirkung beruht einfach darauf, daß sie den Fötus eher als die Mutter töten. Doch für einen Zeitraum von etwa vierzig Jahren spielten diese anorganischen Mittel eine entscheidende Rolle im Leben von Millionen von Frauen, die verzweifelt zu einer Abtreibung entschlossen waren.

Zunächst war Arsen in Mode. Es erlebte eine kurze, erfolgreiche Geschichte in Deutschland und Schweden, wo sein freier Verkauf 1876 untersagt wurde. Für ein Drittel der versuchten Abtreibungen, die den schwedischen Behörden zwischen 1851 und 1880 zur Kenntnis gelangten, war Arsen verantwortlich, mit in fast allen Fällen tödlichem Ausgang. In wiederum einem Drittel dieser Fälle hatte die Frau eine Fehlgeburt, bevor sie starb[140]. Inwieweit Arsen in kleinen Dosen als Abtreibungsmittel wirkt, ist nicht geklärt.

Auf Arsen folgte Phosphor, dessen unglückselige medizinische Geschichte 1833 mit der Erfindung der Streichhölzer begann[141]. Die Frauen kratzten die Köpfe von vielleicht hundert Streichhölzern ab, lösten sie in Kaffee auf und tranken das Gebräu. Zwischen 1851 und 1903 sind in Schweden mehr als vierzehnhundert Fälle von Phosphorvergiftungen registriert worden, wobei nur zehn der Opfer überlebten. (Zum großen Anstieg kam es nach dem Arsenverbot.) Auch in Deutschland kam Phosphor kurze Zeit in Mode, bis dann 1907 Streichhölzer mit Phosphorköpfen aus dem Handel gezogen wurden[142]. Wie verzweifelt müssen die Frauen gewesen sein, die ihre Schwangerschaft mit solchen Mitteln zu beenden versuchten!

140 Zu Schweden vgl. G. Hedrén, »Zur Statistik und Kasuistik der Fruchtabtreibung«, in: *Vierteljahrsschrift für gerichtliche Medizin*, 3. Folge, 29 (1905), S. 55.

141 Rudolf Kobert, *Lehrbuch der Intoxikationen*. 2 Bde., Stuttgart 1902–1906, Bd. 2, S. 283.

142 Hedrén, »Fruchtabtreibung«, a. a. O., S. 50–55; Lewin, *Fruchtabtreibung*, a. a. O., S. 248–56; und Werb, *Wandlung der Abtreibungsmethoden*, a. a. O., S. 7–8.

Die Geschichte des Bleis als Abtreibungsmittel sieht etwas anders aus. Es war weiter verbreitet als Arsen, Phosphor oder Quecksilber, und es gibt einige Anhaltspunkte dafür, daß es in kleinen Dosen als Abortivmittel wirkt, ohne der Mutter bleibenden Schaden zuzufügen. Bleipflaster, »Diachylon plumbi« genannt, waren seit der Zeit des alten Griechenlands in Gebrauch. Bleiglätte wurde mit Olivenöl und Schweineschmalz zum Bleipflaster vermischt, einer klebrigen Substanz mit der sich Bandagen befestigen und gebrochene Rippen ruhigstellen ließen. In England wurde es »schwarze Klebe« genannt und in Apotheken in großen Klumpen verkauft, die die Frauen heimtrugen, zu kleinen Pillen rollten und in der Hoffnung auf Abtreibung hinunterschluckten.

Das Bleipflaster hat eine lange Tradition in der Geschichte der Abtreibung. Galen meinte, es wirke auf die Gebärmutter[143]. Ein englisches Pflanzenbuch aus dem 15. Jahrhundert brachte, unmittelbar im Anschluß an die Erörterung verschiedener wehenfördernder Mittel Anweisungen zu Herstellung eines »Diaculums«[144]. In den sechziger Jahren des vorigen Jahrhunderts fiel Beobachtern auf, daß viele Frauen, die mit Blei arbeiteten, spontane Fehlgeburten erlitten[145]. Aber erst in den neunziger Jahren des 19. Jahrhunderts wurde Bleipflaster von einer größeren Zahl von Frauen, vor allem in England, zu Abtreibungszwecken eingenommen. Die ersten Fälle von Bleivergiftungen bei Schwangeren wurden 1893 in Leicester gemeldet. 1899 hatte die »Bleiepidemie« Birmingham und Nottingham erreicht, 1906 den größten Teil Mittelenglands. Nachdem Dr. Arthur Hall die Vergiftungsfälle genau eingegrenzt hatte, erklärte er: »Das Gebiet umfaßt eine Vielzahl von Industriestädten, von denen jede eine nach Tausenden zählende Arbeiterbevölkerung aufweist, dazu Landstriche, die vorwiegend von Bergarbeitern bewohnt werden.«[146] Industriearbeiterinnen und nicht Bäuerinnen nahmen Bleipflaster zu Abtreibungszwecken.

Wie war zu erkennen, daß eine Frau Blei genommen hatte? »Werfen Sie einen Blick auf das Zahnfleisch!« riet Dr. G. Schwarz-

143 Lewin, *Fruchtabtreibung,* a. a. O., S. 276.
144 Dawson, *Leechbook,* a. a. O., S. 99.
145 Lewin, *Fruchtabtreibung,* a. a. O., S. 281.
146 Arthur Hall und W. B. Ransom, »Plumbism from the Ingestion of Diachylon as an Abortifacient«, in: *BMJ,* 24. Februar 1906, S. 428.

waeller, ein Gynäkologe aus Stettin. Eine blaue Linie würde sich zeigen. »Die Kranke . . . sieht blaß aus, der Puls ist regelmäßig, eher etwas verlangsamt, es besteht kein Fieber, das Abdomen ist druckempfindlich und eingezogen. Die Patientinnen klagen über außerordentlich heftige Schmerzen im Unterleib. Trotzdem finden sie die Genitalien meist in normalem Zustand.« Mit andern Worten: keine weiteren Symptome, abgesehen davon, daß sie gerade eine Fehlgeburt gehabt hatte oder kurz davor stand. »Es ist geradezu erstaunlich, wie häufig dieselbe (akute Bleivergiftung) wenigstens hier in Stettin vorkommt. Ich habe unter 300 Aborten seit dem Jahre 1895 18 derartige Fälle beobachtet . . .«[147] Große Dosen schädigen das Zentralnervensystem und können tödlich sein. Kleine Dosen können die Mutter zwar ohne Zweifel ebenfalls vergiften, ihre spezielle Abortivwirkung scheint aber darin zu bestehen, daß sie eher zur Koagulation im Plazentakreislauf führen, als daß sie den Fötus direkt töten. Kaninchenversuche, in denen dieser Mechanismus entdeckt wurde, zeigten auch, daß sich die Tiere bei Verabreichung kleiner Dosen nach der Fehlgeburt wieder ganz erholten[148]. Wenn das stimmt, dann haben sich diese europäischen Frauen mit der Einnahme von Bleipflasterpillen vielleicht gar nicht so selbstmörderisch verhalten, wie man einst glaubte.

Erst Ende der zwanziger Jahre scheint Blei wieder aus der Mode gekommen zu sein. Der Gesetzgeber hatte den Verkauf in Pastenform eingeschränkt (so daß einige Frauen die Substanz von der Innenseite der Binden abzukratzen begannen[149]). Die Geschichte des Bleis als Abortivmittel in der Neuzeit dauerte also nur ungefähr vierzig Jahre. Von all den »neuen« Mitteln hatte nur das Blei nichts mit dem technologischen Fortschritt zu tun. Zwei andere Arzneimittel, Chinin und Apiol, die um 1880 entdeckt worden waren, begannen jetzt das Geschehen zu bestimmen und sind ein schönes Beispiel dafür, wie der »medizinische Fortschritt« den Frauen zum Vorteil gereichte.

147 G. Schwarwaeller, »Zur Fruchtabtreibung durch Gifte«, *Berliner klinische Wochenschrift,* 18. Februar 1901, S. 194.

148 Morris M. Datnow, »An Experimental Investigation Concerning Toxic Abortion Produced by Chemical Agents«, in: *JOG,* 35 (1928), S. 710 und passim.

149 Great Britain, *Committee on Abortion,* a. a. O., S. 56–57.

Die exotische Geschichte des Chinins beginnt Mitte des 17. Jahrhunderts in Südamerika mit der Entdeckung, daß die zu Pulver zerstoßene Rinde des Chinarinden- oder Fieberrindenbaums das Malariafieber linderte. »Perurinde« oder »Jesuitenrinde«, wie das Chinin damals genannt wurde, wurde ein beliebtes fiebersenkendes Mittel bei den Wohlhabenden, denn nur sie konnten es sich leisten[150]. Es muß sich auch als uterusanregendes Mittel bewährt haben, denn 1814 wurde es von einem Autor gegen Menstruationsanomalien empfohlen[151]. 1820 wurde dann sein wichtigstes Alkaloid, das Chinin, entdeckt, woraufhin sich wirksamere Extrakte herstellen ließen.

Für den Normalbürger kam der wirkliche Durchbruch jedoch erst in den siebziger Jahren des vorigen Jahrhunderts, als die ersten Schiffsladungen mit Chinin von den Plantagen auf Java – wo der Baum wegen der großen Nachfrage angebaut wurde – in Europa einzutreffen begannen[152]. Kaum war das Chinin allgemein zugänglich, erwies sich aufgrund verschiedener wissenschaftlicher Experimente, daß Chinin bei Tieren wehenerregend wirken kann, und außer Frage stand nach diesen Ergebnissen, daß es den Muskeltonus der Gebärmutter erhöht[153]. Deshalb setzte sich bereits in den siebziger Jahren des vorigen Jahrhunderts die Verwendung des Chinins in der Geburtshilfe durch.

Auch in nichtmedizinischen Kreisen begann sich der Ruf des Chinins als angebliches Abtreibungsmittel zu verbreiten. Es gibt ein paar Belege vom Ende des 19. Jahrhunderts, so etwa die Bemerkung Felix von Oefeles aus dem Jahre 1897, daß Chinin vielfach zur Abtreibung benutzt werde[154]. 1913 sagte eine Hebamme vor der englischen National Birth-Rate Commission aus, daß die Frauen in der Region von Birmingham neben Bleipflaster »auch Chininsalz in

150 Ausführlich wird die Geschichte dieses Mittels erzählt bei: Issekutz, *Arzneimittelforschung,* a. a. O., S. 45–53; zu einer kurzen englischen Darstellung vgl. Louis S. Goodman und Alfred Gilman, *The Pharmacological Basis of Therapeutics.* 5. Aufl., Macmillan, New York 1975, S. 1062.

151 Zitiert bei: Madaus, *Lehrbuch,* a. a. O., Bd. 1, S. 950.

152 Issekutz, *Arzneimittelforschung,* a. a. O., S. 46–47.

153 Lewin, *Fruchtabtreibung,* a. a. O., S. 364.

154 Oefele, »Anticonceptionelle Arzneistoffe«, a. a. O., S. 493 (bei der Erörterung von »Salix«).

beträchtlichem Umfange nehmen; das Mittel ist augenblicklich in Mode«[155].

Die große Karriere des Chinins als Abtreibungsmittel scheint jedoch erst nach dem Ersten Weltkrieg – möglicherweise parallel mit dem Verschwinden des Bleis als Abortivum – begonnen zu haben. Die Anwendung von Chinin habe vor allem nach dem großen Krieg zugenommen, schrieb ein Pathologe 1935[156]. Die »meisten« der dreißig Frauen, die in Oslo während der zwanziger Jahre wegen Arzneimittelabtreibung ins Krankenhaus eingewiesen wurden, hatten Chinin genommen[157].

Da sich die Frauen dabei leicht vergifteten, erhebt sich die Frage, ob Chinin überhaupt ein echtes Abortivmittel war oder ob es bloß die Mutter vergiftete und dabei den Fötus tötete. Heftig diskutiert wurde der Fall eines italienischen Arztes, der 1901 einige Eisenbahnarbeiter bei Cività Vecchia mit Chinin gegen Malaria behandelte. Unter ihnen waren neunundvierzig Schwangere, von denen siebenundvierzig keine Fehlgeburt hatten[158]. Seither ist von Medizinern beobachtet worden, daß Patientinnen, die sich mit hohen Chinindosen vergifteten, häufig keine Fehlgeburt hatten[159]. Wir scheinen es hier wieder mit einem jener merkwürdigen medizinischen Mißverständnisse zu tun zu haben, die dazu beigetragen haben, daß die Abortivmittel in Vergessenheit geraten sind: Kleinere Dosen Chinin haben offensichtlich eine anregende Wirkung auf die Gebärmutter, große Dosen lähmen sie. Das bestätigte M. Canale, ein italienischer Pathologe, als er im Jahr 1969 erklärte: »Chinin in kleinen Dosen regt Uteruskontraktionen an, in hohen Dosen erzielt es einen gegenteiligen Effekt.«[160]

155 National Birth Rate Commission, *The Declining Birth-Rate. Its Causes and Effects*. 2. Aufl., London 1917, S. 274.
156 R. M. Mayer, »Tod nach Fruchtabtreibung mit Chinin«, in: *Archiv für Toxikologie*, 6 (1935), S. 37.
157 H. Fr. Harbitz, »Aetiologische und klinische Untersuchungen von Aborten«, in: *Acta Obstetricia et Gynecologica Scandinavica*, 11 (1931), S. 51.
158 Zusammengefaßt in: *Presse médicale*, 7. Januar 1903, S. 28.
159 Vgl. K. Hofbauer, »Betrachtungen zur Chininwirkung am Herzen bei einer Chinintoxikation nach Abortversuch«, in: *Wiener medizinische Wochenschrift*, 106 (1956), S. 377.
160 M. Canale, »Clinica degli avvelenamenti da abortivi chimici«, in: *Minerva Ginecologica*, 21 (1969), S. 1184.

Das dritte der neuen Abtreibungsmittel war Apiol, eine Substanz, die man in Petersilienöl fand. Diesen Hintergrund müssen wir kurz beleuchten. Die Tradition der Küchenpetersilie als Abortivum reicht ins antike Griechenland zurück. In der hippokratischen Medizin wird sie als Tee oder Tampon für Abtreibungen und für die Wiederherstellung der Menses empfohlen. Auch bei Dioskurides wird sie erwähnt[161]. Die Bauern im Languedoc verwendeten ebenfalls Petersilie zur Abtreibung[162]. Und in Deutschland sagte man: »Petersilie hilft dem Mann aufs Pferd, der Frau unter die Erd« – eine Anspielung auf ihre angeblich aphrodisische Wirkung auf Männer und ihre abtreibende auf Frauen[163]. Die Schulkinder in Bremen sangen einst:

Petersiljen, Soppenkruut
Wasst in usem Garen,
Use Antjen de is Bruut,
Schall nig lang meer waren,
Dat se na der Karken geit
Un den Rock in Folen sleit[164].

Im Pflanzenbuch des Adam Lonitzer aus dem 16. Jahrhundert wird Petersilie – wie auch bei Bock – als Emmenagogum genannt[165]. Die Frauen wußten also seit langem, daß sich Petersilie für ihre Zwecke brauchen ließ.

Wenn Petersilie nicht den gleichen Ruf als Abortivum genoß wie Mutterkorn und Sadebaum, so lag es daran, daß es bislang niemandem gelungen war, seine wichtigsten Wirkstoffe zu isolieren. Ein Leipziger Apotheker namens Heinrich Christoph Link entdeckte 1715 als erster den »Petersilienkampfer«, als ihm eine kristalline Substanz in einer Probe von wasserdampfdestilliertem Petersilienöl

161 Moïssidés, »Contribution avortement grecque«, a. a. O., S. 143 (bei »Selinon«).
162 Daniel Fabre und Jacques Lacroix, *La Vie quotidienne des paysans du Languedoc au XIXe siècle.* Hachette, Paris 1973, S. 190.
163 Madaus, *Lehrbuch,* a. a. O., Bd. 3, S. 2091.
164 Zitiert bei: Siegmar Schultze (Pseud.: Dr. Aigremont), *Volkserotik und Pflanzenwelt.* 2 Bde., Halle 1908–1909, Bd. 1, S. 139.
165 Madaus, *Lehrbuch,* a. a. O., Bd. 3, S. 2092; Schneider, *Lexikon,* a. a. O., Bd. 3, S. 43.

auffiel[166]. Aber niemand wußte, was damit anzufangen war, bis 1847 zwei Pariser Ärzte namens Joret und Homolle den Malariaanfall eines bretonischen Edelmanns erfolgreich mit einem Sud aus Petersiliensamen behandelten. Zwei Jahre später setzte die Pariser Pharmaziegesellschaft einen Preis für dasjenige Arzneimittel aus, mit dem sich das Chinin (das damals sehr teuer geworden war) bei der Behandlung von Malaria am besten ersetzen ließe. Die beiden Ärzte, die ihre Experimente in der Zwischenzeit fortgesetzt hatten, reichten ein Rezept ein, nach dem man Petersiliensamen mit Alkohol oder Äther versetzte, und eine ölige Substanz erhielt, die die beiden Forscher »Apiol« nannten. Sie begannen fiebernden Patienten das neue Mittel zu verabreichen. Zwar erwies es sich als völlig nutzlos bei Malaria, aber sie stellten fest, daß sich bei einigen der Patientinnen, die unter »Amenorrhö« gelitten hatten, die Periode wieder normalisierte. Deshalb erklärten Joret und Homolle 1855, sie hätten ein sehr wirksames neues »Emmenagogum« entdeckt[167].

Doch erst um die Jahrhundertwende hatte es sich auch unter Nichtmedizinern herumgesprochen, daß Apiol ein Abortivmittel ist. Ein gewisser Mr. Martin, seines Zeichens Chemiker aus Southampton, empfahl in seiner Werbung »Apiol und Stahlpillen für Damen«, weil man damals annahm, auch Eisen sei ein Abortivmittel. Und »Mrs. Lawrence's Mixtur« für Frauen, die unter »Verstopfung« litten, enthielt, wie eine Untersuchung zeigte, eine »gelblich-grüne Substanz, die große Ähnlichkeit mit Apiol hat«[168]. 1910 nahm Dolores G., eine Concierge in Oran, dreißig Kapseln Apiol, als sie feststellte, daß sie schwanger war. Ihre Schwangerschaft blieb unbeeinträchtigt, aber sie zog sich eine schwere Vergiftung zu, von der sie sich allerdings erholte[169]. Der Vorfall verdient nur deshalb Erwähnung, weil er einer der wenigen Hinweise darauf ist, daß Apiol schon vor dem Ersten Weltkrieg als Abortivum genommen wurde.

Der wirkliche Boom des Apiols als Abortivmittel fand jedoch erst nach dem Ersten Weltkrieg statt, und zwar vor allem in Italien,

166 Vgl. A. Tschirch, *Handbuch der Pharmakognosie.* 3 Bde., Leipzig 1907–1927, Bd. 2, S. 1260.

167 Zur Geschichte vgl. Joret und (Augustin?) Homolle, *Mémoire sur l'apiol.* Paris 1855, S. 6–7, 43–44.

168 »Quacks and Abortion«, in: *Lancet,* 10. Dezember 1898, S. 1570; 24. Dezember 1898, S. 1725.

169 Dr. Glatard, »Un Cas d'intoxication par l'apiol«, in: *Bulletin médicale de l'Algérie,* 2. Folge, 21 (1910), S. 461.

Frankreich und Mitteleuropa. Dr. J. R. Spinner aus Zürich wies 1920 warnend darauf hin, daß Apiol im Begriff stehe, ein systematisch vertriebenes Abortivum zu werden, das man ungehindert in allen Drogerien erstehen könne[170]. Ein deutscher Mediziner vertrat die Auffassung, die Besetzung des Rheinlands durch französische Truppen Anfang der zwanziger Jahre habe das Apiol aus dem Westen ins Land gebracht[171]. 1927 stellte das chemische Untersuchungsamt der Stadt Dresden fest, daß Apiol mit verschleierten Abtreibungsanleitungen in vielen Drogerien der Stadt zu kaufen sei[172]. Und Professor Kochmann aus Halle versicherte 1931 den Lesern des *Archivs für Toxikologie*, Apiol werde vor allem in Frankreich, aber neuerlich auch in Deutschland zu Abtreibungszwecken benutzt[173]. 1937 war Apiol nach Auskunft eines Frankfurter Apothekers »zum meistverlangten Abortivum geworden . . ., das Nichtmedizinern bekannt sei«[174], obwohl es ab 1932 nur noch gegen Rezept zu haben war.

Ein pharmazeutisches Unternehmen in Frankreich verkaufte 1933 »mehrere Millionen Kapseln« Apiol jährlich in der ganzen Welt[175]. In einer Stadt wie Lille konnte ein Drogist auch seine eigenen Pillen herstellen und mit der Gebrauchsanweisung versehen: »Dreimal täglich bei Amenorrhö«. Wenn eine Kundin danach fragte, empfahl er ihr, zwölf Pillen zu nehmen[176].

Auch in Italien fand Apiol nach dem Ersten Weltkrieg große Verbreitung. Ein Gynäkologe aus Rom bezeichnete es 1928 als ein Präparat, »das vielfach verwendet wird, um einen Abort herbeizuführen. Ich halte es nicht für übertrieben, davon auszugehen, daß mehr als die Hälfte aller kriminellen Aborte auf diese Weise be-

170 Spinner, »Zur Toxikologie des Eukalyptusöls«, a. a. O., S. 391.

171 Werb, *Wandlung der Abtreibungsmethoden*, a. a. O., S. 18–19.

172 A. Beythien und H. Hempel, »Über die Tätigkeit des Chemischen Untersuchungsamtes der Stadt Dresden im Jahre 1927«, in: *Pharmazeutische Zentralhalle*, 69 (1928), S. 340.

173 Professor Kochmann, »Anthemis nobilis und Apiol, sind sie Abortivmittel?«, in: *Archiv für Toxikologie*, 2 (1931), S. 36.

174 Walther Ripperger, *Grundlagen zur praktischen Pflanzenheilkunde*. Stuttgart 1937, S. 297.

175 Ph. Chapelle, »L'Apiol liquide; son long passé irréprochable et les graves accidents récents qu'on lui attribue faussement«, in: *Journal de Pharmacie et de chimie*, Ser. 8, 18 (1933).

176 André Patoir u. a., »Sur l'emploi fréquent des toxiques végétaux dits abortifs«, in: *Presse médicale*, 3.–6. Dez. 1941, S. 1292.

werkstelligt werden.«[177] »Es gibt einschlägig bekannte Apotheken, in denen Apiol verkauft wird«, hören wir von einem anderen Arzt aus Rom[178]. So setzte das Apiol die lange bäuerliche Tradition in Italien fort, in der man die Abtreibung mittels eines Petersiliensuds vorzunehmen suchte.

Daß sich in der nordamerikanischen Literatur der zwanziger und dreißiger Jahre keinerlei Hinweise auf Apiol finden, muß nicht unbedingt bedeuten, daß es nicht verwendet worden wäre, sondern kann einfach seiner mangelnden Giftigkeit zuzuschreiben sein. Denn Ende der siebziger Jahre ließ ich eine Anzeige in die pharmazeutische Fachzeitschrift von Ontario einrücken, in der ich fragte, wer sich erinnerte, in den dreißiger Jahren Apiol ausgegeben zu haben. Die Zahl derer, die sich meldeten, war groß. Das Modemittel jener Jahre war »Ergoapiol«, eine Mixtur aus Apiol, Mutterkorn, Sadebaumöl und Rhizinusöl, hergestellt von der Martin H. Smith Company in New York. Ein anderes Arzneimittel auf Apiolbasis hieß »Apergol«; es wurde von der Firma H. K. Wampole in Perth, Ontario, vertrieben. Ein Mann, der seine Apothekerlehrzeit in den vierziger Jahren in St. Thomas, Ontario, absolviert hatte, berichtete: »Ergoapiol wurde in einer Zinnbüchse verwahrt, die Mitteln gegen Frauenbeschwerden vorbehalten war. Nie offen ausgelegt, immer in der Schublade. Der Apotheker wollte sichergehen, daß es legal verwendet wurde.«

Legal? Was man darunter verstanden habe?

»Vor allem Amenorrhö. Ergoapiol galt in Fachkreisen als äußerst wirksam. Das verkauften wir nicht viel. Apergol dagegen bezog man vom Großhändler in Zwölferpackungen. Das verkaufte sich recht gut.«

Ohne Zweifel hat Apiol bei Schwangeren Fehlgeburten hervorgerufen. Aber war es ungefährlich? Schließlich war auch Blei ein wirksames Abortivmittel, hatte jedoch schreckliche Nebenwirkungen. Mir geht es nämlich in dieser Erörterung vor allem um die Frage, ob der technische Fortschritt den Frauen ab 1930 die Möglichkeit zu einer Abtreibung mit einem *vernünftigen Maß an Sicherheit* eröffnete. (Es sei hier nachdrücklich darauf hingewiesen, daß nach dem

177 Nicolo Candela, »Sull'aborto criminoso con mezzi chimici«, in: *Annali di Ostetricia e Ginecologia,* 50 (1928), S. 1519.

178 Francesco D'Aprile, »Sul'aborto criminoso«, in: *Annali di Ostetricia e Ginecologia,* 50 (1928), S. 1226.

heutigen Stand der Medizin Apiol keineswegs als sicheres Abortivmittel nachgewiesen ist. Meine Überlegungen dürfen keinesfalls als eine Empfehlung zur Verwendung des Mittels mißverstanden werden.)

Diese Frage der Ungefährlichkeit besiegelte schließlich das Schicksal des Apiols, denn in den fünfziger Jahren wurde es aus den Arzneibüchern gestrichen und in England und Nordamerika unter Rezeptpflicht gestellt, weil es sowohl nutzlos wie giftig sei. Aber war es das wirklich?

Eine heute vergessene Richtung der medizinischen Literatur vertrat in den dreißiger und vierziger Jahren die Auffassung, Apiol rufe in der Tat Aborte ohne ernste Nebenwirkungen hervor. Nach Auskunft eines Experten waren 1933 achtzehn belegte Fälle von Apiol-Aborten in der medizinischen Literatur zu finden. Er kam zu dem Schluß, daß in den meisten Fällen bei kleinen wie bei großen Dosen keinerlei Nebenwirkungen aufgetreten seien. Letztlich werde die Ungiftigkeit des Mittels durch die vielen Erfahrungen bestätigt, von denen jeder Apotheker berichten könne. Daraus erkläre sich die außerordentliche Beliebtheit und Verbreitung, die Apiol in Frankreich, Jugoslawien und – so fügte dieser Experte hinzu – neuerlich auch in Deutschland gefunden habe[179].

Zweitens ist die Zahl der tödlichen Apiolvergiftungen ziemlich niedrig, bedenkt man, daß es jahrzehntelang erhältlich war und offensichtlich von Millionen von Frauen genommen wurde. Nach meiner Rechnung gibt es dreizehn dokumentierte Todesfälle durch Apiol in der Literatur, nicht gerechnet die vielen Todesfälle durch »Petersiliensud« in Italien[180]. Allerdings sind wohl mehr Frauen an Überdosen von Apiol gestorben, nur wurden sie fälschlich als Opfer einer »Sepsis« diagnostiziert (denn die Schädigung von Niere und Leber bei Apiolvergiftung hat große Ähnlichkeit mit manchen Formen von Bakteriämie). Doch gemessen an den vielen Todesfällen,

179 H. Jagdhold, »Apiol als Abortivum«, in: *Archiv für Toxikologie,* 4 (1933), S. 126–27.

180 Über die Todesfälle wurde u. a. in folgenden Arbeiten berichtet: Brenot, »Intoxication mortelle par l'apiol«, in: *Journal suisse de pharmacie,* 3. Januar 1914, S. 6–7; A. Patoir und G. Patoir, »L'Hépato-néphrite apiolique«, in: *L'Echo médical du Nord,* 3. Ser., 4 (1935), S. 319; Roger Papet, *A Propos de quelques cas d'intoxication grave par ingestion d'apiol dans un but abortif.* Med. Diss., Lyon 1939, S. 32–33; und Ch. Vitani, »Difficultés rencontrées à propos des avortements par toxiques«, in: *Médecine légale et dommage corporel,* 2 (1969), S. 153–54.

die durch andere verbreitete Abortiva wie Sadebaum oder Phosphor hervorgerufen wurden, ist die Zahl von dreizehn belegten Apiol-Todesfällen gering. Weit mehr Apiolbenutzerinnen wären im Kindbett gestorben, hätten sie ihre Schwangerschaften ausgetragen.

Drittens läßt mich die Zahl der Ärzte, zu ihrer Zeit geachtete Vertreter ihres Berufs, die Apiol für nichttoxisch hielten, nicht unbeeindruckt. Im Zusammenhang mit Fällen blutigen Urins, die offensichtlich durch einen anderen, »Apiin« genannten Bestandteil der Petersilie verursacht wurden, schrieb J. Chevalier 1909: »Reines Apiol führt nie zu solchen Erscheinungen und kann ohne Nebenwirkungen angewendet werden«, wenn man eine bestimmte Dosis einige Tage hintereinander nehme[181]. Nachdem Georg Strassmann eine Reihe von »Frauenpillen« als harmlos entlarvt hatte, beschäftigte er sich mit den Apiolkapseln »Salutol«. Der Hersteller räumte ein, daß große Dosen Übelkeit erregen könnten. Bei gleichzeitiger Einnahme von ungefähr zwanzig Tabletten könnten Diarrhö und Erbrechen auftreten, vermutlich auch Kontraktionen der Gebärmutter. Die Kapseln seien also, in großen Mengen eingenommen, kein ganz unwirksames Abortivmittel[182]. Die Autoren eines gerichtsmedizinischen Handbuchs kamen 1940 in Bezug auf Apiol zu dem Schluß, daß es in vielen Fällen zum Abort führe, ohne daß die Mutter schwere toxische Symptome aufweise. Zuerst würden Uterusblutungen auftreten, dann erfolge die Austreibung des Fötus. Unlängst sei von zahlreichen Fällen berichtet worden, so fahren die Autoren fort, in denen Apiol rasch zum erwünschten Ergebnis geführt habe, besonders wenn es zu dem Zeitpunkt genommen worden sei, da die ausgebliebene Periode normalerweise hätte auftreten sollen. Trotz hoher Dosierungen werde die Gesundheit der Mütter nicht ernsthaft beeinträchtigt[183]. Eine Reihe von Experten haben also eingeräumt (wenn auch einige mit Mißbilligung), daß sich Apiol als nichttoxisches Abortivmittel anwenden läßt.

Wodurch verursacht Petersilienöl den Abort? Die Frage ist bis heute ungeklärt, weil sich die Forschung mit diesen Problemen schon lange nicht mehr beschäftigt. Es wäre müßig, den nicht spe-

181 J. Chevalier, »A Propos de l'Apiol«, in: *Bulletin général de thérapeutique médicale,* 158 (1909), S. 103.

182 Georg Strassmann, »Brauchbare und unbrauchbare Abtreibungsmittel«, in: *MGH,* 75 (1926–27), S. 82.

183 F. von Neureiter u. a., *Handwörterbuch der gerichtlichen Medizin.* Berlin 1940, S. 58.

ziell vorgebildeten Leser mit all den pharmakologischen Einzelheiten zu langweilen. Auf eines allerdings ist hinzuweisen. Wie beim Chinin scheinen kleinere Dosierungen abtreibungswirksamer zu sein als große. So fand Francesco D'Aprile beispielsweise heraus, daß in neun eindeutigen Fällen von Apiolvergiftung, die in den zwanziger Jahren in Italien vorkamen, die sechs Frauen, die massive Dosen eingenommen hatten, entweder starben oder keine Fehlgeburt hatten, während die drei, die eine niedrige Dosis genommen hatten, eine Fehlgeburt hatten und mit relativ geringfügigen Symptomen überlebten[184]. Daher die tragisch paradoxe Situation der Frauen, die zu einer Überdosis griffen, ohne auch nur eine Fehlgeburt zu bewirken.

Eine letzte Frage: Warum ist das Apiol verschwunden, wenn es tatsächlich wirksam ist? Warum halten die Frauen sich nicht lieber an Apiol, statt, wie in Nordamerika erforderlich, vor dem Schwangerschaftsabbruch-Ausschuß irgendeines Krankenhauses zu erscheinen und zu erklären, sie würden sich umbringen, wenn sie ihre Schwangerschaft austragen müßten? Kein Zweifel, daß Apiol nach dem Zweiten Weltkrieg nicht mehr gefragt war. In der Ausgabe des *British Pharmaceutical Codex* des Jahres 1949 wurde seine Streichung mitgeteilt[185]. Die letzte Ausgabe des *Dispensatory of the United States*, in der Apiol erwähnt wurde, erschien 1955[186]. Aus den deutschen Arzneimittelverzeichnissen wurde das Mittel in den siebziger Jahren entfernt.

Für das Verschwinden gibt es drei mögliche Erklärungen, von denen jede etwas für sich hat und jede ein bezeichnendes Licht wirft auf die sehr veränderte Beziehung zwischen Frau und Arzt.

Erstens: eine »ärztliche Verschwörung« gegen Apiol. Haben die Ärzte aus moralischen Gründen, wegen ihrer ablehnenden Haltung gegenüber dem Schwangerschaftsabbruch die Bedeutung des Apiols heruntergespielt? Einige Anhaltspunkte sprechen dafür. So gehörte der Dresdner Arzt H. Jagdhold zu den Verteidigern des Apiols. Als 1932 in der *Münchener medizinischen Wochenschrift* die irrige Behauptung eines anderen Arztes veröffentlicht wurde, daß Apiol Aborte nur mit stark toxischen Nebenwirkungen hervorrufe, machte

184 Candela, »Sull'aborto criminoso«, a. a. O., die Fälle 1–8 und die Bemerk. A und B, S. 1208–15.
185 *British Pharmaceutical Codex,* Ausg. von 1949, S. 1443.
186 *Dispensatory of the United States,* Ausg. von 1955, S. 1796.

Jagdhold in einem Brief darauf aufmerksam, daß eine umfangreiche medizinische Literatur das Gegenteil beweise. Die Redaktion der Zeitschrift lehnte es ab, den Brief zu veröffentlichen[187].

Die Entscheidung, Apiol aus den verschiedenen Arzneibüchern zu streichen, scheint nicht getroffen worden zu sein, weil Apiol ein Abtreibungsmittel war, sondern weil es für medizinisch nutzlos gehalten wurde.

Arthur Osol, Leiter der Redaktion des amerikanischen *Dispensatory*, meinte: »Da andere Mittel verfügbar wurden, die zuverlässiger und weniger gefährlich waren, ging die Verwendung der Apiole in einem Maße zurück, daß sie schließlich kaum noch einen Markt oder gar keinen mehr hatten. Die Präparate wurden gestrichen, weil sie auf keinerlei Interesse mehr stießen.«[188] Die Streichung in Arzneibüchern bedeutete indessen keinesfalls die Streichung des Mittels überhaupt. Der Apotheker war lediglich weniger vertraut mit ihm und nicht so leicht geneigt, es vorrätig zu halten. Alles in allem sehe ich wenig Anhaltspunkte für ein den Atlantik überspannendes Betreiben der Ärzteschaft, das Apiol zu unterdrücken, um den Frauen die Möglichkeit zum Schwangerschaftsabbruch zu nehmen.

Zweitens: die Erklärung nach Art der »Komödie der Irrungen«. Apiol geriet in den Ruf, giftig zu sein, als gewissenlose Hersteller es 1931 mit »Kresotphosphat« (Triorthokresylphosphat), einem hochgiftigen Stoff, zu versetzen begannen. Bei Apiolbenutzern trat »periphere Polyneuritis« in epidemischen Ausmaßen auf, ähnlich der »Ingwerlähmung«, die etwa zur gleichen Zeit in den Vereinigten Staaten ausbrach, als Hersteller den von Alkoholikern bevorzugten »Ingwerextrakt« (es war die Zeit der Prohibition) mit Kreosotphosphat streckten[189]. Zahlreiche Autoren meinten nun aber, das Streckmittel sei ein natürlicher Bestandteil der Petersilie. So erschien 1934 im *American Journal of Obstetrics* eine Anmerkung, in der erklärt wurde, Apiol enthalte Kreosotphosphat[190]. Frederick Taussig meinte in seinem einflußreichen Buch *Abortion* (1936), vor

187 Jagdhold berichtet von diesem Erlebnis mit der Münchener medizinischen Wochenschrift auf S. 126.
188 Arthur Osol, Persönliche Mitteilung, 9. Juli 1979.
189 Der umfassendste frühe Bericht über die Epidemie bei: J. W. G. ter Braak, »Polyneuritis nach Gebrauch eines Abortivum«, in: *Deutsche Zeitschrift für Nervenheilkunde,* 125 (1932).
190 Vgl. die Mitteilung in: *AJO-G,* 28 (1934), S. 305.

Apiol müsse gewarnt werden, »weil es ein Gift enthält, das in großen Dosen Nervenlähmung hervorrufen kann«[191]. So wurde der Mythos verewigt.

Drittens: die wichtigste Erklärung dafür, daß nicht nur das Apiol, sondern alle diese Abtreibungsmittel außer Gebrauch gekommen sind, besteht darin, daß die Frauen sich von ihnen abwandten. Es ist ein durchgehendes Thema dieses Buches, daß es zu einem entscheidenden Kontinuitätsbruch der »Frauenkultur« in der ersten Hälfte des 20. Jahrhunderts kam, als ein Großteil des traditionellen Wissens, das sie generationenlang mündlich überliefert hatten, nicht mehr weitergegeben wurde. »Warum ging Anfang der vierziger Jahre die Nachfrage von ›Ergoapiol‹ zurück?« fragte ich einen älteren Apotheker in einer Kleinstadt in Ontario. »Meine Generation wußte genau Bescheid darüber«, erklärte er, »aber bei jüngeren Frauen ist das nicht mehr der Fall. Ihre Mütter erzählen es ihnen nicht.«

Die Mütter also erzählten es nicht mehr. Die Mütter der ganzen Generation von Frauen, die nach dem Zweiten Weltkrieg aufwuchsen, gaben diese Informationen nicht weiter. Und damit starb das Wissen aus. Der Niedergang der Abortivmittel gehört zum größeren Thema der »Medizinierung« der Frauengesundheit, mit der ich mich in dieser Untersuchung beschäftige.

Ob zu ihrem Nutzen oder Nachteil – in den dreißiger Jahren begannen die Frauen die Verantwortung für ihre Gesundheit in die Hände der Ärzte zu legen und auf jegliche Selbsthilfe zu verzichten. Da sie ohne große Schwierigkeiten (im Vergleich zur Situation hundert Jahre zuvor) Ärzte und Abtreiber fanden, die zur Durchführung instrumenteller Aborte bereit waren, nahmen die Frauen keine Abortiva mehr ein. Substanzen wie Apiol waren ihnen immer gefährlich und unzuverlässig erschienen. Da war es vernünftiger, Abtreibungen von Leuten vornehmen zu lassen, die von Berufs wegen sachkundig waren. Und wer wollte den Frauen diese Auffassung zum Vorwurf machen?

Lassen Sie mich dieses Kapitel mit einer persönlichen Anmerkung schließen. Auf den Spuren des Apiols fragte ich unlängst einen der letzten Hersteller, die es noch gibt, wo denn jetzt seine Märkte seien.

»Hier in X?« fragte ich und nannte das Land, in dem er lebte.

»O nein«, lachte er, »die Frauen hier würden das Zeug nie anrüh-

191 Taussig, *Abortion,* a. a. O., S. 353.

ren. Sie lassen im Krankenhaus abtreiben. Wir exportieren in den Nahen und Mittleren Osten.«

Es ist nicht ohne Ironie, daß die Arzneimittelabtreibung, die sich einst im Vorfeld der Frauenemanzipation in den westlichen Gesellschaften ausbreitete, jetzt in die Dritte Welt abgewandert ist.

TEIL III

Andere körperliche Unterschiede zwischen Männern und Frauen

9.

Leben Frauen länger als Männer? Wenn nicht, warum nicht?

Weithin wird angenommen, Frauen hätten in der Vergangenheit länger gelebt als Männer. Da seit Anfang des 20. Jahrhunderts die Lebenserwartung der Frauen gewöhnlich fünf Jahre über der der Männer lag, waren Wissenschaftler versucht, darin eine Art »natürliche« Begünstigung der Frauen zu sehen. So heißt es bei Ashley Montagu: »In der ganzen Welt haben Frauen bei der Geburt eine höhere Lebenserwartung als Männer . . ., und dies gilt auch für den Vergleich zwischen Weibchen und Männchen im größten Teil des Tierreichs . . . Das ist ein weiterer Beweis dafür, daß das weibliche Exemplar konstitutionell kräftiger ist als das männliche.«[1] Montagu hat recht für die fortgeschrittenen Gesellschaften im 20. Jahrhundert (obwohl die Frauen in ärmeren Teilen der Welt durchaus nicht länger leben[2]). Doch für die Welt, die wir verloren haben – Europa und die Vereinigten Staaten vor der Jahrhundertwende –, trifft Montagus Beobachtung nicht zu: Erwachsene Frauen lebten nicht unbedingt länger als Männer.

Zu welchen Zeiten waren Frauen anfälliger?

Zuerst ein paar Grundfakten zu geschlechtsspezifischen Unterschieden in den Sterbeziffern früherer Zeiten:

– Die Sterberate männlicher Säuglinge lag stets höher als die der weiblichen – im Europa des 19. Jahrhunderts um ungefähr 20 Prozent. Zum Beispiel kamen in Sardinien zwischen 1827 und 1838 auf 100 weibliche Säuglinge, die das erste Lebensjahr nicht vollendeten, 118 männliche, in Schleswig-Holstein auf 100 weibliche 128 männliche[3].

1 Ashley Montagu, *The Natural Superiority of Women.* Macmillan, New York 1953, S. 80.

2 Zur höheren Lebenserwartung von Männern in ärmeren Ländern heute vgl. G. Acsádi und J. Nemeskéri, *History of Human Life Span and Mortality.* Akadémiai Kiadó, Budapest 1970, S. 185, Tabelle 56.

3 Zu den Daten für zahlreiche Länder vgl. Fr. Oesterlen, *Handbuch der medicinischen Statistik.* Tübingen 1865, S. 170–71.

– Ältere Männer sind seit jeher anfälliger als ältere Frauen gewesen. Die höhere männliche Sterblichkeit setzt ungefähr im Alter von vierzig oder fünfundvierzig Jahren ein und dauert dann an. Mitte des 19. Jahrhunderts lag in England die Lebenserwartung der Frauen im Alter von vierzig Jahren um 4 Prozent über der der Männer, im Alter von fünfzig Jahren um 13 Prozent und im Alter von sechzig Jahren um 10 Prozent.

Es waren also jeweils die Vorteile, die die Frauen bei der Geburt und im mittleren Alter besaßen, dank derer sie sich einer *insgesamt* längeren Lebenserwartung erfreuten. Von der Geburt an gerechnet, betrug die durchschnittliche Lebenserwartung vor der Jahrhundertwende für beide Geschlechter etwa fünfunddreißig bis vierzig Jahre, wobei die Frauen im Schnitt etwa drei Jahre länger als die Männer lebten[4].

In diesem Buch jedoch geht es mir um das, was die erwachsenen Frauen bewußt erlebten, die Trägerinnen dörflicher »Frauenkultur«, die Frauen, die heirateten, Kinder hatten und das Familienleben organisierten. Unsere Zielgruppe ist also nicht das neun Monate alte Mädchen oder die zweiundsechzigjährige Großmutter, sondern die siebenundzwanzigjährige Hausfrau mit drei Kindern. Welche Chancen hatte *sie*, ihren Ehemann zu überleben? So nämlich muß man die Frage an die Statistiken sinnvollerweise stellen. Und die Antwort auf die so gestellte Frage lautet: Ihre Chancen standen nicht sehr gut.

In einer ganzen Reihe von historisch-demographischen Untersuchungen des Dorflebens zeigt sich eine beträchtlich höhere Frauensterblichkeit, manchmal nur im gebärfähigen Alter der Frau, manchmal auf die Gesamtlebenszeit gerechnet. So stellten Keith Wrightson und David Levine in einer Untersuchung des englischen Dorfes Terling in der Zeit von 1550 bis 1724 fest, daß im Alter von fünfundzwanzig Jahren der Durchschnittsmann 6,6 Jahre länger lebte als die Durchschnittsfrau. Sogar mit fünfundfünfzig überlebte er sie noch immer um 1,7 Jahre[5]. Im 18. Jahrhundert überlebten in Mittelberg die Bauern ihre Frauen im Durchschnitt um sechs Jahre, zwischen 1840 und 1849 um 12 Jahre! Erst die Frauen in Mittel-

4 Vgl. die Daten bei: Louis I. Dublin und Alfred J. Lotka, *Length of Life: A Study of the Life Table.* New York 1936, S. 56.

5 Keith Wrightson und David Levine, *Poverty and Piety in an English Village: Terling, 1525–1700.* Academic Press, New York 1979, S. 59 (»Lebenserwartung in verschiedenen Altersgruppen«).

berg, die nach 1890 heirateten, lebten länger als ihre Männer[6]. Die Statistiken anderer Ortschaften weisen keine so extremen Unterschiede auf, doch alle lassen sie erkennen, daß die Männer erheblich im Vorteil waren[7].

Ab Mitte des 19. Jahrhunderts liegen uns verläßliche Daten, erhoben von den statistischen Ämtern der einzelnen Länder, vor. Das durchgängige Muster, das aus ihnen erkennbar ist: höhere Sterblichkeit von Frauen in *jungen* Jahren und geringere in höherem Alter. Zum Beispiel lebten um 1850 in den Altersstufen zehn bis fünfunddreißig die amerikanischen Männer länger als die Frauen[8]. Im Herzogtum Oldenburg lag zwischen 1831 und 1850 für die Frauen die Wahrscheinlichkeit, im Alter von fünf bis zwanzig zu sterben, um 8 Prozent höher als für die Männer, im Alter zwischen dreißig und vierzig stieg die Wahrscheinlichkeit sogar auf 25 Prozent an. Ab vierzig dann lebten in Oldenburg die Frauen länger[9].

Erst im letzten Viertel des 19. Jahrhunderts begannen die Frauen auf allen Altersstufen die Männer zu überleben (Tabelle 9.1). Bei gleicher Sterbeziffer von Männern und Frauen steht in Tabelle 9.1 ein Prozentsatz von 100, mehr als 100 heißt, die männliche Sterbeziffer ist größer, kleiner als 100 heißt, die weibliche Sterbeziffer ist größer. Beispielsweise ist interessant, daß die viel höhere Sterblichkeit junger Mädchen bis zwanzig in England erst im Zeitraum von 1896–1900 einer gegenläufigen Entwicklung Platz macht. Die höhere Sterberate von französischen Mädchen im Alter von fünf bis fünfzehn dagegen ändert sich erst 1925, wogegen sich die höhere Sterbeziffer italienischer Frauen zwischen dreißig und vierzig Jahren bis 1950 hielt.

Alle diese Frauen des 19. Jahrhunderts hatten bei ihrer Geburt eine höhere Lebenserwartung als ihre männlichen Zeitgenossen. Doch sieht man sich die höheren Sterbeziffern der Frauen in vielen Altersgruppen an, kann man schwer erkennen, welcher biologische

6 Alois Bek, *Die Bevölkerungsbewegung im ländlichen Raum in den letzten 250 Jahren.* Landwirt. Diss., Hohenheim, o. J., S. 120.

7 Vgl. u. a. Jacques Dupâquier, *La Population rurale du Bassin Parisien à l'époque de Louis XIV.* Éditions de l'école de H. E. S. S., Paris 1979, S. 287, Tabelle 103; Nels Wayne Mogensen, *Aspects de la société augeronne aux XVIIe et XVIIIe siècles.* Diss., Paris-Sorbonne 1971, S. 119.

8 Paul H. Jacobson, »An Estimate of Expectation of Life in the United States in 1850«, in: *Milbank Memorial Fund Quarterly,* 35 (1957), S. 198; Tabelle 1.

9 *Statistische Nachrichten über das Großherzogtum Oldenburg,* 11 (1870), S. 224 (Sterblichkeitsziffern).

Tabelle 9.1

Männliche Sterberate in Prozent der weiblichen Sterberate nach Altersgruppen geordnet (England, Frankreich und Italien im 19. Jahrhundert)

Alter	Prozentsatz
Frankreich (1850–1852)	
1– 4	103
5–14	92 (Umschlag* 1925–1927)
15–24	100
25–34	96 (Umschlag 1880–1882)
35–44	96 (Umschlag 1865–1867)
45–54	113
55–64	109
England und Wales (1851–1855)	
0	122
1	102
5	102
10	96 (Umschlag 1866–1870)
15	97 (Umschlag 1896–1900)
20	98 (Umschlag 1861–1865)
25	98 (Umschlag 1861–1865)
30	98 (Umschlag 1856–1860)
35	100
40	105
45	113
50	115
55	112
60	111
Italien (1901–1911)	
0	110
10	79 (Umschlag um 1950–1953)
20	95 (Umschlag um 1921–1922)
30	88 (Umschlag um 1950–1953)
40	100
50	125
60	114
70	101

Quellen: Vgl. Anmerkungen zu den Tabellen, S. 346.
Anmerkung: Über 100 = Frauen leben länger; unter 100 = Männer leben länger.
* Das Jahr, nach dem die männliche Sterberate die weibliche überstieg (d. h. größer als 100 wurde).

Vorteil sich denn zu ihren Gunsten bemerkbar gemacht haben soll. Natürlich kann man vorbringen, daß Frauen mit dreißig außergewöhnlichen Gefahren ausgesetzt waren – infolge von Geburten und den damit zusammenhängenden Umständen – und daß diese außergewöhnlichen Risiken ihren natürlichen genetischen Schutz zeitweise aufhoben. Aber umgekehrt könnte man auch vorbringen, daß Männer mit sechzig besonders gefährdet waren, weil sie ihre Gesundheit in lebenslanger schwerer Feldarbeit verschlissen hatten. Kurz, die Daten aus der Vergangenheit legen nahe, daß weder Frauen noch Männer irgendeinen angeborenen genetischen Schutz gegen die Wechselfälle des Schicksals besaßen. Die Unterschiede in der Sterberate einer bestimmten Altersstufen waren wahrscheinlich das Ergebnis der besonderen Risiken, mit denen es die Männer oder die Frauen dieser Altersgruppe jeweils zu tun hatten.

Krankheiten, die in besonderem Maße Frauen heimsuchten

Die in diesem Kapitel erörterten Krankheiten, die die Frauen in den anfälligen Altersgruppen heimsuchten, sind nicht die sogenannten »Frauenleiden«, sondern Krankheiten, die einfach häufiger das Leben von Frauen als das von Männern forderten. Für das 19. Jahrhundert kamen die weitaus zuverlässigsten Statistiken über Todesursachen aus England. Deshalb möchte ich zunächst die Situation dieses Landes umreißen[10].

Die höhere Sterbeziffer für Mädchen stellt auf den ersten Blick kein schwieriges Rätsel dar. Mitte des 19. Jahrhunderts (1848–1872) starben sie an Infektionskrankheiten. Ein Viertel der Todesfälle von Mädchen im Alter zwischen fünf und vierzehn ging auf das Konto von Scharlach, einer über das Blut wirkenden Streptokokkeninfektion. 14 Prozent starben an Fleckfieber oder Typhus (damals unterschied man noch nicht zwischen den beiden Krankheiten). Und etwas mehr als ein Zehntel dieser Mädchen starb an Lungentu-

10 Die übersichtlichste Zusammenstellung der altersspezifischen englischen Sterblichkeitsdaten nach Alter, Geschlecht und Todesursache findet sich bei: W. P. D. Logan, »Mortality in England and Wales from 1848 to 1947«, in: *Population Studies*, 4 (1950–1951), S. 132–78 (alle Tabellen dort).

berkulose. Für jede dieser Krankheiten wiesen die Mädchen eine höhere Sterbeziffer – und damit auch eine größere Anfälligkeit – als die Jungen auf.

Auch für die heranwachsenden englischen Mädchen ergibt sich ein klares Bild: Die Hälfte der Todesfälle in der Altersgruppe fünfzehn bis vierundzwanzig war auf Lungentuberkulose zurückzuführen, weitere 11 Prozent auf Fleckfieber und Typhus. Auch in dieser Altersgruppe zeigte sich bei den Frauen eine stärkere Tendenz zum tödlichen Ausgang der genannten Krankheiten, bei TB lag ihre Sterberate beispielsweise um 22 Prozent höher.

Ebenfalls Nummer eins der Todesursachen – 40 Prozent aller Todesfälle von Frauen im Alter zwischen fünfundzwanzig und vierundvierzig Jahren – bei Frauen im gebärfähigen Alter war respiratorische TB. Herzkrankheiten rafften weitere 6 Prozent dahin. Und die besondere Neigung der Frauen zu Infektionskrankheiten dauerte – zumindest in England – in dieser Altersgruppe an.

Tabelle 9.2

Männliche Sterberate in Prozent der weiblichen Sterberate für ausgewählte Krankheiten (England und Wales 1848–1872)

Altersgruppe 5–14	
Fleckfieber-Typhus	54
Scharlach	96
respiratorische Tuberkulose	69
Krankheiten des Nervensystems	83
Herzkrankheiten	88
Bronchitis	91
Altersgruppe 15–24	
Fleckfieber-Typhus	96
Scharlach	91
respiratorische Tuberkulose	83
Krebs	88
Herzkrankheiten	90
Krankheiten des Verdauungssystems	86
Altersgruppe 25–44	
Scharlach	82
respiratorische Tuberkulose	96
Krebs	33
Krankheiten des Verdauungssystems	89

Quellen: Vgl. die Anmerkungen zu den Tabellen, S. 346.
Anmerkung: Über 100 = Männer haben höhere Sterblichkeit; unter 100 = Frauen haben höhere Sterblichkeit.

Allerdings lag die Sterberate aufgrund von Herzkrankheiten bei den Männern zwischen dreißig und fünfzig etwas höher als bei den Frauen.

So ergibt sich nach der ersten Prüfung ein eindeutiges Bild: Wenn die Lebensspanne der Frauen kürzer war als die der Männer, so lag das in erster Linie daran, daß sie häufiger TB bekamen – und daß sie häufiger von Krankheiten heimgesucht wurden, die auf Schmutz und mangelnde Hygiene zurückzuführen waren.

Die größere Anfälligkeit der Frauen in jungen Jahren – ein Bild, das sich erst in der Altersgruppe um vierzig zu ändern beginnt, wenn die Männer anfälliger werden – läßt sich nicht verstehen, ohne einige dieser Krankheiten etwas genauer zu betrachten.

Tuberkulose

Wenn sich die Tuberkelbakterien irgendwo im Körper festsetzten (Skrofulose), hatte die Krankheit kein geschlechtsspezifisches Verteilungsmuster, aber wenn sie die Lungen angriffen (Lungentuberkulose), war sie früher – aus unbekannten Gründen – vor allem eine Krankheit der Mädchen und jungen Frauen. Bei lettischen Bauern in der Zeit vor der Christianisierung hieß es beispielsweise:

Lieber eine Frau, die furzt,
Als eine, die bellt;
Der Furzknochen jagt übers Feld,
Dem Kläffer fehlt's an Lebenskraft[11].

Mit »Kläffer« war wahrscheinlich eine junge Frau gemeint, die an Tuberkulose litt, eine rohe Anspielung auf den bellenden Husten. Die Blässe des Tuberkuloseopfers und der blutige Auswurf beim Husten wurden in viktorianischer Zeit zum Symbol für das Leiden zarter junger Frauen[12].

11 Bud Berzing, *Sex Songs of the Ancient Letts*. University Books, New York 1969, S. 140–41.

12 Zu einem etwas übertriebenen Bild der Tuberkulose als »modischer Mittelschichtskrankheit« im 19. Jahrhundert vgl. Susan Sontag, *Illness as Metaphor*. Farrar, Strauss & Giroux, New York 1977.

Herzkrankheiten

Historisch gesehen scheinen Frauen zu allen Zeiten häufiger von Herzleiden heimgesucht worden zu sein als Männer. (England ist insofern eine Ausnahme, als die Überzahl weiblicher Herztode nur bis zum Alter von vierundzwanzig Jahren festzustellen ist.) In dänischen Städten kamen zwischen 1876 und 1885 71 Herztodesfälle von Männern auf je 100 weibliche Herztodesfälle in der Altersgruppe fünf bis fünfzehn Jahren, 79 in der Altersgruppe fünfundzwanzig bis fündundvierzig[13]. Während in Leipzig bei den jungen Männern 5,9 pro 1000 wegen Herzbeschwerden ohne Beschäftigung waren, waren es bei den jüngeren Frauen 7,0 pro 1000. In mittleren Jahren waren es fast doppelt soviel Frauen wie Männer[14].

Im zwanzigsten Jahrhundert sollte sich dieses Zahlenverhältnis umkehren, da das rheumatische Fieber, die Hauptursache der Herzkrankheit bei Frauen, weniger bösartig verlief und nicht mehr so häufig auftrat.

Krankheiten des Verdauungssystems

Ein erstaunliches Ergebnis ist, daß so viel mehr Frauen als Männer an Erkrankungen des Magen-Darm-Kanals und der Bauchorgane starben (tatsächlich eine Gruppe unterschiedlicher Krankheiten, aber die damaligen »Nosologen« faßten sie aufgrund gemeinsamer Symptome zusammen). Betrachten wir Tabelle 9.3: In England und Dänemark zeigt sich für die Spätadoleszenz eine deutliche Übersterblichkeit der Frauen (Verhältniszahlen kleiner als 100); gleiches gilt für Frauen im gebärfähigen Alter in England, Dänemark und Norwegen. Die Sterblichkeit der Frauen infolge von »Darmkrankheiten« war in den dreißiger Jahren des 18. Jahrhunderts in Genf fast doppelt so hoch wie die der Männer[15]. 47 Prozent mehr weibliche Jungarbeiter als männliche meldeten sich Ende des 19. Jahr-

13 *Denmark, Its Medical Organization, Hygiene and Demography.* Kopenhagen 1891, S. 429.

14 Friedrich Prinzing, »Krankheitsstatistik (spezielle)«, in: A. Grotjahn und J. Kaup (Hrsg.), *Handwörterbuch der sozialen Hygiene.* 2 Bde., Leipzig 1912, Bd. 1, S. 673.

15 Errechnet aus Daten bei: E. Wicht-Candolfi, *Mortalité à Genève, 1730–1739.* Magisterarbeit, Universität Genf.

hunderts in Leipzig wegen Störungen der Verdauungsorgane krank[16].

Tabelle 9.3
Männliche Sterberaten in Prozent der weiblichen Sterberaten bei Erkrankungen des Magen-Darm-Trakts
(England, Dänemark und Norwegen im 19. Jahrhundert)

	Alter	Prozentsatz
England		
	1–4	101
	5–14	104
	15–24	86
	25–44	89
	45–64	102
	über 65	107
Dänemark, Städte (1876–1885)		
	5–15	80
	16–25	81
	26–45	70
	46–65	91
	über 65	122
Norwegen (1899–1902)		
	15–19	78
	20–29	108
	30–39	86
	40–49	107
	50–59	120

Quellen: Vgl. die Anmerkungen zu den Tabellen, S. 347.
Anmerkungen: Über 100 = die Sterblichkeit der Männer ist größer; unter 100 = die Sterblichkeit der Frauen ist größer.

Was war da los? Warum erkrankten speziell die Frauen so häufig an den Bauchorganen? Es gab verschiedene Ursachen:

– Ein Großteil all dieser Fälle von »Peritonitis«, »Enteritis« und »Appendicitis« waren ganz offensichtlich infizierte Aborte und die Folgen von Kindbettfieber. Darauf ist in früheren Kapiteln hingewiesen worden. Der Leser sei daran erinnert, daß sich viele Müttersterbefälle hinter anderslautenden Diagnosen verbargen – was die höhere Sterblichkeit von Frauen im gebärfähigen Alter bis zu einem gewissen Maße erklärt.

16 Prinzing, »Krankheitsstatistik«, a. a. O., S. 673.

– Für einige Erkrankungen der Verdauungsorgane scheinen Frauen von Natur aus anfälliger zu sein. In den dreißiger Jahren hatten in den Vereinigten Staaten sechsmal so viele Frauen Gallenblasenleiden wie Männer, wobei man über die Gründe noch immer nichts Genaueres weiß. Heute werden Gallensteine bei Frauen dreimal so häufig wie bei Männern gefunden[17]. Das historische Material läßt keine exakte Bestimmung der Erkrankungen zu. Ich begnüge mich hier mit der Feststellung, daß Frauen wahrscheinlich häufiger unter Störungen des Magen-Darm-Trakts zu leiden hatten als Männer.
– Junge Frauen wurden einst in besonderem Maße von Magengeschwüren (verursacht durch die Magensäure) heimgesucht und starben beträchtlich häufiger als Männer an Durchbrüchen dieser Geschwüre. Ein englischer Chirurg des 19. Jahrhunderts entdeckte in der Altersgruppe der Zwanzigjährigen bei Frauen sechsmal soviel Magendurchbrüche wie bei Männern[18]. Nach dem Ersten Weltkrieg sollte sich dieses Zahlenverhältnis umkehren, da Magendurchbrüche zunehmend zur Krankheit von Männern in mittleren Jahren wurden[19].
– Frauen im gebärfähigen Alter wurden von tödlichen Beckeninfektionen weit häufiger heimgesucht als Männer. In einem späteren Kapitel werde ich genauer darauf eingehen; hier sei nur festgestellt, daß aufgebrochene Eileiterabszesse – beispielsweise in Verbindung mit Gonorrhö – leicht als Kolitis fehldiagnostiziert werden konnten[20].

Natürlich konnte es auch ebensogut etwas anderes sein. Es geht hier nicht darum, aus der Rückschau genaue Diagnosen zu stellen, sondern deutlich zu machen, wieviel anfälliger als Männer junge Mädchen und Frauen im gebärfähigen Alter für tödliche Erkrankungen ihrer Bauchorgane waren. Ich bleibe so hartnäckig bei diesem Thema, weil heute in der Medizin die Ansicht verbreitet ist, Frauen besäßen einen größeren »biologischen« Schutz gegen Infektionskrankheiten als Männer (da diese anfälliger für Autoimmun-

17 Dublin und Lotka, *Length of Life,* a. a. O., S. 210.
18 Dennys Jennings, »Perforated Peptic Ulcer: Changes in Age-Incidence and Sex-Distribution in the Last 150 Years, in: *Lancet,* 2. März 1940, S. 396, Abb. 1.
19 a. a. O., S. 444–45. Vgl. auch H. B. M. Murphy, »Historic Changes in the Sex Ratios for Different Disorders«, in: *Social Science and Medicine,* 12 B (1978), S. 143–45.
20 F. Bisset Hawkins, *Elements of Medical Statistics.* London 1829.

krankheiten seien)[21]. Betrachtet man die historischen Fakten, so erweist sich diese Auffassung schlicht als falsch. Eine von Natur aus größere Immunität der Frauen scheint es nicht zu geben.

Ursachen der höheren Frauensterblichkeit

Leben auf dem Lande

Nichts in der genetischen Ausstattung der Frauen prädisponierte sie dazu, mit dreiunddreißig Jahren durchschnittlich häufiger an Tuberkulose oder Typhus zu sterben als Männer. Es war das harte Leben, dem sie ausgenutzt waren. Frauen bestimmter Altersgruppen starben eher, weil ihr Leben in diesem Alter sehr viel entbehrungsreicher war als das der Männer und weil sie deshalb weniger Widerstandskraft gegen Infektionskrankheiten hatten. Zwei Umstände fallen dabei besonders ins Auge: Die knochenharte Feldarbeit in den ländlichen Gebieten und die Belastungen durch das Ehe- und Familienleben. Es ist schwer, diese beiden Faktoren auseinanderzuhalten, weil auf die meisten Frauen vor 1900 beides zutraf: Die Wahrscheinlichkeit sprach dafür, daß sie auf dem Lande lebten und daß sie Ehefrauen und Mütter waren. Doch wir haben einige Anhaltspunkte, die uns weiterhelfen können.

Tabelle 9.4 zeigt, um wieviel größer in ländlichen Gebieten die Tendenz war, daß die Frauen vor den Männern starben. So lag im Großherzogtum Oldenburg die Sterberate bei Frauen vom Lande zwischen dreißig und vierzig um 30 Prozent höher als die der Männer; bei Städterinnen hingegen nur um 10 Prozent. Während die Männer auf dem Lande in Dänemark im Alter zwischen dreißig und vierzig eine um 19 Prozent *geringere* Sterblichkeit aufwiesen als die Frauen, hatten die Städter eine um 13 Prozent *höhere* Sterblichkeit. In fast allen Altersstufen waren die Frauen insgesamt anfälliger, doch Bauersfrauen zeigten eine beträchtlich höhere Tendenz als Städterinnen, vor ihren Männern zu sterben.

Angesichts der nicht eben reichgesäten historischen Quellen ist es

21 Vgl. beispielsweise David T. Purtilo und John L. Sullivan, »Immunological Bases for Superior Survival of Females«, in: *American Journal of the Diseases of Children,* 133 (1979), S. 1251–52.

müßig zu fragen: »Spieglein, Spieglein an der Wand, wer ist die Kränkste im ganzen Land?« – War es die Bäuerin, oder war es die Proletarierin? Beide hatten sie nach heutigen Maßstäben ein entsetzliches Dasein. Zu jeder Schreckensgeschichte aus der industriellen Revolution läßt sich ein ähnlicher Horrorbericht über das Leben der Frauen auf dem Lande finden. Denken wir beispielsweise nur daran, wieviel größer das Verletzungsrisiko der Bauersfrauen war. 1698 findet sich etwa im Tagebuch des Dr. Frizzun, der in einem Schweizer Dorf praktizierte, eine Eintragung, am 24. Mai habe er die Behandlung einer gewissen Frau Neisa begonnen, weil ihr ein

Tabelle 9.4

Männliche Sterberaten in Prozent der weiblichen Sterberaten, Vergleich von Stadt und Land (Oldenburg, Dänemark und Norwegen im 19. Jahrhundert)

Altersgruppen	Land	Stadt
	Oldenburg (1855–1864)	
0– 5	108	104
6–10	96	109
11–20	95	86
21–30	110	117
31–40	77	91
41–50	99	115
51–60	103	121
	Dänemark (1840–1844)	
20	111	143
30	81	113
40	90	163
50	124	169
	Norwegen (1899–1902)	
Todesfälle durch Tuberkulose		
15–19	78	89
20–29	122	140
30–39	83	98
Todesfälle durch andere Krankheiten		
15–19	108	114
20–29	95	113
30–39	75	114

Quellen: Vgl. die Anmerkungen zu den Tabellen, S. 347.
Anmerkung: Über 100 = höhere Sterberate der Männer; unter 100 = höhere Sterberate der Frauen.

Ochse auf die Hand getreten sei. Die Hand sei sehr geschwollen gewesen und habe eine klaffende Schnittwunde an der Seite gehabt. Bis zum 27. habe er täglich nach ihr gesehen und ihr dann Medizin für vier weitere Tage dagelassen[22]. Es finden sich viele solcher Eintragungen in den Tagebüchern der alten Landärzte.

Der früh einsetzende Alterungsprozeß wird für Bäuerinnen in einer Form beschrieben, wie ich sie im Zusammenhang mit Stadtfrauen selten gefunden habe. Franz Mezler, ein Landarzt bei Sigmaringen, meinte, die jungen Mädchen würden bereits in einem Alter welken, in dem man andernorts viele junge Schönheiten fände. Die meisten gingen der Landarbeit nach und den schweren Pflichten, die sie mit sich bringe. Die anderen seien mit Spinnen, Nähen und Stricken beschäftigt. Das alles gehe auf Kosten ihrer Gesundheit, und häufig bleibe ihre Periode aus. Von zehn Jahren an, so fuhr Mezler fort, stürben die Frauen zunehmend häufiger als die Männer, vor allem auf dem Land, da sie dort der Not preisgegeben seien und im Krankheitsfalle keinerlei Pflege hätten. Nicht selten treffe man auf Frauen mit Gebrechen wie Rotlauf, offenen Wunden an den Füßen, Leistenbruch und Gebärmuttervorfall, die sie bis zum Ende ihrer Tage quälten[23]. Dr. Goldschmidt, der in einer anderen Region Deutschlands lebte, schrieb, die Schönheit und Frische der jungen Menschen aus den armen Bevölkerungsschichten sei leider nur von kurzer Dauer. Gewöhnlich überdauere sie die Kindheit kaum. Oft habe er die Mutter, die ihm ihr Kind zeigte, irrtümlicherweise für die Großmutter gehalten[24].

Chronische Erschöpfung taucht wieder und wieder in den Schilderungen des Lebens von Landfrauen auf. Die Bäuerinnen, die zur Zeit des Ersten Weltkriegs von einer Anthropologin in Württemberg befragt wurden, klagten, wie müde sie von der ständigen Eile seien. »Aus Eile kommt die Bäuerin selbst kaum dazu, in Ruhe zu essen, sie ist die letzte, die sich zu Tische setzt und oft die erste, die sich wieder erhebt. Während des Essens läuft sie ab und zu, um frische Schüsseln hereinzutragen und versorgt daneben noch die

22 Verena Martin-Kies, *Der Alltag eines Engadiner Arztes um 1700.* Calven Kommissionsverlag, Chur 1977, S. 88.

23 Franz Mezler, *Versuch einer medizinischen Topographie der Stadt Sigmaringen.* Freiburg 1822, S. 164, 346.

24 Dr. Goldschmidt, *Volksmedicin im nordwestlichen Deutschland.* Bremen 1854, S. 39.

kleinen Kinder.«[25] Im Leben dieser Frauen löste eine Arbeit die andere ab; da galt es, Essen zu kochen, Weinstöcke zu beschneiden und Ställe auszumisten. Es sei Schwerstarbeit, schrieb Frau B. Walkmeister-Dambach 1928, den Dünger auf die Felder zu karren und zu verteilen. Zumal das meist auf steilen Abhängen zu geschehen habe. Eine andere harte Arbeit sei das Umgraben, das immer noch mit dem Spaten vorgenommen werde. Später müßten die Saatkartoffeln fertiggemacht und gesetzt werden. Die Pflege des Kartoffelfelds obläge ausschließlich der Frau, ebenso wie das Jäten des Kornfelds, eine Arbeit, der sich die Frauen häufig tagelang auf Knien rutschend unterzögen[26]. Dyhrenfurth fragte schlesische Frauen (im Taglohn beschäftigte Landarbeiterinnen), welche Arbeit ihnen am schwersten erschiene. Eine meinte, es sei das Dreschen mit dem Flegel und das Düngen. Eine andere erwiderte, Gräben ausheben, wenn sie schwanger sei. Eine dritte erklärte, Kornsäcke schleppen und umgraben[27].

Uns – im letzten Viertel des zwanzigsten Jahrhunderts – mögen einige dieser Aufgaben als gesunde Körperertüchtigung erscheinen. Doch in Verbindung mit einer endlosen Folge von Geburten und unzulänglicher Ernährung schwächte die Feldarbeit wahrscheinlich die Widerstandskraft der Frauen auf dem Land gegen Infektionskrankheiten. 1932 schrieb Elisabeth Baldauf, Überanstrengung bedeute insofern noch größere Probleme für Landfrauen, als sie in den Zeiten von Menstruation, Schwangerschaft und Stillen keine Ruhe fänden. Häufig seien Unterleibsbeschwerden das Ergebnis[28]. Nach der Erörterung der Übersterblichkeit von Frauen in weniger entwickelten Gebieten Europas wie etwa Galizien meinte Friedrich Prinzing, sogar für alte Frauen gebe es dort keine Erleichterung. Die begüterte Bäuerin müsse ebenso hart arbeiten wie die Landarbeiterin, gleich ob ihr Mann tatkräftig mithelfe, nur beaufsichtige und befehle oder seine Zeit gar im Wirtshaus verbringe, wie es nicht

25 Maria Bidlingmaier, *Die Bäuerin in zwei Gemeinden Württembergs.* Staatswiss. Diss., Tübingen 1918, S. 105.

26 B. Walkmeister-Dambach, *Leben und Arbeit der Bündner Bäuerin,* Sonderdruck der Schweizerischen landwirtschaftlichen Monatshefte, 1928, S. 13.

27 Gertrud Dyhrenfurth, *Ein schlesisches Dorf und Rittergut.* Leipzig 1906, S. 105–113.

28 Elisabeth Baldauf, *Die Frauenarbeit in der Landwirtschaft.* Staatswiss. Diss., Kiel 1932, S. 119.

selten vorkomme. Prinzing fragte sich mit Recht, wie sehr all das wohl der Gesundheit der Frauen geschadet habe[29].

In den zwanziger und dreißiger Jahren begannen sich diese schrecklichen Verhältnisse zu ändern, oder zumindest ging die größere Frauensterblichkeit auf dem Lande langsam zurück. Doch erst ab den dreißiger Jahren begannen die norwegischen Bauersfrauen in der Altersgruppe der Dreißig- bis Neununddreißigjährigen ihre Männer zu überleben. (Städterinnen dieser Altersstufe in Norwegen hatten auch schon 1889, als man mit den entsprechenden Berechnungen begonnen hatte, ihre Männer überlebt[30].) Auf dem Lande zu leben bedeutete also für Frauen, besonders als Heranwachsende und wenn sie in der Blüte ihrer Jahre standen, eine höhere Sterblichkeit als für Männer.

Familienleben

In den meisten Statistiken zeigt sich eine höhere Sterblichkeit bei verheirateten Frauen im gebärfähigen Alter als bei den Ehemännern und als bei alleinstehenden Frauen. In den fünfziger Jahren des vorigen Jahrhunderts durften unverheiratete holländische Frauen erwarten, daß sie 3,7 Jahre länger lebten als die Männer; verheiratete Frauen aber lebten im Durchschnitt 1,5 Jahre *kürzer* als ihre Männer. Erst in den dreißiger Jahren unseres Jahrhunderts begann ihre Lebenserwartung in der Altersgruppe der Zwanzigjährigen die ihrer Ehemänner zu übertreffen[31]. Und Holland war kein Einzelfall. Während die Sterberate alleinstehender norwegischer Männer im Alter von zwanzig bis vierundzwanzig Jahren in den neunziger Jahren des vorigen Jahrhunderts um 67 Prozent höher lag als die der unverheirateten Frauen, hatten verheiratete Männer eine um 32 Prozent *niedrigere* Sterbeziffer als ihre Frauen[32]. In Preußen überlebten unverheiratete Frauen in den Altersgruppen der Zwan-

29 Friedrich Prinzing, »Die kleine Sterblichkeit des weiblichen Geschlechts in den Kulturstaaten und ihre Ursachen«, in: *Archiv für Rassen- und Gesellschafts-Biologie,* 2 (1905), S. 378.

30 *Dodeligheten og dens Arsaker i Norge, 1856–1955.* Statistik Sentralbyra, Oslo 1961, S. 123.

31 F. A. M. Kerckhaert und F. W. A. Van Poppel, *Tables de mortalité abrégés par sexe et état matrimonial pour les Pays-Bas, période 1850–1970.* Instituut voor Social Wetenschappelijk, Tilburg 1974.

32 *Dodeligheten,* a. a. O., S. 188.

zig- bis Dreißigjährigen unverheiratete Männer um ein beträchtliches. Nicht so die verheirateten Frauen, deren Sterbeziffer mit 6,4 pro 1000 über der der verheirateten Männer von 5,8 lag. Erst in den Altersgruppen über vierzig überlebten verheiratete Frauen in Preußen ihre Männer[33]. Diese Zahlen lassen erkennen, welche Bedeutung die traditionelle Ehe für das Leben der Frauen hatte.

Nach der Lektüre der ersten Kapitel dieses Buches wird der Leser versucht sein, die Übersterblichkeit verheirateter Frauen mit den Gefahren des Kindbetts zu erklären. Das Urteil wäre voreilig. Denn auch wenn wir die geburtsbedingten Sterbefälle abziehen, starben verheiratete Frauen immer noch häufiger als ihre Ehemänner. 1869 stellte Arthur Imhof in einer Untersuchung der Erstehen in vier verschiedenen Gemeinden des 19. Jahrhunderts fest, daß auch noch nach Abzug der 94 Kindbettsterbefälle die Frauen eine höhere Sterblichkeit als ihre Ehemänner hatten: 374 nicht mit der Geburt in Zusammenhang stehende Todesfälle bei den Frauen, nur 334 Sterbefälle insgesamt bei den Männern[34]. Zwar war das Kindbett die zweit- oder dritthäufigste Todesursache bei Frauen im gebärfähigen Alter, doch absolut gesehen trug es nicht übermäßig zur Allgemeinsterblichkeit der Frauen bei: 6 Prozent aller Todesfälle in den Altersgruppen von fünfundzwanzig bis vierundvierzig in England Mitte des 19. Jahrhunderts, 10 Prozent in Dänemark, 5 Prozent in der Grafschaft Ravensberg und so fort[35].

Die Dinge liegen also nicht ganz so einfach. Es war die allgemein übliche Kombination von zu viel Arbeit und zu wenig Essen, die das Leben verheirateter Frauen gefährdete, nicht die besonderen Risiken des Kindbetts. Erst im ersten Viertel des 20. Jahrhunderts waren die verheirateten Frauen diesen allgemeinen Gefahren des Familienlebens in geringerem Maße ausgesetzt als ihre Ehemänner.

33 Friedrich Prinzing, »Sterblichkeitsstatistik (spezielle)«, in: Grotjahn und Haup (Hrsg.), *Handwörterbuch Hygiene,* Bd. 2, S. 545–46; Daten für 1896–1905.

34 Imhof, »Übersterblichkeit verheirateter Frauen«, S. 497, Tabelle 2.

35 Logan, »Mortality in England and Wales«, a. a. O., S. 158–59, Tabelle 7 A; *Denmark Hygiene,* a. a. O., S. 428; und Georg Wilhelm Consbruch, *Medicinische Ephemeriden nebst einer medicinischen Topographie der Grafschaft Ravensberg.* Chemnitz 1793, Schlußtabelle für den Zeitraum 1782–1784.

Krebs ist nicht eigentlich eine Frauenkrankheit. Um 1975 lag in den Vereinigten Staaten die Häufigkeitsrate von Ersterkrankungen bei den Männern um 21 Prozent höher als bei den Frauen. Und in dieser Zeit hatten die Männer eine um 56 Prozent höhere Krebssterblichkeit als Frauen[36]. Die tatsächliche Krebshäufigkeit hat sich im Laufe der Zeit wahrscheinlich kaum verändert – so wenig, daß einige Autoren die Krankheit als »artspezifisch« bezeichnen, womit sie meinen, daß die Spezies *Homo sapiens* der Gefahr einer Krebserkrankung vermutlich stets mit etwa der gleichen Wahrscheinlichkeit ausgesetzt war[37]. Ziemlich zuverlässige, bis zur Jahrhundertwende zurückreichende Daten für Berlin, Hamburg und die Schweiz zeigen kaum Veränderungen der Krebssterblichkeit, sobald man das Alter der Betroffenen berücksichtigt (da ältere Leute häufiger an Krebs erkranken)[38].

Doch wie hoch die tatsächliche Krebshäufigkeit auch sein mag, ich vertrete in diesem Abschnitt die Auffassung, daß vor etwa 1870 die Menschen *glaubten*, Krebs sei vor allem eine Frauenkrankheit, weil die einzigen Fälle, die sie leicht diagnostizieren konnten, die »exterioren« Krebsarten waren, von denen in erster Linie Frauen befallen wurden: Brust, Zervix und in gewissem Umfange auch die oberen zwei Drittel oder der »Körper« der Gebärmutter.

In der Vergangenheit wurde Krebs also bei Frauen weit häufiger als bei Männern diagnostiziert. Zwischen 1760 und 1839 stellten die Ärzte in Verona Krebs bei 142 Männern und bei 994 Frauen fest[39]. Während 17 Prozent aller Todesfälle von Frauen zwischen 1700 und 1750 in Einbeck auf Krebs zurückgeführt wurden, stellte man diese Diagnose nur bei 7 Prozent der männlichen Sterbefälle[40]. Und sogar

36 U.S. Department of Health, Education and Welfare, National Cancer Institute: *SEER Program: Cancer Incidence and Mortality in the United States, 1973–1976.* Department of Health, Education and Welfare, Publ. Nr. (NIH) 78-1837, Bethesda, o. J., S. 2, 4, 66.

37 H. Oeser u. a., »Die Konstanz der Krebsgefährdung des Menschen«, in: *Deutsche medizinische Wochenschrift,* 15. Februar 1974, S. 273–77.

38 In Ergänzung zu Oeser vgl. W. Lock, Mitteilung, a. a. O., 24. Mai 1974, S. 1157.

39 Dr. Rigoni-Stern, »Fatti statistici relativi alle malatie cancerorse . . .«, in: *Giornale per servire al progressi della patologia,* Ser. 2, 2 (1842), S. 509.

40 Hubert Walter, *Bevölkerungsgeschichte der Stadt Einbeck.* Lax, Hildesheim 1960, S. 116.

diese Statistiken – so unzulänglich sie auch sind, da die Mehrzahl der Krebstodesfälle beider Geschlechter ohne Zweifel auf Ursachen wie »Altersschwäche« oder »Auszehrung« zurückgeführt wurde – werden von den gynäkologischen Krebsarten beherrscht: Bei 77 Fällen der 121 zwischen 1814 und 1823 in Prag diagnostizierten Krebserkrankungen *beider* Geschlechter handelte es sich um Brust- oder Gebärmutterkrebs[41].

Im 19. Jahrhundert machte die Krebsdiagnose beträchtliche Fortschritte, da Sektionen häufiger vorgenommen wurden und das Mikroskop sich einbürgerte (so 1902 im Middlesex Hospital, das über eine große Krebsstation verfügte)[42]. Doch auch unter diesen Umständen zeigten die offiziellen Statistiken einen Überhang weiblicher Krebsfälle, der dem wirklichen Verhältnis nicht entsprochen haben dürfte. Die folgende Tabelle weist für die Altersgruppe der Fünfundzwanzig- bis Vierundvierzigjährigen die männliche Krebssterblichkeit als Prozentsatz der weiblichen aus:

England-Wales, 1848–1872	33
Dänemark, Städte, 1876–1885	53
Norwegen, 1899–1902	71
Vereinigte Staaten, 1976	83[43]

Wenn die amerikanische Statistik von 1976 die Situation annähernd richtig wiedergibt, liegt die Krebssterberate der Männer mittleren Alters durchschnittlich um 17 Prozent unter der der Frauen. Infolgedessen muß die englische Statistik für die Mitte des 19. Jahrhunderts, die eine dreimal höhere Krebssterblichkeit für Frauen angibt, damit zu erklären sein, daß die Krebserkrankungen von Frauen – das heißt Brust- und Gebärmutterkrebs – leichter zu diagnostizieren waren. Die Zeitgenossen dürften jedoch den Statistiken Glauben

41 Franz Alois Stelzig, *Versuch einer medizinischen Topographie von Prag*. 2 Bde., Prag 1824, Bd. 2, S. 87, Tabelle 4.

42 H. J. G. Bloom u. a., »Natural History of Untreated Breast Cancer (1805–1933)«, in: *BMJ*, 28. Juli 1962, S. 217.

43 Zu England-Wales vgl. Logan, »Mortality in England and Wales«, a. a. O., S. 158–59, Tabelle 7A; zu Dänemark, *Denmark Hygiene*, a. a. O., S. 429 (nur Städte); zu Norwegen *Dodeligheten*, a. a. O., S. 150 (Altersgruppe 30–39 Jahre); und für die Vereinigten Staaten: Weltgesundheitsorganisation, *World Health Statistics Annual*. Weltgesundheitsorganisation, Genf 1979, S. 135.

geschenkt und angenommen haben, daß Krebs bei Menschen mittleren Alters vor allem eine Frauenkrankheit war.

Welche Auswirkungen auf die Einstellung der Frauen zu ihrem Körper hatte es nun aber, wenn man früher den Krebs für ein »Frauenschicksal« hielt? Diese hochinteressante Frage läßt sich leider nicht direkt beantworten, weil ich fast überhaupt keinen Hinweis darauf entdeckt habe, was die Frauen auf dem Dorfe über Krebs im allgemeinen dachten oder wie sie zu der Nachbarin standen, die daran erkrankte. Einige Begleiterscheinungen von Brust- und Gebärmutterkrebs waren für ihre Opfer jedoch besonders entsetzlich.

Brustkrebs

Die Geschwürbildung von Brustkrebs war eine dieser Begleiterscheinungen. Um 1780 entdeckte eine englische Dame »in ihrer Brust einen Knoten«, der etwa Erbsengröße hatte. Er wuchs ein bißchen, und Dr. Hamilton entfernte ihn. »Etwa drei Jahre danach wurde die Dame durch das Erscheinen eines zweiten Drüsenknotens, ähnlich dem ersten, am oberen Rand der Narbe beunruhigt.« Auch ihn entfernte Dr. Hamilton, »aber kaum ein Jahr, nachdem er verheilt war, wurden große Teile der Brustdrüse und angrenzende Regionen von der Krankheit befallen . . . Die Brust wurde jetzt zum Krebsgeschwür und sonderte ein beißendes Ichor ab. Das Geschwür breitete sich aus.« Die Frau starb schließlich an einem Krebs, der sich über ihren ganzen Körper ausgesät hatte, aber sie mußte lange Zeit mit dieser ulzerierenden Brust leben[44].

Ein Karzinom an sich riecht nicht, hat keine besondere Ausdünstung. Doch wenn es sich ausbreitet, infiziert sich das abgestorbene Gewebe in seiner Umgebung und sondert einen geruchsintensiven Ausfluß ab. Das war (neben den Schmerzen) eines der besonderen Probleme des Brustkrebses. 68 Prozent der zwischen 1805 und 1933 wegen Brustkrebses ins Middlesex Hospital eingewiesenen Frauen litten unter Geschwürbildung[45].

Gibt es Anhaltspunkte dafür, daß Frauen mehr Angst vor Brustkrebs als vor anderen Krankheiten hatten? Daß die Angst vor Krebs

44 Robert Hamilton, *Observations on Scrophulous Affections with Remarks on Schirrus, Cancer and Rachitis*. London 1791, S. 67–71.

45 Bloom, »Natural History«, a. a. O., S. 215.

die Frauenkultur stärker prägte als etwa die Angst vor Cholera? Dafür gibt es Anzeichen. Der Arzt von Sankt Pölten meinte 1813, häufig werde Szirrhus an den Brüsten der dortigen Frauen beobachtet. (Womit er Knoten meinte.) Groß sei die Angst, daß aus dieser Krankheit Krebs werde. Dann werde der Szirrhus schmerzhaft, breche auf und verwandle sich in ein bösartiges Geschwür[46]. Wahrscheinlich meinte er nicht so sehr seine eigene Angst, sondern auch die seiner Patientinnen. Eines der Rätsel in der europäischen Sozialgeschichte ist die systematische Weigerung der Frauen in manchen Gebieten, ihre Kinder zu stillen. Dr. Johann Ebel aus dem Kanton Appenzell vermutete 1798, die volkstümliche Überzeugung, das Stillen verursache Brustkrebs, könne dafür verantwortlich sein. Seine eigene Theorie war ebenso abwegig: Aderlasse während der Schwangerschaft und eine leichte Diät nach der Geburt sollten die gewünschte Wirkung gegen Tumoren der Brust haben und die Mütter von Appenzell damit von der schrecklichen Angst befreien, die sie dazu treibe, ihren Säuglingen die gesündeste und wertvollste Nahrung zu verweigern – nämlich die Muttermilch[47]. Da Nicht-Stillen hohe Säuglingssterblichkeit zur Folge hatte, dürfen wir davon ausgehen, daß die Appenzeller Frauen große Angst vor Brustkrebs gehabt haben müssen.

Vor dem 19. Jahrhundert konnte die Medizin den Opfern von Brustkrebs wenig Erleichterung verschaffen. Opium »gibt ihr kaum eine kleine Atempause in ihrem Leiden«, berichtete Dr. Hamilton von der Frau, deren Fall oben geschildert wurde[48]. Morphium, das Hauptalkaloid des Opiums, wurde erst 1806 isoliert und war in den Apotheken erst in den zwanziger Jahren des 19. Jahrhunderts erhältlich[49]. Mit Anästhetika konnte man den Todeskampf der Krebspatienten lindern, aber nur für kurze Zeitspannen[50].

Auch die traditionelle Chirurgie konnte keine Abhilfe schaffen. Seit der griechischen Antike hatten Chirurgen versucht, krebsbefal-

46 Franz Strohmayr, *Versuch einer physisch-medicinischen Topographie von . . . St. Pölten.* Wien 1813, S. 262.

47 Johann Ebel, *Schilderung des Gebirgsvolkes vom Kanton Appenzell.* Leipzig 1798, S. 400.

48 Hamilton, *Observations,* a. a. O., S. 70.

49 Béla Issekutz, *Die Geschichte der Arzneimittelforschung.* Akadémiai Kiadó, Budapest 1971, S. 33.

50 Zum Beispiel Lawson Tait, *Diseases of Women.* 2. Aufl., New York 1879, S. 62.

lene Brüste abzunehmen, indem sie sie mit großen Zangen faßten und eine Mammektomie vornahmen[51]. Doch eine mittelfristige Lösung der »lokalen Probleme« des Brustkrebses ergab sich erst, als der Chirurg William S. Halsted aus Baltimore 1882 damit begann, nicht nur die Brust zu entfernen, sondern auch die darunter gelegenen Muskeln und Lymphknoten (»radikale Mastektomie«). Zuvor hatten sich die Chirurgen mit der Wiederkehr des Krebses in der Brust und den oberen Gliedmaßen herumgeschlagen, weil sie im tiefergelegenen Gewebe Metastasen zurückgelassen hatten, die sich weiter ausbreiteten. Während andere Chirurgen im 19. Jahrhundert, die nur eine »Exstirpation« der Knoten oder eine einfache »Mastektomie« vornahmen, eine lokale Rückfallquote zwischen 51 und 82 Prozent hatten, betrug die Quote bei Halsteds Patientinnen lediglich 6 Prozent[52].

Halsteds Operation wäre ohne Asepsis und Anästhesie undenkbar gewesen und war insofern – neben vielen anderen neuen Verfahren – ein Kind der achtziger Jahre des vorigen Jahrhunderts. (Er berichtete 1891 darüber.) Zur Zeit des Ersten Weltkriegs hatte sich die Operation weitgehend eingebürgert, und zum erstenmal in der Geschichte gab es für die Opfer von Brustkrebs eine gewisse praktische Erleichterung. Leider war es keine langfristige Heilung, denn auch diese Frauen starben fast genauso sicher an ihrem Krebs wie die unbehandelten Patientinnen. Allerdings waren die meisten »behandelten« Patientinnen mit Brustkrebs »dritten Grades« (ziemlich fortgeschritten) nach fünfzehn Jahren tot, während *unbehandelte* Patientinnen dritten Grades bereits nach drei Jahren tot waren[53]. Seit der Jahrhundertwende verbesserte sich so die Überlebensdauer der an Brustkrebs erkrankten Frauen.

Gebärmutterkrebs

Der Gebärmutterkrebs hat viele schreckliche Aspekte, doch will ich mich hier auf die besondere Heimtücke konzentrieren, die ihm eigen ist, wenn er ältere Frauen befällt. Einige Krebsarten der Gebär-

51 Zu Abbildungen vgl. Harold Speert, *Iconographia Gyniatrica: A Pictorial History of Gynecology and Obstetrics*. Davis, Philadelphia 1973, S. 29–30.
52 Raymond M. Cunningham, »Management of Breast Cancer«, in: *Southern Medical Journal,* 69 (1976), S. 261.
53 Bloom, »Natural History«, a. a. O., S. 218, Tabelle 11.

mutter sind leicht zu erkennen. Wenn das untere Drittel der Gebärmutter, die Zervix, erkrankt, werden die pathologischen Veränderungen bei einer Vaginaluntersuchung erkennbar sein. Doch wenn die oberen beiden Drittel, der Körper (oder »Corpus«) der Gebärmutter, von Krebs befallen wird, zeigt sich das unter Umständen zunächst nur an ungewöhnlichem Gebärmutterbluten. Deshalb sind Frauen in der Menopause besorgt, wenn sie feststellen, daß sie »wieder menstruieren«. Während Gebärmutterhalskrebs, also der Krebs der Zervix, in der Regel eine Krankheit der Frauen von vierzig und Anfang fünfzig ist, nehmen die Krebserkrankungen des *Corpus uteri* bei Frauen Ende fünfzig und Anfang sechzig zu. Die Häufigkeitsspitze dieser Krankheit findet sich sogar bei den Siebzigjährigen[54]. Gebärmutterblutungen können auch andere Ursachen haben, aber alles, was so aussah, als ob »man seine Periode noch einmal bekam«, war für ältere Frauen ein Anlaß zur Besorgnis.

Die Medizin vergangener Zeiten tat wenig, um diese Ungewißheit zu beseitigen. Nach einer antiken Autorität sollte man eine Probe des Ausflusses auf einen mit Gallapfel, Schöllkraut und Safran getränkten Tampon geben. Wenn der Tampon die Farbe wechsle, sei es Krebs[55]. Eine siebenundvierzigjährige Pariserin, seit zwei Jahren in der Menopause, »wurde durch eine plötzliche Nebenblutung (Gebärmutterblutung) überrascht«, die dann zwei Jahre lang anhielt und der »ein sehr übelriechender eitriger Ausfluß« beigemengt war. François Mauriceau sah sie am 21. September 1669, zwei Wochen bevor sie an einem »karzinomatösen Geschwür des Uterus starb . . . wie ich aufgrund des beklagenswerten Zustandes erwartet hatte, in dem ich sie vorgefunden hatte«. Mauriceau bemerkte dazu: »Alle diese Blutungen, die ältere Frauen bekommen, nachdem ihre Menses schon seit einer Reihe von Jahren aufgehört haben, sind stets tödlich, wenn sie länger als ein oder zwei Monate andauern.«[56] Anders als Krankheiten wie etwa Urämie (Nierenversagen), von denen Männer aufgrund von Prostatabeschwerden wahrscheinlich häufiger heimgesucht wurden, nahm Gebärmutterkrebs in der Regel einen

54 Edwin Silverberg, *Gynecological Cancer: Statistical and Epidemiological Information.* American Cancer Society, ohne Erscheinungsort 1975, S. 24–25.

55 Paul Diepgen, *Frau und Frauenheilkunde in der Kultur des Mittelalters.* Thieme, Stuttgart 1963, S. 170.

56 François Mauriceau, *Observations sur la grossesse et l'accouchement des femmes.* Paris 1694, S. 9–10.

qualvollen Verlauf. Hören wir Leake: »Leichtes Fieber in Verbindung mit Nachtschweiß, chronischer Durchfall, Schmerz und Ruhebedürfnis zehren abwechselnd die Kräfte der Patientin auf. Klumpen verdorbenen Blutes werden unter großen Schmerzen und Mühen ausgeschieden, und gelegentlich gehen große Mengen flüssigen Blutes aus den Gefäßen ab, die von den extrem ätzenden Krebssäften zerfressen werden.«[57] »Der Tod durch Gebärmutterkrebs zieht sich gewöhnlich schrecklich hin«, schrieb Lawson Tait um 1890, ein Jahrhundert später[58].

Es läßt sich schwer entscheiden, wieweit dieses ärztliche Gefühl der Hilflosigkeit und des Schreckens von der Frauenkultur geteilt wurde. In Deutschland hatten die Frauen besondere Ausdrücke für die klumpigen Absonderungen der Krankheit: »eine Versammlung« oder »der Brand«[59]. Die Bauern im Schweizer Simmenthal scheinen einen speziellen Umschlag für Gebärmutterkrebs ersonnen zu haben: Man müsse Ziegenmist mit Honig vermischen und auflegen, dann würden Krebs und Fisteln eingehen[60]. Willughby erzählt Geschichten – so entsetzlich, daß man sie hier gar nicht wiedergeben kann – von Frauen, die zu ihm kamen, weil sie Heilung von verschiedenen Krebserkrankungen des Genitalbereichs suchten. Möglicherweise hatten sie schon andere Frauen um Rat gefragt. Aber nachdem auch er sich als außerstande erwiesen hatte, ihr Leiden zu lindern, konsultierten sie Quacksalber und wieder andere Ärzte, bis sie starben. Wenn diese Krebsopfer also in seine Behandlung kamen, waren die Heilmöglichkeiten anderer Frauen schon längst erschöpft[61]. Vielleicht resignierte die Frauenkultur einfach angesichts der Schrecknisse dieser Krankheit. Die Symptome in den fortgeschrittenen Stadien der Krankheit haben möglicherweise so lähmend und einschüchternd gewirkt, daß sich dagegen keine volksmedizinischen Rezepte entwickelt haben.

Der erste Schritt zur Erleichterung dieser historischen Bürde kam

57 John Leake, *Medical Instructions Towards the Prevention and Cure of Chronic Diseases Peculiar to Women.* 5. Aufl., London 1781, S. 114–16.

58 Tait, *Diseases of Women,* a. a. O., S. 62.

59 F. J. Beyerlé, *Über den Krebs der Gebärmutter.* Ohne Erscheinungsort 1818, S. 71, in bezug auf den »gemeinen Mann hier zu Land«.

60 Hans Zahler, *Die Krankheit im Volksglauben des Simmenthals: Ein Beitrag zur Ethnographie des Berner Oberlandes.* Bern 1898, S. 82 (»Für Die fystlen und Kräbs«).

61 Percivall Willughby, *Observations in Midwifery.* 1863; Neudr., S. R. Publishers, East Ardsley 1972, S. 227–30.

in den neunziger Jahren des vorigen Jahrhunderts mit der Bauchchirurgie: Die Krankheit konnte dadurch eingedämmt oder gar geheilt werden, daß man den kanzerösen Uterus entfernte (»Radikal-Operation«). Eine zweite wichtige Waffe trat 1902 mit der klinischen Strahlentherapie hinzu. Die Veränderung für das Leben der betroffenen Frauen war revolutionär. Während zwischen 1900 und 1910 nur 20 Prozent der Frauen, die an Krebs des Gebärmutterkörpers erkrankt waren und im University of Pennsylvania Hospital behandelt wurden, noch fünf Jahre lebten, waren es zwischen 1926 und 1930 – bei kombinierter Behandlung durch Radium und Hysterektomie – 51 Prozent[62]. In den sechziger Jahren lebten fast 80 Prozent der Frauen mit Krebs des Gebärmutterkörpers noch mindestens fünf Jahre, und mehr als 60 Prozent überlebten um fünfzehn Jahre und länger[63]. Die Sterblichkeit infolge von Gebärmutterkrebs erlebt augenblicklich einen dramatischen Rückgang[64]. So bin ich in der glücklichen Lage, mit der weitgehenden Domestizierung dieser Krankheit einen weiteren Beleg für meine Grundthese – daß das erste Viertel des 20. Jahrhunderts die gesundheitliche Gefährdung der Frauen beträchtlich eingeschränkt hat – liefern zu können.

Blut und Eisen

Eisenarmut des Blutes oder Anämie interessiert uns, weil diese Krankheit bei den betroffenen Frauen zu Ermüdungserscheinungen führte und ihre Widerstandskraft gegenüber Infektionskrankheiten herabsetzte[65]. So wirkt sie sich natürlich auch bei Männern aus, aber historisch gesehen trat Anämie bei Frauen weit häufiger auf. Ende des 19. Jahrhunderts gingen beispielsweise bei der Krankenversicherung in Leipzig pro 1000 Mitglieder 77 Anämiemeldungen von Frauen ein, hingegen nur 4 von Männern[66].

Anämisch wird man, wenn man erstens zu wenig Eisen mit der

62 Charles C. Norris und F. Sidney Dunne, »Carcinoma of the Body of the Uterus«, in: *AJO-G*, 32 (1936), S. 988.
63 Silverberg, *Gynecologic Cancer*, a. a. O., S. 46.
64 a. a. O., S. 35.
65 Vgl. Eugene D. Weinberg, »Iron and Infection«, in: *Microbiological Reviews*, 42 (1978), S. 45–66.
66 Prinzing, »Krankheitsstatistik«, a. a. O., S. 673.

Nahrung aufnimmt, zweitens erhöhten Eisenbedarf hat oder drittens Blut verliert.

Erstens: Heutzutage wird praktisch niemand anämisch, weil der Eisengehalt seiner Nahrung plötzlich zurückgeht, obwohl vorstellbar ist, daß in früheren Zeiten der plötzliche Fortfall bestimmter Nahrungsmittel wie etwa der Eier oder des jährlichen Schweins, das sich die Familie hielt, die Menschen eines Großteils ihrer Eisenaufnahme beraubte, so daß es zu Eisenmangel kam. Doch sie führten ihrem Körper Eisen zu mit der Erde, die ihrem Essen beigemischt war (heute eine Eisenquelle in der Dritten Welt)[67], durch den Gebrauch von Eisentöpfen und Eisenpfannen und durch das Gemüse, das die meisten Familien auf dem Lande im eigenen Garten anbauten. Deshalb dürfte Eisenmangel in der Nahrung kaum als Ursache der historischen Anämiehäufigkeit anzusehen sein.

Eine wichtige Ausnahme von dieser Grundregel gibt es. Jemand konnte genügend Eisen zu sich nehmen und doch unter Eisenmangel leiden, weil das Eisen nämlich in seinem Darm nicht resorbiert wurde. Entweder benutzte er gewohnheitsmäßig Abführmittel, dann glitt die Nahrung zu rasch durch den Darm, um richtig verarbeitet zu werden, oder er litt unter einem Mangel an Vitamin C, das an der Eisenaufnahme beteiligt ist. Diese Probleme waren vor der Jahrhundertwende wesentlich ausgeprägter als heute. Denn damals nahm jedermann ständig Abführmittel, damals war Skorbut (eine Krankheit, die bei Vitamin-C-Mangel auftritt) ein verbreitetes Übel, und damals wurde das Eisen dem Körper häufiger in Form von Gemüse – aus dem das Verdauungssystem das Eisen weit mühsamer gewinnt – als in Form von Fleisch zugeführt.

Zweitens: Der Eisenbedarf von Frauen nimmt besonders in der Schwangerschaft zu, da sich dann ihr Blutvolumen ausdehnt. Wenn richtig ist, was in Kapitel 4 vorgebracht wurde, daß nämlich Frauen ihre Ernährung während der Schwangerschaft nicht verbesserten, dann handelten sie sich durch die Geburten ihrer Kinder wahrscheinlich beträchtlichen Eisenmangel ein – ein Mangel, der sich mit jeder weiteren Schwangerschaft verschlimmerte.

Drittens: Der wichtigste Faktor bei diesen Anämien war vermutlich der Blutverlust. Wie noch gezeigt wird, tritt Eisenmangel häufig bei jungen Mädchen zum Zeitpunkt der Menarche auf und begleitet sie durch das frühe Erwachsenenalter – Beschwerden, die wahr-

67 Leslie J. Witts, *Hypochromic Anemia.* Heinemann, London 1969, S. 14.

scheinlich auf den Blutverlust der Menses zurückzuführen sind. Blutungen aus Hämorrhoiden (eine häufige Beschwerde in traditioneller Zeit), aus Magengeschwüren, durch Hakenwürmer und durch die gynäkologischen Leiden, die ich im nächsten Kapitel beschreiben werde – das alles waren für die damaligen Menschen entscheidendere Ursachen für Blutverlust als für uns.

Ganz wichtig in diesem Zusammenhang war der therapeutische Aderlaß, der bei Volks- und Schulmedizin gleichermaßen beliebt war. Ich habe in Kapitel 4 darauf hingewiesen, wie häufig der »prophylaktische« Aderlaß während der Schwangerschaft vorgenommen wurde. Männer wie Frauen unterzogen sich einmal im Jahr dem »Frühjahrsaderlaß«, um sich gründlich zu reinigen. Ein schwedischer Arzt meinte Mitte des 19. Jahrhunderts, selten würden anämische Frauen vom Lande ärztliche Hilfe suchen, nachdem sie sich nicht zuvor schon zwei- oder dreimal aus einer Fußvene zur Ader gelassen hätten und an mehreren anderen Körperstellen geschröpft worden seien. Das erschwere die Heilung solcher Fälle[68]. In der Tat.

In Ermangelung von Blutuntersuchungen – die von den Krankenhäusern erst von den neunziger Jahren des vorigen Jahrhunderts an regelmäßig durchgeführt wurden – waren die traditionellen medizinischen Kriterien für Anämie bei Frauen unscharf: Blässe, Müdigkeit, Verstopfung, Sodbrennen, Störungen des Verdauungssystems, Herzklopfen, Atemnot und so fort. Doch konnten diese Symptome hundert verschiedene Ursachen haben. Nehmen wir den Fall Charlotte, von dem Mr. Foote berichtete – unverheiratet, sechsunddreißig, seit längerem unregelmäßige Perioden und bleiche Hautfarbe (»chlorotisches Aussehen«): »Ihre augenblicklichen Symptome sind Herzklopfen, Dyspnoe (Atemnot), Husten, Schmerzen in der Brust, in den Lenden und zwischen den Schultern. Die Beine sind ödematös (geschwollen), sie leidet unter Appetitlosigkeit, der Puls ist schwach und hat eine Frequenz von 80, die Zunge ist ohne Belag, der Darm verstopft.«[69] Abgesehen von Anämie aufgrund von Eisenmangel konnten sich hinter diesen Anzeichen noch viele andere Krankheiten verbergen. Ein Herzleiden oder Tuberkulose im Anfangsstadium fallen einem sofort ein. Nachdem (oder obwohl)

68 Magnus Huss, *Über die endemischen Krankheiten Schwedens.* Deutsche Übers.: Bremen 1854, S. 132, Anm. 62.

69 Zitiert bei: Dr. Ashwell, »Observations on Chlorosis«, in: *Guy's Hospital Reports,* 1 (1836), S. 560–61.

Mr. Foote sie mit Eisen und Abführmitteln behandelt hatte, waren ihre Symptome innerhalb von zehn Wochen verschwunden.

In der Vergangenheit verloren sich die meisten Anämieerkrankungen im Nebel unklarer Diagnosen und fehlender Laborergebnisse. Unser Wissen beschränkt sich im wesentlichen auf eine kleine Personengruppe: Junge Frauen, von denen man meinte, sie litten unter Chlorose. Unter Chlorose (nach griech. *chloros* für »grün«) verstand man in erster Linie Eisenmangelanämie. Sie galt als Krankheit von Mädchen zwischen Pubertät und Ehe, die den Betroffenen – wie Beobachter wahrzunehmen meinten – eine leicht grünliche Hautfarbe verlieh, daher Bezeichnungen wie *green sickness.*

In der Zeit, bevor Blutuntersuchungen durchgeführt wurden, meinten die Ärzte, wenn sie eine junge Frau »chlorotisch« nannten, daß sie bleich und schwach war und daß sie unregelmäßig oder gar nicht menstruierte. Es ist verblüffend, wie häufig diese Kombination von Symptomen zu allen Zeiten auftrat. Bei den alten Griechen hieß es: »Solche Frauen können nicht empfangen . . . sehen grün aus, ohne Fieber und Störung ihrer inneren Organe; sie klagen, daß ihr Kopf schmerzt und daß ihr Menstruationsausfluß verdorben und spärlich ist . . . Wer von grüner Farbe ist, ohne unter Gelbsucht zu leiden«, neige dazu, so hieß es in dem Bericht weiter, Lehm und Erde zu essen, eine Anspielung auf eine Form von »Pika« (ungewöhnliche Eßgelüste), die bei Mineralmangelerkrankungen wie Anämie gelegentlich auftreten[70].

Die erste vollständige Beschreibung der Anämie junger Frauen jedoch liefert uns Johannes Lange im Jahr 1554, der sie die »Jungfrauenkrankheit« nennt. Zu Recht frage man sich, was für eine Krankheit sie befallen habe, denn ihr Gesicht, dessen rosige Wangen und roten Lippen dem Betrachter noch vor einem Jahr ins Auge gefallen seien, sei wie ausgeblutet, von trauriger Blässe, das Herz klopfe bei jeder Bewegung ihres Leibs, man sehe ihre Schläfenadern pulsieren, und Atemnot befalle sie beim Tanzen[71]. In den nächsten drei Jahrhunderten folgten viele Berichte über ähnlich verschwommene Symptome, die einfach unter der Bezeichnung »Chlorose« zusammengefaßt wurden. Johann Storch aus Gotha schrieb, er habe

70 Zitiert bei: Virgil F. Fairbanks, *Clinical Disorders of Iron Metabolism.* 2. Aufl., Grune & Stratton, New York 1971, S. 9.

71 Johannes Lange, zitiert bei: Ralph H. Major, *Classic Descriptions of Disease.* 2. Aufl., New York 1939, S. 528–29.

im Frühjahr 1721 zahlreiche junge Mädchen wegen Chlorose oder Anämie behandelt, unter ihnen eine Sechzehnjährige von zarter Verfassung, ... und zwei ältere Schwestern, die altersbedingt seit mehr als einem Jahr krank und von sehr bleicher Hautfarbe gewesen seien. Dann nannte er die üblichen Symptome der Chlorose: Übergang der Hautfarbe am ganzen Körper, aber besonders im Gesicht, von rosa zu bleichgrün, Teilnahmslosigkeit bei sonst lebhaften Mädchen, Kopf- und Zahnschmerzen und Kurzatmigkeit[72].

Das Interesse an der Chlorose war nicht auf die Schulmedizin beschränkt. Ein traditionelles Schweizer Mittel gegen Anämie bei Frauen besagte, man müsse vor Sonnenaufgang aufstehen und eine Grassode im Garten oder auf der Wiese ausstechen, in das Loch urinieren, die Sode umdrehen und in den Boden drücken. Dahinter stand die Vorstellung, daß die Anämie durch den Urin ins Gras gezogen werde und verwelken würde, wie das Gras verwelkte[73]. Die württembergischen Bauern unterschieden zwischen zwei Formen der Chlorose: der blühenden Anämie, jungen Frauen zugeschrieben, die gerade zu menstruieren begonnen hatten, und eine Anämie der wachsenden Schmerzen, die auf »schwaches Blut« im Jugendalter zurückgeführt wurde. Die blühende Spielart galt als gefährlicher, weil man meinte, daß das Blut zu Kopfe steigen würde[74].

Diese Unterscheidung zwischen den beiden Anämieformen wurde auch in der Schulmedizin vorgenommen. Richtig diagnostiziert werden konnte die Anämie, sobald Johann Duncan 1867 die blassen (hypochromen) roten Blutkörperchen unter dem Mikroskop entdeckt hatte[75]. In unserem Zusammenhang ist bedeutsam, daß die Ärzte auch weiterhin von *zwei* Spielarten der Anämie ausgingen, weil an der einen – der Chlorose – nur junge Frauen erkranken konnten. Um 1881 zählte beispielsweise der Arzt Douvillé in Compiègne zwölf Todesfälle infolge von »Anämie« und fünfzehn infolge von »Chlorose«[76].

72 Johann Storch, *Von Kranckheiten der Weiber.* 8 Bde., Gotha 1746–53, Bd. 2, S. 64–65.

73 Zahler, *Krankheit Simmenthal,* a. a. O., S. 94–95 (gegen »Bleichsucht des Frauenzimmers«).

74 Heinrich Höhn, »Volksheilkunde (I)«, in: *Württembergische Jahrbücher,* 1917–1918, S. 138; Höhn lieferte das Wort »Chlorose«.

75 Fairbanks, *Disorders of Iron Metabolism,* a. a. O., S. 18.

76 Dr. Douvillé, *Topographie physique et médicale de Compiègne.* Anvers 1881, S. 196.

Für die Ärzte einer noch nicht allzu lange vergangenen Zeit existierte die Chlorose also. Ob es sich dabei um eine medizinische Fiktion, um eine echte Krankheit, die es heute nur nicht mehr gibt, oder um ein kulturbedingtes Verhalten von Frauen – eine besondere Auswirkung des »viktorianischen Kapitalismus im 19. Jahrhundert« – gehandelt hat, ist nie geklärt worden.

Einige Wissenschaftler meinten, die Chlorosehäufigkeit habe im 19. Jahrhundert zugenommen, obwohl die große Zahl früherer Hinweise dagegen spricht[77]. Von besonderer Bedeutung in unserem Zusammenhang ist jedoch der erstaunliche *Rückgang* der Krankheit in den ersten beiden Jahrzehnten des 20. Jahrhunderts. Während 1901 an ein allgemeines Krankenhaus in Hamburg noch 201 Chlorosefälle überwiesen wurden, diagnostizierte man 1923 nur noch drei Fälle[78]. Von 1898 bis 1900 machte die Chlorose noch 18 Prozent der Einweisungen in der Statistikzusammenfassung mehrerer großer englischer Krankenhäuser aus; von 1913 bis 1915 waren es nur noch 8 Prozent[79].

Welche Ursachen hatte dieser bemerkenswerte Rückgang der Anämie bei Frauen im allgemeinen und der »Chlorose« bei jungen Frauen im besonderen? Verschiedene Erklärungen sind vorgeschlagen worden:

– Die Auswirkung besserer medizinischer Diagnoseverfahren, dank derer Anämie nicht mehr mit Tuberkulose und anderen Krankheiten verwechselt wurde, die Hautblässe und Schwäche hervorriefen. Offenkundig handelte es sich bei manchen »Chlorosefällen« um Fehldiagnosen, hinter denen sich andere Krankheiten verbargen, etwa wenn wir hören, daß sich die Chlorose manchmal in TB »verwandelt« habe[80].

– Der Fortfall des Korsetts und überhaupt der viktorianischen »Sittsamkeit«. Mehrere Autoren haben versucht, die Chlorose mit dem engen Schnüren in Zusammenhang zu bringen, weil sie mein-

77 Vgl. den glänzenden, aber wenig überzeugenden Aufsatz von Karl Figlio, »Chlorosis and Chronic Disease in Nineteenth-Century Britain: The Social Constitution of Somatic Illness in a Capitalist Society«, in: *Social History*, 3 (1978), S. 167–97.

78 Th. Deneke, »Über die auffallende Abnahme der Chlorose«, in: *Deutsche medizinische Wochenschrift*, 4. Juli 1924, S. 902.

79 J. M. H. Campbell, »Chlorosis: A Study of the Guy's Hospital Cases During the Last Thirty Years«, in: *Guy's Hospital Reports*, 73 (1923), S. 253.

80 Storch, *Weiberkranckheiten*, a. a. O., Bd. 2, S. 72.

ten, daß das Korsett möglicherweise auf den Vagus, den Eingeweidenerv, gedrückt und dadurch die Magensekretion und Verdauungstätigkeit gestört haben könnte. Auch andere, ebenso abwegige physiologische Theorien sind in dem Versuch vorgeschlagen worden, die Chlorose mit einer »bürgerlichen« Lebensweise in Zusammenhang zu bringen[81]. Der schlagendste Beweis gegen diese Deutung ist die Allgegenwärtigkeit der Chlorose bei Arbeiterfrauen und Bäuerinnen, bei Frauen also, die nachweislich weder Korsetts trugen noch den ganzen Tag untätig herumlagen. So stellte Dr. Boëns-Boissau fest, daß die Krankheit bei den minderjährigen Mädchen, die in den belgischen Kohleminen arbeiteten, sehr verbreitet war (ihrer Chlorose begegnen wir später in Emile Zolas *Germinale*)[82]. Wenn die Chlorose sowohl im ländlichen Unterfranken wie in der Industriestadt Lodève verbreitet war, so ist in der Tat zu bezweifeln, daß die Schnürleibchen schuld waren[83]. Ich bin der Auffassung, daß die Wissenschaftler, die die Chlorose mit irgendwelchen besonderen Lebensumständen der »bürgerlichen viktorianischen Frauen« in Zusammenhang brachten, den wenigen Ärzten zuviel Glauben schenkten, die zufällig in bürgerlichen Vierteln praktizierten und deren Patientinnen sich schnürten[84]. Denn die Mehrzahl der chlorotischen Frauen stammte aus der Arbeiterklasse, und die Krankheit scheint auf dem Lande ebenso häufig gewesen zu sein wie in der Stadt.

– Bessere Eisentherapie. Auf den ersten Blick erscheint diese Erklärung wenig glaubhaft, da Eisen stets als Mittel gegen Anämie empfohlen worden ist, seit der Arzt Nicolas Monardes aus Sevilla 1565 über dieses Thema schrieb[85]. Der englische Arzt Thomas Sydenham machte 1685 die Eisentherapie populär, als er »Eisenfeil-

81 H. St. H. Vertue, »Chlorosis and Stenosis«, in: *Guy's Hospital Reports,* 104 (1955), S. 341–43.

82 H. Boëns-Boisseau, *Traité pratique des maladies, des accidents . . . des houilleurs.* Brüssel 1862, S. 73–77.

83 *Bavaria: Landes- und Volkskunde des Königreichs Bayern, Bd. IV: Unterfranken.* München 1866, S. 215 (»Bleichsucht«); und Jean-Auguste Crouzet, *Topographie médical . . . de Lodève.* Montpellier 1912 (geschrieben 1898), S. 167.

84 Sarah Stage, *Female Complaints: Lydia Pinkham and the Business of Women's Medicine.* Norton, New York 1979, S. 85.

85 Aus der englischen Übersetzung: *Joyfull Newes Out of the Newe Founde Worlde,* die 1577 erschien; zitiert bei: Fairbanks, *Disorders Iron Metabolism,* [Anm. 70], S. 5.

späne ... mit Wermutwein hinuntergespült« empfahl. Er erklärte: »Dadurch werden hysterische Beschwerden geheilt, aber auch die sogenannten weiblichen Verhaltungen, insbesondere Chlorose oder Bleichsucht.«[86] Doch erst als Pierre Blaud 1831 eine Mischung aus Eisensulfat und Kaliumkarbonat empfahl, wurde es möglich, große Mengen Eisen in leicht resorbierbaren Dosierungen einzunehmen. Das Eisensulfat war ein »Eisensalz«, welches bis heute die Grundlage der Eisentherapie geblieben ist.

Nun liegt es nicht in meiner Absicht, die Geschichte der Anämie zu schreiben, sondern deutlich zu machen, inwiefern diese Krankheit dazu beigetragen hat, die Gesamtgesundheit der Frauen im Vergleich zu der der Männer zu beeinträchtigen. Es gibt ein auffälliges Zusammentreffen zwischen der Verbreitung von Tuberkulose, der Häufigkeit von Magengeschwüren (eine Störung, bei der es zu heftigen Blutungen kommt) und der Anämieneigung – alles Krankheiten, die verstärkt bei Mädchen und jungen Frauen auftraten. Zweifellos lag eine Wechselbeziehung vor: Die Geschwüre verschlimmerten die Anämie, und die Anämie erhöhte die Anfälligkeit der jungen Frauen für Infektionskrankheiten. Natürlich lautet die entscheidende Frage, warum dieses Bündel von Krankheiten, das eine historische Bürde von jungen Mädchen und jungen Frauen war, in den ersten beiden Jahrzehnten des 20. Jahrhunderts plötzlich fortfiel. Nur zu gern hätte ich die alten Theorien von »kapitalistischer Unterdrückung« und von der viktorianischen »Frau auf dem Piedestal« durch meine eigene neue Theorie ersetzt. Aber zumindest haben wir erkannt, daß die alten Theorien nicht zutreffen. Im ersten Viertel unseres Jahrhunderts ging die größere Krankheitsanfälligkeit, die Frauen bestimmter Altersgruppen im Vergleich zu Männern aufwiesen, aus nicht geklärten Gründen zu Ende.

86 R. G. Latham (Hrsg.), *The Works of Thomas Sydenham.* 2 Bde., London 1848–1850, Bd. 2, S. 103, 232.

10.
Sexuell relevante Erkrankungen

Frauen leiden an einer weit größeren Zahl von Unterleibserkrankungen als Männer. Sie aufzuzählen wäre für den nicht-medizinischen Leser so interessant wie ein gynäkologisches Lehrbuch. Statt dessen gehe ich in diesem Kapitel davon aus, daß vor allem zwei Arten von Erkrankungen »sexuell relevant« für Frauen gewesen sind: erstens diejenigen, die Männer ihnen beim Geschlechtsverkehr übertrugen, und zweitens diejenigen, die die Frauen in sexuellen Situationen bezüglich ihres Körpers befangen machten. Diese nur Frauen eigene »sexuelle« Verwundbarkeit prädestinierte sie in besonderer Weise für die Rolle des Opfers. Sie litten mehr als Männer unter sexuell erworbenen Krankheiten, und sie fühlten sich durch alles, was mit den Unterleibserkrankungen zusammenhing, vor den Männern erniedrigt.

Die Geschichte der vaginalen Ausflüsse

Etwa jede vierte Frau, die heute einen Gynäkologen aufsucht, leidet unter Ausfluß[1]. Diese Ausflüsse stammen aus Gebärmutter und Scheide, haben eine Farbe zwischen klarem Weiß und Gelbgrün, riechen manchmal unangenehm und können Schmerzen beim Geschlechtsverkehr verursachen. Sie sind heute meist leicht zu behandeln und gehen – wenn sie nicht auf so gravierende Ursachen wie zum Beispiel Gebärmutterkrebs zurückzuführen sind – rasch vorüber. Früher jedoch waren sie durchaus nicht so mühelos zu behandeln und bedeuteten eine schlimme Beeinträchtigung für die Frauen, die sich oft jahrelang mit dieser flüssigen Scheidenabsonderung herumzuplagen hatten. Abgesehen von dem seltenen Fall, daß eine Gonorrhö sich zur Peritonitis auswuchs, stellten diese Ausflüsse kaum lebensbedrohende Krankheiten dar. Doch sie erinnerten ständig daran, daß den Frauen eine besondere sexuelle Bürde aufgeladen war.

Die Geschichte dieser Ausflüsse reicht weit zurück. Ein engli-

1 Robert W. Kistner, *Gynecology*. 3. Aufl., Year Book, Chicago 1979, S. 80.

sches Gesundheitsbuch aus dem 15. Jahrhundert empfahl für die »Ergüsse aus der Gebärmutter«, »Kölle in Wasser einzuweichen und die Frau damit von unten zu waschen«[2]. »Weißfluß« oder »Fluor albus« lauteten die klassischen medizinischen Bezeichnungen für jede Form zähflüssiger Absonderung aus Scheide oder Gebärmutter. »Leukorrhö« ist eine weitere Bezeichnung für diesen weißen Ausfluß. Dieser galt einst als eigenständige Krankheit und nicht als bloßes Symptom verschiedener zugrundeliegender Krankheiten. Und da die Frauen ihn als außerordentlich lästig empfanden, gehörte er zu den wenigen gynäkologischen Beschwerden, für die ärztliche Hilfe in Anspruch genommen wurde. Aus diesem Grund wissen wir mehr über die Geschichte des Vaginalausflusses als über die meisten anderen Aspekte der weiblichen Gesundheit.

Wenn Frauen heute unter solchen Ausflüssen leiden, liegt gewöhnlich eine der folgenden Ursachen vor:

– Eine Scheideninfektion durch ein »Protozoon« namens *Trichomonas vaginalis.* Obwohl jede fünfte erwachsene Frau einige dieser Trichomonaden in ihrer Scheide beherbergt, treten die Symptome bei weit weniger Frauen auf. Auch im Penis vieler Männer kommen diese Mikroorganismen vor. Doch während Männer selten Symptome haben, bemerken Frauen mit klinischen Infektionen einen unangenehmen Geruch, der aus ihrer Scheide dringt, einen blasigen gelbgrünen Ausfluß und einen heftigen Juckreiz[3]. *T. vaginalis* wurde 1836 entdeckt[4]. Erst in den dreißiger Jahren allerdings begannen die Ärzte ihn in normalen Praxisuntersuchungen festzustellen.

– Eine Scheideninfektion durch einen hefepilzartigen Organismus namens *Candida albicans* (früher »Monilium« genannt). Auch in diesem Falle hat etwa jede fünfte Frau ein natürliches Vorkommen von Candida in ihrer Scheide[5], während es nur in seltenen Fällen zu Symptomen kommt. Doch wenn solche »Moniliosen« auftreten, sind sie sehr unangenehm. Ein frischkäseartiger Ausfluß sickert aus der Scheide, und die Frau verspürt heftigen Juckreiz und Schmerzen beim Geschlechtsverkehr.

2 Warren R. Dawson (Hrsg.), *A Leechbook of the Fifteenth Century.* London 1934, S. 189.

3 Dieser Bericht ist übernommen von: Kistner, *Gynecology,* a. a. O., S. 80.

4 Zitiert bei: Leslie T. Morton, *A Medical Bibliography.* 3. Aufl., deutsch, London 1970, S. 600, Eintragung 5207.

5 C. P. Anyon u. a., »A Study of Candida in One Thousand and Seven Women«, in: *New Zealand Medical Journal,* 73 (1971), S. 10.

– *Gonorrhö.* Auf sie werden wir noch ausführlicher eingehen (S. 298 ff.).
– Eine ganze Reihe von Bakterieninfektionen der Scheide entweder durch stäbchenartige Bakterien namens *Hämophilus vaginalis* oder durch Mitglieder der Familie der Streptokokken und Staphylokokken. Die Symptome dieser Infektionen weisen keine »charakteristischen« Merkmale auf, so daß wir wenig über sie wissen.
– Verschiedene Keime, die die Zervix infizieren. »Akute Cervicitis« (Zervixkanalkatarrh) ist gewöhnlich eine Folge von Gonorrhö, aber chronische Zervixinfektionen infolge von Geburtsverletzungen dürften in der Vergangenheit häufiger gewesen sein. Sie rufen einen dicklichen, gelben, eitrigen Ausfluß hervor.

Welche Ursachen diese Vaginalausflüsse auch immer gehabt haben mögen, sie waren einst außerordentlich häufig. In Wien beklagte Friedrich Colland 1800, wie schwer es sei, eine saubere Amme zu finden, weil sie so gerissen seien. Zum Vorstellungsgespräch würden sie ihre Scham waschen und säubern, einen kleinen Schwamm hineinstecken (den sie entfernen würden, bevor sie das Haus beträten) und schließlich ein weißes Kleid anziehen, so daß die bösartige Natur ihrer Leukorrhö nicht zu erkennen sei[6]. Diese Äußerung läßt darauf schließen, daß erstens die künftigen Arbeitgeber die Genitalien dieser Frauen in Augenschein nahmen und daß zweitens der »Weißfluß« etwas Normales bei den Frauen jener Schichten war, aus denen sich die Ammen rekrutierten. In einem Zeitraum von sechs Jahren zu Ende des 18. Jahrhunderts ließen sich 446 Frauen am Aldersgate Dispensary in London wegen »Fluor albus« behandeln (dagegen nur 270 wegen heftiger Monatsblutungen)[7].

Noch in den zwanziger Jahren konnten viele der Frauen, die in das Londoner Beratungszentrum für Geburtenkontrolle von Marie Stopes kamen, keine Portiokappen erhalten, weil sie Ausflüsse hatten. Dazu berichtete Dr. Maude Kerslake, die in dieser Beratungsstelle arbeitete: »Nur ein paar dieser Frauen hatten sich zuvor in ärztliche Behandlung begeben . . . Häufig hatte man ihnen gesagt, er (der Ausfluß) sei natürlich und sie müßten sich damit abfinden.«[8]

6 Friedrich Colland, *Untersuchung der gewöhnlichen Ursachen so vieler frühzeitig-todtgeborener . . . Kinder.* Wien 1800, S. 71–72.
7 William Black, *An Arithmetical and Medical Analysis of the Diseases and Mortality of the Human Species.* 2. Aufl., London 1789, S. 194.
8 Mary C. Stopes, *»The First Five Thousand«: Being the First Report of the First Birth Control Clinic in the British Empire.* London 1925, S. 53.

Es gibt also viele Belege dafür, daß in früheren Zeiten starker Vaginalausfluß weit verbreitet war. Um den Leser nicht mit den Berichten irgendwelcher obskurer Ärzte aus entlegenen Dörfern zu langweilen, die sich dazu geäußert haben, möchte ich nur auf ein paar Besonderheiten hinweisen.

Leukorrhö war keine ausschließlich »bürgerliche« Krankheit, kein Privileg »leidender« Frauen der besseren Gesellschaft. Viele Berichte bezeugen ihre Verbreitung in den einfachen Schichten:

– Dr. J.-B. Denis Bucquet berichtete 1808 aus Laval: »Leukorrhö ist fast universell. Frauen jeden Alters und jeder Schicht werden von ihr heimgesucht, und häufig nimmt die Krankheit einen schlimmen Ausgang«[9], – womit er vermutlich darauf anspielte, daß sie zu den Symptomen der Endstadien von Gebärmutterkrebs und Pelveoperitonitis gehört.

– Dr. Rame aus Lodève im Jahre 1841: »Der Zervixkatarrh ist so verbreitet, daß er nur wenigen Vertreterinnen des schönen Geschlechts erspart bleibt.«[10]

– Dr. F. J. Werfer aus Gmünd im Jahr 1813: Beim weiblichen Geschlecht – Alleinstehenden und Verheirateten – sei der Weißfluß sehr häufig, und selbst auf dem Lande trete er in letzter Zeit häufiger auf als früher. Das sei zweifellos die Folge einer verweichlichenden Erziehung[11].

– Dr. Johann Rambach aus Hamburg im Jahr 1801: Der Weißfluß sei sehr verbreitet, und zwar bei den Frauen aus dem Volke mehr als bei wohlhabenden Bürgerinnen. Wenigen Frauen gelänge es, ihm zu entgehen, zumindest unter normalen Umständen[12].

Und so fort. Dutzende dieser »medizinischen Topographien« wurden in der ersten Hälfte des 19. Jahrhunderte veröffentlicht, und für viele der Autoren war die Leukorrhö – vielleicht mit der Anämie zusammen – der wichtigste Aspekt bei der medizinischen Versorgung der weiblichen Bevölkerung.

Wie steht es mit der Möglichkeit, daß alle diese Berichte über übelriechende Scheiden von Frauen nicht der Wirklichkeit entspra-

9 J.-B. Denis Bucquet, *Topographie médicale de la ville de Laval, manuscrit inédit de 1808.* Angers 1894 (Handschrift von 1808), S. 70–71.

10 Dr. Rame, *Essai historique et médical sur Lodève.* Lodève 1841, S. 75.

11 F. J. Werfer, *Versuch einer medizinischen Topographie . . . Gmünd.* Gmünd 1813, S. 138.

12 Johann Rambach, *Versuch einer physisch-medizinischen Beschreibung von Hamburg.* Hamburg 1801, S. 335.

chen, sondern Männerphantasien waren? In den medizinischen Vorstellungen der Vergangenheit geisterten gelegentlich phantastische sexuelle Einbildungen herum[13]. Warum nicht auch hier? Zahlreiche Anhaltspunkte lassen jedoch darauf schließen, daß die starken Vaginalausflüsse tatsächlich auch die betroffenen Frauen beunruhigten und nicht nur ihre bürgerlichen ärztlichen Helfer.

Zum einen gab es zahlreiche volksmedizinische Mittel gegen Leukorrhö, die von Generation zu Generation überliefert wurden. So empfahl die volkstümliche Heilkunde des 16. Jahrhunderts den Frauen, bei der »weißen Krankheit« die Wurzeln weißer Rosen in Wein zu legen und diesen Sud ein paar Tage lang zu trinken[14]. Wenn die Gebärmutter nur Schleim zustande bringe, so hieß es bei den Bauern in Bayern, solle die Frau Rosmarin, Sauerkrautsaft, Wegerich oder zwanzig andere Pflanzentränke zu sich nehmen[15]. Schweizer Bäuerinnen schluckten weiße Wurst und weiße Lilien, die in Wasser gekocht waren[16]. Sogar noch in den siebziger Jahren unseres Jahrhunderts haben sich die Frauen auf dem Lande im französischen Departement Moselle Vaginaleinläufe, bereitet aus Walnußblättern, gegen Leukorrhö gemacht[17]. Angesichts so reichlicher Tradition in der Volksmedizin ist es unwahrscheinlich, daß der »Weißfluß« in erster Linie ein Produkt überreizter ärztlicher Männerphantasien gewesen sein soll.

Es gibt auch verschlüsseltere Hinweise darauf, daß die Frauen durch die Vaginalausflüsse ebenso gestört waren wie ihre Ärzte. Arbeiterinnen in England bezeichneten Leukorrhö als »inward weakness« (innere Schwäche) oder »waste« (Abwasser)[18]. In finnischen Gemeinden galt eine Frau mit Weißfluß als unrein. Weißfluß

13 Obgleich ich mit den Auffassungen des Autors zu diesem Punkte nicht gänzlich übereinstimme, vgl. Jean-Pierre Peter, »Entre femmes et médecins: Violence et singularités dans les discours du corps . . . fin du XVIIIe siècle«, in: *Ethnologie française,* 6 (1976), S. 266.

14 Zitiert bei: Josef Werlin, »Rezepte zur Frauenheilkunde aus dem 16. Jahrhundert«, in: *Medizinische Monatsschrift,* 20 (1966), S. 266.

15 G. Lammert, *Volksmedizin und medizinischer Aberglaube in Bayern.* Würzburg 1869, S. 149–50.

16 Hans Zahler, *Die Krankheit im Volksglauben des Simmenthals.* Bern 1898, S. 71.

17 Jacques Idoux, *Exploration des traditions thérapeutiques des guérisseurs . . . du Département de la Moselle.* Pharm. Diss., Metz 1975, S. 92.

18 James Whitehead, *On the Causes and Treatment of Abortion and Sterility.* London 1847, S. 255.

wurde allgemein als schwere Krankheit angesehen, die die Frau schwächte und in letzter Konsequenz zur Unfruchtbarkeit führte – offensichtlich eine Anspielung auf gonorrhoischen Ausfluß[19]. Mrs. S., eine dreiunddreißigjährige Londonerin, hatte ungefähr drei Jahre lang »einen ständigen gelblichen Ausfluß in großen Mengen und von sehr unangenehmer Art«. »Manchmal«, so hieß es, »verursachte der Ausfluß Entzündungen an den Fingern der Waschfrau.«[20] Nun ist es zwar höchst unwahrscheinlich, daß die Waschfrau tatsächlich Dermatitis von Mrs. S.'s schmutzigem Bettzeug bekommen hat, aber für uns entscheidend ist, daß die Wäscherin *und* Mrs. S. glaubten, es sei der Fall (und daß auch Dr. Francis Ramsboth dieser Meinung war, als ihm davon erzählt wurde), woraus ersichtlich wird, für wie gefährlich man diese Ausflüsse hielt.

Vaginalausflüsse waren auch insofern relevant, als sie sich auf die Beziehungen zwischen Männern und Frauen auswirkten und das traditionelle Empfinden der Frau verstärkten, sie seien von der Natur benachteiligt worden. Welche Belege gibt es dafür, daß Männer sich durch Leukorrhö gestört fühlten und daß sie Frauen peinlich war? Hier geben die Quellen so gut wie keine Auskunft, denn diese Einstellungen liegen unter dem historischen Schweigen begraben, das auch die anderen Unterleibsfunktionen umgab. Nur die vorchristlichen Letten hatten, versteht sich, ein Lied dazu:

> Der Pimmel pflügt die Furche
> Und trägt 'nen roten Hut.
> Die Pussi kommt mit Essen,
> Wischt ihre Tränen fort.

Nach Auffassung des Herausgebers dieser »Volksliedsammlung« bedeutet der »rote Hut« des Penis die Eichel und die »Tränen« der »Pussi«, also der Vulva, möglicherweise einen Ausfluß[21]. Wenn das richtig ist, so haben wir damit eines der wenigen kulturellen Zeugnisse der privaten Tragödie, die die Leukorrhö bedeutete, und es ist besonders interessant, weil diese Volkslieder gewöhnlich von Männer geschrieben und überliefert wurden.

19 E. Pelkonen, *Über volkstümliche Geburtshilfe in Finnland.* Helsinki 1931, S. 30.
20 Francis Rambotham, Mitteilung, in: *LMG,* NS, 6 (1848), S. 910.
21 Bud Berzing (Hrsg.), *Sex Songs of the Ancient Letts.* University Books, New York 1969, S. 39.

Ursache der Vaginalausflüsse ist die krasse Unsauberkeit der einfachen Menschen früherer Zeiten. Sie lebten im Schmutz, wuschen sich nicht und plagten sich ihr Leben lang mit Infektionen und Infiltrationen der Haut, der Ohren, der Augen und der Haare. Doch hier interessieren uns die Genitalien. Nachdem Dr. K. H. Lübben die außerordentliche Häufigkeit von Gebärmutterinfektionen in der Rhön erörtert hatte, kam er darauf zu sprechen, wie schmutzig die Einwohner waren: Die meisten Frauen bekämen ihr erstes und letztes Bad als Säugling von der Hebamme[22]. Maria Bidlingmaier, die junge Studentin, die unter den Bauern zweier württembergischer Dörfer lebte, berichtete, daß die einzigen Körperteile, die die Frauen jemals wüschen, Gesicht, Hände und Füße seien. »Ein Glück, daß sich die Haut an den rauhen Hemden und der ständigen Bewegung ganz von selber glatt reibt« (was natürlich ironisch gemeint war)[23]. Der Amtsarzt von Roding erklärte 1860, daß die Frauen sich nur an Sonn- und Feiertagen wüschen, und auch dann nur Gesicht, Hals, Arme und Füße. Das Waschen oder Säubern ihrer Scham gelte ihnen als sündig oder unrein[24].

Welches Sauberkeitsempfinden die Frauen früherer Zeiten besaßen, zeigt sich am deutlichsten auf dem Gebiet der Menstruationshygiene. Was benutzten Bäuerinnen, wenn sie ihre Periode hatten? Grundsätzlich scheint die Antwort zu lauten: Frauen aus der Unterschicht menstruierten in ihre Kleider. In Frankfurt wurde 1457 eine Klage gegen einige Leprainspektoren angestrengt, weil sie darauf bestanden hatten, eine Tote, bei der Lepraverdacht bestand, völlig zu entkleiden, obwohl sie unmittelbar vor ihrem Tode menstruiert hatte. Die Inspektoren hätten das *am Zustand ihrer Kleider* erkennen können, hieß es in der Klage[25]. Noch zu Beginn des 20. Jahrhunderts hielten es die finnischen Landbewohner für schädlich, während der Menstruation Binden zu tragen. Man meinte, die Frauen würden während ihrer Monatsblutungen von Übel und Schmutz gereinigt, weshalb der Säuberungsprozeß nicht behindert werden

22 K. H. Lübben, *Beiträge zur Kenntnis der Rhön.* Weimar 1881, S. 76.

23 Maria Bidlingmaier, *Die Bäuerin in zwei Gemeinden Württembergs.* Staatswiss. Diss., Tübingen 1918, S. 147.

24 Dr. Märkel, »Medicinisch-topographische und ethnographische Beschreibung ... Roding, 1860«. Handschrift im Staatsarchiv Amberg, Landgerichtsarzt Roding, Nr. 2.

25 Paul Diepgen, *Frau und Frauenheilkunde in der Kultur des Mittelalters.* Thieme, Stuttgart 1963, S. 174.

und die Genitalien nicht mit Tuch oder Wolle verstopft werden dürften. Ferner müßten die Kleider, in die das Monatsblut der Frauen gelaufen sei, heimlich und mit wenig Wasser ausgewaschen werden[26].

Ich will damit nicht sagen, daß ich es schlimm finde, wenn Frauen in ihre Kleider menstruierten, sondern nur, daß dieses getrocknete Blut ein idealer Nährboden für Mikroorganismen war, die sich entweder in den Kleidern oder in den Hautfalten der Frau entwickelten. Für die meisten Vaginalinfektionen ließen sich keine günstigeren Voraussetzungen denken als diese schmutzigen Menschen, die in engem Kontakt lebten.

Wann kam für die Frauen endlich die Erlösung von chronischen Vaginalinfektionen? Wenn ich recht habe und die Unsauberkeit tatsächlich verantwortlich war, so müssen die generellen Fortschritte in der persönlichen Hygiene, die in der zweiten Hälfte des 19. Jahrhunderts zu verzeichnen waren, in dem gleichen Maße einen Rückgang der Vaginitis bewirkt haben, wie sie Läusebefall, Krätze, septische Dermatitis und andere durch mangelnde Hygiene verursachte Krankheiten zurückdrängten.

Die medizinische Versorgung hatte damit wahrscheinlich bis zu den dreißiger Jahren unseres Jahrhunderts wenig zu tun. Womit nicht gesagt sein soll, daß die »traditionelle« Medizin – gleich ob akademischer oder volkstümlicher Provenienz – völlig ohne Wirkung blieb. Keines der traditionellen Mittel allerdings konnte etwas gegen Gonokokken oder Streptokokken ausrichten.

Das Problem der traditionellen Verfahren lag darin, daß die Quellen neben den Arzneimitteln, die wahrscheinlich wirkten, noch mindestens zwanzig andere aufführten, die wahrscheinlich nicht wirkten. So nannte das *Merck Manual*, ein Standardwerk, in seiner ersten Ausgabe aus dem Jahr 1899 für Leukorrhö nicht weniger als vierundsechzig verschiedene Arzneimittel, unter anderem »Bleisalze« und »Eisensulfat« (außerdem »Eisbeutel« für den Rücken und »kalte Waschungen«)[27]. Die Geduld der Betroffenen war wohl längst erschöpft, bevor sie zu den wenigen Mitteln vordrangen, die etwas Erleichterung brachten.

Dann begann sich die Sachlage zu verbessern. Ende der zwanzi-

26 Pelkonen, *Geburtshilfe Finnland,* a. a. O., S. 17–18.

27 *Merck's Manual of the Materia Medica.* 5. Aufl., New York 1923, S. 174 bis 75.

ger Jahre wurde eine hochwirksame organische Verbindung namens »Gentianaviolett« bei Candidiose angewandt[28]. Seit 1936 räumten die Sulfonamide mit den bakteriellen Ursachen von Cervicitis und Vaginitis auf. Und 1955 wurde das Mittel Metronidazol (»Flagyl«) entdeckt, welches das gefährliche arsenhaltige »Stovarsol« bei der Behandlung von Trichomonadeninfektionen ersetzte[29].

Wenn wir also die Frage stellen, wann die Frauen von der Furcht befreit wurden, beim Zusammensein mit Männern unangenehme Gerüche abzusondern, so läßt sich keine genaue Chronologie aufstellen. Sicherlich kann man die Auffassung vertreten, daß ein neues Selbstbewußtsein der Frauen ebenso wichtig war wie irgendein pharmazeutischer oder medizinischer Fortschritt. Zweifellos waren jedoch zur Zeit des Zweiten Weltkriegs die chronischen Vaginalausflüsse ganz gleich welcher Farbe weitgehend beseitigt.

Geschlechtskrankheiten

Die venerischen Krankheiten – Syphilis und Gonorrhö – sind in unserem Zusammenhang nicht besonders wichtig, weil die meisten Frauen, die vor 1850 lebten, nie daran gelitten haben. Trotzdem, Ende des 18. Jahrhunderts begann eine anhaltende, langsame Zunahme der Häufigkeit von Syphilis und Gonorrhö, die bis zur Mitte des 20. Jahrhunderts anhielt. 1911 hatte sich fast die Hälfte aller Arbeiter in einer Stadt wie Graz irgendwann in ihrem Leben Gonorrhö zugezogen, und viele steckten ihre Frauen damit an. Die Berührung mit den Gonokokken mußte nicht unbedingt bedeuten, daß sich auch Symptome einstellten. Doch 16 Prozent der verheirateten Männer in Graz, die eine Infektion zugaben, erklärten, ihre Frauen hätten Unterleibsbeschwerden – und außerdem Leukorrhö. Diese Frauen – und viele andere – litten wahrscheinlich an fortgeschrittener Gonorrhö. Um die jüngeren Entwicklungen im Leben der Frauen zu verstehen, müssen wir uns also einen Augenblick mit den venerischen Krankheiten beschäftigen[30].

28 Vgl. die Literaturangaben in E. D. Plass u. a., »Monilia Vulvovaginitis«, in: *AJO-G,* 21 (1931), S. 320–34.

29 Louis S. Goodman und Alfred Gilman, *The Pharmacological Basis of Therapeutics.* 5. Aufl., Macmillan, New York 1975, S. 1086.

30 Die Daten für Graz aus: Otto Burkard, »Erhebungen über Tripperverbrei-

Erwähnt werden sie erstmals im 16. Jahrhundert. Bis etwa 1850 blieben Gonorrhö und Syphilis auf Randgruppen der Bevölkerung beschränkt: Sie waren Krankheiten von Soldaten, Studenten und Prostituierten. Und selbst wenn normale Frauen sich infizierten, so mußte es nicht unbedingt durch Geschlechtsverkehr geschehen, da Gonorrhö auch durch die Berührung eines frischen Eitertropfens mit einer Schleimhaut oder einer offenen Wunde übertragen werden kann. Das gleiche gilt für Syphilis. Ein Kuß, enges Zusammenleben oder das Stillen eines infizierten Säuglings genügt, um sie zu übertragen. So war eine Syphilisepidemie, die sich 1683 in Lausanne ausbreitete, vorwiegend nicht-venerischer Natur. Daniel Montandon, der aus Neuchâtel gekommen war, steckte seine Braut an. »Sie steckte ihre Schwester an, die beiden Schwestern steckten die Säuglinge an, die sie als Pflegekinder angenommen hatten; diese Säuglinge steckten ihre Mütter und andere Ammen an. So breitete sich die Geißel aus.«[31] Eine Syphilisepidemie wurde um das Jahr 1837 in Köln durch eine der »Milchaussaugerinnen« (Frauen, die dafür bezahlt wurden, daß sie Wöchnerinnen, die nicht stillen wollten, die Milch aussaugten) ausgelöst, die syphilitische Wunden in ihrem Mund hatte[32]. Von 4176 Syphilisfällen Ende des 19. Jahrhunderts in Schweden, deren Ursprung bekannt war, war gut ein Drittel nicht durch Koitus übertragen worden. 211 Fälle gingen auf Mütter und Ammen zurück, die Säuglingsnahrung vorgekaut hatten, und mehr als 1200 Erkrankungen waren durch enges Zusammenleben verursacht[33].

Doch die Durchschnittsfrau wurde mit einer venerischen Krankheit angesteckt, weil der Ehemann sich diese bei einem Seitensprung geholt hatte. Die medizinische Literatur ist reich an solchen traurigen Anekdoten. Die Frau eines Fuhrmanns bei Gotha, dic vier Kindern das Leben geschenkt hatte, wurde von ihrem Mann angesteckt, als dieser von einer Reise zurückkehrte. Er unterzog sich

tung und Tripperfolgen in Arbeiterkreisen«, in: *Zeitschrift für Bekämpfung der Geschlechtskrankheiten,* 12 (1911–1912), S. 248, 253.

31 Eugène Olivier, *Médecine et santé dans le pays de Vaud au XVIIIe siècle, 1675–1798.* 2 Bde., Lausanne 1939, Bd. 2, S. 696.

32 J. B. Kyll, »Über syphilitische Ansteckung von Wöchnerinnen durch Milchaussaugerinnen«, in: *Zeitschrift für die Staatsarzneikunde,* 17 (1837), S. 454.

33 H. J. Källmark, *Eine statistische Untersuchung über Syphilis.* Med. Diss., Uppsala 1931, S. 35.

einer »Salivationskur«, was hieß, daß er mit Quecksilber behandelt wurde. Sie bekam unregelmäßige Perioden und wurde nicht wieder schwanger, obwohl sie damals keine anderen Symptome bemerkte. Doch einige Jahre später setzten eine Reihe von Anfällen ein, die sich nach akuter Beckenentzündung anhören. Schließlich fühlte sie bei einem dieser Anfälle etwas in ihrer Seite zerbersten – wahrscheinlich ein eitergefüllter Eileiter – und starb kurz darauf (Spätfolge der Ansteckung mit Gonorrhö)[34].

Bis zum 19. Jahrhundert – so mein Eindruck – hatten diese Mißgeschicke mehr oder weniger Seltenheitswert. Doch dann setzte eine dramatische Zunahme der venerischen Krankheiten ein, eine Entwicklung, die wohl zunächst in der Unterschicht begann, dann aber über die Ehemänner, die Prostituierte aufsuchten, auch die bürgerlichen Frauen erreichte. Venerische Erkrankungen, die in Pariser Krankenhäusern behandelt wurden, wuchsen von 2200 Fällen im Jahr 1804 auf 5300 Fälle im Jahr 1837 an, womit prozentual gesehen – das Bevölkerungswachstum der Stadt erheblich übertroffen wurde[35]. Die Zahl der Patienten mit venerischen Krankheiten kletterte in Finnlands Krankenhäusern von 1000 im Jahr 1831 auf 2600 im Jahr 1848 und 8600 im Jahr 1870[36]. Diese Statistiken sind nur von begrenztem Wert, denn erst 1838 veröffentlichte Philippe Ricord sein empirisches Verfahren zur Unterscheidung von Gonorrhö und Syphilis.

Und Schanker, die dritte der wichtigen venerischen Krankheiten, wurde erst 1852 zum erstenmal zweifelsfrei diagnostiziert[37]. Wie bekannt, mußte die Entdeckung des Gonokokkus selbst auf die Arbeit Alfred Neissers im Jahr 1879 warten. Bis zum Beginn des 20. Jahrhunderts sind wir also auf Hinweise angewiesen, die uns vermuten lassen, daß die venerischen Krankheiten im Zunehmen begriffen waren. Doch die Anhaltspunkte sind recht überzeugend, und ich persönlich zweifle nicht daran, daß sie sich während des

34 Johann Storch, *Von Kranckheiten der Weiber*. 8 Bde., Gotha 1746–1753, Bd. 8, S. 243–44.

35 J.-B. F. Descuret, *La Médecine des passions*. Paris 1841, S. 488.

36 Bertel von Bonsdorff, *The History of Medicine in Finland, 1828–1918*. Finnish Society of Sciences, Helsinki 1975, S. 66.

37 Morton, *Bibliography*, a. a. O., S. 599, dort finden sich Daten.

38 Vgl. zum Beispiel die Zitate bei: Alain Corbin, *Les Filles de noce: misère sexuelle et prostitution (19e und 20e siècles)*. Montaigne, Paris 1978, S. 362 bis 390.

19. Jahrhunderts beträchtlich ausbreiteten[38]. Eine regelrechte Revolution der außerehelichen Sexualität, die ich andernorts beschrieben habe, führte in Europa und Amerika zu einer enormen Zunahme venerisch übertragener Infektionen[39]. Wenn wir fragen, wie die Aussichten der Frauen einerseits und der Männer andererseits standen, sich in jenen Jahren mit venerischen Krankheiten anzustecken, so waren die Risiken zwar unterschiedlich verteilt, doch verhielt es sich keineswegs so, daß die Durchschnittsfrau »verschont« blieb. Von den Mitgliedern der Krankenversicherung in Leipzig waren in der Zeit zwischen 1887 und 1905 in der Altersgruppe der Fünfzehn- bis Vierunddreißigjährigen 5,7 Männer wegen venerischer Krankheiten in Behandlung und 4,2 Frauen[40]. Im Jahr 1900 behandelten die Berliner Ärzte 14 Männer und 4 Frauen pro 1000 der erwachsenen Bevölkerung wegen venerischer Krankheiten[41].

Damals waren die venerischen Krankheiten schon lange kein Unterschichtsmakel mehr. In Berlin wurden in den neunziger Jahren des vorigen Jahrhunderts 25 Prozent der Studenten wegen venerischer Leiden behandelt, 16 Prozent der Handlungsreisenden, 13 Prozent der Kellnerinnen, aber nur 9 Prozent der Fabrikarbeiter[42].

Zwei Dinge sind festzuhalten:

Erstens: Sobald die Gonorrhö in die Eileiter vorgedrungen war, bereitete sie den Frauen durch »inflammatorische Beckenerkrankungen« (*pelvic inflammatory disease* oder »PID«), wie diese Prozesse heute genannt werden, erhebliche Unterleibsschmerzen. Jede siebte Frau, die mit Gonorrhö angesteckt wurde, bekam in der Zeit vor Einführung der Antibiotika eine solche Eileiterinfektion[43], und die meisten Eileiterinfektionen waren wahrscheinlich durch Gonorrhö ausgelöst worden. 1886 wurden erstmals Gonokokken in

39 Edward Shorter, *The Making of the Modern Family*. Basic Books, New York 1975, Kap. 3.

40 Friedrich Prinzing, »Krankheitsstatistik (spezielle)«, in: A. Grotjahn und J. Kaup (Hrsg.), *Handwörterbuch der sozialen Hygiene*. 2 Bde., Leipzig 1912, Bd. 1, S. 673.

41 A. Blaschko, »Geschlechtskrankheiten«, in: Grotjahn und Kaup, *Handwörterbuch*. Bd. 1, S. 400.

42 Max Mosse und Gustav Tugendreich, *Krankheit und soziale Lage*. München 1913, S. 510.

43 Statistik anhand finnischen Datenmaterials von etwa 1924 bis 1936, zitiert bei: Elisabeth Rees und E. H. Annels, »Gonococcal Salpingitis«, in: *British Journal of Veneral Disease*, 45 (1969), S. 206.

Eileiter-Eiter entdeckt[44], und damit begann man zu begreifen, daß viele der Frauen, die über Schmerzen im Unterleib klagten, ohne daß man einen erkennbaren Grund hatte finden können, möglicherweise unter venerischen Krankheiten in fortgeschrittenem Stadium litten.

Zweitens: Die Gonorrhö machte viele Frauen unfruchtbar, bevor sie den Wunsch dazu verspürten. Leser dieses Buches werden vermutlich erstaunt sein, plötzlich zu hören, daß Unfruchtbarkeit in früheren Zeiten ein Problem bedeutet haben soll – habe ich mich doch bisher hauptsächlich mit Frauen beschäftigt, die viel zu viele Kinder bekamen. Doch ungefähr von 1875 bis zum Zweiten Weltkrieg wuchs der Prozentsatz der Frauen beträchtlich an, die völlig unfruchtbar waren oder es nach der Geburt des ersten Kindes wurden[45]. Diese neue Unfruchtbarkeit war wahrscheinlich auf Gonorrhöerkrankungen zurückzuführen, die sich in den Eileitern festsetzten und sie verstopften, so daß das Ei nicht von den männlichen Samenzellen befruchtet werden konnte. Eine deutsche Hebamme sprach von der »typischen Tripper-Ein-Kind-Ehe«[46]. Der Ehemann steckt seine frisch geehelichte Frau an, aber sie hat gerade noch Zeit, schwanger zu werden, bevor die Gonorrhö ihre Eileiter blokkiert und sie zur Unfruchtbarkeit verurteilt. Laut Noeggeraths New Yorker Statistik wurden von einundachtzig Frauen, die bereits infizierte Männer heirateten, einunddreißig schwanger. Von diesen einunddreißig haben acht das Kind nicht ausgetragen. Von den dreiundzwanzig, die nach ausgetragener Schwangerschaft niederkamen, hatten zwölf nur ein Kind[47].

Diese venerischen Infektionen können durchaus zum Rückgang der Geburtenrate gegen Ende des 19. Jahrhunderts beigetragen haben. Es ist interessant, daß für das italienische Ligurien, wo in den dreißiger Jahren dieses Jahrhunderts mehr als ein Zehntel der Frauen ihr Leben lang kinderlos blieben, fünfzig Jahre zuvor eine der höchsten Häufigkeitsraten für venerische Krankheiten angegeben

44 a. a. O., S. 205.

45 Philips Cutright und Edward Shorter, »The Effects of Health on the Completed Fertility of Nonwhite and White U.S. Women Born Between 1867 and 1935«, in: *Journal of Social History,* 13 (1979), S. 192–217.

46 Alma Thomas (Pseudonym »Anneliese Bergsteiger«), *Erinnerungen einer Hebamme.* Osterwieck 1941, S. 42.

47 Emil Noeggerath, *Die latente Gonorrhoe im weiblichen Geschlecht.* Bonn 1872, S. 81.

worden war. Das gleiche gilt für Latium, Umbrien und Kampanien[48].

Hier haben wir es also mit einer Anfälligkeit zu tun, die sich gegenläufig zum allgemeinen Schema verhält: Im letzten Viertel des 19. Jahrhunderts und danach *verschlechterte* sich die Situation für die Frauen, statt sich zu verbessern. Sicherlich brachte Paul Ehrlichs Entdeckung des »Salvarsans«, die er 1910 bekanntmachte, eine gewisse Erleichterung für die Opfer der Syphilis[49]. Doch für die Gonorrhö gab es keine direkte Behandlungsmethode, bis 1936 die Sulfonamide auf den Markt kamen. Penicillin, das den endgültigen Sieg über die Syphilis brachte, wurde erst seit 1943 gegen die Krankheit eingesetzt[50]. Selbst heute noch ist jedes zehnte Ehepaar nicht in der Lage, Kinder zu bekommen, und in 30 Prozent der Fälle liegt die Ursache in einer Eileitererkrankung der Frau, die mit 50prozentiger Wahrscheinlichkeit auf Gonorrhö zurückgeht[51]. Während die anderen »sexuell relevanten Erkrankungen« in den dreißiger Jahren weitgehend zurückgedrängt waren, erinnern die venerischen Krankheiten die Frauen noch heute daran, daß sie »von Natur aus« in besonderer und ungerechter Weise anfällig für die negativen Folgen der Sexualität sind.

Langzeitschäden nach Geburten

Verletzungen, die sich die Mutter bei der Geburt zuzog, konnten sie ihr ganzes Leben lang plagen. Und wenn eine Frau während der Entbindung verstümmelt worden war, wurde ihr Verhältnis zur Sexualität dadurch sicherlich verändert. Wir müssen uns klarmachen, daß bei einer rücksichtslos vorgenommenen oder lange andauernden Entbindung zahlreiche Teile des Beckens Schaden nehmen

48 Massimo Livi-Bacci, *A History of Italian Fertility During the Last Two Centuries*. Princeton Univ. Press, Princeton 1977, S. 263, Tabelle 7.6.

49 Paul Ehrlich und S. Hata, *Die experimentelle Chemotherapie der Spirillosen*. Berlin 1910, S. 136.

50 Harry F. Dowling, *Fighting Infection: Conquests of the Twentieth Century*. Harvard Univ. Press, Cambridge 1977, S. 146.

51 Lennart Jacobson und Lars Weström, »Objectivized Diagnosis of Acute Pelvic Inflammatory Disease«, in: *AJO-G*, 105 (1969), S. 1092. Zur Bedeutung von Eileiterinfektionen überhaupt für Unfruchtbarkeit vgl. Merck, »Manual«, a. a. O., 13. Aufl., S. 933.

konnten. In den neunziger Jahren des vorigen Jahrhunderts wurde Dr. W. J. Sinclair zu einer jungen Frau gerufen, die gerade niedergekommen war: »Bei der ersten Untersuchung stellte ich fest, daß die Gebärmutter völlig vorgefallen und so zerrissen war, daß die zwischen den Nates (Gesäßbacken) hängende Vorder- und Hinterhälfte der Zervix aussah, als handle es sich um zwei getrennte Organe, während das Perineum bis in den Anus eingerissen war.«[52] Eine Frau, die bei der Niederkunft dermaßen gelitten hatte, sah ihr Leben von Grund auf verändert: Simple Darmfunktionen streikten, das Gehen war beschwerlich, sie hatte Angst vor erneuter Schwangerschaft . . . Frauen, die so beeinträchtigt waren, konnten sich sicherlich unter »Spaß an der Sexualität« wenig vorstellen.

Derartige Beckenverletzungen waren nicht ungewöhnlich. Mit drei Arten werde ich mich in diesem Abschnitt beschäftigen: mit »Fisteln« oder Öffnungen zwischen der Scheide und benachbarten Organen, Dammrissen, die möglicherweise bis zum Anus reichten, und der Tendenz der Gebärmutter, nach mehreren schwierigen Geburten, den Geburtskanal hinabzurutschen und möglicherweise sogar außerhalb der Scheide zwischen den Beinen der Frau zu hängen. Diese schrecklichen Zustände waren in früheren Zeiten so eng mit der Vorstellung einer Frau von »Weiblichkeit« oder »Frauentum« verbunden, daß wir uns, wenn wir diese Frauen verstehen wollen, mit ihren Verletzungen näher befassen müssen.

Fisteln

Äußerst scheußlich, aber unter den verschiedenen gynäkologischen Folgen der Geburt die seltensten, waren die Fisteln. Eine Blasenscheidenfistel, eine »Fistula vesicovaginalis«, entstand, wenn der Kopf des Kindes lange Zeit in der Scheide festsaß und die Blutversorgung des Gewebes jener dünnen Scheidewand unterband, die die Vagina von der Blase trennt, so daß sich dort ein Loch bildete. Manchmal wurde das Loch während der Entbindung mit der Zange oder einem Perforatorium gerissen, oder es entstand eine Woche später ohne ersichtliche Ursache.

»Rectovaginale« Fisteln waren weniger häufig, aber ebenso ge-

52 W. J. Sinclair, »The Injuries of Parturition: the Old and the New«, in: *BMJ*, 4. September 1897, S. 589–90.

fürchtet. Das Gewebe zwischen Rektum und Vagina konnte unter ähnlichen Umständen aufgeschlitzt werden und eine Öffnung bilden, durch die Kot und Darmgase aus dem Rektum direkt in die Scheide drangen. Willughby berichtete von einer Londoner Hebamme, die durch manuelle Manipulationen einen langen Riß in der Hinterwand der Scheide verursachte. »Dieses Leiden beeinträchtigte die Frau über alle Maßen, denn fortan traten ihr die Exkremente über den Geburtskanal aus.«[53] Nach ihrer zweiten Niederkunft litt eine Bäckersfrau in Negreville an einer rectovaginalen Fistel, »über die ihr fäkalische Substanz abging, ohne daß sie es merkte, so daß sie, um sie aufzufangen, ständig Binden tragen mußte«. De la Motte, der diesen Fall überlieferte, untersuchte sie und konnte seinen Daumen durch das Rektum in die Scheide führen[54]. Man kann sich vorstellen, wie quälend dieser Zustand für die betroffene Frau war.

Weit häufiger jedoch waren Fisteln zwischen Scheide und Blase. Die erste, von der wir wissen, betrifft die junge Prinzessin Hehenit aus der elften Dynastie in Ägypten um das Jahr 2000 v. Chr. Ihre Mumie »weist eine vesicovaginale Fistel auf, die wahrscheinlich durch eine protrahierte Entbindung verursacht wurde, Folge eines abnorm verengten Beckens. Diese Entbindung führte auch zu ihrem Tod.«[55] Da solche Fisteln praktisch unheilbar waren, waren sie für die medizinischen Autoren stets von besonderem Interesse. Der arabische Arzt Avicenna, der im 11. Jahrhundert n. Chr. wirkte, schrieb: »Der Leib des Fötus kann einen Riß in der Blase hervorrufen, der zu Harnfluß führt.« Und Luiz de Mercado, ein Arzt in Valladolid, erklärte 1597: »Welch freudloses und tragisches Leben ist den armen Opfern beschieden, wieviel Peinlichkeit müssen sie erdulden . . . denn ungehindert und ohne ihre Kontrolle läuft der Urin aus der Fistel.«[56]

Frau Dröhnen, die 1786 am »königlichen clinischen Institut« in Göttingen erschien, um eine Fistel der Harnblase und des Rektums

53 Percivall Willughby, *Observations in Midwifery.* 1863, Neudr., S. R. Publishers, East Ardsley 1972, S. 54.

54 Guillaume de la Motte, *Traité complet des accouchemens.* Verbess. Aufl., Leiden 1729, S. 513–14.

55 Paul A. Janssens, *Paleopathology: Diseases and Injuries of Prehistoric Man.* Baker, London 1970, S. 118.

56 Beide Zitate stehen bei: Henry Falk und M. Leon Tancer, »Vesicovaginal Fistula: An Historical Survey«, in: *Obstetrics and Gynecology,* 3 (1954), S. 338–39.

behandeln zu lassen, hatte das Leiden vierzehn Jahre ertragen[57]. Eine ältere Frau, die in einer kanadischen Großstadt lebt, erinnerte sich kürzlich, wie es war, als sie als junge Frau in Nova Scotia nach einer Hebammenentbindung unter einer Fistel zu leiden hatte. »Alle meine Ausscheidungen liefen zusammen«, sagte sie. Es sei ihr sehr peinlich gewesen, wie sie dem Interviewer mitteilte, »so mit ihrem Mann leben zu müssen, da sie ständig eine Windel tragen mußte, häufig ihre Kleider beschmutzte und regelmäßig unter gereizter und wundgescheuerter Haut zu leiden hatte ... Weil sie sich nicht dazu überwinden konnte, ihre Probleme mit anderen Frauen zu besprechen, ertrug sie ihre Bürde schweigend viele Jahre hindurch ... Sie sagte, sie habe immer schreckliche Angst gehabt, wieder schwanger zu werden.«[58] Das will man ihr gern glauben.

Wie häufig kamen diese Fisteln vor? Da sie in der Regel eine Begleiterscheinung primitiver Geburtshilfe waren – rücksichtsloses Zerren an der Mutter in Verbindung mit sehr langwierigen Geburten –, sind sie statistisch kaum erfaßt worden. Bei fast 2000 Entbindungen, die in den siebziger Jahren des 18. Jahrhunderts unter der Aufsicht des Westminster General Dispensary stattfanden, kam nur eine Fistel vor[59]. Doch unter weniger aufgeklärten Verhältnissen war ihre Häufigkeit vermutlich größer. Paul Portal, der 1685 darüber berichtete, erweckt den Eindruck, daß er häufig Fisteln zu Gesicht bekam. Bei einer Entbindung – schrieb er – »achtete ich darauf, die Mutter nicht zu verletzen, denn in zahlreichen ähnlichen Fällen sah ich Risse in der Scheide und sogar in der Harnröhre und im Rektum, unter denen die Frauen für den Rest ihrer Tage schwer zu leiden hatten, da ihnen Kot und Harn unkontrolliert durch die Scheide abgingen«[60]. Um die Jahrhundertwende wurden in einem Zeitraum von fünf Jahren in der gynäkologischen Ambulanz in Tübingen dreißig Scheidenfisteln behandelt, was etwa einem Prozent aller behandelten Patientinnen entsprach[61]. Sind dreißig wenig oder

57 »Summarische Auszüge aus den Tagebüchern des königlichen clinischen Institut's«, Göttingen 1787, gedruckter Text mit handschriftlichen Vermerken über Patienten in der Göttinger Staats- und Universitätsbibliothek: Eintragung unter Oktober 1786.

58 Mary Rose MacDonald, Seminararbeit, Universität von Toronto 1980.

59 Robert Bland, *Some Calculations of the Number of Accidents or Deaths Which Happen in Consequence of Parturition.* London 1781, S. 7.

60 Paul Portal, *La Pratique des accouchemens.* Paris 1685, S. 10.

61 Zitiert bei: Franz von Winckel, *Allgemeine Gynäkologie.* Wiesbaden 1909, S. 157.

viel? Das hängt davon ab, wie viele Frauen in der Gegend niederkamen, doch scheinen Fisteln nichts Außergewöhnliches gewesen zu sein. Fleetwood Churchill bezeichnete diesen Unfall in seinem Lehrbuch als »nicht sehr selten«[62]. In den zwanziger Jahren stellte man am Edinburgher Royal Maternity Hospital in einer Nachuntersuchung an achtundneunzig Frauen mit »mißglückter Zangengeburt« (FFO) bei dreien Fisteln fest[63]. Wenn ich die fragmentarischen Quellen richtig lese, dann sind Frauen mit Fisteln für die durchschnittliche Dorfbewohnerin kein unvertrauter Anblick gewesen – und es waren nur ein oder zwei vonnöten, um in der Frauenkultur das kollektive Empfinden zu schaffen, daß die Frauen mit einer besonderen sexuellen Bürde zu leben hätten.

Fisteln waren das archetypische Mißgeschick von »Wickelfrauentbindungen«. Sobald geschulte Hebammen und Ärzte das Geschehen am Kindbett zu bestimmen begannen, wurden Fisteln immer seltener. Schrecklich sich hinschleppende Entbindungen, bei denen der Kopf des Kindes drei Tage lang in der Scheide festsaß, wurden nun mittels der Zange schneller beendet. Ende des 19. Jahrhunderts kamen mehrere Autoritäten übereinstimmend zu dem Ergebnis, daß insbesondere die Blasenscheidenfisteln – »diese häufige Geburtsverletzung früherer Generationen« – allmählich von der Bildfläche verschwänden[64].

Erst als im 19. Jahrhundert eine Operation zur Beseitigung dieser Fisteln entwickelt wurde (so von dem Chirurgen James Marion Sims aus Alabama), fand das lebenslange Leid, das diese Fisteln, solange sie unheilbar waren, über die Betroffenen gebracht hatten, ein Ende.

62 Fleetwood Churchill, *On the Theory and Practice of Midwifery*. 3. U.S.-Aufl., Philadelphia 1848, S. 467.

63 Douglas Miller, »Observations on Unsuccessful Forceps Cases«, in: *BMJ*, 4. August 1928, S. 185.

64 Sinclair, »Injuries of Parturition«, a. a. O., S. 594; vgl. auch Thomas A. Emmet, »The Necessity for Early Delivery, as Demonstrated by the Analysis of 161 Cases of Vesico-Vaginal Fistula«, in: *American Gynecological Society, Transactions,* 3 (1878), S. 124, der den Rückgang dem häufigeren Einsatz der Zange zuschrieb.

Zwar ging die Zahl der Fisteln im Laufe der Jahre zurück, doch nahm eine andere Form geburtshilflicher Schädigung während des 19. und zu Anfang des 20. Jahrhunderts wahrscheinlich zu: die Dammrisse.

Wie der Leser erinnern wird, heißt die Gegend zwischen äußeren Geschlechtsteilen und After »Perineum« oder »Damm«, und bei einer komplizierten Zangengeburt – beziehungsweise wenn der Kopf des Kindes zu groß ist oder die Weichteile der Kreißenden zu rigid sind –, wird dieser Bereich reißen. Wenn der Riß sich bis zum äußeren Afterschließmuskel ausdehnt, verliert die Frau die willkürliche Kontrolle über ihren Stuhlgang (und kann außerdem eine rectovaginale Fistel bekommen). Bei jeder Dünnflüssigkeit des Stuhls beschmutzt sie dann ihre Kleider und verunreinigt ihre Scheide. Infolge häufigerer Zangenanwendung nahm die Zahl solcher Verletzungen im 19. Jahrhundert vermutlich zu[65]. Dammrisse sind eigentlich leicht zu nähen. Deshalb lag der Zeitraum, in dem diese Risse von größter Bedeutung für das Leben der Frauen waren, vor 1900, als man nämlich solche Verletzungen gewöhnlich unbehandelt ließ. Damals litten die Frauen für den Rest ihres Lebens unter unfreiwilligem Stuhlabgang, wenn der Riß sich bis zum After erstreckte. Und auch wenn der Riß nur den Damm erfaßte, war ihre Scheide von unten her offen.

Den Erfahrungen eines französischen Chirurgen des 18. Jahrhunderts nach kamen Risse, die bis zum After reichten, ungefähr einmal bei tausend Entbindungen vor[66]. Am 8. September 1704 wurde de la Motte zu einer jungen Frau gerufen, die etwa einen Monat zuvor niedergekommen war. Ein Dammriß hatte ihr die Kontrolle über die Darmtätigkeit genommen, und »sie mußte den Stuhlgang über sich ergehen lassen, ohne ihn auch nur einen Augenblick kontrollieren zu können, was sehr mißlich für sie war, nicht nur wegen ihrer Freunde, sondern auch weil sie sich nicht in der Öffentlichkeit zu zeigen oder in die Kirche zu gehen wagte, es sei denn zu Zeiten, da sich dort niemand sonst aufhielt«[67].

65 Dies war zumindest Sinclairs Meinung. »Injuries of Parturition«, a. a. O., S. 589–92.
66 Nicolas Pzus, *Traité des accouchemens.* Paris 1759, S. 133.
67 De la Motte, *Traité,* a. a. O., S. 617–18.

Während die geschulten Stadthebammen, von denen ich in Kapitel 3 berichtet habe, solche Risse in der Tat nähten[68], war das bei anderen traditionellen Geburtshelfern nicht der Fall. Jacques Mesnard, ein Chirurg aus Rouen, erklärte 1753, er nähe nur Risse, die bis zu den Aftermuskeln reichten; bei weniger schwerwiegenden empfahl er »schmerzstillende Breiumschläge«[69]. Ein Frankfurter Arzt berichtete 1884, die Hebammen am Ort würden sich um Dammrisse überhaupt nicht kümmern, denn man könne nicht erwarten, daß sie ihren Erzfeind – den Arzt – herbeiriefen, damit er eine Naht machte; damit gestünden sie ja ein, daß sie an die Grenze ihrer Fähigkeiten gestoßen seien[70].

Angesichts des Leides, das solche Verletzungen über die betroffenen Frauen brachte, erscheinen mir die Schwierigkeiten, die sie für den Geschlechtsverkehr bedeuteten, kaum erwähnenswert. Doch zum Teil fürchteten Frauen Dammrisse, weil sie Angst hatten, ihre Scheide würde dadurch so groß, daß ihren Männern die Befriedigung versagt bleiben würde. Daß die Größe der Scheide ein Gegenstand der Besorgnis für Frauen gewesen sein muß, wissen wir nur, weil sich verschiedene Salben, die versprachen, das Organ wieder auf seine normale Größe zu bringen, großer Beliebtheit erfreuten. De la Motte wetterte gegen ein »Myrtenwasser«, das Hebammen und Kinderfrauen zu diesem Behufe verkauften, und nannte es ein Hilfsmittel »roher Leidenschaften« und noch dazu eine »Täuschung«[71].

Wenn der Damm gerissen war, bestanden gute Aussichten, daß auch einer der Muskeln des Beckenbodens gerissen war. Ohne unnötig auf anatomische Einzelheiten einzugehen, will ich nur erwähnen, daß Risse im »Zwerchfell des Beckens« – im Diaphragma »urogenitale« und »pelvis« – die Fähigkeit der Scheide einschränken, gegen das Vordringen anderer Bauchorgane Widerstand zu leisten. So können nach einer schwierigen Geburt Blase, Harnröhre, Dünn- und Dickdarm und Rektum sämtlich in die Scheide drängen. Eine Frau zum Beispiel, deren Rektum die Scheidenwände vor-

68 Laut Elseluise Haberling, *Beiträge zur Geschichte des Hebammenstandes, I: Der Hebammenstand in Deutschland von seinen Anfängen bis zum Dreißigjährigen Krieg*. Berlin 1940, S. 72.
69 Jacques Mesnard, *Le Guide des accoucheurs*. 2. Aufl., Paris 1753, S. 333 bis 334.
70 Adams Walther, »Zur Hebammenfrage«, in: *ZBG*, 8 (1884), S. 306.
71 De la Motte, *Traité*, a. a. O., S. 638.

wölbt, muß einen Finger in die Scheide stecken und die Wand des Rektums zurückdrücken, wenn sie den Darm entleert[72].

Gebärmuttervorfall

Das Organ jedoch, das nach einer schweren Geburt am ehesten in die Scheide drängt, war die Gebärmutter. Wenn die Gebärmutter beginnt, den Geburtskanal hinabzugleiten, wird das »Prolaps uteri« oder »Gebärmuttervorfall« genannt. Ist der Gebärmutterkörper völlig zum Scheidenausgang hinausgetreten – die umgestülpte Scheide hinter sich herziehend –, spricht man von »Prolaps totalis«. Die Frau sieht aus, als trüge sie einen Elefantenrüssel zwischen den Beinen. Prolaps totalis ist heute sehr selten. Aber bei den rücksichtslosen und lang andauernden Entbindungen von einst war er häufig.

Doch zunächst, wie häufig waren Gebärmuttervorfälle, ganz gleich welcher Art, überhaupt? Fünf der zwanzig Arbeiterinnen, die Gertrud Dyhrenfurth Anfang unseres Jahrhunderts in einem schlesischen Dorf befragte, litten unter irgendeiner Form von Gebärmuttervorfall[73].

Häufig handelte es sich um Prolaps totalis. In einem Bostoner Krankenhaus wurden beispielsweise zwischen 1875 und 1928 683 derartige Fälle behandelt[74]. Nach Ilza Veiths Auffassung »war es die Beobachtung von Gebärmuttervorfall«, die die klassischen medizinischen Autoren – welche glaubten, die Wanderungen der Gebärmutter im Leibesinneren seien die Ursache der Hysterie – zu der Annahme veranlaßten, »es handle sich möglicherweise um ein Wanderorgan«[75]. Folglich dürfte es in der Vergangenheit häufig Fälle von Prolaps totalis gegeben haben.

So leuchtet ein, daß man in der dörflichen Frauenkultur Mittel gegen dieses Gebrechen ersonnen hatte. Im Hausbuch eines Bauern

72 Vgl. J. Matthews Duncan, *Clinical Lectures on the Diseases of Women.* London 1889, S. 423. Dieses Leiden heißt »Rektozele«.

73 Gertrud Dyhrenfurth, *Ein schlesisches Dorf und Rittergut.* Leipzig 1906, S. 104–13.

74 George Van S. Smith u. a., »Procidentia«, in: *AJO-G,* 17 (1929), S. 669 bis 670; die durchschnittliche Kinderzahl pro Patientin betrug 3,9.

75 Ilza Veith, *Hysteria: The History of a Disease.* University of Chicago Press, Chicago 1965, S. 23.

aus dem Bourbonnais fanden sich zwei Gebete gegen Gebärmuttervorfall nebst einem Hausrezept: »Im Namen des Vaters, des Sohnes und des Heiligen Geistes mache man das Kreuzzeichen mit dem linken Schuh eines Säuglings. Dann nehme man den Schuh und schiebe ihn in das Teil, das heraushängt, wobei man die folgenden Worte spreche: ›Heiliger Blasius, leg es zurück, wir mögen es nicht mehr sehen.‹«[76] Ein volkstümlicher englischer Gesundheitsratgeber für Frauen aus dem 15. Jahrhundert empfahl: »Manchmal haben Frauen bei der Geburt eines Kindes solche Schwierigkeiten, daß die Haut zwischen den beiden Schamteilen (Scheide und After) auseinanderreißt und dort nur noch ein Loch klafft, durch das die Gebärmutter herausfällt und hart wird. Um Frauen aus dieser Not zu helfen, koche man zunächst Butter und Wein eine halbe Stunde zusammen und gieße die warme Flüssigkeit dann in die Gebärmutter.«[77] Viele weitere Rezepte finden sich in anderen Quellen[78].

Man könnte noch darauf hinweisen, daß der Gebärmuttervorfall mehr ein Unterschichts- als ein Mittelschichtsleiden war – ein Grund dafür, daß unsere Spezialisten für Frauengeschichte so wenig Notiz davon genommen haben. Bei den Frauen aus dem Volk war die Wahrscheinlichkeit viel größer, daß sie traumatische Entbindungen hatten, schon kurze Zeit danach wieder aufstanden und den Hauptteil ihrer Zeit stehend verbrachten – alles Faktoren, die eine Disposition für das Leiden schufen (zumindest nach Auffassung der damaligen Ärzte)[79]. So meinte Thomas Madden aus Dublin 1872: »Die Nachwirkungen von Dammrissen sind bei Patientinnen aus der Arbeiterklasse noch deprimierender als bei Frauen aus höheren sozialen Schichten.« Seine eigene Erfahrung mit den »armseligen Bewohnern der überfüllten Mietwohnungen in den Gassen und Seitenstraßen der Hauptstadt des ärmsten Landes in Europa hat meine Beobachtungen bestätigt – die Frauen unserer Handwerker und Arbeiter haben weit mehr Mühsal und Entbehrungen als ihre Männer

76 Zitiert bei: Marcelle Bouteiller, *Médecine populaire d'hier et d'aujourd'hui.* Maisonneuve, Paris 1966, S. 68–70.

77 Beryl Rowland (Hrsg.), *Medieval Woman's Guide to Health: The First English Gynecological Handbook.* Kent State Univ. Press, Kent 1981, S. 103.

78 Vgl. beispielsweise Zahler, *Simmenthal,* a. a. O., S. 68, 89; und Werlin, »Rezepte zur Frauenheilkunde«, a. a. O., S. 266.

79 Vgl. Mosse und Tugendreich, *Soziale Hygiene,* a. a. O., S. 248; und John Roberton, *Essays and Notes on the Physiology and Diseases of Women.* London 1851, S. 406.

zu ertragen und müssen gleichzeitig ebenso hart arbeiten wie diese. In ihrer Gesamtheit wirken die häuslichen Pflichten der Frauen dieser Klasse . . . stark disponierend für den Gebärmuttervorfall.« Und wenn sie einen Dammriß hätten, so fuhr er fort, *hätten sie noch nicht einmal ein korrigierendes Pessar tragen können*[80].

So schließt sich der Teufelskreis dieser Verletzungen: Wurde der Dammriß einer Frau nicht genäht, war sie dazu verdammt, für immer mit vorfallender Gebärmutter zu leben. Und selbst wenn ein Pessar angelegt werden konnte, versprachen die traditionellen Stützvorrichtungen, die es vor der Vulkanisation des Kautschuks gab, wenig Hilfe. Madame Rondet beschrieb die traditionellen Vorrichtungen, die ihrer Kundschaft aus der Arbeiterklasse zur Verfügung standen, mit folgenden Worten: »Sie überziehen sich mit einer ziemlich dicken kalkartigen Schicht und beginnen scheußlich zu riechen. Ständig reizen sie . . . Gebärmutter und Scheide, die von Geschwüren befallen werden und große Mengen eitrigen Ausflusses absondern.«[81]

Wie sich solche Beckenverletzungen auf das Sexualleben der betroffenen Frauen ausgewirkt haben, kann man sich leicht vorstellen. Ein deutscher Arzt berichtete, er habe eine beträchtliche Zahl von Frauen gesehen, deren Gebärmutter sich so stark gesenkt hätte, daß ihre Ehemänner Schwierigkeiten hatten, den Penis einzuführen[82]. Nach Dr. Munaret schienen Frauen das Gefühl zu haben, der Totalvorfall ließc »sie in den Augen ihrer Männer abstoßend erscheinen«[83]. In der Regel haben die Angehörigen von Prolapsopfern keine Aufzeichnungen über ihren Gefühlszustand hinterlassen, deshalb werden wir wohl niemals ihre wahre Einstellung kennenlernen. Immerhin, eine Frau aus Los Angeles, die unter Gebärmuttervorfall litt und ein Pessar tragen mußte, strengte 1886 eine Scheidungsklage an, weil ihr Mann sich weigerte, »seine unkeuschen Begierden« und »unnatürlichen Ausschweifungen« in Schranken zu halten. Sie war »häufig wochenlang gezwungen, eine mechanische Vorrichtung zu tragen, die ihre Organe an Ort und Stelle hielt, aber sogar wäh-

80 Thomas Madden, in: *AJO,* 5 (1872–73), S. 53.
81 Madame Rondet, *Guide des sages-femmes.* Paris 1836, S. 20.
82 »Gutachten eine Ehescheidungsklage, wegen angeblich relativer Unmöglichkeit der ehelichen Beiwohnung betreffend«, in: *Zeitschrift für die Arzneikunde,* 25 Ergänzungsheft (1838), S. 99.
83 [Jean-Marie] Munaret, *Le Médecin des villes et des campagnes.* 3. Aufl., Paris 1862, S. 99.

rend sie diese Vorrichtungen trug, zwang er sie, ihm zu Willen zu sein«[84].

Die Geschichte der Korrigierbarkeit von Gebärmuttervorfall durch die Chirurgie geht zu sehr ins medizinische Detail. Wichtig ist, daß zwischen 1908 und 1921 zwei englische Chirurgen – Archibald Donald und William E. Fothergill – in Manchester die Technik entwickelten, die dann eine Zeitlang die »Manchester-Operation« oder die »Manchester-Fothergill-Operation« genannt wurde – ein passender Name, denn in dieser Industriestadt litten viele Frauen unter Gebärmuttervorfall[85]. Die Operation machte viel nutzloser chirurgischer Herumprobiererei ein Ende und beseitigte eine weitere Ursache der Ungleichheit zwischen den Geschlechtern.

Durchschnittsfrau und »Frauenkrankheiten«

Heute geht eine Frau durchschnittlich 3,5 mal im Jahr zum Arzt. Nur ein Zehntel dieser Arztbesuche hat primär gynäkologische Gründe, deshalb wird heute – was immer für die Vergangenheit gegolten haben mag – die medizinische Versorgung von Frauen keineswegs von »Frauenkrankheiten« beherrscht[86]. Ganz gleich im übrigen, ob eine Frau zum Arzt geht oder nicht, sie wird im Durchschnitt nur alle zehn Jahre unter einer »akuten urogenitalen Störung« leiden. In den Jahren 1977/78 gab es zehn derartige Störungen pro hundert Frauen der Bevölkerung[87]. In der Regel ist die

84 Zitiert bei: Elaine Tyler May, *Great Expectations: Marriage and Divorce in Post-Victorian America.* University of Chicago Press, Chicago 1980, S. 36.

85 Harold Speert, *Essays in Eponymy: Obstetric and Gynecologic Milestones.* Macmillan, New York 1958, S. 108–115. Zur Geschichte der Prolapsbehandlung vgl. auch »History and Review of the Literature on Prolapse of the Uterus and Vagina«, in: *Acta Obstetricia et Gynecologica Scandinavica,* 36, Erg. 1 (1957), S. 18–26.

86 U.S. Department of Health, Education and Welfare, *Office Visits by Women: The National Ambulatory Medical Care Survey, United States, 1977.* National Center for Health Statistics, DHEW Publ. Nr. (PHS) 80-1796, Hyattsville 1980, S. 26–27.

87 U.S. Department of Health, Education and Welfare, *Acute Conditions, Incidence and Associated Disability, United States, July 1977–June 1978.* National Center for Health Statistics, DHEW Publ. Nr. (PHS) 79-1560, Hyattsville 1979, S. 10.

Durchschnittsfrau heute weniger als einen Tag pro Jahr aufgrund von Unterleibserkrankungen ans Bett gefesselt, während sie durch Grippe das Fünffache dieser Zeit verliert[88].

Wie sah es in der Vergangenheit aus? Welche Rolle spielten Unterleibsleiden im Leben der Frauen?

Wir haben im letzten Kapitel gesehen, daß die Frauen in dem Lebensabschnitt, in dem sie diesen Krankheiten am stärksten ausgesetzt waren, eine höhere Sterbeziffer aufwiesen als die Männer. Ich werde mich im nächsten Kapitel mit einer Art »Subkultur des Leidens« beschäftigen, die die Frauen aufbauten, um sich vor diesen Gebrechen zu schützen. Hier dürfte ein Überblick über die wichtigsten Frauenkrankheiten angebracht sein.

Dabei hilft uns eine Statistik weiter, in der Dr. Paul Mundé die Einweisungen in die gynäkologische Station des New Yorker Mount Sinai Hospitals zwischen 1883 und 1894 erfaßt hat: »Die gynäkologischen Patientinnen des Mount Sinai Hospitals erfreuen sich aller Privilegien, die vernünftigerweise von Frauen aus der Unterschicht erwartet werden können, von Frauen, die weder für Kost und Aufenthalt noch für ihre medizinische Betreuung bezahlen.«[89] Wir reden also nicht von Mittelschichtsfrauen, die den ganzen Tag herumsaßen und Klavier spielten, sondern von einer Bevölkerung, die zum größten Teil aus Einwanderern bestand, unter krasser Armut litt und deren Gesundheitszustand noch weitgehend »traditionell« war.

Ein auffallendes Ergebnis der Tabelle 10.1 ist, welch geringen Anteil an den Frauenkrankheiten solche psychogenen Beschwerden ausmachen, die man gemeinhin mit »der viktorianischen Frau« assoziiert. Mount Sinai behandelte die Frauen nicht wegen »Hypochondrie«, »Hysteroepilepsie«, »Ovariomanie« oder wegen irgendeines der anderen Geisteszustände, die eine ganze Generation von Historikern heute als typisch für die seelische Verfassung der Frauen im 19. Jahrhundert erkannt hat. Die zweiundzwanzig »hysterischen« Patientinnen und die eine »Nymphomanin« stellen eine winzige Minderheit dar.

Die Hälfte der gynäkologischen Patientinnen am Mount Sinai Krankenhaus litten unter schweren Infektionen: jener Art von Bekkenentzündungen, die ich oben beschrieben habe – »Eierstöcke ge-

88 a. a. O., S. 11.

89 Paul Mundé, »A Report on the Gynecological Service of Mount Sinai Hospital«, in: *AJO,* 32 (1895), S. 466.

Tabelle 10.1

Diagnose bei 3687 Patientinnen, die in die gynäkologische Station des Mount Sinai Hospitals in New York eingewiesen wurden (1883–1894)

gynäkologische Entbindungsfolgen	
518	Zervixrisse
184	Dammrisse
65	Mastdarmvorfälle (Rektozelen)
37	Blasenvorfälle (Zystozelen)
40	Gebärmuttervorfälle
13	vesicovaginale Fisteln
5	rectovaginale Fisteln
862	(23% aller eingewiesenen Patientinnen)
Beckeninfektionen:	
691	Infektionen der Eileiter und Eierstöcke
626	Fälle von Peritonitis
297	Infektionen der Gebärmutterschleimhaut (Endometritis)
103	Beckenabszesse
79	Infektionen des Beckenzellgewebes (Parametritis)
28	Blaseninfektionen (Zystitis)
20	Fälle von Vaginitis
1844	(50%)
Tumoren – Zysten:	
10	Zysten des breiten Mutterbands
130	»Fasergeschwulste« der Gebärmutter
128	Eierstockzysten
60	Karzinome (darunter 5 Fälle von Brustkrebs)
328	(9%)
Sonstige:	
213	Stellungsanomalien der Gebärmutter
90	abnorm verengte Zervices (»Stenose«)
31	Fälle von Amenorrhö
22	Hysterien
1	Nymphomanin
296	Verschiedene
653	(18%)

Quelle: Vgl. die Anmerkungen zu den Tabellen, S. 347.
Anmerkung: Die Zahlen beziehen sich auf die Diagnosen, nicht auf die Patientinnen, da bei einigen Patientinnen mehr als eine Diagnose gestellt wurde. Geburtshilfliche Fälle wurden nicht berücksichtigt.

füllt mit Eiter«, Infektionen der Gebärmutter. Im Unterschied zu den »Frauen auf dem Piedestal«, von denen wir soviel gehört haben, waren diese hier schwerkranke Menschen.

Ein weiteres Viertel der Frauen litt unter den langfristigen Folgen traumatischer Geburten: Zervixrisse, Dammrisse, Beckenorgane, die die Scheide wegdrängten, und achtzehn Fisteln.

9 Prozent wurden wegen großer Tumoren und Zysten eingewiesen, die nur in den seltensten Fällen bösartig waren. Im allgemeinen litten zur damaligen Zeit mehr als 10 Prozent der Frauen an »Fasergeschwulsten« der Gebärmutter; und einige dieser Fälle fanden sich auch im Mount Sinai Krankenhaus[90]. Vor Entwicklung der Bauchchirurgie aber waren die Eierstockzysten die schlimmste Plage der Frauen. Durch Flüssigkeitsansammlung schwollen die Zysten zu monströsen Ausmaßen an und mußten in regelmäßigen Abständen durch die Bauchwand punktiert werden. So wurden einer Engländerin im Laufe der Zeit 561 Liter Flüssigkeit aus einer Zyste entnommen[91]. Auch gutartige Tumoren konnten riesenhafte Ausmaße annehmen. Deshalb entfernte man am Mount Sinai solche erkrankten Ovarien und Gebärmütter chirurgisch. (Es muß darauf hingewiesen werden, daß sich im Schatten dieser seriösen Chirurgie ein bedenkliches Verfahren entwickelte, das »Battey's Operation« genannt wurde und in dem *gesunde* Eierstöcke aufgrund verschwommener »mentaler Indikationen« entfernt wurden. Doch die weitaus meisten »Oophorektomien« (Entfernung der Eierstöcke) geschahen aufgrund physischer Krankheitsursachen[92].

Einer der erschütterndsten Aspekte dieser ganzen Geschichte ist die Unfähigkeit vieler außenstehender Beobachter damals wie heute, sich eine Vorstellung von den Schmerzen zu machen, welche die Frauen zu erleiden hatten. Vielleicht ist es überraschend für uns, daß die meisten Frauen in der Vergangenheit den Schmerz als einen selbstverständlichen Teil ihres Lebens hinnahmen. Dr. Jane L. Hawthorne, die an der Londoner Beratungsstelle von Marie Stope praktizierte, erklärte: »Schon nach ein paar Wochen an der Mütterberatungsstelle bemerkte ich, daß viele von den Frauen, die zu uns

90 James N. West, »When Shall We Perform Myomectomy«, in: *AJO,* 56 (1907), S. 701–02.

91 Cesar Hawkins, Mitteilung, in: *LMG,* 12 (1833), S. 459.

92 Vgl. Lawrence D. Longo, »The Rise and Fall of Battey's Operation: A Fashion in Surgery«, in: *Bulletin of the History of Medicine,* 53 (1979), S. 244–67.

kamen, an Krankheiten der Beckenorgane sowie an Mißbildungen des Beckens und der Beckenorgane litten. In der Mehrzahl der Fälle war sich die Betroffene der Tatsache überhaupt nicht bewußt, daß etwas nicht stimmte.« Dr. Maude Kerslake, ebenfalls Mitarbeiterin der Beratungsstelle, fügte hinzu: »Generell fällt auf, daß eine große Zahl von Frauen, die bei der Entbindung mehr oder weniger schwere Verletzungen davongetragen haben, es für das naturgegebene Los der Frauen zu halten scheinen, daß sie stets unter vielerlei Beschwerden und Schmerzen zu leiden haben und niemals einen wirklich befriedigenden Gesundheitszustand erwarten dürfen.«[93]

Dieser stillen Fügung der Frauen in ihr Leiden steht die Gleichgültigkeit der Außenstehenden gegenüber:

– Bei vielen Ärzten der Zeit. In einer englischen Gesundheitsumfrage, die zwischen den Kriegen veranstaltet wurde, stieß man »auf eine Frau von 43, die zehn Kinder und drei Fehlgeburten hinter sich hat (vier Kinder sind gestorben) und die seit neun Jahren unter schlimmen Blutungen leidet. Diese haben zu einer Herzschwäche geführt. Ihr Arzt macht ihr Alter dafür verantwortlich und rät ihr, im Bett zu bleiben!«[94] Hunter Robb, ein Chirurg aus Baltimore, warnte seine Kollegen 1892 vor Frauen, die wegen »unklarer Unterleibsschmerzen« Morphium haben wollten. Er empörte sich bei der Vorstellung, daß es Patientinnen »mit leichteren Beckenverletzungen« verschrieben werden könnte, weil »sie unter allen Umständen sofortige Erleichterung zu verlangen scheinen . . . In der Regel sind in diesen Fällen nervöse Symptome vorherrschend.«[95] Interessant daran ist, daß Dr. Robb keinerlei Anstrengungen unternimmt, sich in die Lage seiner Patientinnen zu versetzen. Hatten diese Frauen nicht vielleicht wirklich Schmerzen? Und was ließ sich tun, um ihre Schmerzen zu lindern? – Fragen, die er sich offensichtlich nie stellte.

– Bei *traditionellen* Ehemännern. Ich betone »traditionell«, weil mit dem Aufkommen der modernen Familie viele Ehemänner wirklich sehr verständnisvoll wurden. Der traditionelle Ehemann dagegen nahm die körperlichen Beschwerden seiner Frau gewöhnlich auf

93 Stopes, *First Five Thousand,* a. a. O., S. 34.

94 Margery Spring Rice, *Working-Class Wives: Their Health and Conditions.* 2. Aufl., 1939, Neudr., Virago, London 1981, S. 45.

95 Hunter Robb, »The Use of Morphine and other Strong Sedatives in Gynecological Practice«, in: *Maryland and Medical Journal,* 14. Mai 1892, S. 617–18.

die leichte Schulter oder gar nicht zur Kenntnis. »Auf Frauentränen und Hundehinken ist nichts zu geben«, hieß es bei französischen Bauern. »Frauenbeschwerden haben sich wie die Morgenröte am Mittag verflüchtigt.«[96] 1889 erschien die vierundzwanzigjährige Frau eines bei Odessa stationierten Soldaten im örtlichen Krankenhaus. Ungefähr sechs Wochen zuvor hatten Scheidenblutungen eingesetzt, begleitet von Unterleibsschmerzen und Schmerzen beim Harnlassen. Fortan hatten die Genitalblutungen angehalten. Trotz ihrer unerträglichen Schmerzen sah sich ihr Mann außerstande, sich des Verkehrs mit ihr zu enthalten[97]. (Tatsächlich hatte er ihr einen Scheidenriß beigebracht.) Wenn richtig ist, was wir andernorts zum gegenseitigen Verständnis in der modernen Paarbeziehung vorgebracht haben, so wäre eine solche Form der Gleichgültigkeit auf seiten des Ehemanns im 20. Jahrhundert zumindest ungewöhnlich[98]. In den Jahrhunderten davor war sie jedoch der Normalfall und wurde von den Frauen als selbstverständlich hingenommen.
– Eklatant jedoch ist das Unvermögen einiger unserer zeitgenössischen Historiker, das Leiden der Frauen zu verstehen, die früher gelebt haben. In einer Untersuchung heißt es, die Frauen, die bettlägerig wurden, weil ihnen jeder Schritt Schmerzen bereitete, oder die über Unterleibsschmerzen klagten, für die ihre ärztlichen Helfer keine ersichtliche Ursache entdecken konnten, seien dazu veranlaßt worden, weil »der männliche Chauvinismus die Frauen ermutigte, hinfällig zu werden«[99]. Nach dieser Auffassung wollten die Ärzte, daß die Frauen »schwach, abhängig und krank« wurden. Und die Frauen spielten mit, indem sie die »Rolle der Patientin« übernahmen. Die Behauptung eines anderen Historikers lautete, Eierstockoperationen seien nur an Frauen vorgenommen worden, »deren Aufsässigkeit man als unerträglich empfunden« habe[100]. Wieder eine andere Historikerin meinte, daß »weibliche Krankheiten weitgehend psychogen waren und innere Konflikte zum Ausdruck brach-

96 Françoise Loux und Philippe Richard, *Sagesses du corps: La Santé et la maladie dans les proverbes français*. Maisonneve, Paris 1978, S. 133.
97 G. Himmelfarb, »Zur Kasuistik der Scheidenverletzungen durch den Coitus«, in: *ZBG,* 14 (1890), S. 395–98.
98 Shorter, *Modern Family,* a. a. O.
99 Barbara Ehrenreich und Deirdre English, *For Her Own Good: 150 Years of the Experts' Advice to Women*. Doubleday Anchor, New York 1979, S. 104–105.
100 Ben Barker-Benfield, »Sexual Surgery in Late-Nineteenth-Century America«, in: *International Journal of Health Services,* 5 (1975), S. 287.

ten«. Das Leiden habe seine Vorteile gehabt, erklärte sie. »Krankheit bedeutete im allgemeinen wiederholte Besuche bei verschiedenen Ärzten und Spezialisten.« Wenn Frauen über so viele Symptome geklagt hätten, dann habe das daran gelegen, daß sie »unter den Vorschriften einer Epoche litten, die ihre Tatkraft nicht zur Entfaltung kommen ließen«[101]. In dieser Literatur wird nirgends die Möglichkeit eingeräumt, daß die Frauen damals vielleicht tatsächlich an Scheideninfektionen erkrankt waren oder an Zystitis und Endometritis litten. Die Behauptung, alle diese Krankheiten hätten nur im Kopf der Betroffenen stattgefunden (seien »psychogen« gewesen), heißt die Erfahrung dieser Frauen in eben derselben Weise zu verharmlosen, wie es die Männer der Zeit taten.

101 Barbara J. Berg, *The Remembered Gate: Origins of American Feminism.* Oxford Univ. Press, Oxford 1978, S. 121–22.

11.

Ein neues Bündnis und das Ende der Opferrolle

Das Buch begann mit dem Versuch, die Ursprünge der modernen Frauenbewegung auszumachen. Ein Grund dafür, daß die Frauen im 17. Jahrhundert nicht das Wahlrecht oder die Zulassung zu den Universitäten forderten, dürfte ziemlich klar geworden sein: Sie waren den Männern gegenüber außerordentlich benachteiligt. Vor 1900 waren die Frauen mit einer großen Zahl ungewollter Kinder belastet, sie waren schlechter ernährt als die Männer, sie waren von Blutarmut geschwächt, wurden von den verschiedensten Krankheiten heimgesucht, für die es bei Männern nichts Entsprechendes gab, und ihnen wurde auf jede nur erdenkliche Weise jene physische Gleichheit vorenthalten, die letztlich die Voraussetzung persönlicher Autonomie ist.

Aber es gibt noch einen zweiten Grund. Ich habe schon im Vorwort darauf hingewiesen, daß die Frauen früherer Zeiten nicht nur objektiv benachteiligt waren, sondern überraschenderweise diese benachteiligte Stellung auch subjektiv als Teil der natürlichen Ordnung akzeptierten. Sie wirkten selber mit am Urteil der Gesellschaft, das da lautete, sie seien verseucht, krank und minderwertig. Und solange sie diese Meinung von sich hegten, war an Feminismus – der von einer prinzipiellen Gleichheit von Männern und Frauen ausgeht – nicht zu denken.

In diesem letzten Kapitel möchte ich zweierlei versuchen: Erstens will ich zeigen, wie Frauen sich die männliche Auffassung zu eigen machten, Weiblichkeit sei etwas Verdorbenes und Gefährliches, und zweitens Anhaltspunkte dafür liefern, daß der Ursprung der modernen Frauenbewegung an eine grundlegende Verschiebung der Bündnisse geknüpft ist, zu der es kam, sobald die Frauen dieses Selbstbild abschüttelten. Als um die Jahrhundertwende die in diesem Buch beschriebenen Faktoren fortzufallen begannen, die die Frauen zur Rolle der Opfer verurteilten, hielten sie sich nicht mehr so sehr an andere Frauen, sondern suchten Verständnis und Zuspruch zunehmend bei Männern. In der dörflichen Frauenkultur ging man davon aus, daß eine Frau Freundschaft vor allem bei anderen Frauen suchen müsse, daß nur Frauen Trost zu spenden vermöchten in den Leiden, die das Leben für ihresgleichen bereithielt. Als die Frauen ihre Weiblichkeit als eine grundsätzlich positive und nicht mehr negative Kraft zu sehen begannen, traten sie aus der Frauenkultur heraus und machten die Männer zu ihren wichtigsten emotionalen Verbündeten. Mit anderen Worten: die Männer veränderten sich; sie waren nicht mehr die Feinde der Frauen, sondern wurden ihre besten Freunde.

Alte Männerängste vor dem weiblichen Körper

Wahrscheinlich gibt es männliche Angst vor dämonischen »weiblichen« Eigenschaften schon seit Urzeiten. Die Hochkultur des Abendlandes ist – angefangen von den griechischen Tragödien – von diesem Thema durchdrungen, obwohl auch die Volkskultur besessen war von einer tiefsitzenden Furcht der Männer vor der »Zauberkraft« der Frauen. Nach Martine Segalen sind die französischen Sprichwörter, »die die Frau mit dem Teufel vergleichen, mehr als nur metaphorische Anspielungen. Wir erkennen an diesen Ritualen, daß sie die Macht hat, den Teufel zu beschwören, daß sie der Teufel selbst ist.« So verkündet eine Gruppe von Sprichwörtern, »daß ein Ehemann, der seine Frau schlägt, ihre magische Rache, vor allem in Form sexueller Beherrschung zu gewärtigen hat«[1].

Diese männliche Angst vor der sexuellen Macht der Frauen ist der springende Punkt: Auf nicht näher erklärbare Weise bedeuteten die Gebärmutter und die mit ihr in Zusammenhang stehenden sexuellen und reproduktiven Funktionen für Männer eine magische Bedrohung. Da die Kultur des traditionellen Europas von Männervisionen geprägt war, gingen diese Ängste vor den körperlichen Eigenschaften der Frauen in die Gesamtkultur ein und wurden schließlich von Männern wie von Frauen geglaubt.

Von allen den Frauen geltenden männlichen Ängsten war die Furcht vor der Gebärmutter die merkwürdigste. Seit Hippokrates schrieb die Schulmedizin der Gebärmutter bizarre Eigenschaften zu

1 Martine Segalen, *Mari et femme dans la société paysanne.* Flammarion, Paris 1980, S. 136, 138.

wie etwa die Fähigkeit, im Bauch herumzuwandern oder den Frauen hysterische Anfälle zu bescheren[2]. Doch auch in der Volkskultur, bei Menschen, die nie ein medizinisches Lehrbuch zu Gesicht bekommen und keine Vorstellung von den Lehren der »akademischen« Medizin hatten, tauchten diese Eigenschaften auf, in ihrem furchteinflößenden Charakter um ein Vielfaches verstärkt. Diese volkstümlichen Vorstellungen hielten sich noch lange Zeit, nachdem die Schulmedizin ihre abstrusen Theorien über die Gebärmuttereinflüsse schon längst hatte fallenlassen.

In großen Teilen der europäischen Volkskultur galt die Gebärmutter als lebendig – nicht nur als Teil eines lebenden Körpers, sondern als eigenständiges belebtes Geschöpf, das vom Leib der Frau beherbergt würde. Und es gab ausgeklügelte Vorschriften zur Fütterung oder Beschwichtigung dieses Tieres, wenn es in erregtem Zustande »Koliken« oder Anfälle hervorrief. Manche Menschen hielten die Gebärmutter für einen Frosch mit vielen Beinen, der unbedingt im Leib bleiben müsse, weil die Frau sonst stürbe, wenn ihr die Kolik (oder der Frosch) zum Halse hinauskröche[3]. In einem Bericht aus Tirol heißt es, eine Frau sei während einer Wallfahrt erkrankt und habe sich ins Gras gelegt. Kaum sei sie eingeschlafen, da sei die Gebärmutter nebst der für ihren Halt sorgenden Bänder der Frau zum Munde hinaus und in einen Bach gekrochen, sei umhergeschwommen und dann in den Leib zurückgekrabbelt. Als die Frau erwacht sei, sei sie gesund gewesen[4]. Die Vorstellung, die Gebärmutter sei ein lebendiges Tier, läßt auf eine außerordentliche anatomische Unkenntnis in der bäuerlichen Kultur schließen, zumal – so ein Tiroler Holzschnitzer – auch ein Mann eine Gebärmutter besitzen konnte und damit rechnen mußte, daß sie ihm zum Munde herauskroch[5]. Doch auch in der bäuerlichen Kultur galt die Gebärmutter in erster Linie als ein weibliches Attribut.

Selbst bei Bauern, die die Gebärmutter nicht als lebendiges Wesen sahen, war die Vorstellung verbreitet, sie könnte im menschlichen Leib umherwandern. »Globus hystericus«, die Unfähigkeit zu schlucken, wurde in diesen Gegenden der im Halse aufsteigenden

2 Zu einer Übersicht vgl. Ilza Veith, *Hysteria: The History of a Disease*. Univ. of Chicago Press, Chicago 1965, Kap. 2.
3 Das Standardwerk ist: Alexander Berg, *Der Krankheitskomplex der Kolik- und Gebärmutterleiden in der Volksmedizin*. Berlin 1935, Zitat auf S. 50.
4 a. a. O., S. 52.
5 a. a. O., S. 53.

Gebärmutter zugeschrieben. Um sie an den ihr gebührenden Platz zurückzubringen, wurden Beschwörungsformeln und das Kreuzzeichen empfohlen[6].

In Sachsen sollte die dämonische Gebärmutter dadurch zur Räson gebracht werden, daß die Frauen ausriefen: »Mutter, du Luder, packe dich nach deinem Hause!«[7] Woraufhin sich die Schmerzen des Gebärmutterkrebses oder irgendeiner anderen »Frauenkrankheit«, die es zu heilen galt, legen sollten. Entscheidend ist, daß jedes Organ, dem solche lebensbedrohenden und lebensrettenden Kräfte zugeschrieben wurden, in den Augen der Männer zwangsläufig furchterregende Züge annehmen mußten. Die dämonischen Leiber der Frauen mußten vor allem deshalb unter Kontrolle gehalten werden, weil sie die Gebärmutter beherbergten.

Eines der schrecklichen Dinge, die die Gebärmutter produzierte, was das Menstruationsblut. Männliche Ängste bezüglich der Menses sind so alt wie die Menschheit und praktisch aus jeder Gesellschaft bekannt, von der wir wissen[8]. Albertus Magnus, ein Gelehrter und Mediziner des 13. Jahrhunderts, berichtete, ein Priester habe ihn aufgefordert, ein Buch über die »Geheimnisse der Frauen« zu schreiben, weil menstruierende Frauen ein Gift in sich trügen, das ein Kind in seiner Wiege töten könnte[9]. Guillaume de la Motte schilderte, wie eine menstruierende Dienstmagd seinen Wein durch Berührung der Flasche in Essig verwandelt habe: »Er war so sauer, daß niemand ihn trinken konnte.«[10] Soviel zu den traditionellen Vorstellungen der Schulmedizin.

Weit länger hielten sich die Menstruationstabus in der bäuerlichen Vorstellung. Noch in unserem Jahrhundert mußten die Frauen während ihrer Periode den Weinkellern während des Kelterns fernbleiben[11]. Und diese Tabus galten nicht nur dem Wein, sondern

6 G. Lammert, *Volksmedizin und medizinischer Aberglaube in Bayern.* Würzburg 1869, S. 252.

7 Carly Seyfarth, *Aberglaube und Zauberei in der Volksmedizin Sachsens.* Leipzig 1913, S. 89.

8 Zu jüngeren Zusammenfassungen der umfangreichen Literatur Ober Menstruationstabus vgl. Penelope Shuttle und Peter Redgrove, *The Wise Wound: Menstruation and Everywoman.* Gollancz, London 1978.

9 Zitiert bei: Heinrich Fasbender, *Geschichte der Geburtshilfe.* 1906, Neudr., Olms, Hildesheim 1964, S. 89.

10 Guillaume de la Motte, *Traité complet des accouchemens.* Verb. Aufl., Leiden 1729, S. 57.

11 Lucienne Roubin, *Chambrettes des Provençaux.* Plon, Paris 1970, S. 157.

praktisch allem, was auf den Tisch kam. In der Sologne durfte eine menstruierende Frau weder das eingepökelte Schweinefleisch berühren noch einem frischgeschlachteten Schwein nahekommen. Ihre Anwesenheit ließ die Salatsoße verderben, die Mayonnaise gerinnen und raubte den Blumen auf dem Felde den Duft[12]. In Ungarn durften Frauen während der Menstruation nicht einkochen, kein Sauerkraut machen, keine Gurken oder Tomaten einlegen und kein Brot backen. Und wenn ihnen ihr Mann beiwohnte, so war er »sieben Tage lang unrein«[13].

Es läge nahe anzunehmen, die Frauen selbst hätten diese wilden Männerphantasien in der sicheren Gewißheit ihrer Haltlosigkeit stets zurückgewiesen. Aber nein, die Frauen in Europas traditioneller Kultur scheinen von der Giftigkeit ihrer eigenen Menses überzeugt gewesen zu sein. Ende der sechziger Jahre dieses Jahrhunderts fragte eine Gruppe von Ethnographen, die Frauen eines französischen Dorfes, ob Pökelfleisch verdürbe, wenn es von einer menstruierenden Frau berührt würde. Zwar waren die Meinungen geteilt, doch eine Frau antwortete wirklich: »Mein Gott ja! Einmal habe ich das ganze Faß verdorben. Es ist wahr. Ich habe gar nicht daran gedacht und bin reingegangen. Und als ich später noch ein bißchen Schinken holen wollte, war alles grün.«[14] Als weitere Belege dafür, daß die Frauen in der Vergangenheit die Vorstellung verinnerlicht haben, ihre eigenen Ausflüsse seien unrein, könnte man noch die rituelle Reinigung orthodoxer jüdischer Frauen nach der Menstruation anführen oder die Auffassung Hildegards von Bingen, die Menses seien eine Strafe für Sünden[15].

Noch schlimmer jedoch waren die Absonderungen der *schwangeren* Gebärmutter. Die spätere geburtenfreundliche Politik offizieller Stellen hat die Spuren des traditionellen männlichen Unbehagens angesichts der Unreinheit Schwangerer verdeckt. Die europäischen Adligen und Regierenden, die aus bevölkerungspolitischen Gründen die Zahl der Untertanen auf ihren Ländereien vergrößern wollten, sorgten dafür, daß schwangere Frauen besondere Vergünsti-

12 Bernard Edeine, *La Sologne: Contribution aux études de technologies métropolitaines,* 2 Bde., Mouton, Paris 1974, Bd. 2, S. 658.

13 Rudolf Temesváry, *Volksbräuche und Aberglauben in der Geburtshilfe und der Pflege des Neugeborenen in Ungarn.* Leipzig 1900, S. 3.

14 Yvonne Verdier, *Façons de dire, façons de faire.* Gallimard, Paris 1979, S. 43.

15 Vgl. Weideger, *Menstruation,* a. a. O., S. 91.

gungen genossen, statt diskriminiert zu werden[16]. Hinter dieser offiziellen Politik verbarg sich jedoch in der traditionellen europäischen Gesellschaft ein tiefsitzender Argwohn, daß die Schwangere ihre Umgebung verunreinigen könne. In Finnland durfte sie nach Pelkonen weder die Kirche besuchen noch in der Öffentlichkeit erscheinen; auch von Tauffesten war sie ausgeschlossen. In Finnlands schwedischsprachigen Küstengebieten stand buchstäblich geschrieben, daß sie nicht mehr wert sei als eine Sau. Sie sollte sich soweit als möglich zu Hause aufhalten und nicht mit anderen zusammenkommen, aber nicht etwa weil man meinte, sie sei für böse Geister anfälliger, sondern weil sie andere nicht mit ihrer Unreinheit anstecken sollte[17]. In einer Gegend Ungarns glaubte man, nicht nur die Mutter sei unrein, sondern auch *»alle Frauen, die mit dem Kinde bei der Geburt oder unmittelbar danach in Berührung gekommen waren«* (Hervorhebung von mir). Keine dieser Frauen durfte in dem betreffenden Zeitraum kochen, Teig zubereiten oder waschen[18].

Der religiöse Brauch, der »Aussegnung« der Wöchnerin genannt wird, liefert den stichhaltigsten Beweis für die männliche Neigung, den weiblichen Körper als Gefahr für die Gesellschaft anzusehen. Die Aussegnung ist die religiöse Reinigung der Wöchnerin vier bis sechs Wochen nach der Entbindung und gibt ihr die Erlaubnis, in die Gesellschaft zurückzukehren. Die Sitte gehörte zum Ritual aller christlichen Kirchen in Ost und West vor der Reformation und wurde, wenn auch von den Puritanern abgelehnt, von der anglikanischen und der katholischen Kirche bis ins 20. Jahrhundert hinein praktiziert. Nach dem 3. Buch Mose 12, 2–8, soll eine Frau nach der Geburt eines Jungen sieben Tage unrein sein, nach der Geburt eines Mädchens zwei Wochen. Wenn es ein Junge ist, soll sie weitere dreiunddreißig Tage lang das Heiligtum nicht betreten, bei einem Mädchen sind es sechsundsechzig Tage. Schließlich soll sie dem Priester an der Tür der »Hütte des Stifts« Opfergaben überreichen, »so wird sie rein von ihrem Blutgang«.

Diese biblischen Lehren wirkten noch zweitausend Jahre später in der europäischen Gesellschaft nachhaltig fort. So glaubte man in Schlesien, daß es Unglück brächte, wenn eine Wöchnerin vor der

16 Vgl. Hans Fehr, *Die Rechtsstellung der Frau und der Kinder in den Weistümern*. Jena 1912, S. 4–10.

17 E. Pelkonen, *Über volkstümliche Geburtshilfe in Finnland*. Helsinki 1931, S. 117.

18 Temesváry, *Geburtshilfe Ungarn*, a. a. O., S. 89–90.

Aussegnung das eigene Grundstück verließ. In Liebau glaubten die Menschen, das Haus, das eine Wöchnerin vor der kirchlichen Feier betrete, werde niederbrennen. In Hirschberg wurde sie mit einem Besen verjagt, wenn man sie kommen sah. In Jauer durfte sie vor der Aussegnung kein Wasser vom Brunnen holen, weil er sonst vergiftet oder austrocknen würde[19]. Im Bezirk Heveser in Ungarn fanden zwei Wochen nach der Entbindung Aussegnung der Wöchnerin und Kindstaufe gemeinsam statt. Anschließend »gibt es ein großes Reinemachen. Das Haus wird frisch geweißt, gründlich gereinigt und mit Weihwasser besprengt«[20].

Die Einzelheiten der Zeremonie machten noch überzeugender deutlich, daß eine Frau durch den Geburtsakt *verunreinigt* wurde. Im Münsterland blieb die Wöchnerin an der Tür der evangelischen Kirche stehen, bis der Pfarrer sie holen kam, seinen Talar in der Hand. Die Mutter faßte den Talar mit der linken Hand, während sie in der rechten eine Kerze hielt. Der Pfarrer begann zu beten, und so näherten sich beide dem Altar. Dort las der Pfarrer den Anfang des Johannesevangeliums, woraufhin er die Wöchnerin die entsprechende Seite in der Bibel küssen ließ[21]. Entsprechend erwartete die Wöchnerin den Priester bei den französischen Katholiken im Elsaß nach der Messe an der Kirchentür. »Sie wird mit Weihwasser besprengt und erhält eine brennende Kerze. Nach einem Dankgebet an die Heilige Jungfrau küßt die Mutter den Saum des Priestergewands und läßt sich zum Altar führen, wo sie eine Gabe niederlegt.«[22] Die Botschaft für die Mutter ist unmißverständlich: Du bist unrein.

Verblüffend ist, wieviel den Wöchnerinnen selbst ebenso wie ihren Nachbarinnen an der Aussegnung lag. Es war durchaus nicht so, daß sie sich nur widerstrebend dem Diktat der Männergesellschaft gefügt hätten. Wie uns ein Gelehrter berichtet, legten die Frauen im spätmittelalterlichen Flandern ebensoviel Wert auf die Aussegnung wie auf die Taufe: »Jede Frau, ob verheiratet oder nicht, fiebert diesem ›Reinigungsritus‹ entgegen.« Dem Volksmund nach hatte eine Frau, die vor ihrer Aussegnung starb, kein Recht, auf einem

19 Max Hippe, »Die Gräber der Wöchnerinnen«, in: *Mitteilungen der schlesischen Gesellschaft für Volkskunde,* 7 (1905), S. 102.

20 Temesváry, *Geburtshilfe Ungarn,* a. a. O., S. 100.

21 Ludwig Strackerjan, *Aberglauben und Sagen aus dem Herzogtum Oldenburg.* 2 Bde., Oldenburg 1909, Bd. 2, S. 204.

22 Freddy Sarg, *La Naissance en Alsace.* Oberlin, Straßburg 1974, S. 57.

Friedhof begraben zu werden[23]. Es gab »Gegenden in England, wo die Nachbarn einer gerade niedergekommenen Frau ihr Haus verboten, bis ihre Aussegnung vorüber war«[24].

Wenn eine Mutter bei der Geburt oder am Kindbettfieber starb, bevor sie ausgesegnet war, bot die traditionelle Bauernkultur ein letztes Arsenal von Abwehrmaßnahmen auf, um sich vor der Toten zu schützen. Mit dem Tod hing für die europäischen Bauern stets Unheil aller Art zusammen. Am unheilvollsten aber war der Tod einer Frau im Kindbett, weil ihre besondere Situation ihr die magische Kraft verlieh, der ganzen Gemeinschaft zu schaden. Bedenkt man, wie häufig Frauen bei der Entbindung starben, so ist klar, daß sich das traditionelle Europa häufig mit dieser Frage auseinanderzusetzen hatte.

Schon der bloße Anblick der sterbenden Wöchnerin ließ Böses ahnen. Zwerge seien verantwortlich am Tode so mancher Wöchnerin, hieß es im Weichselland. Man sähe »das Gesicht der gestorbenen Wöchnerin ganz ›zerspickt vom Bart der Unterirdischen‹«[25]. In Toulon folgte man dem Brauch der Aussegnung, selbst wenn die Mutter gestorben war, um zu vermeiden, daß ihre Seele auf der Erde blieb, was verhängnisvolle Folgen gehabt hätte. »Die Menschen versammelten sich im Zimmer des Opfers. Ihre Kleider und ihr Schmuck wurden auf dem Bett ausgebreitet. Die Patin brachte neue Schuhe herüber. Das Neugeborene wurde angekleidet, und wenn die Kirchenglocken zu läuten begannen, rief die Patin der toten Frau zu: ›Liebe Frau, die Messe fängt gleich an. Wir wollen gehen.‹ Dann verließ der Zug das Schlafzimmer, und wenn sie die Dielen oder Stiegen knarren hörten, sagten sie: ›Es ist die Seele der Mutter in ihren neuen Schuhen, die zur Aussegnungsmesse geht.‹«[26]

Die Begründungen dafür, daß man die tote Wöchnerin mit neuen Schuhen ausstattete, klingen zum Teil recht freundlich. »Wenn eine Frau im Kindbett stirbt«, so hieß es im Elsaß, »läßt sie ein lebendiges Kind zurück. Vor ihrem Begräbnis muß man ihr ein Paar solider

23 Jacques Toussart, *Le Sentiment religieux en Flandre à la fin du Moyen-Age.* Plon, Paris 1963, S. 100–01.

24 J. E. Vaux, *Church Folk Lore.* London 1902, S. 112. Diesen Literaturhinweis verdanke ich Alwyne Graham.

25 Franz Hempler, *Psychologie des Volksglaubens . . . des Weichsellandes.* Königsberg 1930, S. 89.

26 Arnold Van Gennep, *Manuel de folklore français contemporain.* 7 Bde., Picard, Paris 1943–1958, Bd. 1 (I), S. 120.

und gut genagelter Schuhe geben, denn die Straße zur Ewigkeit ist lang, und sie wird sie vier Wochen lang jede Nacht gehen müssen, um ihr Kind zu stillen.«[27] Doch die Dörfler mußten noch mit einer anderen, besorgniserregenden Möglichkeit rechnen: daß die Seele der Mutter zurückkehren und ihnen erscheinen könnte, wenn man sich ihrer nicht in der richtigen Weise entledigt hätte. Nach provençalischem Aberglauben würde die Seele der toten Wöchnerin, wenn sie nicht ordnungsgemäß ausgesegnet sei, so lange zurückkehren, bis man das Ritual *nachgeholt* habe. So wird von einem Ladenbesitzer berichtet, der, als seine Frau im Kindbett starb, die Aussegnung nicht vornehmen ließ und statt dessen eine der Verkäuferinnen heiratete. Immer wenn die neue Braut alleine war, hörte sie ein Klopfen, und erst als sie die Kleider der früheren Frau auf dem Bett ausgebreitet und alle anderen Einzelheiten der »nachträglichen Aussegnung« vorgenommen hatte, ging die Seele der Verstorbenen friedlich von dannen[28]. Um die Seele der Wöchnerin an der Rückkehr zu hindern, warfen die Bauern in Nordfriesland eine Nadel, Faden, ein Stück Leintuch und eine Schere in das offene Grab, damit sie sich zu helfen wüßte und nicht als Gespenst zurückkehrte[29].

Etwa um das Jahr 1000 wehrten sich sächsische Bauern auf radikalere Weise dagegen, daß eine unentbunden gestorbene Frau als Geist zurückkehrte: Sie trieben ihr und dem ungeborenen Kind im Grab einen Pflock durch den Leib. (Die Dorffrauen trieben auch einem ungetauft gestorbenen Kind einen Pflock durch den Leib, um sicherzugehen, daß es nicht aus dem Grab aufstehen und Unheil anrichten könnte.) Ängste dieser Art hielten sich in Sachsen bis mindestens ins 16. Jahrhundert[30].

Zum Schutze der Gemeinschaft wurden die Leiber von Frauen, die bei der Geburt gestorben waren, häufig in einer Ecke des Friedhofs bei den Mördern und Selbstmördern begraben oder sogar ganz außerhalb des Friedhofs verscharrt. Obwohl Martin Luther 1525 dagegen gewettert hatte, daß man verstorbene Wöchnerinnen hinter der Friedhofsmauer begrub, bestand noch 1528 der Breslauer Stadtrat darauf, daß die Wöchnerinnen nicht mitten auf dem Fried-

27 Sarg, *Naissance en Alsace,* a. a. O., S. 43.
28 L.-J.-B. Bérenger-Féraud, *Réminiscences populaires de la Provence.* Paris 1885, S. 176–77.
29 Christian Jensen, *Die nordfriesischen Inseln.* Hamburg 1891, S. 344–45.
30 Seyfarth, *Aberglaube Sachsens,* a. a. O., S. 27.

hof am Wege begraben würden, wo die Menschen vorbeigingen oder etwas zu erledigen hätten, sondern in einem abgelegenen Winkel oder an der Mauer, wo wenig Geschäftigkeit sei[31]. 1713 befaßte sich der evangelische Kirchenrat von Breslau erneut mit der Frage: Früher sei es Sitte gewesen, die Gräber der Wöchnerinnen mit Zäunen zu umgeben, damit sie nicht andere Menschen mit den ansteckenden Stoffen infizieren könnten, die in ihren Leibern steckten. Aber die angebliche Unreinheit dieser armen Frauen gebe es nicht, schrieb einer der Rechtsexperten. Trotzdem beschloß der Breslauer Stadtrat, die toten Wöchnerinnen auch weiterhin außerhalb des Friedhofs zu verscharren und ihre Gräber mit Schutzzäunen zu umgeben, um Vorbeigehende vor ihren verdorbenen Ausflüssen zu schützen[32].

Diese Mütter waren also unrein, und wenn ein Mädchen einen Burschen für seine Treulosigkeit bestrafen wollte, brauchte sie ihm nur, wie in Böhmen, etwas Erde von solch einem Grab ins Gesicht zu werfen[33]. Was konnte die Botschaft: Frauenkörper sind gefährlich, besser an den Mann (und die Frau) bringen?

Frauenbündnis als Verteidigung gegen Männerängste

In den anderen Kapiteln dieses Buches habe ich die These aufgestellt, daß die Frauenkultur eine Kultur der »Tröstung« gewesen sei, ein Ort, wo man für das körperliche Elend des Frauendaseins Verständnis fand. Doch die Funktion der Frauenkultur bestand ebenso darin, Frauen vor den böswilligen Aggressionen der Männer zu schützen.

Wie reagierten traditionelle Frauen auf die schreckliche Beleidigung ihrer Sexualität, von der wir gerade gehört haben? In gewissem Umfange akzeptierten sie natürlich die männlichen Auffassungen, verinnerlichten sie die Überzeugung, daß ihr Menstruationsblut unrein sei und ihr Wochenfluß der Gesellschaft gefährlich würde.

31 Zu Luther vgl. Reinhard Worschech, *Frauenfeste und Frauenbräuche in vergleichender Betrachtung mit besonderer Berücksichtigung Frankens*. Phil. Diss., Würzburg 1971, S. 218.

32 Hippe, a. a. O., S. 103.

33 B. Kahle, »Noch einmal die ›Gräber der Wöchnerinnen‹«, in: *Mitteilungen der schlesischen Gesellschaft für Volkskunde,* 8 (1906), S. 60.

Sonst hätten sie sich gegen ihre Unterdrückung aufgelehnt. Sogar heute noch sind es in manchen Regionen Afrikas die Frauen und nicht die Männer, die die verstümmelnde »weibliche Beschneidung« vornehmen, woraus ersichtlich wird, in welchem Maße Frauen männliche Mythen über sie selbst zu internalisieren vermögen[34]. Ähnlich trugen im traditionellen Europa die Hebammen zur Internalisierung der Auffassung bei, das Kindbett sei eine Zeit der Unreinheit, indem sie das Kind zur Taufe in die Kirche brachten, so daß die »nicht-ausgesegnete« Mutter zu Hause bleiben konnte[35].

Doch im verborgenen hielt sich weiblicher Widerstand gegen diese Männerängste, und er fand seinen Ausdruck vorwiegend in dem »Frauenbündnis« der traditionellen Gesellschaft. Meine These lautet, daß diese weibliche Solidarität vor allem während Geburt und Wochenbett zutage trat, während der Zeit, da die Frauen als besonders gefährlich für die Außenwelt galten.

Natürlich gab es für die Frauen auch andere Gelegenheiten für solche Zusammenschlüsse. Etwa die Abende, die man im Winter mehrmals in der Woche mit gemeinsamer Arbeit verbrachte. Häufig waren sie ausschließlich Sache von Frauen und Mädchen, obwohl andererseits so oft auch Männer beteiligt waren, daß es schwer fällt, sie als eine im wesentlichen weibliche Erfahrung zu sehen[36]. Martine Segalen hat gezeigt, daß die regelmäßigen Waschtage ausschließlich den Frauen vorbehalten waren: »Kein Mann würde es wagen, sich dem Waschhaus zu nähern, so gefürchtet ist diese Frauengruppe, deren Macht noch mit ihrer Zahl wächst.«[37] Wie Roderick Phillips am Beispiel von Rouen gezeigt hat, waren die Frauen im Dorf eher bereit einzugreifen, wenn eine Frau geschlagen wurde, als die Männer[38]. Die Vorbereitung der Fastnacht, des jährlichen Erntefestes und der übrigen Feste, die der Dorfkalender aufwies, lieferte den

34 Vgl. Weltgesundheitsorganisation, Eastern Mediterranean Regional Office, *Traditional Practices Affecting the Health of Women and Children.* Weltgesundheitsorganisation, Alexandria 1979, passim.

35 Vgl. beispielsweise Georg Burckhard, *Die deutschen Hebammenordnungen von ihren ersten Anfängen bis auf die Neuzeit.* Leipzig 1912, S. 22.

36 Vgl. Edward Shorter, »The ›Veillée‹ and the Great Transformation«, in: Jacques Beauroy u. a. (Hrsg.), *The Wolf and the Lamb: Popular Culture in France.* Anma Libri, Saratoga 1977, S. 127–40.

37 Segalen, *Mari et femme,* a. a. O., S. 151.

38 Roderick Philips, »Gender Solidarities in Eighteenth-Century Urban France: the Example of Rouen«, in: *Histoire sociale/Social History,* 13 (1980), S. 332.

verheirateten Frauen viele Gelegenheiten zusammenzukommen[39]. Aber bei keiner dieser Gelegenheiten hielten die Männer sie für verunreinigt *oder hielten sie selbst sich für verwundbar.* Nur im Kindbett kommt dieses ganze Wechselspiel von Angst und Verwundbarkeit zwischen den Geschlechtern ans Tageslicht.

Infolgedessen können wir während der Zeit von Niederkunft und Wochenbett einen engeren Zusammenschluß der Frauen beobachten, der sich teilweise unverhohlen gegen die Männer richtet. Wenn sich die Nachbarinnen, wie wir in Kapitel 4 gesehen haben, um das Bett der Kreißenden versammelten, so wollten sie Hilfe und Trost bringen. Aber das war nicht alles. Eine Wöchnerin dürfe nie allein bleiben, sagten die Dörfler. Und wenn die anderen Frauen anwesend waren, hielten sie an ihrem Bett verschiedene Rituale ab – so banden sie etwa in Österreich ihre Schürzen ab und wanden sie als Binden um den Leib der Kreißenden. Dadurch sollten alle bösen und verderblichen Einflüsse ferngehalten werden[40].

Nach der Geburt fanden verschiedene »Frauenfeste« statt. Das konnte zur Zeit der Taufe sein (erinnern wir uns, daß die Mutter nicht an der Taufe teilnahm) oder nach der glücklich abgeschlossenen Entbindung. Reinhard Worschech betont, daß diese Taufen vor allem Frauenfeste waren. Für die Frauen sei die Taufe das wichtigste Ereignis im Leben[41]. Ein Graf verbot 1619 diese Feste, weil sie zu viele Frauen anlockten; nach der Taufe würde ihnen nicht nur ein Mahl mit all seinen überflüssigen Kosten gereicht, sondern da werde auch in Gegenwart der Mutter ausgiebig gesungen, gekreischt, gelacht und sonstige Unruhe verbreitet[42]. Die Hebammen von Speyer wurden 1775 ermahnt, solche Feiern zu verhindern, weil »es auf dem Lande üblich ist, daß die Wöchnerinnen bei den Kindstaufschmäusen sich mit Essen und Trinken überhäufen . . . und überhaupt alles Getöse von den Kindbetterinnen ferngehalten werden soll«[43]. Im Hunsrück war es üblich, daß alle Nachbarinnen der Wöchnerin einen Besuch abstatteten. Sie brachten ihre Kinder mit, die dem Neugeborenen Geschenke überreichten. Im 19. Jahrhun-

39 Vgl. André Varagnac, *Civilisation traditionelle et genres de vie.* Albin Michel, Paris 1948, S. 182–212.

40 Worschech, *Frauenfeste,* a. a. O., S. 184–85.

41 a. a. O., S. 108.

42 a. a. O., S. 111.

43 Alois Nöth, *Die Hebammenordnungen des XVIII. Jahrhunderts.* Med. Diss., Würzburg 1931, S. 156.

dert, so hören wir von einem Ethnographen, seien solche Besuche nicht denkbar gewesen ohne das »Nationalgetränk« des Hunsrücks, den Branntwein, und ohne reichliches Gekreische und Geschreie sei es auch nicht abgegangen. Deshalb wurde in der Grafschaft Sponheim angeordnet, daß sich vor und nach der Entbindung nicht mehr als vier Frauen bei der Wöchnerin aufhalten durften und daß ein anständiger Eintopf gereicht werden sollte[44]. Es wird berichtet, diese Kindbettfeste hätten in manchen Gegenden tagelang gedauert[45]. Wir finden sie auch in Frankreich, und überall bildeten sie einen wichtigen Bestandteil im traditionellen Leben der Frauen auf dem Lande[46]. Entscheidend ist, daß es Frauenfeste waren und keine Männer eingeladen wurden. Und es spricht Bände, daß das einzige große Frauenfest im Dorfleben zu einem Zeitpunkt stattfand, da Frauen als besonders verunreinigt galten – bei der Geburt.

Sehr eng wurde dieses Bündnis weiblicher Solidarität, wenn die Wöchnerin im Sterben lag. Im Allgäu wurde die Totenwache von den Nachbarinnen gehalten, wenn eine Frau gestorben war (ob schwanger oder nicht)[47]. Eine fränkische Kirchenordnung aus dem Jahr 1521 legte fest, daß der Leichnam einer Wöchnerin beim Leichenbegräbnis von anderen Frauen zu tragen sei. Vor der Kirche sei der Leichnam mit Weihwasser zu besprengen, worauf er von den Frauen in die Kirche getragen würde[48]. Obwohl es ungewöhnlich war, daß Frauen als Sargträger fungierten, traten sie in Frankreich wie in Deutschland während der Totenmesse und des Leichenzugs als gesonderte Gruppe auf[49].

Warum wissen wir nicht mehr über diese Schlüsselrituale im Leben der Frauen? Warum finden sich diese Einzelheiten nur in irgendwelchen obskuren Ethnographien? Weil dieser Aspekt der Frauenkultur von den Männern mit äußerstem Unbehagen beobachtet wurde, weil die Feierlichkeiten nach glücklicher Geburt und die Begräbnisvorbereitungen für tote Wöchnerinnen die tiefsten Ängste der Männer vor den Zauberkräften im weiblichen Körper

44 Walter Diener, *Hunsrücker Volkskunde.* Bonn 1925, S. 146–47.
45 Ruth-E. Mohrmann, *Volksleben in Wilster im 16. und 17. Jahrhundert.* Wachholtz, Neumünster 1977, S. 304.
46 Vgl. zum Beispiel für Frankreich G. Michel Coissac, *Mon Limousin.* Paris 1913, S. 260; und Van Gennep, *Manuel folklore,* Bd. 1 (I), S. 120–21.
47 Worschech, *Frauenfeste,* a. a. O., S. 323.
48 a. a. O., S. 218.
49 Vgl. Van Gennep, *Manuel folklore,* a. a. O., Bd. 1 (II), S. 743, 751.

weckten. Mit anderen Worten, das Leiden der Frauen sollte deren eigene Sache bleiben. Oder wie es im Elsaß hieß: »Morjerot un Wiwerweh esch am Metäuj nix meh.«[50] Die Botschaft heißt: Wir Männer wollen davon nichts wissen.

Die Entmystifizierung des weiblichen Körpers

Auf dem langen Weg von der traditionellen Gesellschaft zur rationalen bürgerlichen Kultur des frühen 20. Jahrhunderts haben sich die Männerängste vor dem Frauenkörper weitgehend verflüchtigt. So fiel ein Hauptgrund für den Zusammenschluß der Frauen fort, und neue Koalitionen zwischen den Geschlechtern bildeten sich. Frauen begannen in anderen Männern, vor allem ihren Ehemännern (und in geringerem Maße auch in ihren Ärzten) ihre Hauptverbündeten zu sehen – nicht mehr in anderen Frauen. Wenn meine These richtig ist, so ist das weibliche Bündnis der gemeinsamen Wirkung von verbesserter Gesundheit und partnerschaftlicher Ehe zum Opfer gefallen[51]. Mit dieser Deutung befinde ich mich im Widerspruch zu einem Großteil der neueren Forschung, die die Auffassung vertritt, daß sich die Frauen im 19. und zu Anfang des 20. Jahrhunderts in *Opposition* zu den »Fallstricken des Familiensinns« befunden hätten[52]. Mir erscheint glaubhafter, daß die Romantisierung der Geschlechterbeziehung, die sich in der Kameradschaftsehe des 19. Jahrhunderts vollzog, die Frauen von der schrecklichen Bürde traditioneller Männerängste *befreite.* Als neue Gefühlsbindungen die Paarbeziehung enger knüpften, kamen die früheren Ängste der Männer vor den unheilstiftenden Kräften des weiblichen Körpers zur Ruhe oder wurden zumindest tief in ihre Seele zurückgedrängt.

Welche Beweise habe ich für meine These? Zum einen ist offenkundig, daß es die traditionellen Formen weiblicher Solidarität nicht mehr gibt. In keinem Kreißsaal eines modernen Krankenhauses ver-

50 Zitiert in einer Mitteilung ohne Verfasserangabe in: *Mein Elsaßland,* 1 (1920), S. 106.

51 Das Aufkommen der partnerschaftlichen Ehe habe ich zu dokumentieren versucht in: Edward Shorter, *Die Geburt der modernen Familie,* Rowohlt Reinbek 1983.

52 Erst unlängst erschienen ist dazu: Carl N. Degler, *At Odds: Women and the Family in America from the Revolution to the Present.* Oxford, New York 1980, Kap. 7 und passim.

sammeln sich dreißig Nachbarinnen, um der Entbindung einer der ihren beizuwohnen. Noch im 20. Jahrhundert versammelten sich in den ländlichen Gebieten Frankreichs die Frauen auf dem Schauplatz der Entbindung, aber immer häufiger war von der Kreißenden zu hören: »Mir hat das noch nie gefallen. Ich habe zu meiner Schwiegermutter gesagt: ›Bitte, geh fort!‹ Sie können sich nicht vorstellen, was das für eine Aufregung gab.« Wer wurde zum Bleiben aufgefordert? »Ich habe zu meinem Mann gesagt: ›Du bleibst!‹«[53] Von einigen Forschern wurde die Ansicht vertreten, die emotionale Isolierung der Frau in der modernen Ehe hätte neue Formen der Bindung zwischen Frauen geschaffen[54]. Doch bereits Mitte des 19. Jahrhunderts hatte die Pflege von Familien- und Privatleben in der modernen Paarbeziehung den Frauen weitgehend die Möglichkeit beschnitten, emotionale Bindungen zu Frauen außerhalb der Kernfamilie zu unterhalten. Eine Forscherin hat beispielsweise gezeigt, daß etwa ab 1830 die amerikanischen Ehemänner die Nachbarinnen bei der Teilnahme an der Entbindung ihrer Frauen zu ersetzen begannen[55].

Zum anderen gibt es Anzeichen für eine Übergangsperiode, in der der Tod einer Wöchnerin zwar immer noch als Todesfall ganz besonderer Art galt, aber in der jetzt besondere Begräbnisbräuche die *Wöchnerin* vor den unheilstiftenden Einflüssen der Umwelt schützten und nicht mehr die Gemeinschaft vor ihr. Ein Ethnograph berichtete kurz vor dem Ersten Weltkrieg und erklärte die württembergische Sitte, vier Pfosten am Grab einer Mutter einzuschlagen und ein Seil darum zu spannen, als den Versuch, ihren Frieden zu bewahren[56]. In einigen Teilen Württembergs glaubte man von den Wöchnerinnen, ihnen sei die Seligkeit sicher, wenn sie stürben[57].

53 Verdier, *Façons de dire,* a. a. O., S. 97–98; es kommen verschiedene Frauen zu Wort.

54 Vgl. insbesondere Carroll Smith-Rosenberg, »The Female World of Love and Ritual: Relations between Women in Nineteenth-Century America«, in: *Signs,* 1 (1975), S. 1–29; und Nancy F. Cott, *The Bonds of Womanhood: ›Womens' Sphere‹ in New England, 1780–1835.* Yale Univ. Press, New Haven 1977, passim.

55 J. Jill Suitor, »Husbands' Participation in Childbirth: A Nineteenth-Century Phenomenon«, in: *Journal of Family History,* 6 (1981), S. 278–93.

56 H. Höhn, »Sitte und Brauch bei Tod und Begräbnis«, in: *Württembergische Jahrbücher,* 1913, S. 356.

57 H. Höhn, »Sitte und Brauch bei Geburt, Taufe und in der Kindheit«, in: *Württembergische Jahrbücher,* 1909, S. 263.

Und im Schweizer Vorderprättigau bezeugten die Menschen dem Leichnam einer Wöchnerin besondere Aufmerksamkeit, indem sie sie länger aufbahrten als andere Verstorbene – allerdings nur um sicherzugehen, daß sie niemanden lebendigen Leibes begruben[58].

Diese Einzelbeispiele für eine stärkere Gefühlsbeteiligung beim Tode einer Wöchnerin, die sich in ihrer Sonderbehandlung gegenüber anderen Verstorbenen ausdrückte, dürfen nicht überbewertet werden, aber sie bilden schon einen augenfälligen Gegensatz zu dem sächsischen Brauch, der toten Mutter und dem ungeborenen Kind einen Pflock durch den Leib zu treiben. Zweifellos hatte sich zu der Zeit, aus der uns diese Beispiele berichtet werden, die stärkere Gefühlsbetontheit des Familienlebens schon durchgesetzt. Insofern sind diese veränderten Rituale vielleicht ein Anhaltspunkt für den Abbau der Männerängste. Mit den zwanziger Jahren unseres Jahrhunderts wurden die Müttersterbefälle nach ausgetragener Schwangerschaft ohnehin so selten, daß jedes auf sie bezogene Brauchtum obsolet werden mußte, und mit dem Fehlen des Todes im Kindbett fiel ein Kristallisationspunkt weiblicher Solidarität fort.

Doch das ist eine abstrakte Erklärung für den Abbau dieser komplexen Wechselwirkung zwischen männlicher Angst und weiblicher Reaktion. Ähnlich abstrakt ist die These, daß sich die männlichen Ängste vor Frauen verflüchtigt hätten, weil die Medizin beweisen konnte, daß die Frauen keine lebendigen Frösche in ihren Bäuchen trugen und daß der schreckliche Gestank des Kindbettfiebers von Bakterien und nicht von Dämonen verursacht wurde.

Hinter diesen vordergründigen Veränderungen verbirgt sich jedoch ein ganzes Panorama kulturellen Wandels, in dem die alte Frauenkultur zerfiel und durch die Vorstellung vom romantisch verbundenen Paar der modernen Welt ersetzt wurde. Die Auflösung dieser Kultur vollzog sich in zwei Phasen. Zunächst wurde das Geschehen um 1800 von einem neuen gefühlsbetonten Stil des Familienlebens geprägt, der die Männer empfänglicher für Zärtlichkeit machte. Dieser neue Charakter familiärer Beziehungen – seiner Herkunft nach bürgerlich – veranlaßte auch die Frauen, mehr Zeit mit ihren Männern und Kindern als mit anderen Frauen zu verbringen. All das spielte sich (von der ländlichen Bevölkerung abgesehen) Ende des 18. und Anfang des 19. Jahrhunderts ab und hatte

58 Johann Rheli, »Tod und Sterben im Vorderprättigau«, in: *Schweizer Archiv für Volkskunde,* 36 (1937–1938), S. 159.

nicht das mindeste mit den in diesem Buch erörterten gesundheitlichen Veränderungen zu tun, die im großen und ganzen erst ungefähr hundert Jahre später eintraten. Die erste Schwächung erfuhr die Frauenkultur also durch die »moderne Familie«.

Das Ende der Frauenkultur wurde jedoch erst eingeläutet, als für die Frauen die Notwendigkeit einer »Trostkultur« fortfiel. Erst damit – nachdem das Leid, das der ursprüngliche Anlaß für den Zusammenschluß der Frauen war, ein Ende gefunden hatte – zerfiel das Frauenbündnis oder hörte zumindest auf, ein ernstzunehmender Konkurrent der Familie zu sein. Die physischen Probleme, die die Frauen seit unvordenklichen Zeiten auf der Suche nach Trost einander in die Arme getrieben hatten, waren durch die moderne Medizin, durch relativ sichere Methoden des Schwangerschaftsabbruchs, durch eine Verschiebung der Sterberaten zuungunsten der Männer und durch viele andere in diesem Buch erörterten Veränderungen weitgehend behoben worden. Infolgedessen blieb kein physischer Grund, die Verachtung der Männer zu fürchten oder schwesterlichen Trost zu suchen. Damit war die Verlagerung von der Bindung an die Frauenkultur zur Bindung an die Familie vollzogen.

Mehrfach hat sich das erste Viertel des 20. Jahrhunderts als der entscheidende Zeitraum für diese gesundheitlichen Veränderungen erwiesen. In eben diesen Zeitraum fällt die erste der beiden großen Wellen des Feminismus im 20. Jahrhundert. Das kann natürlich ein rein zufälliges Zusammentreffen sein, doch ich habe den Eindruck, daß dieses erste große Anschwellen des Feminismus durch die völlig neue gesundheitliche Situation der Frauen erst ermöglicht wurde. Wenn ich mit meiner Vermutung über den Zusammenhang zwischen Gesundheitszustand, Feminismus und modernem Familienleben richtig liege, so würde sich ergeben, daß die erste Welle des Feminismus im Bündnis mit den Männern und nicht im Kontext der traditionellen Frauenkultur stattgefunden hat. Die Männer waren »neue Männer«, von der modernen Familie in liebevolle Ehemänner verwandelt, und ähnelten den geringschätzigen, rohen Geschöpfen männlichen Geschlechts, mit denen wir es in diesem Buch größtenteils zu tun hatten, überhaupt nicht mehr. Das scheint mir nicht ohne eine gewisse Ironie zu sein und zeigt uns, wie kurz der historische Stammbaum der *zweiten* großen Welle des Feminismus in unserem Jahrhundert ist, die zwischen 1965 und 1980 lag und die sich als Bündnis *gegen* die Männer konstituierte.

Anmerkungen

In den Anmerkungen verwendete Abkürzungen

AJO	American Journal of Obstetrics
AJO-G	American Journal of Obstetrics and Gynecology (nach 1920)
BMJ	British Medical Journal
JAMA	Journal of the American Medical Association
JOB	Journal of Obstetrics and Gynaecology of the British Empire (nach 1961 of the British Commonwealth)
LMG	London Medical Gazette
MGH	Monatsschrift für Geburtshilfe und Gynäkologie
NEJM	New England Journal of Medicine
ZBG	Zentralblatt für Gynäkologie
ZGH	Zeitschrift für Geburtshilfe (-hülfe) und Gynäkologie

Der Name des Verlags ist nur bei Büchern angegeben, die nach 1945 erschienen sind.

Anmerkungen zu den Tabellen

Tabelle 5.1 (Seite 89)

Marie Kopp, *Birth Control in Practice.* 1934, Neudr., Arno Press, New York 1972, S. 127–28.

Tabelle 5.2 (Seite 109)

Emile Rigaud, *Examen clinique de 396 cas de rétrécissements du bassin observés à la Maternité de Paris de 1860 à 1870.* Paris 1870, S. 131–34.

Tabelle 5.3 (Seite 114)

ALLE BLUTUNGEN

– Rotunda Hospital, Dublin (siebziger Jahre des 18. Jahrhunderts). Zitiert bei: Fleetwood Churchill, *On the Theory and Practice of Midwifery.* 3. Aufl, Philadelphia 1848, S. 431 (2,3 pro 1000).

– Rotunda Hospital, Dublin (1826–1831). Robert Collins, *A Practical Treatise of Midwifery.* Boston 1841, S. 59 f.

– London (1820–1828). Vgl. Francis Ramsbotham, *The Principles and Practice of Obstetric Medicine and Surgery*. London 1841 (9,2 pro 1000).
– Royal Maternity Charity, Westteil Londons (1842–1864). Vgl. John Hall Davis, *Parturition and Its Difficulties, with Clinical Illustrations and Statistics of 13 783 Deliveries*. London 1865 (12,0 pro 1000).
– München, Entbindungsklinik. Carl von Hecker, *Beobachtungen und Untersuchungen aus der Gebäranstalt zu München, 1859–1879*. München 1881, S. 10. (24,8 pro 1000).
– Cincinnati, Krankenhaus (1894–1913). Magnus A. Tate, »Maternal Obstetrical Records in the Cincinnati Hospital for a Period of Twenty Years«, in: *Lancet-Clinic*, 9. Mai 1914, S. 558 (1,9 pro 1000).
– Sursee (1891–1929). Vgl. Rudolf Beck, *Geburten und Geburtshilfe in ländlichen Verhältnissen: eine statistische Studie aus den Geburtstabellen des Amtes Sursee über die letzten 39 Jahre*. Med. Diss., Basel 1930 (54,5 pro 1000).
– New York City (1920). Vgl. Kopp, a. a. O. (13,3 pro 1000).
– Chicago, Entbindungsklinik (1931–1945). M. Edward Davis, »A Review of the Maternal Mortality at the Chicago Lying-In Hospital«, in: *AJO-G*, 51 (1946), S. 499–500 (ungefähr 20 pro 1000).

PLACENTA PRAEVIA
– Rotunda Hospital, Dublin (siebziger Jahre des 18. Jahrhunderts und 1826 bis 1831). Vgl. Churchill, *Theory and Practice;* und Collins, *Practical Treatise* (die Frequenzen sind 0,4 und 0.7 pro 1000).
– London (1820–1828). Vgl. Ramsbotham, *Obstetric Medicine* (1,5 pro 1000).
– London (1842–1864). Vgl. Davis (1,9).
– Münchener Entbindungsklinik (1859–1879). Vgl. Hecker, Beobachtungen (2,4).
– Werte vom Ende des 19. Jahrhunderts für Bayern, Kurhessen und Sachsen sowie aus dem Jahr 1895 für Berlin. Erwin Zweifel, »Erfahrungen an den letzten 10 000 Geburten mit besonderer Berücksichtigung des Altersbildes«, in: *Archiv für Gynäkologie*, 101 (1913–1914), S. 689–90 (die jeweiligen Werte sind 1,5, 0,6, 0,6 und 1,3).
– Werte für zahlreiche Entbindungskliniken Ende des 19. Jahrhunderts finden sich bei: Wilhelm Bokelmann, »Die Mortalität der königl. Universitätsfrauenklinik zu Berlin«, in: *ZGH*, 12 (1886), S. 147; und Ploeger, »Statistischer Bericht über die Geburten der . . . Frauenklinik in Berlin während 15 Jahren«, in: *ZGH*, 53 (1905), S. 237. (Der Durchschnittswert beläuft sich auf 4,2 pro 1000.)
– Adolphe Pinard, *Du Fonctionnement de la Maternité de Lariboisière*. Paris 1889, passim (5,8 pro 1000).
– Die Quellen der folgenden Daten finden sich in den vorstehenden Anmerkungen und in den Anmerkungen zu Kapitel 5: Mecklenburg (1904) (2,6 pro 1000); Büttner, »Mecklenburg-Schwerins Geburtshilfe«. Cincinnati (1894 bis 1913) (0,9); Tate, »Obstetrical Records«; Sursee (1891–1935) (4), Beck, *Geburten und Geburtshilfe;* Chicago (1931–1945) (0,6), Davis, *Parturition*.
– Cleveland Maternity Hospital (1922–1930). Arthur H. Bill, »Placenta Previa«, in: *AJO-G*, 21 (1931), S. 104 (3,0 pro 1000 bei 34 000 Entbindungen).
– Helsinki, Entbindungsklinik (1910–1924). Sally Hjelt, »Placenta previa«, in: *Finska Läk-Sällsk Handlungen*, 67 (März 1925), S. 254–55, 3,2 pro 1000.

– Hamburg (1932–1935). Th. Heynemann, »Ergebnisse und Lehren der erweiterten geburtshilflichen Landesstatistik Hamburgs«, in: *ZGH,* 114 (1937), S. 262 (auf der Grundlage von 69 000 Entbindungen; 4,8 pro 1000; bei der Hälfte wurde eine Schnittentbindung vorgenommen).
– Gegenwart. Pritchard und MacDonald, *Williams Obstetrics.* 16. Aufl., Appleton-Century-Crofts, New York 1980, S. 508 zur Placenta praevia, und S. 877.

Tabelle 5.4 (Seite 117)

Überwiegend Erstgebärende (Primiparae)

– Pariser Maternité (1804–1811). Marie-Louise Lachapelle, *Pratique des accouchemens.* Paris 1825, Bd. 3, S. 3 (bei 16 000 Entbindungen 2,3 pro 1000).
– Bourg, Krankenhaus (1823–1829). Zitiert bei: Alfred Velpeau, *Traité complet de l'art des accouchemens.* 2. Aufl., Paris 1834, Bd. 2, S. 121 (bei 11 000 Entbindungen 4,2 pro 1000).
– Rotunda Hospital, Dublin (1826–1831). Vgl. Collins, *Practical Treatise,* Hinweis S. 123 (bei 30 Fällen waren 29 Erstgebärende betroffen; 5,8 pro 1000).
– *Aerztlicher Bericht des k. k. Gebär- und Findelhauses zu Wien, 1861,* Wien 1863, S. 4 (bei 8700 Entbindungen 2,4 pro 1000).
– Daten für deutsche Entbindungskliniken Ende des 19. Jahrhunderts: Bokelmann, »Mortalität«, und Ploeger, »Statistischer Bericht« – für die Münchener Gebäranstalt vgl. Hecker, Beobachtungen (3,9 pro 1000).
– München (1909–1913). Vgl. Zweifel, »Erfahrungen« (12,1 pro 1000).
– Sursee (1891–1929). Vgl. Beck, *Geburten und Geburtshilfe* (4,7 pro 1000).

Überwiegend Mehrfachgebärende (Multiparae)

– Für das Dubliner Rotunda Hospital und für London (1820–1828 und 1842 bis 1864), vgl. obige Tabellen (die Daten belaufen sich auf 1,2 bzw. 0,6 pro 1000).
– Lewes (1813–1828). Gideon Mantell, »On the Secale Cornutum«, in: *LMG,* 2 (1828), S. 782 (bei 2400 Entbindungen 6 Fälle von Eklampsie).
– Paris. Vgl. Pinard, *Du Fonctionnement* (Tabelle 5.3) (der Wert nur für Multiparae beträgt 0,5 pro 1000).
– Münchener Entbindungsklinik. Vgl. Hecker, *Beobachtungen* (Tabelle 5.3) (Wert für die Mehrfachgebärenden alleine ist 0,5 pro 1000).
– Baden (1886–1900). Max Hirsch, »Der Weg der operativen Geburtshilfe«, in: *Archiv für Frauenkunde,* 13 (1927), S. 211 (1,0 pro 1000).
– Cette (Sète) (ca. 1855–1870). Adolphe Dumas, *Quelques faits d'éclampsie puerpérale.* Montpellier 1871, S. 21 (bei 12 000 Entbindungen 1,6 pro 1000).
– Zu Sursee (1,0 pro 1000, nur Multiparae), Münchener Universitätsklinik (2,9 pro 1000, nur Multiparae), Mecklenburg (2,7) und Baden (1901–1925) (1,6).
– Kansas (ca. 1916). Elizabeth Moore, *Maternity and Infant Care in a Rural County in Kansas.* 1917, Neudr., Arno Press, New York 1972, S. 30 (2,4 pro 1000).
– Zu Hamburg (2,9 pro 1000) und Cincinnati (2,8) vgl. vorstehende Anmerkungen.

– Neuseeland (1928–1933). J. M. Munro Kerr u. a. (Hrsg.), *Historical Review of British Obstetrics and Gynaecology 1800–1950*. Livingstone, Edinburgh 1954, S. 155 (3,1 pro 1000).
– Sloane Hospital, New York City (1901–1923). James D. Voorhees, »Can the Frequency of Some Obstetrical Operations be Diminished?«, in: *AJO*, 77 (1918), S. 4.

Tabelle 5.5 (Seite 120)

DEUTSCHE DÖRFER
– Die Daten zu 140 altmärkischen Dörfern (1766–1774), Salzwedel und Arendsee (1766–1774), Kurmark und Neumark Brandenburg (1789–1798) sowie Ravensberg (1782–1792) bei: Boris Schaefer, *Die Wöchnerinnensterblichkeit im 18ten Jahrhundert*. Med. Diss., Berlin 1923, S. 47, 55, 56. Daten für Apolda (1768–1774 und 1784–1786) bei: Schulze, »Anhang zu den Auszügen aus den Kirchenbüchern im Weimarischen besonders die Wöchnerinnen betreffend«, in: *Johann Christ. Starks Archiv für die Geburtshülfe*, 1 (II) (1787), S. 95–96. Daten für das Herzogtum Eisenach (1783–1786) bei: Heusinger, »Geburts- und Sterbelisten«, in: *Johann Christ. Starks Archiv für die Geburtshülfe*, 1 (II), S. 96–97. Daten für den calvördischen Bezirk (1688–1790) bei: August Hinze, »Tabellarische Verzeichnisse der Getauften, Getrauten . . . nach den Kirchenbüchern des calvördischen Physikats-Districts«, in: *Johann Christ. Starks Archiv für die Geburtshülfe*, 4 (1792), S. 289–295 (darüber hinaus liefern diese Daten die einzigen Werte für den Zeitraum von 1650 bis 1699). Daten für Mecklenburg-Schwerin (1789–1849) bei: Masius, »Die 30jährigen Bevölkerungs . . . listen«, in: *Zeitschrift für die Staatsarzneikunde*, 3 (1823), S. 27. Daten für Ostfriesland (1765–1807) bei: Toel, »Bevölkerungs . . . listen Osnabrück«, in: *Zeitschrift für die Staatsarzneikunde*, 10 (1825), Tabelle 5 im Anschluß an S. 92. Daten für Querfurt (1841–1850) bei: Schraube, »Medicinisch-topographische Skizze des Kreises Querfurt«, in: *Monatsblatt für medicinische Statistik*, Nr. 8–10 (1864), Geburten auf S. 59, Müttersterbefälle auf S. 69. Daten zu zwei Gruppen von Dörfern in Österreich bei: Franz Fliri, *Bevölkerungsgeographische Untersuchungen im Unterinntal*. Universitäts-Verlag Wagner, Innsbruck 1948, S. 56, und Gisela Winkler, *Bevölkerungsgeographische Untersuchungen im Martelltal*. Verlag Wagner, Innsbruck 1973, S. 70–71 (in beiden Gruppen beginnt der Zeitraum 1700). Daten für Zillhausen (1755 bis 1854) bei: Elisabeth Eckle, *Über die Gesundheitsverhältnisse in Zillhausen von der Mitte des 18. bis zum Beginn des 20. Jahrhunderts*. Med. Diss., Freie Universität Berlin, o. D., S. 25–26. Daten für Württemberg (1821–1825) aus einer Arbeit von einem Verfasser namens Riecke zitiert bei: Alfred Velpeau, *Traité complet de l'art des accouchemens*. 2. Aufl., Paris 1835, Bd. 1, S. 131.

BRABANTER DÖRFER
– Claude Bruneel, *La Mortalité dans les campagnes: Le Duché de Brabant aux XVIIe et XVIIIe siècles*. Nauwelaerts, Löwen 1977, S. 455 (3 Dörfer für 1624–1640, 6 für 1701–1756, 5 für 1750–1791).

London
- 1583–1599. Bei: Thomas R. Forbes, *Chronicle from Aldgate: Life and Death in Shakespeare's London.* Yale University Press, New Haven 1971, S. 106 (Kirchspiel St. Botolph).
- 1629–1636. Daten zur »Taufe« bei John Graunt, *Natural and Political Observations Made Upon the Bills of Mortality.* Neudr., Johns Hopkins, Baltimore 1939, S. 80–81.
- 1670–1699 (mit vielen Lücken): Thomas Short, *New Observations on ... Bills of Mortality.* 1750, Neudr., Gregg International, London 1973, S. 188–89.
- 1701–1746. Daten zur Zahl der Taufen bei: W. Heberden, *Observations on the Increase and Decrease of Different Diseases.* 1801, Neudr., Gregg International, London 1973, S. 2–5. Daten zu Fehlgeburten, Totgeburten und Müttersterbefällen bei: William Black, *An Arithmetical and Medical Analysis of the Diseases and Mortality of the Human Species.* 1789, Neudr., Gregg International, London 1973, Tabelle im Anschluß an S. 42.
- 1747–1795 (bedeutet 1747–1777 und 1795). Bei Black, a. a. O., und Heberden, a. a. O.
- 1828–1850: J. M. Munro Kerr u. a. (Hrsg.), *Historical Review of British Obstetrics and Gynaecology, 1800–1950,* Livingstone, Edinburgh 1954, S. 263.

Edinburgh
- Michael Flinn u. a. (Hrsg.), *Scottish Population History from the 17th Century to the 1930s.* Cambridge University Press, Cambridge 1977, S. 296.

Königsberg (1769–1814)
- Bei: Schaefer, *Wöchnerinnensterblichkeit,* S. 40–41.

Berlin
- 1720–1822, a. a. O., S. 15–18.
- 1835–1841. Bei: H. Wollheim, *Versuch einer medicinischen Topographie und Statistik von Berlin.* Berlin 1844, S. 362–385.

Tabelle 5.6 (Seite 122)

Baden (1864–1866)
- Alfred Hegar, *Die Sterblichkeit während Schwangerschaft, Geburt und Wochenbett.* Freiburg 1868, S. 7–16.

New York City (1930–1932)
- Ransom S. Hooker, *Maternal Mortality in New York City: A Study of All Puerperal Deaths, 1930–1932.* New York 1933, Tabelle auf S. 232–33.

Vereinigte Staaten (1976)
- *Vital Statistics of the United States.* 1976, Bd. 2: Mortality, U.S. National Center for Health Statistics Hyattsville 1980, S. 134–139.

Tabelle 7.1 (Seite 181)

DEUTSCHLAND
– 1877 und 1891. Aus: Philipp Ehlers, *Die Sterblichkeit »Im Kindbett«*. Stuttgart 1900, S. 1 (für Preußen).
– 1924 und 1936. Aus: W. Bickenbach, »Über die Müttersterblichkeit bei klinischer Geburtshilfe«, in: *ZBG,* 64 (1940), S. 818 (Deutsches Reich).
– 1952 und 1962. H. Rummel, »Die Entwicklung der Anstaltsgeburtshilfe in der Bundesrepublik«, in: *Medizinische Welt,* Dezember 1966, S. 2538.
– 1970 und 1973. K.-H. Wulf, »Panoramawandel in der Geburtshilfe«, in: *Geburtshilfe und Frauenheilkunde,* 35 (1975), S. 395.

VEREINIGTE STAATEN (1935–1950)
– Zitiert bei: Neal Devitt, »The Transition from Home to Hospital Birth in the United States, 1930–1960«, in: *Birth and the Family Journal,* 4 (1977), S. 5. 1977 aus: U.S. Statistical Abstract, 1979, S. 63.

Tabelle 7.2 (Seite 187)

– Zur allgemeinen Sterblichkeit 1890–1910 vgl. die Zusammenfassung von Fallberichten bei: Rudolph W. Holmes, »Cesarean Section for Placenta Previa: An Improper Procedure«, in: *JAMA,* 44 (1905), S. 1594.

1900–1909
– C. P. Monahan u. a., »The Experience of the Johns Hopkins Hospital with Cesarean Section«, in: *AJO-G,* 44 (1942), S. 1001 (nur Weiße); James D. Voorhees, »Can the Frequency of Some Obstetrical Operations Be Diminished?«, in: *AJO,* 77 (1918), S. 10.

1910–1919
– Monahan u. a. und Voorhees, vgl. 1900–1909; Morris Courtiss, »Analytic Study of 1000 Cases of Cesarean Section«, in: *AJO-G,* 32 (1932), S. 680–81 (für das Massachusetts Memorial Hospital); Isadore Daichman, »Review of Cesarean Section«, in: *AJO-G,* 37 (1939), S. 138 (für das Jewish Hospital in New York); J. P. Greenhill, »Analysis of 874 Cervical Cesarean Sections Performed at the Chicago Lying-In Hospital«, in: *AJO-G,* 19 (1930), S. 615 (erfaßt sowohl ambulante wie stationäre Fälle); E. M. Hawks, »Maternal Mortality in 582 Abdominal Cesarean Sections«, in: *AJO-G,* 18 (1929), S. 396 (für das New Yorker Nursery and Child's Hospital); und E. D. Plass, »The Relation of Forceps and Cesarean Section to Maternal and Infant Morbidity and Mortality«, in: *AJO-G,* 22 (1931), S. 190 (für das Hartforder General Hospital).

1920–1929
– Vgl. alle Untersuchungen unter 1900–1909 und 1910–1919; außerdem: Ralph L. Barrett, »A Fifteen-Year Study of Cesarean Section in the Women's Hospital in the State of New York«, in: *AJO-G,* 37 (1939), S. 436; William J. Dieckmann, »Cesarean Section Mortality«, in: *AJO-G,* 50 (1945), S. 32 (Daten

für Krankenhäuser in New Orleans und das Lying-In Hospital in Boston); und E. D. Plass, »A Statistical Study of 129 539 Births in Iowa«, in: *AJO-G,* 28 (1934), S. 299 (nur Krankenhausgeburten).

1930–1939
– Vgl. oben: Barrett, »Fifteen Year Study«, Daichman, »Cesarean Section«, Dieckmann, »Cesarean Section«, Monahan, »Johns Hopkins Hospital«, und Plass, »129 539 Births«; außerdem: Henry Buxbaum, »Obstetrics in the Home«, in: *Surgical Clinics of North America,* Februar 1943, S. 57 (für das Chicagoer Maternity Center); Robert DeNormandie, »Five-Year Study of Cesarean Sections in Massachusetts«, in: *NEJM,* 8. Oktober 1942, S. 533 (in Prozent der Krankenhausgeburten); D. Anthony D'Esopo, »Trends in the Use of the Cesarean Section Operation«, in: *AJO-G,* 58 (1949), S. 1121 (geschätzt nach einer graphischen Darstellung der Werte für vier große Krankenhäuser in New York City); Clifford Lull, »A Survey of Cesarean Sections in Philadelphia«, in: *AJO-G,* 46 (1943), S. 314 (Daten über fünfundvierzig Krankenhäuser für das Jahr 1931); Roy W. Mohler, »A Report of the Cesarean Sections Done at the Philadelphia Lying-In Pennsylvania Hospital«, in: *AJO-G,* 45 (1943), S. 467, 470 (für 1932–37); New York Academy of Medicine, Ransom S. Hooker (Hrsg.), *Maternal Mortality in New York City.* New York 1933, S. 130 (nur Krankenhäuser); James K. Quigley, »A Ten-Year Study of Cesarean Section in Rochester and Monroe County, 1937 to 1946«, in: *AJO-G,* 58 (1949), S. 42 (Daten zurück bis ins Jahr 1926); und Abraham B. Tamis, »A Critical Analysis of Cesarean Section in a Large Municipal Hospital«, in: *AJO-G,* 40 (1940), S. 251.

1940–1949
– Vgl. oben: Dieckmann, »Cesarean Mortality«, D'Esopo, »Trends«, Lull, »Cesarean Sections«, und Quigley, »Ten-Year Study«; außerdem: R. D. Bryants Anmerkungen zu sieben Krankenhäusern in Cincinnati bei der Diskussion über Charles A. Gordon, »Cesarean Section Death«, in: *AJO-G,* 63 (1952), S. 293; Nicholson Eastman, *Williams Obstetrics.* 1. Aufl., Appleton-Century-Crofts, New York 1956, S. 1137 (Daten über Minneapolis im Jahr 1946; Ramsay County, Minn., in den vierziger Jahren; und Alabama für 1945–1947); und O. Hunter Jones, »Cesarean Section in Present-Day Obstetrics«, in: *AJO-G,* 126 (1976), S. 522 (über das Charlotte Memorial Hospital seit 1940).

1950–1959
– Vgl. oben: Jones, »Cesarean Section« (mit Anmerkungen von E. D. Colvin über das Universitätskrankenhaus in Emeroy), und Gordon, »Cesarean Section«; außerdem: Nicholson Eastman und Louis Hellman, *Williams Obstetrics.* 13. Aufl., Appleton-Century-Crofts, New York 1966, S. 1126; sowie Nejdat Mulla und James Bates, »Cesarean Section in a General Community Hospital«, in: *AJO-G,* 82 (1961), S. 669 (in Youngstown, Ohio).

1960–1969
– American College of Obstetricians and Gynecologists, *National Study of Maternity Care: Survey of Obstetric Practice and Associated Services in Hospitals in the United States.* ACOG, Chicago 1970, S. 17; John R. Evrard u. a., »Cesarean

Section and Maternal Mortality in Rhode Island, 1965–1975«, in: *Obstetrics and Gynecology,* 50 (1977), S. 595; Frederic D. Frigoletto u.a., »Maternal Mortality Rate Associated with Cesarean Section«, in: *AJO-G,* 136 (1980), S. 969; Louis M. Hellman und Jack A. Pritchard, *Williams Obstetrics.* 14. Aufl., Appleton-Century-Crofts, New York 1971, S. 1168; und Diana Petitti u.a., »Cesarean Section in California, 1960 through 1975«, in: *AJO-G,* S. 133 (1979), S. 392.

1970–1978
– Vgl. Evrard, »Cesarean Section«, Frigoletto, »Maternal Mortality«, und Petitti, »Cesarean Section«; außerdem: Sidney F. Bottoms, »The Increase in the Cesarean Birth Rate«, in: *NEJM,* 6. März 1980, S. 559; und Jack A. Pritchard und Paul C. MacDonald, *Williams Obstetrics,* 16. Aufl., Appleton-Century-Crofts, New York 1980, S. 1082.

Tabelle 8.1 (Seite 218)

MALMÖ
– Erik Lundqvist, *Über die Aborte in Malmö, 1897–1928.* Helsinki 1931, zusammengestellt aus den Daten auf S. 19.
– Das ganze übrige statistische Material aus: E. Roesle, »Die Ergebnisse der Magdeburger Fehlgeburtenstatistik«, in: *Statistisches Jahrbuch der Stadt Magdeburg,* 1927, S. 113.

Tabelle 8.2 (Seite 220)

1901–1909
– Bertel von Bonsdorff, *The History of Medicine in Finland, 1828–1918.* Finnish Society of Sciences, Helsinki 1975, S. 219 (ein Krankenhaus in Helsinki, 1901, 10 Prozent); Erik Lundqvist, *Über die Aborte in Malmö, 1897–1928.* Helsinki 1931, S. 121 (ein Krankenhaus in Malmö, 1903–1909, 25 Prozent); Paul Seegert, »Verlauf und Ausbreitung der Infektion beim septischen Abortus«, in: *ZGH,* 67 (1906), S. 344 (ein Berliner Krankenhaus, 1896–1906, 15 Prozent); und Paul Titus, »A Statistical Study of a Series of Abortions Occurring in the Obstetrical Department of the Johns Hopkins Hospital«, in: *AJO,* 65 (1912), S. 962–67 (etwa 1900 bis 1910, 49 Prozent).

1910–1919
– Bonsdorff, *Medicine in Finland* (38 Prozent); Lundqvist, *Aborte in Malmö* (21 Prozent); Eida Aronson, *Contribution à l'étude . . . des avortements.* Med. Diss., Paris 1914, S. 19–20 (Pariser Pitié, 1911–1913, 36 Prozent); Emil Bovin, »Die Resultate exspektativer Behandlung bei . . . Abortus«, in: *Acta Gynecologica Scandinavica,* 3 (1924–1925), S. 94 (ein Stockholmer Krankenhaus, 1914 bis 1919, 28 Prozent); Bleichenröder, »Über die Zunahme der Fehlgeburten in den Berliner städtischen Krankenhäusern«, in: *Berliner klinische Wochenschrift,*

9. März 1914, S. 452 (1912, 48 Prozent); Rudolf Commichau, »Ein Beitrag zur Abortfrage«, in: *ZGH,* 94 (1929), S. 177 (ein Nürnberger Krankenhaus, 1910, 15 Prozent); Max Gerstmann, »Statistisches über Aborte«, in: *MGH,* 68 (1925), S. 225–27 (ein Breslauer Krankenhaus, 1912–1919, 57 Prozent); Josef Halban, »Zur Behandlung der Fehlgeburten«, in: *ZBG,* 45 (1921), S. 441 (ein Wiener Krankenhaus, 1910–1920, 29 Prozent); W. Latzko, »Die Behandlung des fieberhaften Abortus«, in: *ZBG,* 45 (1921), S. 427 (Wiener Krankenhaus, 1911–1919, 33 Prozent); Ludwig Nebel, »Über das Verhältnis von Aborten zu Geburten in Mainz«, in: *ZBG,* 45 (1921), S. 1659 (1910–1919, 16 Prozent).

1920–1929
– Bovin, »Behandlung«, 29 Prozent; Gestmann, »Statistisches«, 62 Prozent; Commichau, »Abortfrage«, über Jena, 25 Prozent; Lundqvist, *Malmö,* 22 Prozent; Nebel, »Mainz«, 21 Prozent; Atle Berg, »Statistische Untersuchungen der von 1920 bis 1929 im Städtischen Krankenhaus Ullevaal in Oslo behandelten Aborte«, in: *Acta Obstetricia et Gynecologica Scandinavica,* 11 (1931), S. 73 (56 Prozent); Hugo Lappin, *Statistik der Aborte in den Jahren 1925–1926.* Med. Diss., München 1927, S. 9 (48 Prozent); Henri Latargez, *Etude statistique de 588 cas d'avortement.* Med. Diss., Lille 1938, S. 41 (Charité in Lille, 1924–1936, 37 Prozent); Thomas V. Pearce, »Three Hundred Cases of Abortion«, in: *JOB,* 37 (1930), S. 806 (ein Krankenhaus in Camberwell, 1923–1929, 34 Prozent); Sigismund Peller, *Fehlgeburt und Bevölkerungsfrage.* Stuttgart 1930, S. 143 (Krankenhaus in Wien, 1925–1927, 28 Prozent); Raymond E. Watkins, »A Five-Year Study of Abortion«, in: *AJO-G,* 26 (1933), S. 164 (Krankenhaus in Oregon, 1927–1932, 33 Prozent); Witherspoon, in: *AJO-G,* 26 (1933), S. 368 (Krankenhaus in New Orleans, 1924–1932, 9 Prozent – »mikroskopisch diagnostiziert«); und H. Wellington Yates, »Treatment of Abortion«, in: *AJO-G,* 3 (1922), 45 (Detroiter Krankenhaus, 1921, 37 Prozent).

1930–1939
T. K. Brown, »A Bacteriologic Study of 500 Consecutive Abortions«, in: *AJO-G,* 32 (1936), S. 805 (Krankenhaus in St. Louis, Mitte der dreißiger Jahre); R. D. Dunn, »A Five-Year Study of Incomplete Abortions at the San Francisco Hospital«, in: *AJO-G,* 33 (1937), S. 150 (1930–1935, 85 Prozent); Fuchs, Zusammenfassung eines Vortrags, in: *ZBG,* 55 (1931), S. 1921 (Danzig etwa 1930, 10 Prozent); Charles E. Galloway, »Treatment of Early Abortion«, in: *AJO-G,* 38 (1939), S. 249 (Evanstoner Krankenhaus, dreißiger Jahre, 12 Prozent); Virginia Clay Hamilton, »The Clinical and Laboratory Differentiation of Spontaneous and Induced Abortion«, in: *AJO-G,* 41 (1941), S. 62 (Bellevue-Krankenhaus, New York, 1938–1939, 20 Prozent); Harry P. Mencken und Henry H. Lansman, »The Results in Treatment of 600 Incomplete Abortions«, in: *AJO-G,* 40 (1940), S. 1012 (ein Krankenhaus im New Yorker Stadtteil Queens, 1935–1940, 24 Prozent); Henry J. Olson u. a., »The Problem of Abortion«, in: *AJO-G,* 45 (1943), S. 673 (Krankenhaus in Milwaukee, 1937–1940, 17 Prozent); H. S. Pasmore, »A Clinical and Sociological Study of Abortion«, in: *JOB,* 44 (1937), S. 456–57 (Londoner Krankenhaus, 1935, 69 Prozent); E. Philipp, »Der heutige Stand der Bekämpfung der Fehlgeburt«, in: *ZBG,* 64

(1940), S. 227 (Kieler Krankenhaus, 1933–1938, 44 Prozent); Jalmar H. Simons, »Statistical Analysis of One Thousand Abortions«, in: *AJO-G,* 37 (1939), S. 843 (Krankenhaus in Minneapolis, 1930–1933, 26 Prozent).

Tabelle 9.1 (Seite 262)

FRANKREICH (1850–1852)
– Jean Bourgeois-Pichat, »Évolution générale de la population française depuis le XVIIIe siècle«, in: *Population,* 6 (1951), S. 659–60.

ENGLAND UND WALES (1851–1855)
– Chester Beatty Research Institute, *Serial Abridged Life Tables, England and Wales, 1841–1965.* 2. Aufl., Royal Cancer Hospital, London 1970, auf der Grundlage der »Conventional Abridged Life Tables« (S. 39–86), die bis 1970 gehen; die Daten sind aus »$5^{q}x$«.

ITALIEN (1901–1911)
– Associazione per lo Sviluppo Dell'Industria nel Mezzogiorno, *Un Secolo di Statistiche Italiane Nord e Sud, 1861–1961.* Svimez, Rom 1961, S. 118–19.

Tabelle 9.2 (Seite 264)

– W. P. D. Logan, »Mortality in England and Wales from 1848–1947«, in: *Population Studies,* 4 (1950–1951), S. 138–65, Tabelle 2A–9A.

Tabelle 9.3 (Seite 267)

ENGLAND-WALES (1848–1872)
– W. P. D. Logan, »Mortality in England and Wales from 1848 to 1947«, in: *Population Studies,* 4 (1950–1951), S. 138–65.

DÄNEMARK, STÄDTE (1876–1885)
– *Denmark. Its Medical Organization, Hygiene and Demography.* Kopenhagen 1891, S. 429.

NORWEGEN (1899–1902)
– *Dodeligheten og dens Arsaker i Norge, 1856–1955.* Statistik Sentralbyra, Oslo 1961, S. 150, 180.

Tabelle 9.4 (Seite 270)

OLDENBURG (1855–1864)
– *Statistische Nachrichten über das Großherzogtum Oldenburg*

Dänemark (1840–1844)
– Otto Andersen, Regional Mortality Differences in Denmark around the Middle of the 19th Century, Universitetets Statistiske Institut, Kopenhagen 1975, S. 11.

Norwegen (1899–1902)
– Dodeligheten og dens Arsaker i Norge, 1856–1955, Statistisk Sentralbyra, Oslo 1961, S. 136.

Tabelle 10.1 (Seite 315)

– Paul F. Mundé, »A Report of the Gynecological Service of Mount Sinai Hospital, New York, from January 1st, 1883, to December 31st, 1894«, AJO, 32 (1895), Tabelle 1 auf S. 468–70.

Elisabeth Badinter

Emilie, Emilie

Weiblicher Lebensentwurf im 18. Jahrhundert
Aus dem Franz. von Friedrich Griese. 1984. 395 Seiten. Geb.

Ehrgeiz hat kein Geschlecht, lautet die These dieses Buches. Diese beiden Emilies – Gegenentwürfe zu Rousseaus »neuem Menschen« Emile – haben den Anspruch auf Selbstbestimmung bereits im 18. Jahrhundert gelebt: Madame du Châtelet, die Lebensgefährtin Voltaires, als Mathematikerin, Madame d'Epinay, die Geliebte des Enzyklopädisten Grimm und Freundin Rousseaus, als Schriftstellerin und Pädagogin.

»Die beiden geschilderten Frauen sind sich nie begegnet, obwohl sie sich in ähnlichen Kreisen bewegt haben. Charakterlich äußerst unterschiedlich, haben sie doch den Ehrgeiz gemeinsam, sich einer Sache ganz zu widmen und dafür gesellschaftlichen Ruhm zu ernten.
In ihren Beziehungen zu ihren langjährigen Lebensgefährten konnten sie sich zunächst Kraft und Geborgenheit holen, aber sie mußten auch die typische und schmerzhafte Frauenerfahrung machen, daß Voltaire und Grimm ihre gesellschaftlichen Ambitionen weit über ihre Liebe zu ihren Gefährtinnen gestellt haben. Jedoch haben es beide Frauen geschafft, den Schmerz über diese Erfahrung produktiv in ehrgeiziges Schaffen umzusetzen.
Die Bilanz von Elisabeth Badinter lautet – und ich kann ihr da nur zustimmen –, daß die privilegierten Frauen von heute androgyner als früher sind, sie tragen die kühl-abstrakt denkende Wissenschaftlerin Marquise du Châtelet ebenso in sich wie die warmherzig-einfühlsame Pädagogin Madame d'Epinay; sie verfolgen einen doppelten Anspruch: sie wollen eine gute Mutter, aber auch eine gesellschaftlich erfolgreiche Frau sein; insofern sind sie Töchter der geschilderten Frauen aus dem Frankreich des 18. Jahrhunderts. Sich beide Lebensentwürfe erfüllen zu können, ist und bleibt das entscheidende und notwendig ehrgeizige Projekt der Frauenemanzipationsbewegung. Hier stimmen Susan Brownmiller und Elisabeth Badinter überein, doch muß ich ehrlicherweise zugeben, daß ich das Buch der Elisabeth Badinter mit erheblich mehr Genuß und Gewinn gelesen habe. Ich empfehle es deshalb auch ganz nachdrücklich allen ehrgeizigen Frauen, die sich bestätigt sehen wollen, aber auch allen Frauen, die gern ehrgeizig wären, ohne es sich jedoch zuzutrauen – und nicht zuletzt allen Männern, die es noch einmal wie Voltaire z. B. zu lernen haben, eine ehrgeizige Frau zu verkraften.«

Norddeutscher Rundfunk

Elisabeth Badinter

Die Mutterliebe

Geschichte eines Gefühls vom 17. Jahrhundert bis heute
Aus dem Franz. von Friedrich Griese.
2. Aufl., 19. Tsd. 1982. 336 Seiten. Geb.

»In diesem Buch geht die 36jährige französische Philosophin und dreifache Mutter der Geschichte eines Gefühls nach: der Mutterliebe.
Sie beschreibt Höhe- und Tiefpunkte dieses Gefühls, berichtet von Jahrzehnten innigster und aufopferndster Liebe ebenso wie von Zeiten schier unvorstellbarer mütterlicher Gefühlskälte. Mit einer für die Wissenschaft geradezu ungewöhnlichen Leidenschaft zerpflückt Elisabeth Badinter dabei eines unserer bestgeschützten Tabus. Die Mutterliebe als Instinkt der ›weiblichen Natur‹.
Das Buch ›Die Mutterliebe‹ macht mich betroffen. Aber es tut mir auch unendlich gut. Für mich ist es ein Pflaster auf einen wunden Punkt.
Auf mein schlechtes Gewissen nämlich, meine mütterlichen Schuldgefühle. Denn plötzlich merke ich: Wir Mütter sitzen alle in einem Boot. Seit Jahrhunderten schon. Was immer in den verschiedenen Epochen unter Mutterliebe verstanden wurde – frei konnte sich dieses Gefühl nie entfalten. Stets hatten Kirchenmänner, Politiker, Mediziner und seit Sigmund Freud auch die Psychologen ein Wörtchen mitzureden. Und die wußten schon, wie eine Mutter ihr Kind zu lieben hat … Mir ist mit diesem Buch erst klargeworden, wieviel Unglück unter dem Mäntelchen ›Mutterliebe‹ ertragen werden mußte – nicht nur von Kindern, sondern vor allem von Frauen, die diese Kinder geboren haben.
Geht's mir da heute wirklich soviel besser als den Müttern vergangener Jahrhunderte? Warum habe ich denn so gelitten, als sich nach der Geburt meines Kindes nicht gleich das oft beschworene ›Echo da drinnen‹ einstellen wollte, als ich nichts vom Fluten warmer Liebeswellen spürte, sondern nur grenzenlose Müdigkeit? Warum fühle ich mich sofort ertappt, wenn eine ›Hausmutter‹ mich auf meine Berufstätigkeit anspricht? Merkwürdig: Ich kenne keinen Vater, der sich ständig fragt, ob er sein Kind ›richtig‹, ob er es ›genug‹ liebt. Warum aber erkennen sich alle Mütter in dieser Angst wieder?
Ich glaube, es wird noch eine ganze Zeit dauern, bis Mütter ihre Kinder wirklich frei lieben können – denn auch Elisabeth Badinter wird den Mythos vom Mutterinstinkt so schnell nicht aus unseren Hinterköpfen vertreiben können.«

Brigitte

Carol Gilligan

Die andere Stimme

Lebenskonflikte und Moral der Frau
Aus dem Amerik. von Brigitte Stein.
2. Aufl., 11. Tsd. 1985. 222 Seiten. Kt.

Frauen denken, fühlen, urteilen anders als Männer und orientieren sich an eigenen Wertmaßstäben. Dies ist eine der Grundthesen der amerikanischen Psychologin Carol Gilligan, die sich seit über einem Jahrzehnt den Problemen der Moral und der weiblichen Entwicklungspsychologie gewidmet hat. Gilligan entdeckte, daß Frauen sich nicht auf das männliche Gerechtigkeitsdenken beschränken, wenn sie vor moralischen Konflikten stehen. Statt Rechtsansprüche gegeneinander abzuwägen, wollen sie vor allem vermeiden, andere zu verletzen und Bindungen zu zerstören.
In diesem international viel beachteten Buch weist die Autorin nach, daß die traditionelle Psychologie die Motive, die moralischen Ansprüche und das psychologische Wachstum der Frau konsequent und systematisch mißverstanden hat.
Ausgehend von Freud, Piaget und Erikson wurde die Entwicklung der Frau bisher an den Standards gemessen, die am Modell des Mannes und seinem Lebenslauf gewonnen wurden. An diesen männlich geprägten Interpretationsmustern, die dem Urteil der Frauen Infantilität und Unreife bescheinigen, setzt Gilligans Kritik an: Wenn Männer in der Moral vor allem eine Frage unparteilicher Gerechtigkeit sehen – sind Frauen weniger moralisch, wenn sie Moral eher als Aufgabe gegenseitiger Fürsorge begreifen? Wenn Männer bereit sind, um des Erfolgs willen Beziehungen zu opfern – haben Frauen unrecht, wenn sie auf Erfolg verzichten, um Beziehungen zu bewahren? Da Erwachsensein traditionell gleichgesetzt wird mit persönlicher Autonomie und Unabhängigkeit, erscheinen Anteilnahme, Zuwendung, Fürsorge als Schwäche. Dabei kann ebengerade diese »Schwäche« dem Konzept der menschlichen Entwicklung eine ganz neue Dimension hinzufügen.
Das in einer sensiblen und einfühlsamen Sprache geschriebene Buch klingt aus mit der Vision eines bereicherten Verständnisses von Mann und Frau, in dem sich die »geschlechtsspezifischen« Perspektiven von Identität und Intimität gegenseitig ergänzen und befruchten.

Piper 13/1 c
PIPER

Edmond und Jules de Goncourt

Die Frau im 18. Jahrhundert

Mit einem Essay von Elisabeth Badinter
1986. 459 Seiten mit 21 Abbildungen.
Serie Piper 511

Anekdotenerzähler wie Plutarch und Saint-Simon haben der neuen »psychologischen und individuellen Geschichtsschreibung« der Brüder Goncourt Pate gestanden, die mit der »Frau im 18. Jahrhundert« eine überaus detailfreudige und anschauliche Sittengeschichte des Ancien Régime geschrieben haben.
»Im Unterschied zur herkömmlichen politischen Geschichte, die die Frau – und zwar aus guten Gründen – immer ignoriert hat«, schreibt Elisabeth Badinter in ihrem umfangreichen Essay, »ist allein die Geschichte der Sitten und der Denkweisen imstande, die Frau als Objekt der Geschichte zu zeigen.«
»... ein nobles und bezauberndes, ein äußerst reizvolles Werk«. (Victor Hugo)

PIPER